Sociologia das crises políticas

FUNDAÇÃO EDITORA DA UNESP

Presidente do Conselho Curador
Mário Sérgio Vasconcelos

Diretor-Presidente
José Castilho Marques Neto

Editor-Executivo
Jézio Hernani Bomfim Gutierre

Superintendente Administrativo e Financeiro
William de Souza Agostinho

Assessores Editoriais
João Luís Ceccantini
Maria Candida Soares Del Masso

Conselho Editorial Acadêmico
Áureo Busetto
Carlos Magno Castelo Branco Fortaleza
Elisabete Maniglia
Henrique Nunes de Oliveira
João Francisco Galera Monico
José Leonardo do Nascimento
Lourenço Chacon Jurado Filho
Maria de Lourdes Ortiz Gandini Baldan
Paula da Cruz Landim
Rogério Rosenfeld

Editores-Assistentes
Anderson Nobara
Jorge Pereira Filho
Leandro Rodrigues

PROGRAMA SAN TIAGO DANTAS DE PÓS-GRADUAÇÃO
EM RELAÇÕES INTERNACIONAIS

Universidade Estadual Paulista – UNESP
Universidade Estadual de Campinas – UNICAMP
Pontifícia Universidade Católica de São Paulo – PUC-SP

MICHEL DOBRY

Sociologia das crises políticas
A dinâmica das mobilizações multissetoriais

Tradução de Dalila Pinheiro

© 2013 Editora Unesp
© 2009 Presses de la Fondation Nationale des Sciences Politiques

Título original
Sociologie des crises politiques: la dynamique des mobilisations multisectorielles
3.ed. ampliada e revisada

Fundação Editora da Unesp (FEU)
Praça da Sé, 108
01001-900 – São Paulo – SP
Tel.: (0xx11) 3242-7171
Fax: (0xx11) 3242-7172
www.editoraunesp.com.br
www.livrariaunesp.com.br
feu@editora.unesp.br

Programa San Tiago Dantas de Pós-Graduação em Relações Internacionais
Praça da Sé, 108 – 3º andar
01001-900 – São Paulo – SP
Tel.: (0xx11) 3101-0027
www.unesp.br/santiagodantassp
www.pucsp.br/santiagodantassp
www.ifch.br/unicamp.br/pos
relinter@reitoria.unesp.br

CIP – Brasil. Catalogação na fonte
Sindicato Nacional dos Editores de Livros, RJ

D664s

Dobry, Michel
  Sociologia das crises políticas: a dinâmica das mobilizações multissetoriais / Michel Dobry; tradução Dalila Pinheiro. – 1. ed. – São Paulo: Editora Unesp, 2014.

  Tradução de: Sociologie des crises politiques: la dynamique des mobilisations multisectorielles
  ISBN 978-85-393-0553-7

  1. Ciência política. 2. Sociologia política. I. Título.

14-17619
CDD: 320
CDU: 32

Editora afiliada:

Para Françoise.

Locke, no século XVII, postulou (e reprovou) um idioma impossível no qual cada coisa individual, cada pedra, cada pássaro e cada galho teria um nome próprio. Funes projetou certa vez um idioma análogo, mas ele o descartou porque lhe pareceu demasiado geral, demasiado ambíguo. Com efeito, não somente Funes se recordava de cada folha de cada árvore de cada bosque, mas cada uma das vezes que a havia percebido ou imaginado. Resolveu reduzir cada uma de suas jornadas pretéritas a umas setenta mil recordações, que definiria logo por cifras. Duas considerações o dissuadiram: a consciência de que sua tarefa era interminável; a consciência de que era inútil. Pensou que na hora de sua morte ainda não teria acabado de classificar todas as recordações de sua infância.

Jorge Luis Borges, "Funes, o memorioso"

O que faz agora o inspetor Bauer, dilacerado por seu medo e pelo pânico geral? O que se faz quando se está preso em um pesadelo que parece real? Bem, o inspetor Bauer faz seu trabalho. Ele tenta criar uma pequena zona de ordem e de sangue-frio no meio de um caos em irremediável decomposição. E há por toda a Alemanha milhões e milhões de funcionários aterrorizados que pensam exatamente como eu. Hora após hora, agimos como se o mundo estivesse normal. Pela manhã, às 7h45, sentamos nossa bunda na cadeira prontos para ditar uma carta que não tem nenhum sentido a uma Fräulein Dorst que sabe que essa carta não tem nenhum sentido e que ninguém a lerá e que, talvez, ela e a carta queimarão antes mesmo de que esta seja datilografada em cinco vias, como pede o regulamento.

Ingmar Bergman, *O ovo da serpente*

Sumário

Prefácio à edição francesa de 2009   1

1 A HIPÓTESE DE CONTINUIDADE   25
    Uma perspectiva clausewitziana   25
    Uma herança objetivista   28
    Mobilizações e jogadas   31
    A dimensão estratégica das mobilizações   37
    A visão instrumental das mobilizações   42
    As crises enquanto transformações de estado   45
    Uma visada comparativa   49

2 TRÊS ILUSÕES DA SOCIOLOGIA DAS CRISES POLÍTICAS   53
    A ilusão etiológica   54
    A "teoria da curva em J"   57
    A ilusão da História natural   62
    A ilusão heroica   72

3 A PLASTICIDADE DOS SISTEMAS COMPLEXOS   85
    Das lógicas sociais específicas   86
    A captação dos cálculos setoriais   88
    A objetivação das relações setoriais   90
    A autonomia dos setores   94

Transações colusivas e consolidação   96
Setores e arenas   98

4 AS CONJUNTURAS FLUIDAS   105
A dessetorização conjuntural do espaço social   106
A incerteza estrutural   113
Os processos de desobjetivação   118
Elementos de discussão   121

5 A INTERDEPENDÊNCIA TÁTICA ALARGADA   135
O jogo tenso imperfeito   137
Estigmatizações e política simbólica   146
As competições para a definição da realidade   154

6 ALGUNS EFEITOS EMERGENTES TÍPICOS   169
As soluções institucionais   169
A hipótese da retração da arena política   175
As estratégias carismáticas: De Gaulle e Mendès France   182

7 A REGRESSÃO AOS *HABITUS*   191
Habitus, hábito e "efervescência criadora"   192
Habitus e conjuntura   194
Lógicas de posições, lógica de disposições e confiança no *habitus*   198
Localização conjuntural dos atores e emergência de polos de estruturação   203

8 CRISES POLÍTICAS E PROCESSOS DE DESLEGITIMAÇÃO   209
O paradigma tradicional   210
Efeitos de deslegitimação induzidos e legitimidade estrutural   215
Crises das barganhas colusivas e economia política do consentimento   221

Conclusão   229

ANEXO 1: A ilusão etiológica na análise "sistêmica" de David Easton   235

ANEXO 2: As variantes ramificadas da História
  natural   239
ANEXO 3: Intensificação do conflito e essencialismo no
  modelo do grupo de Stanford   245

Referências bibliográficas   249
Índice onomástico   261
Índice de noções   269

Prefácio à edição francesa de 2009

Há mais de 25 anos veio à luz o primeiro artigo que antecipava as teses deste livro, cuja primeira edição se seguiria alguns anos depois.[1] Em uma época na qual as Ciências Sociais parecem se singularizar pelo caráter efêmero de suas produções e de seus "paradigmas", a persistência, e mesmo o crescimento, do interesse de um público universitário – particularmente o de jovens pesquisadores – pelas teses e pelas formulações austeras e, talvez, por vezes áridas deste livro, representa uma fonte de otimismo. Pois, além do destino próprio a este trabalho, eu entrevejo nesse interesse um indício – provavelmente tênue, mas por sorte existem alguns outros – de que a abordagem de pesquisa controlada e sistemática dos fenômenos sociais, que constitui a ambição e o próprio projeto das Ciências Sociais, não está inteiramente dissolvida nas águas turvas, relativistas e, por fim, obscurantistas do "pós-modernismo", da narrativa sem interferência ou da não menos pura descrição.

Para esta nova reedição de *Sociologia das crises políticas* (*SCP*), eu me desobriguei de modificar sua tessitura ou de transformar sua economia original. Entretanto, eu decidi facilitar – um pouco – sua leitura, o que, envolvido

---

[1] Ver Dobry, Mobilisations multisectorielles et dynamique des crises politiques: un point de vue heuristique, *Revue Française de Sociologie* (1983). Esse artigo retoma o texto de uma comunicação apresentada em agosto de 1982 no Congresso da Associação Internacional de Ciência Política no Rio de Janeiro, data que corresponde ao momento que o esquema de *Sociologia das crises políticas* (doravante *SCP*) encontrou sua formulação definitiva. Este livro foi publicado na França pela primeira vez em 1986 e reeditado em formato de bolso (Coleção Références da editora Presses de Sciences Po), em 1992.

com outras tarefas, por muito tempo eu havia adiado fazer. Em particular, transferi para os anexos algumas discussões muito técnicas de trabalhos que fui levado a criticar e abreviei outras. Suprimi uma série de notas e referências supérfluas e corrigi diversas gralhas e formulações ruins, inapropriadas ou ambíguas, que, nas edições precedentes, haviam me escapado. Receio, porém, que outras ainda tenham ficado.

Em todo caso, as atenuações realizadas jamais afetaram aquilo que deu a esta obra sua fisionomia característica e aquilo que acredito ser sua coerência. Essa escolha, que poderia parecer conservadora ou timorata, corresponde a uma razão de fundo. No curso deste quarto de século de confronto com a realidade ou com as concepções concorrentes, a teoria das conjunturas fluidas que nela desenvolvi resistiu bastante bem – voltaremos mais adiante a essa questão. Mas, em razão dessa mesma fisionomia, parece-me difícil ignorar que o interesse por *SCP* não tenha se dado de início. Muitos aspectos desta obra e sua abordagem como um todo puderam, e ainda podem, desconcertar certos leitores. Ela quer dar conta de configurações de "fatos" – as "crises políticas", que de hábito colocamos na categoria "acontecimentos" –, mas a respeito destes não oferece relato, não conta história; destes não restitui sequer a cronologia do conjunto. Trata de processos ou fenômenos muitas vezes repletos de consequências tanto para o destino das sociedades quanto para o dos indivíduos e se recusa, contudo, a explicar os resultados, as saídas, os efeitos destes. Esta obra considera abertamente esses fenômenos críticos como objetos *de parte a parte históricos*, de parte a parte não necessários, de parte a parte habitados pelo acaso. E, malgrado isso, declara uma pretensão estranha e, provavelmente aos olhos de alguns, escandalosa: a de não abdicar em face dessa historicidade; a de não lhe conceder tudo. *SCP* traça uma perspectiva que pretende arrancar a esta historicidade – que, todavia, julga fundamental – fragmentos de saber *de ordem nomológica*. Ainda que reconheça a singularidade histórica de cada crise, esta obra afirma que é possível apreendê-la por meio de um esquema teórico que, em geral, ultrapassa amplamente essa singularidade.

Acontece que o argumento central desta obra é simples de se enunciar: as "crises políticas" e os fenômenos críticos contíguos que se observam *nos sistemas sociais complexos* – no sentido que *SCP* dá a essa noção, sobre a qual terei a ocasião de tratar futuramente – se tornam inteligíveis em seus traços essenciais desde que as pensemos em termos de *dessetorização tendencial do espaço social* desses sistemas. Eu analiso essa dessetorização como uma transformação conjuntural do estado dos sistemas sociais concernidos, transformação esta que revela a plasticidade da estrutura destes. A dessetorização do espaço social, assim como as proposições e implicações que dela possam ser derivadas, permite-nos explicar um número considerável de regularidades, "fatos", ou processos constitutivos dessas crises. Muitas dessas regularidades já haviam sido aventadas, observadas, comentadas pelos próprios atores das "crises" ou pelos pesquisadores, *social scientists* ou historiadores. Outras, não menos numerosas, até então continuavam na sombra, despercebidas, insuspeitas e mal-identificadas, e o esquema teórico de *SCP* foi precisamente o que permitiu ao mesmo tempo trazê-las à luz e explicá-las. A essas tarefas se consagra grande parte desta obra (capítulos 5 a 8 e, em parte, o capítulo 4). Quanto à dinâmica de dessetorização, que fornece uma boa aproximação aos fenômenos críticos abordados em *SCP*, ela é relacionada às mobilizações concorrenciais, podendo se desdobrar simultaneamente em uma multiplicidade de setores ou "campos" sociais cuja diferenciação e autonomia são duas das características distintivas dos sistemas complexos. Por fim, como eu disse, a *SCP* não pretende explicar os resultados nos quais as crises se desembocam: essa ambição pressupõe, com efeito, uma "ciência histórica teórica" que continua a ser, provavelmente para sempre, uma miragem. A este objetivo ilusório, substitui um interesse sistemático por aquilo *de que as crises políticas são feitas* e *por aquilo que se passa nelas*. Ela desestabiliza assim por completo – o leitor perceberá isso com facilidade – a visão que de ordinário as Ciências Sociais têm acerca do "quebra-cabeça" ou do "enigma" a resolver quando tomam esses fenômenos por objeto.

Assim, como acabei de dizer, a perspectiva geral de *SCP* remete a uma concepção particular de abordagem de pesquisa que, também ela, pode encontrar resistências. Essa concepção coloca a necessidade, quando se tem o objetivo de explicar os fenômenos sociais, de tomar deliberadamente distância com relação aos "fatos", aos "dados", aos materiais empíricos. Dito de outra maneira, ela supõe que se faça um desvio por meio de uma *idealização* que pode ser mais ou menos afirmada ou anunciada (eu fiquei, nesse aspecto, relativamente moderado), mas que consiste sempre em arrancar-se à empiria, em escolher a não levar em conta todas as "variáveis", em deixar de lado uma parte considerável da abundância fenomenal da realidade empírica ou histórica. Nesse sentido, caso assim se queira, essa realidade ressurge mutilada, empobrecida ou "reduzida": dela retemos de maneira arbitrária apenas alguns elementos que servirão de alimentos abstratos (especialmente se tivermos em vista toda essa abundância) à construção de toda a explicação.[2] Toca-se aqui na principal razão pela qual a formulação das proposições expostas pela teoria das conjunturas fluidas com frequência faz apelo ao adjetivo "tendencial". Não se trata em absoluto de sugerir a possibilidade de alguma exceção (para a abordagem adotada aqui, as exceções jamais confirmam as regras), mas tão somente

---

2 A incompreensão com a qual essa abordagem pode se confrontar provém, em larga medida, do bom e velho *positivismo*, com frequência inconsciente, de inúmeros *social scientists*, o qual deseja que a teoria se assemelhe em todos os aspectos aos "dados" que ela procura explicar, que ela seja o espelho ou o decalque da realidade tal como a percebemos, que todos seus conceitos sejam diretamente "operacionais" e que os "fatos falem" por si mesmos.

de indicar que as propriedades que elas visam têm grandes chances de aparecer para nós na empiria apenas, para retomar pontualmente o vocabulário de Weber, sob formas relativamente "impuras".

Eu chego agora ao que é importante para meu propósito: mesmo que não possa fazê-lo de maneira muito convincente, desejo aproveitar a ocasião que oferece este prefácio para retomar certos pontos acerca dos quais o texto da *SCP* convida, em minha opinião, a desenvolvimentos mais avançados e, além disso, para responder às críticas feitas por vezes a ele, ao menos os mais sérias entre elas.

Retorno às bases da teoria das conjunturas fluidas

A escolha de não modificar, para a presente edição, nada de substancial deste trabalho, não significa que hoje eu o escreveria inteiramente da mesma maneira, longe disso. Eu não farei aqui o inventário completo de minhas insatisfações, mas me limitarei a examinar três delas que me parecem importantes para a compreensão das especificidades da abordagem assumida por *SCP* e, mais particularmente, de suas bases.

1. A questão da diferenciação

A primeira observação concerne a uma questão que tratei de frente, mas cujo alcance não destrinchei suficientemente, penso eu. A teoria das conjunturas fluidas se arrima em uma concepção particular, sem dúvida contraintuitiva, da *diferenciação estrutural* das sociedades que eu nomeei "complexas".[3] Os traços singulares dessa forma de diferenciação são explicitados em detalhe no capítulo 3. A este respeito, o único ponto que aqui merece ser retomado é o de que se encontra a essa forma, ao menos de modo inequívoco, senão muito raramente. Tampouco se depara com ela na maior parte das sociedades do passado, na Europa ocidental ou alhures. Esse ponto, que me parece firmemente estabelecido, em geral, é bem-compreendido. Portanto, eu desejo retomar aqui menos a forma sob a qual a diferenciação se apresenta em nossas sociedades do que certos aspectos da concepção que dela formulei na *SCP*. Antes de tudo, essa concepção da diferenciação é resolutamente *não funcionalista*. Isso significa, em primeiro

---

3 A nomeação é arbitrária. Damos de barato que, a muitos outros tipos de sociedades históricas, não falta "complexidade", mas sua arquitetura da complexidade, sua forma de diferenciação, traz à luz diferenças radicais com relação àquelas que denomino dessa maneira (pensemos, por exemplo – a esse respeito, talvez um caso-limite –, a complexidade, em muitos aspectos fascinante por sua complicação, dos sistemas de castas da Índia clássica).

lugar, que os diferentes espaços sociais, setores, esferas ou "campos" sociais diferenciados em nenhum caso podem ser pensados tendo-se em vista uma eventual "função" ou "contribuição funcional" que cumprissem em face de um "todo" social, enquanto "condições de possibilidade" ou "prerrequisitos funcionais" para a sobrevivência da sociedade, para sua reprodução mais ou menos harmoniosa, ou ainda para sua "integração". Em outros termos, na concepção que dela apresento na *SCP*, a diferenciação não é compreendida senão como *produto inteiramente histórico*. Essa concepção comporta enormes vantagens: em especial, ela nos permite pensar os setores diferenciados como, eles também, puros produtos históricos, produtos nesse sentido arbitrários, sem ter de imaginar, à maneira panglossiana, as estruturações internas, as coerções e, mais geralmente, as lógicas sociais que os habitam como efeitos necessários da contribuição que eles dão ao "todo" social. A respeito dessa questão, *SCP* se separa das conceituações teóricas da diferenciação importantes e ricas em observações interessantes, como, por exemplo, as de Niklas Luhmann ou as de Pierre Bourdieu, este último seguramente menos consciente de sua opção funcionalista (com efeito, não há uma grande diferença entre a ideia de uma "pauta central" estruturante das lutas próprias a um campo dado e a de uma "função" do campo para um "todo" social). Uma das numerosas implicações disso é a de não haver boa razão para se pensar que os espaços sociais diferenciados sejam de qualquer maneira dotados – por uma "natureza" social geométrica que bem-ordenaria as coisas e os homens – de relações e clivagens sociais ou de formas institucionais necessariamente simétricas ou homólogas; o leitor notará que isso não é desprezível para o conjunto das análises conduzidas nesse livro. O segundo aspecto da concepção de diferenciação própria a *SCP* pode, no que lhe diz respeito, parecer uma fraqueza e, em certo sentido, de fato é. Mas trata-se de uma fraqueza aceitável: essa concepção não apresenta explicação geral dos processos que levaram a essa forma de diferenciação presente nas sociedades, nem, aliás, explicação geral dos processos que levariam e que levassem muito regularmente à autonomização mais ou menos admitida de tal ou tal setor ou "campo" social (mesmo que seja fácil, em inúmeros casos, retraçar o caminhar histórico singular, nessa sociedade, da autonomização de uma esfera social diferenciada dada, tal como aquela do "campo" sindical na França). A razão disso é simples: não dispomos nos dias de hoje de teoria, prototeoria ou conceituação convincente a esse respeito (ou pelo menos que tenha me convencido) – não o são nem aquelas que se situam na tradição durkheimiana ou weberiana, nem, naturalmente, aquelas que exibem traços funcionalistas e/ou evolucionistas ainda mais salientes. Para ser sincero, ignoro nesse momento inclusive se tal teoria está ao nosso alcance. E eu devo complicar ainda mais minha situação e apresentar uma proposição que pode parecer desnorteante (e que irritará de verdade alguns autores de manuais de "metodologia" que nunca descobriram ou explicaram nada): penso que *não precisamos dela*, nem para compreender os efeitos dessa diferenciação sobre a "marcha" ordinária de nossas sociedades, nem para, a partir dela, apreender os efeitos em conjunturas de "crise". Encontrar-se-á mais adiante neste prefácio, a propósito de explicações etiológicas e genéticas das mobilizações e dos fenômenos críticos, um sólido argumento que poderia ser mobilizado em favor desse ponto de vista. Eis outro, muito diferente, que nesse momento me parece ser suficiente: sempre é preciso, quando nos lançamos à tentativa de explicação de um conjunto de fenômenos sociais, tomar como certos alguns aspectos da "realidade", caso contrário, nós nos condenaríamos, receio eu, à impotência. Isso é exatamente o que fiz em *SCP* com referência à diferenciação estrutural de sistemas complexos: eu a tratei como dado. Isso implicou – e implica sempre – assumir um risco. Este não pode ser julgado a não ser por aquilo que dele desemboca, isto é, os efeitos do conhecimento que dele advêm. No entanto, é dado de barato que a escolha representada por ele tem implicações extremamente restritivas, acima de tudo, como o leitor poderá notar, para a própria construção do conjunto do sistema teórico de *SCP*. Mas, no mesmo movimento – e chego aqui ao terceiro aspecto do ponto em discussão –, essa escolha constitui um dos elementos centrais daquilo que chamo de *domínio de pertinência* da teoria das conjunturas fluidas. Isso significa algo elementar: é preciso esperar que essa teoria possa explicar o que pretende explicar nos limites do conjunto que agrupa sociedades que conhecem a forma de diferenciação estrutural definidora de "sistemas complexos". Dentro desses limites, teremos o direito de avaliar sua "validade" ou de tentar "refutá-la" (mais adiante eu voltarei a essas questões). Isso também significa que, exatamente pelas mesmas razões, uma transformação radical – muito incerta nesse momento – das formas de estruturação de nossas sociedades, uma transformação que apagasse duradouramente a forma de diferenciação estrutural que é própria a esses "sistemas complexos", não poderia em nenhum caso afetar o coração do sistema teórico da *SCP*, não poderia "invalidar" ou "falsificar" a teoria das conjunturas fluidas. Como já indiquei, essa forma de diferenciação não existiu sempre; ela é um produto histórico; presumivelmente, ela desaparecerá um dia. A questão é, no entanto, menos acadêmica do que parece à primeira vista. Não faltaram nas duas últimas décadas análises mais ou menos "pós-modernistas" que sugeriram, em diferentes registros, que assistiríamos a uma gigantesca mutação de nossas sociedades; que estas experimentariam um processo espetacular de *desdiferenciação*; que as fronteiras entre espaços sociais diferenciados e suas coerções locais seriam massivamente eclipsadas devido à ascensão, irresistível em potência, de vários tipos de "redes", de distorções das identidades sociais, do reino do vaporoso e do informal etc. Os partidários dessas análises não hesitam em profetizar o advento do que eu chamo de *sociedade plana*, advento por vezes célebre enquanto culminação última da história. Que esse salto profético constitua, antes de mais nada, um salto perigoso (pode-se imaginar que fico bastante perplexo diante do que continua a ser – e provavelmente continuará por mais algum tempo – um fantasma cujas molas, à parte isso, seriam interessantes de conhecer), não é minha preocupação imediata. A ideia é que tal transformação das nossas sociedades, caso pudesse se produzir um dia, faria com que saíssem do domínio de pertinência da teoria das conjunturas fluidas.[4]

2. A questão da ação

Outro aspecto de *SCP* que mereceria, este sim, um esforço de sistematização sensivelmente mais vigoroso do que aquele que realizei: para lhe dar uma primeira formulação, seria a imagem da ação ou, caso se considere que este é o termo mais apropriado, a imagem da prática que irriga o conjunto das análises elaboradas no livro. Sabe-se há certo tempo – outros autores, de várias maneiras, o destacaram – que a oposição tradicional entre vertentes objetivistas ou estruturais do mundo social, por um lado, e aquelas que se querem subjetivistas ou fenomenológicas, por outro, representa um problema recorrente para o conjunto das abordagens produzidas em Ciências Sociais.[5] *SCP* disseca as maneiras pelas quais essa oposição se embaraça em numerosos planos de análise dos fenômenos críticos (o leitor se reportará em particular aos desenvolvimentos sobre a ilusão heroica e sobre os desgastes intelectuais que ela induz). Mas essa oposição é impeditiva sobretudo quando se trata de compreender ou de explicar ao mesmo tempo as práticas dos atores em suas relações com seus cálculos e com aquilo que faz a espessura social dos indivíduos, seu ser ou "eu" social ou, caso se prefira, seu *habitus*. Tomemos a questão por seu aspecto talvez mais revelador: o cálculo dos atores. Esses cálculos com frequência têm má-fama: a repugnância que algumas correntes da Sociologia têm por essa questão – à qual opõem uma espécie de denegação caricatural – é conhecida. Com relação a outras abordagens, não menos caricaturais, elas os investem de uma filosofia sumária da "decisão" ou do "livre-arbítrio". A

---

4 Exatamente o mesmo se seguiria se os múltiplos processos que o senso comum agrupa sob o rótulo guarda-chuva "globalização" fizesse desaparecer a maior parte daquilo que nos autoriza, ao menos por enquanto, a apreender diversos sistemas sociais contemporâneos como lugares onde se observam os efeitos de um real endodeterminismo, mesmo se este é, evidentemente, muito longe de ser total – o que, diga-se de passagem, *também nunca foi* –, nem para aqueles que são "sistemas complexos" aos quais nos limitamos aqui, nem antes àquilo que concerne ao grande número de outros tipos de sociedades históricas.

5 A observação concerne igualmente às diversas declinações dessa polaridade, em particular, a oposição entre "estruturas" e "ação", entre perspectivas ditas "holistas" e vertentes que reivindicam a *rational choice* ou o individualismo metódico.

ambos os enfoques logra faltar o essencial, que é abundante na reformulação da questão que atravessa o conjunto de demonstrações feitas em *SCP*: com efeito, o tema crucial é o de compreender *como os atores sociais calculam... quando calculam* (porque também é preciso admitir que nós não calculamos sempre). "Como" quer dizer de início que nossa curiosidade empírica e teórica se desloca então para os materiais – dispositivos intelectuais ou cognitivos –, os instrumentos de avaliação, os marcos, os índices, o saber prático, mas também as "regras do jogo" etc., aos quais os protagonistas de nossas "crises" recorrem quando calculam – quando, por exemplo, eles estimam o que é *jogável*, *arriscado* ou *provável*, quando tentam *antecipar* os efeitos das jogadas [*coups*] que realizam e os efeitos das jogadas feitas por seus concorrentes ou adversários, ou ainda quando apenas procuram compreender ou *definir a situação* na qual estão enredados ou agem. Na perspectiva da teoria das conjunturas fluidas, isso significa sobretudo que é difícil dissociar esse interesse pelo material daquele pelos cálculos das situações, dos "contextos", das configurações, das conjunturas etc. nos quais esses materiais são mobilizados, isto é, mais precisamente, as *lógicas de situação* que habitam e estruturam esses "contextos" ou conjunturas.[6] E, desse ponto de vista, as diferenças contam. Os amplos desenvolvimentos que *SCP* consagra a esses pontos deixam entrever os contornos de uma reformulação de certos aspectos fundamentais do modo pelo qual as Ciências Sociais apreendem tanto os atos ou as práticas dos atores quanto os cálculos ou a racionalidade que a eles são atribuídos.[7] Um desses aspectos pode balançar alguns de nossos hábitos de pensar os meios enraizados: nos sistemas sociais altamente diferenciados, que conhecem a forma de diferenciação característica de nossas sociedades contemporâneas (ver as considerações feitas há pouco acerca dessa questão), a eficácia do cálculo ordinário e mesmo a possibilidade de um tal cálculo, a *calculabilidade*, estão estreitamente associadas (isto é, elas são largamente dependentes desta) à segmentação do espaço social em múltiplas esferas, setores e "campos" sociais. Todavia, quando essa segmentação se abranda – como acontece em conjunturas críticas, ocasião em que os atores tendem a ser despossuídos de seus materiais rotineiros de antecipação e de cálculo –, isso não significa

---

[6] Sobre as diferenças entre esta maneira pela qual a teoria das conjunturas fluidas apreende as lógicas da situação e aquela da concepção intencionalista, que Karl Popper propôs, além dos desenvolvimentos que a *SCP* consagra a essa questão (em particular em seu capítulo 5), ver Dobry, Ce dont sont faites les logiques des situations. In: Favre et al. (dir.), *L'atelier du politiste*.

[7] Isso me levou, desde *SCP*, a esboçar uma reformulação da concepção da prática formulada por Pierre Bourdieu, notadamente naquilo que concerne à adequação ou ao "ajustamento" das disposições – seja às situações, seja ao campo – e à *coerência* que esse autor confere ao indivíduo e ao *habitus* deste (ao mesmo tempo, coloquei em questão, como se pode notar, muitos aspectos centrais da teoria dos *campos* elaborada por ele). Essas inflexões críticas não ficaram inteiramente sem eco na pesquisa contemporânea, em particular, entre *social scientists*, hoje mais numerosos, que tentam pensar o mundo social "com e contra" Bourdieu.

que eles parem de calcular ou que se tornem menos racionais do que em conjunturas rotineiras, não significa que eles soçobrem na irracionalidade tal como gostam de imaginar os incondicionais amantes da sociologia ou da psicologia de massas, mas simplesmente que, para calcular sob restrições e com os materiais de que as situações são feitas, são coagidos por situações com relação às quais são obrigados a se desembaraçar de outro modo. Não é suficiente para pensarmos o conjunto dos fenômenos – tanto cálculos de contextos rotineiros quanto aqueles que o são menos –, falar simplesmente de *racionalidade limitada*, mesmo se é incontestável que se trate *também*, nos dois casos, de racionalidade limitada. Leva-nos a repensar de modo mais radical a racionalidade de nossos atores o fato de que esta se torna inteligível e explicável apenas quando é restituída aos sítios e aos contextos sociais nos quais os atores agem e às lógicas sociais que os especificam, porque, nesse sentido, ela é situada. Ou ainda (em um formulação bem mais satisfatória tendo em vista as análises de *SCP*): ela se torna inteligível e explicável apenas quando nós a concebemos de parte a parte enquanto *racionalidade socialmente estruturada*. Nessa direção – e não naquelas que consistem em contornar ou ignorar a questão dos cálculos dos atores –, acredito que se situa a via mais eficaz para afirmar uma alternativa robusta às atuais ascendentes perspectivas da *rational choice*, isto é, não só para afirmar uma possibilidade de explicar melhor fenômenos ou processos a que as perspectivas da *rational choice* pretendem dar uma razão, mas também, desse modo, trata-se de uma via para que não se explique mal outros.

3. *A questão do construtivismo*

A abordagem da *SCP* quis ser resolutamente "construtivista", e ainda hoje considero que ela o é plenamente. Mas ela o é em um sentido que a partir de agora exige uma explicitação mais precisa a respeito dos princípios desse seu "construtivismo". No período que começa com os esboços iniciais desta abordagem e vai até as primeiras publicações que difundiram seus resultados, nunca me ocorreu de maneira distinta o perigo que poderia representar a emergência de uma perspectiva "construtivista" muito diferente daquela que eu havia feito minha – perigo este que então encontraria potente adjuvante no *linguist turn* que, de início por meio de seus derivados, empoderou uma larga parte das Ciências Sociais norte-americanas, antes de alcançar, por vezes sob formas singularmente degradadas, os rios da velha Europa. Minha miopia não deixa de me surpreender.[8] Mas hoje não

---

8 Especialmente porque, ao apresentar e discutir aspectos desse verdadeiro breviário do construtivismo que é *The Social Construction of Reality* [A construção social da realidade], de Peter Berger e Thomas Luckmann, eu tentava chamar a atenção para a armadilha intelectual que

é difícil constatar que estamos lidando, sob o mesmo rótulo de "construtivista", com um conjunto de perspectivas sociológicas bastante diferentes entre si e até mesmo opostas. Para simplificar, eu distinguirei dois tipos, polos. O primeiro corresponde à perspectiva que me guiou: esta afirma que a realidade social e seus diversos aspectos, relações sociais, instituições, tecnologias, obras artísticas, mas também representações, "ideologias", sistemas simbólicos etc., são produto da atividade de homens (em sociedade), atividade intencional bem como não intencional. Esse tipo não se reduz, porém, a essa única proposição: compreende-se também esses produtos não só enquanto efeitos fortes, pouco controlados pelos atores sociais –, efeitos estes, no essencial, não intencionais das atividades igualmente intencionais e não intencionais desses atores –, como também por meio das sucessivas camadas de "sedimentação" desses efeitos. Embora sejam desse ponto de vista autores, os atores sociais, quando confrontados a tal acumulação de efeitos, experimentam grande dificuldade em reconhecer neles simples produtos da própria atividade – esses efeitos "sedimentados" *se impõem* a eles, quase sempre, como *força das coisas*. Eles são assim, em outros termos, tanto em seus atos quanto em suas representações, coagidos por aquilo que eles próprios produziram: a realidade social que efetivamente constroem, porém que "constroem" desse modo bastante singular.

O outro tipo de construtivismo, cujos adeptos querem hoje fazer crer que este é o único autêntico, propõe uma visão muito diferente acerca da "construção social da realidade": segundo esta visão, a "realidade social" é antes de tudo o produto direto – e, para inúmeros adeptos, exclusivo – de conceitos, de "narrativas", de categorias da linguagem ordinária ou, mais geralmente, de ideias por meio das quais apreendemos o mundo social e físico. Para alguns autores, talvez os mais coerentes, não existe verdadeiramente realidade social fora dessas categorias e "narrativas". De modo mais geral, esse segundo "construtivismo" se define pela afirmação da *primazia ontológica* e/ou *causal* de categorias linguísticas, de "narrativas" ou de conceitos, tanto naquilo que toca ao engendramento de práticas (discursivas e não discursivas) quanto naquilo que concerne a todos os outros objetos que formam a "realidade social", desde interações até instituições ou processos sociais tais como, por exemplo, "crises" ou ainda – e não exagero nem um pouco – guerras. Ele consiste, em suma, na *redução* da construção social da realidade à sua construção linguística ou "ideal" em que inúmeros autores veem a "infraestrutura intersubjetiva" da sociedade. Os mais ingênuos, ou os mais radicais caso se prefira, deduzem sem escrúpulos que esta oferece aos atores sociais uma poderosa ferramenta de transformação da sociedade,

---

representava a meus olhos a distinção introduzida por estes autores entre a face "objetiva" e a face "subjetiva" da realidade social, ver Dobry, L'apport de école néo-phénomenologique. In: Duprat (dir.), *Analyse de l'idéologie*, v.2.

porque, para mudar tal aspecto da realidade social, bastaria mudar... a categoria, a palavra que o designa.

A abordagem elaborada em *SCP* tem alguma coisa em comum com esse segundo tipo de construtivismo? Ela comporta elementos que encorajam uma leitura diligente nesse sentido? Eu não creio. O leitor verificará notadamente os seguintes pontos: 1. A importância que as análises feitas em *SCP* conferem às definições de situações ou às antecipações dos atores, em particular com relação às percepções do provável, do possível ou do risco, constitui um de seus aportes específicos – essa importância não passou despercebida e irrigou ou inspirou inúmeros trabalhos ulteriores. Teríamos dificuldade em detectar em *SCP* qualquer ambiguidade no que diz respeito ao ponto em discussão. *SCP* mostra continuamente que essas definições emergem de competições que nunca se reduzem à luta das puras ideias; que elas não se limitam às táticas de categorização. Acontece exatamente o mesmo com as percepções, constantemente forjadas e redefinidas pelas trocas das jogadas [*échanges de coups*] feitas pelos atores e por transformações que afetam as estruturas dos "jogos" nos quais esses atores estão presos. 2. Em nenhum momento, *SCP* faz de suas definições e de suas percepções um "nível" à parte da realidade, separado das situações em que os atores agem muitas vezes com outros recursos além de categorias linguísticas, conceitos ou "narrativas". Embora tenha recorrido ao "teorema de Thomas" e que eu considere, com efeito, que tanto crenças quanto percepções próprias aos atores possam ter consequências – a começar em seus próprios atos –, na "realidade", jamais sugeri que a "realidade" à qual esses atores são confrontados, ou mesmo a "realidade" desses atos, possa ser reduzida a essas crenças e a essas percepções ou, algo que ainda é diferente, que ela possa ser reduzida. 3. O mesmo se segue, em outro plano, ao colocar em evidência a plasticidade das estruturas, decifrável em particular na dessetorização do espaço social próprio às conjunturas críticas, justamente sob o efeito da atividade dos atores, de suas mobilizações – e não é talvez sem razão que se pode ver nesse aspecto da *SCP* um enriquecimento da perspectiva construtivista e, mais globalmente, das Ciências Sociais. Todavia não basta, para atingir tais efeitos, por exemplo, modificar categorias ou oferecer aos atores outra "narrativa" (sobre esse assunto, eu me permito, de novo, remeter o leitor às discussões que consagro à ilusão heroica, esta que pode muito bem se ajustar pontualmente às divagações do segundo tipo de construtivismo). Não está nas capacidades de um ator qualquer – por mais lúcido e armado com "conceitos adequados" (ou mesmo de uma "teoria adequada") que ele seja – fazer isso advir à vontade. Esses fenômenos emergem sob o modo não intencional de mobilizações múltiplas e dispersas que nenhum dos protagonistas desses processos está em condições de controlar. E, mais do que ver aí produtos de categorizações, um mínimo de atenção afinada aos processos reais permite compreender que as categorias, conceitos, racionalizações, mas também crenças, "ideologias", "grandes narrativas" ou valores e até identidades, são então com mais frequência chacoalhados por situações em que esses atores agem e pelas transformações que essas situações podem sofrer. Compreende-se, por conseguinte, a distância que separa a maneira pela qual *SCP* concebe a plasticidade das estruturas típica de conjunturas de "crise" da redução desta, alguns anos mais tarde, em certos trabalhos norte-americanos sobre processos revolucionários, a simples estruturas simbólicas ou ideais.[9] Compreender-se-á também porque, em face de tais derivas, eu possa me declarar "inocente".

Respostas e clarificações

A despeito dessas características atípicas, na ocasião de sua publicação, a obra recebeu uma acolhida em geral amigável, que não chegou a ser desmentida verdadeiramente. Para simplificar, eu discernirei três aspectos e, a respeito dos dois primeiros, serei breve. A publicação de *SCP* corresponde, a *grosso modo*, ao momento que, na França, sob o efeito de um movimento que em muito a ultrapassa, irromperia uma transformação a qual, se tocou provavelmente o conjunto dos campos disciplinares das Ciências Sociais, teve, em especial – e em realidade com muita rapidez –, potentes efeitos sobre a orientação intelectual e sobre a redefinição da própria identidade da Ciência Política. Creio que não exagero ao sugerir que esta obra teve parte nessa aventura e que a acolhida que obteve dos jovens pesquisadores, da qual ela se beneficiou desde sua aparição, foi sem dúvida uma manifestação direta.[10] O segundo aspecto concerne mais ao destino de *SCP* na pesquisa em Ciências Sociais no curso dos dois decênios que se seguiram a essa publicação, isto é, em particular, aos usos de suas proposições teóricas e análises em trabalhos de outros pesquisadores – questão esta que mencionarei no final deste prefácio. De imediato, eu gostaria de me deter de modo bem mais desenvolvido no terceiro aspecto da recepção à *SCP*, a saber, nas reticências, nas objeções ou nas críticas que pude identificar nas resenhas veiculadas em revistas acadêmicas na ocasião da

---

9 Uma separação análoga existe entre a conceituação por parte de *SCP* a respeito do *universo de referências setoriais* que, nessas conjunturas rotineiras, tendem, no sentido de cada espaço social diferenciado, captar os cálculos dos atores – universo, como o leitor perceberá, que não são mais primordialmente ou, *a fortiori*, exclusivamente ideais – e a maneira pela qual, hoje, certos atores fazem por vezes de referenciais de ação de puros "universos de sentidos" ou, mais simplesmente, de conjuntos de ideias transformáveis à larga.

10 O sucesso encontrado por *SCP* entre jovens pesquisadores é uma das fontes, mas penso que houve outras de natureza diferente (algumas das quais não tão gloriosas), da perturbação que a obra pôde por vezes provocar. Porém devo observar que, curiosamente, a "crítica" tomou vias, digamos assim por complacência, oblíquas.

publicação da obra, mas também no curso das discussões de que o livro foi objeto posteriormente, em colóquios e seminários. Eu deixo de lado certo número de críticas que considero derrisórias, como esta, que tem inúmeras variantes: eu citei tal autor, eu não fiz suficientemente referência a outro. Os críticos mais consistentes que examino a seguir dão testemunho, pelos mal-entendidos ou pela incompreensão que manifestam, algo que creio ser de uma relativa banalidade: a força de nossas rotinas intelectuais e de nossos prejuízos ordinários, a dificuldade que temos de apreender em todas suas implicações uma perspectiva que descarta ou transforma o olhar que temos acerca de fenômenos ou "fatos" sociais que nos parecem familiares; em particular, a dificuldade de apreender os problemas do conhecimento.

1. Aquilo que está por explicar

Uma primeira objeção se relaciona à discussão desenvolvida em SCP a respeito da literatura especializada consagrada aos fenômenos críticos que são objetos deste livro. Essa discussão seria maculada por um enviesamento; muitos dos autores que critiquei não tentaram explicar a mesma coisa que eu, eles não definiram o mesmo *explicandum*. Sob um ângulo particular, a observação é exata e, aliás, eu mesmo assinalo esse fato em várias recapitulações. A censura comporta, entretanto, uma fraqueza que a mim parece fatal: despreza-se completamente o núcleo de minha argumentação, no sentido de que a crítica que desdobro visa precisamente à orientação da curiosidade ou do interesse teórico e empírico dos autores discutidos, isto é, de maneira direita e explícita, a definição que eles fazem *daquilo que está por explicar* em uma "crise". Assim, por exemplo, para voltar à questão a qual já fiz alusão, explicar ou compreender uma "crise política" ou uma "revolução" (e, nesta simples distinção "natural" entre "crise política" e "revolução", jaz desde logo um aspecto da dificuldade) é explicar a ocorrência de um resultado singular ou mesmo de um tipo particular de resultado (a derrubada de um regime – caso em que se falará justamente de "revolução" – ou sua manutenção ou sobrevivência; a "tomada do poder" por Hitler, seu "sucesso", ou, sob essa perspectiva, se se trata da crise de fevereiro de 1934, o "fracasso" das ligas[11])? Penso ter estabelecido em SCP que escolher este objetivo, este *explicandum*, é, sem exceção, ao mesmo tempo quimérico e contraproducente; que isto consiste sempre em introduzir a necessidade histórica ali onde nós, de início, não nos deparamos senão com o acaso

---

11 Referência às ligas de extrema-direita que, em junho de 1934, protagonizaram em Paris uma manifestação antiparlamentar que rapidamente se transformou em um motim e foi reprimida violentamente pelo governo republicano. (N. T.)

ou, se se preferir (porque nesse sentido é a mesma coisa), o histórico; que isto leva a esposar – por vezes a contrapelo dos princípios os quais o *social scientist* ou o historiador pode se declarar filiado – uma filosofia da história grosseiramente historicista; que isto leva do mesmo modo aquele que procura "explicar o resultado" de um recorte seletivo da realidade histórica a partir do resultado advindo, a uma releitura da história cujos dois principais vetores são, em primeiro lugar, travar a comparação do ou dos casos históricos estudados com aqueles que, por má sorte, tiveram o malgosto de alcançar outros resultados e, em segundo, o de interditar a suposição de que configurações de "fatos" semelhantes podem muito bem desembocar nos mais diferentes resultados. Resta que a questão dos resultados não é aqui senão a ilustração do problema: a escolha daquilo que está por explicar é poderosamente condicionada pelo conjunto de obstáculos intelectuais ou, na terminologia de Bachelard, pelo veraz "fundo de erro"; para a teoria das conjunturas fluidas, a identificação desse conjunto foi propriamente estratégica, em sentido forte (esta é a razão do capítulo 2 deste livro, "Três ilusões da sociologia das crises políticas").

O ponto que não é visto pela crítica é que alguma coisa de capital está em jogo na definição do que está por explicar. Além disso, é verdade que essa definição se abisma – segundo o modo do que é dado de barato, do que não é questionado – tudo o que é incontrolável em nossos preconceitos diários, em nossas experiências imediatas, em nossas sensações, em nossas racionalizações e em nossas justificações cotidianas, mas também o que não é menos incontrolável nos recortes e nas fronteiras entre as categorias da linguagem ordinária que acontece de alçarmos, com tanta frequência e com tão pouco custo, à dignidade de "conceitos". E isto não é tudo: o problema de conhecimento – o único "critério" que vale em definitivo – trazido por *SCP* a respeito dessa definição é de outra maneira ainda mais fundamental. Com efeito, a obra mostra que, no terreno particular das "crises políticas" e de modo mais geral dos fenômenos ou processos críticos, são as decisões *a priori* "inocentes" e com frequência inconscientes relativas à definição do *explicandum* que interditaram aos autores discutidos a própria possibilidade de conceber do que são feitas as "crises"; a possibilidade de pensá-las como *estados* particulares dos sistemas sociais; de pensar as *transformações de estado* desses sistemas; de identificar a plasticidade de suas "estruturas" e, simultaneamente, pela força das coisas, de dar-lhes uma razão. E isso não é pouco.

2. *A questão da gênese e a autonomia dos processos críticos*

A segunda objeção que foi direcionada à *SCP* reenvia, ela também, ao "fundo de erros" mencionado, mas desta vez não é mais a definição do *explicandum* que está em questão. A objeção, que se apresenta no mais das vezes com certa candura, manifesta de saída a pregnância daquilo que chamei de ilusão etiológica: "seus argumentos são fortes, mas, malgrado tudo, a frustração, esta existe...". Os argumentos contra o etiologismo são de fato fortes (não é útil retomá-los aqui em detalhe, uma vez que o leitor poderá se reportar às análises desenvolvidas nesta obra). Certamente, fenômenos de frustração, coletiva ou individual, bem como outros fenômenos análogos (a alienação, os "desequilíbrios" sociais ou psicológicos, a exploração etc., na realidade, tudo aquilo que se supõe ser de alguma maneira produto do "descontentamento") existem. Sim, é possível, sem gastar muita energia com isso, encontrar os "frustrados". O fato é que esses fenômenos possivelmente afetam a todo momento, ao menos nas sociedades que nos são contemporâneas, largos segmentos de suas populações. E essa ubiquidade levanta – receio não ter sido o primeiro a identificar algumas delas – insuperáveis dificuldades à imputação de causalidade. A maior parte do tempo, essas pretensas "causas" não produzem os fenômenos críticos que se supõe que elas produzam, e, ademais, a aceleração da marcha escolástica em direção às últimas "causas primeiras" se manifesta, com uma constante regularidade, desesperadamente vãs. Em uma palavra, o etiologismo é insustentável. A objeção mencionada anteriormente não tem, na realidade, interesse para meu propósito atual a não ser o de me levar a clarificar uma questão específica ao sistema teórico que a obra expõe. Duas observações complementares me permitirão fazer isso.

Eu sugerira, indo notadamente de encontro às vertentes etiologistas dos fenômenos críticos, que a perspectiva deste livro, por sua postura metodológica resolutamente *continuísta*, poderia ser classificada como "clausewitziana" (ver o capítulo 1). De maneira rigorosa, ela pode sê-lo por outra razão ainda, que não se limita a essa dimensão metodológica. Com efeito, o mais interessante na conceituação feita por Clausewitz, não reside no enunciado célebre: "a guerra é uma mera continuação da política por outros meios", mas sim na combinação desse enunciado com uma proposição diversamente mais forte, que eu reformularei da seguinte maneira: *uma vez posta* a guerra – confronto armado entre unidades políticas –, pouco importam as razões ou os determinantes políticos que a fizeram advir, pois esses protagonistas são enredados, *querendo eles ou não*, independentemente de seus fins (políticos), de suas intenções, em uma lógica de situação particular (a isso Clausewitz chama de "gramática" da guerra) que se impõe a eles e cuja propriedade central é a de confrontá-los com a possibilidade da "escalada aos extremos" da violência, traço identificado pelo viés de uma idealização explícita (a "guerra absoluta") que, segundo Clausewitz, nunca existe no real, mas permite explicá-lo.[12] Certamente, a guerra é para ele, se

---

12 Essa possibilidade de "escalada aos extremos" coage, na perspectiva de Clausewitz, não somente os protagonistas das guerras nas quais o objetivo é a destruição do adversário,

nos atemos à "fórmula", uma mera continuação das relações políticas, ela nasce de fatores políticos e de fins políticos perseguidos pelos Estados ou pelos governantes, dos quais ela é o produto. E esses fatores e fins, sublinha Clausewitz, são e não podem ser senão os mais diversos. Eis então o que importa para meu propósito: uma vez que ela foi produzida por relações, fatores ou fins políticos precisamente devido à lógica de situações que se impõe a esses protagonistas, a guerra tende a se descolar de suas diversas causas (políticas), daquilo que a fez nascer. Dito de outro modo: ela *tende a se descolar das condições e dos determinantes de sua gênese*. A "gramática" da guerra pesa, enquanto lógica social coagente, sobre seus protagonistas, quaisquer que sejam as causas ou fins políticos, os motivos ou os encaminhamentos históricos mais variáveis que levam a cada guerra singular. Essa ideia de Clausewitz é, em minha opinião, muitíssimo preciosa e fecunda para a apreensão dos fenômenos constitutivos do objeto de *SCP* e, além disso, para as Ciências Sociais contemporâneas em seu conjunto. Ela o é evidentemente porque permite perceber com clareza uma das aporias centrais das abordagens etiológicas, a ideia de que "explicar" os fenômenos críticos tais como as "crises" ou as "revoluções", consiste de saída em identificar sua "etiologia". Ela o é ao menos também do ponto de vista geral enquanto incita a um reexame crítico daquilo que as Ciências Sociais, tanto em desenvolvimento recentes quanto em tradições de pesquisa mais antigas, puderam esperar da elucidação, do "desvelamento" ou da redescoberta das condições históricas da gênese dos fenômenos que nos interessam aqui. Ao acentuar o traço, o pesquisador, visando levantar o véu sobre aquilo que a "amnésia da gênese" – tipo ordinário de processo social, cuja existência seria estúpido negar – recobriu ou rechaçou, pensa ser capaz de decifrar a *verdade sociológica* da "crise" ou do "evento" crítico que dele resulta, ou supostamente resulta. Ao fazer isso, ele oferece para si próprio sem se dar conta as melhores chances para ignorar por completo a *autonomia* desses fenômenos com relação àqueles que os fizeram advir.

A segunda observação se situa no prolongamento direto disso que precede. Ela pode ser resumida por uma proposição que me parece a um só tempo clara e categórica: a teoria das conjunturas fluidas não pretende de nenhuma maneira predizer *quando e por que* surgem as mobilizações que afetam sob modo concorrencial vários setores diferenciados de nossas sociedades – a estas eu chamo de mobilizações multissetoriais. Essa teoria se limita a atribuir a razão daquilo que advém quando estamos diante

---

mas também aqueles de guerras de "segunda espécie", isto é, guerras de objetivos limitados, malgrado, precisamente, esses objetivos limitados (sobre o conjunto desses pontos, ver Michel Dobry, Clausewitz et l'"entre-deux", ou de quelques difficultés d'une recherche de paternité légitime, *Revue Française de Sociologie*). Essa propriedade, essa dinâmica particular – a "escalada aos extremos" da violência – se encontra em outras classes de fenômenos ou de "eventos" e, notadamente, poderemos compreender, naqueles aos quais *SCP* se consagra.

dessas mobilizações, uma *vez que elas estão postas*. E nisso está outra das fronteiras de seu domínio de pertinência. Contudo, isso apenas quer dizer que a alçada dessa teoria, em particular naquilo que concerne às maneiras segundo as quais podemos pensar essas mobilizações multissetoriais, se detém necessariamente nesse ponto. Em razão de seus questionamentos próprios, a teoria das conjunturas fluidas pode, com efeito, abrir caminho à inteligibilidade de certos aspectos não desprezíveis da ação coletiva e das mobilizações, os quais as concepções-padrão da ação coletiva não tinham conseguido – e jamais conseguiram – dominar. Isso ocorre notadamente com a questão sobre extensão das mobilizações dos lugares sociais onde elas emergem para outros espaços, setores ou "campos" sociais. De encontro às análises e às definições das concepções-padrão, essa extensão não pressupõe em absoluto que os atores mobilizados tenham fins ou objetivos comuns ou que eles atribuam a seus atos as mesmas significações; que eles "alinhem" seus esquemas interpretativos. Para retomar de maneira breve aquilo que *SCP* formulou claramente é, em vista de diferentes objetivos, "razões" ou "interesses", que atores heterogêneos em universos sociais diferenciados, ao agirem sob o efeito de cadeias causais não menos heterogêneas, podem se incorporar a mobilizações iniciadas por outros, se incorporar a elas muitas vezes enquanto oportunidade para agir (o que não tem nada a ver com a ideia, enganadora e fortemente objetivista, da "estrutura de oportunidades políticas", que passasse por completo ao largo daquilo que faz para os atores sociais a oportunidade da ação[13]) e, assim, por sua simples entrada no jogo, inflectir ou por vezes modificar radicalmente a trajetória histórica dessas mobilizações. Esta é uma das maiores razões pelas quais o "sentido" que tomam as mobilizações escapa com muita de frequência de seus iniciadores. Do ponto de vista dessas questões, o impacto do *linguistic turn* e do construtivismo ingênuo da teoria-padrão a respeito da ação coletiva provavelmente foi a origem de uma autêntica regressão intelectual, ao acrescentar à definição finalista da ação coletiva outro equívoco: aquele que consiste em tentar explicar a extensão das mobilizações a diferentes campos ou setores pela magia de qualquer "tomada de consciência", ou, ainda, outras em certas variantes da concepção-padrão, pela magia do "degelo cognitivo" ou qualquer outra "liberação cognitiva", o que dá no mesmo. Essa imaginária intelectualista (em realidade, um puro prejuízo etnocêntrico) pressupõe que os "dominados" não sabem que eles o são (entretanto, eles sabem, mesmo que não queiram sabê-lo) e

---

13 Para as formulações iniciais da crítica do objetivismo da teoria das "estruturas de oportunidades políticas", ver Dobry, Les causalités de l'improbable et du probable: notes à propos des manifestations de 1989 en Europe de l'Est, *Cultures et conflits*; Kurzman, Structural opportunity and perceived opportunity in social movement theory: the Iranian revolution of 1979, *American Sociological Review*.

que precisariam para descobri-lo de uma "conscientização" qualquer. Ela passa, sobretudo, ao largo das maneiras por meio das quais efetivamente as cognições e as representações dos atores que intervêm nas mobilizações e podem ser modeladas por estas. A esse respeito, são cruciais as transformações *despercebidas* – com frequência súbitas e locais e que não têm, na maior parte do tempo, de modo estrito nada de "ideológico" – das *percepções do risco, do provável, do jogável*, que justamente são produzidas por mobilizações surgidas em outras partes do espaço social, em especial em outros setores ou campos. Timothy Tackett mostrou que, mesmo no caso de uma "grande revolução" como aquela de 1789, a "consciência revolucionária" é antes produto das mobilizações e dos processos que elas engendram do que de suas supostas pré-condições ou causas.[14] Isso é consistente em realidade com as análises do conjunto dos processos críticos abordados em *SCP* e vale também, talvez paradoxalmente, para os processos nos quais tomam parte os atores que definem a si próprios como "revolucionários conscientes" e que mantêm, face a face aos fenômenos "revolucionários", uma forte relação reflexiva. Trata-se de uma aposta segura que, se tal reflexividade pudesse constituir de qualquer maneira uma "causa" ou uma "pré-condição" das "revoluções", estas seriam bem mais frequentes.

3. A ilusão do esgotamento do real e o falsificacionismo vulgar

Com a terceira observação, tocamos a questão da "validação" ou da "refutabilidade" do sistema teórico exposto em *SCP*. Se este jamais foi seriamente contestado, penso que não me engano ao discernir por vezes um queixume: por que não tentei analisar a totalidade de um "caso histórico" dado – por exemplo, a "crise" de maio 1968 – e "explicá-lo", precisamente, em sua "totalidade"? A resposta me parece elementar: porque semelhante visão de esgotamento total dos encadeamentos causais de uma configuração histórica de "fatos" ou "eventos" constitutivos de tal "crise" é, do ponto de vista de uma abordagem de conhecimento, propriamente absurda (e, além disso, evidentemente infactível). Embora o simulacro de tal tentativa – que se encontra também por vezes sob o rótulo, que se tornou flutuante, de *thick description* – pudesse trazer, concederei isso, um sólido benefício de ordem *ornamental* (ou, se se quiser, literária), ele interferiria inutilmente no modo como eu abordei a questão, a meus olhos muitíssimo importante, do *alcance explicativo* da teoria das conjunturas fluidas. Uma das fontes de confusão na base desse queixume reside, segundo me parece, naquilo de que se investem de ordinário os termos "validação", "refutabilidade" ou "falsificação". Ora, é pouco dizer que, no universo das Ciências Sociais, esses termos e

---

14 Tackett, *Becoming a Revolutionary*.

aquilo a que eles remetem foram objeto de importantes equívocos. Duas concepções ordinárias de "validação" permitem ilustrar esse ponto. A primeira está ligada à crença segundo a qual a acumulação progressiva de "casos" analisados em sua "profundidade" ou em sua "totalidade" factual acabará um dia por engendrar por si própria (por meio de uma somatória de observações e contrastes recolhidos caso após caso, abordagem *indutiva* considerada não poluída por nenhuma construção abstrata, idealização "arbitrária" ou *a priori* e destacada da imediaticidade da empiria) hipóteses que têm uma vaga amplitude geral. Trata-se de uma imagem da "validação" empírica congruente com a renúncia mais ou menos odiosa à ambição nomológica das Ciências Sociais, renúncia esta cujos avatares regularmente se veem ressurgir. Em outra concepção, o equívoco, que pode muito bem se combinar na prática com o prejuízo indutivista, se esparrama sob a forma daquilo que eu tentei nomear como o *falsificacionismo vulgar*, que consiste em "testar", separadamente umas das outras, de maneira descosida, proposições isoladas, órfãs, cada uma destrinchada à moda do *adhocismo* (o termo é de Popper) a partir de dados que são próprios a ele, os mesmos dados que vão servir, em retorno, de maneira soberbamente circular, para "testar" individualmente cada uma de suas proposições.

É inegável que, em relação a esses modos supostos de "administração da prova", a abordagem de *SCP* é francamente discrepante. Esta não se satisfaz com a constatação de que suas proposições são "confirmadas" ou corroboradas pelas observações empíricas ou pelos "fatos" (mas elas o são), ou com a constatação de que essas observações ou "fatos" não são contraditórios com elas (eles não o são). No mais, seu regime de falibilidade comporta dois outros elementos, mais importantes. Eu me concentrarei mais no primeiro, à medida que concerne ao uso particular que *SCP* faz dos "casos históricos", ainda que seja o segundo que me pareça fundamental.

1. Na abordagem feita por essa obra, os materiais ou "casos" históricos não se tornam significativos, *a esse respeito*, senão pelo aspecto que faz sua *pertinência*.[15] Quando nesta obra recorro a esse fim de "validação" (o termo é de fato inadequado), foi, antes de qualquer outra consideração, para mostrar que o sistema teórico e as proposições que exponho *explicam mais e melhor* a realidade das "crises" do que fazem outras teorias ou prototeorias. Isso é o que chamo – com e depois de outros autores – de testes *críticos* ou *decisivos*. Eles são decisivos naquilo que permitem *estremar*, discriminar, duas ou, bem

---

15 O uso que *SCP* faz do "caso" e de materiais históricos não se limita a isto: independentemente de toda preocupação com a "validação" ou com a "administração da prova", esses casos e materiais são igualmente solicitados a fim de, tão somente, permitir ao leitor ver aquilo de que se trata a questão da demonstração ou da discussão que de outro modo pode às vezes parecer abstrata. Somente uma visão dogmática da abordagem científica e daquilo que recobre o "critério" popperiano de cientificidade (o de falsificação) pode incitar a se ver nessa abordagem a prova de uma enfermidade congênita própria às Ciências Sociais.

mais raramente, muitas teorias. Por isso, claro, é preciso de imediato que minimamente se esteja lidando com teorias, o que é muito menos frequente do que se pensa de ordinário. Mas isso não é suficiente: é preciso, ademais, que nos desembaracemos da ideia comum de que, no domínio das Ciências Sociais, os "testes" críticos ou decisivos são necessariamente mais fáceis de realizar do que nas ciências ditas "duras". Sem dúvida, não é a impossibilidade de experimentação que tenho em mente aqui, mas coisa bem diversa, que remete à questão da pertinência mencionada anteriormente: na realidade, a despeito do que afirmam inúmeros tratados metodológicos, todos os "casos" não se equivalem. E quando são discriminantes, eles nunca o são em sua totalidade, mas tão somente por certas características suas e, sobretudo, em relação a algumas implicações deriváveis das teorias discutidas. Entretanto, resta que, *por pouco que saibamos aquilo que buscamos*, pode suceder às vezes de nos depararmos com "casos" históricos pertinentes. Em se tratando da abordagem de *SCP*, eu me limitarei aqui a fazer alusão a um desses "casos", particularmente significativo com que me deparei. Aquilo que faz o interesse dos "eventos" de maio de 1968 na França enquanto teste ou "caso" decisivo (e que nisso se distingue do "caso" da crise de maio de 1958, por exemplo) não é senão que, com esses eventos, o que quer que façamos, de que qualquer maneira que construíssemos ou manipulássemos os indicadores empíricos, é impossível detectar antes da própria "crise" qualquer deslegitimação do regime político ou de seus governantes. Se essa constatação é inteiramente congruente com a teoria das conjunturas fluidas, ela é em contrapartida incompatível com as proposições atinentes à legitimidade e à "sustentação difusa" da teoria proposta por David Easton nas quais se inspiram e continuam a se inspirar, mesmo se nem todos o saibam, a maior parte dos politicólogos e sociólogos contemporâneos. O caso permite assim estremar as duas formulações teóricas, porque tem a vantagem de oferecer a possibilidade de *isolar* certos processos de deslegitimação, estes que são subprodutos das mobilizações multissetoriais e da dessetorização do espaço social. E mesmo se estou absolutamente convencido de que processos análogos são produzidos no momento da crise de 1958, esse outro "caso" não nos oferece os meios de separar os processos de deslegitimação produzidos no curso da própria crise daqueles que podem ser observados antes dela. 2. De encontro às asserções da maior parte de perspectivas estreita ou dogmaticamente falsificacionistas, penso todavia que a questão da "refutabilidade" ou da "validação" se coloca, e se coloca sempre, menos nos testes críticos do que nos prolongamentos das proposições que formam o núcleo teórico de *SCP*, em particular aquelas concernentes a terrenos ou objetos outros que aquelas a propósito das quais se efetua a formulação inicial dessas proposições. Ou, em termos contíguos, a questão se coloca na *variedade e na extensão de suas implicações*, naquilo que elas permitiram explicar, entrever, identificar ou descobrir, isto é, na sua amplitude heurística e no seu valor agregado ou "excedente de conteúdo empírico".[16]

No encerramento dessa discussão, bastante incompleta, de muitas de minhas insatisfações e das críticas que me foram dirigidas, eu gostaria de mencionar sumariamente o destino de *SCP* na pesquisa contemporânea. A começar por uma constatação: suas proposições superaram sem dano um "teste" de outro tipo do que aqueles que venho discutindo. Trata-se do conjunto de processos críticos, de "transformações" ou "transições" que acompanharam a derrubada dos sistemas autoritários de "tipo soviético" na Europa Central e Oriental. Diferentemente de muitas outras perspectivas, a teoria das conjunturas fluidas, para atribuir as razões desses processos, não teve de "se adaptar". Sob diferentes ângulos, as proposições de *SCP* foram, em seu núcleo, confirmadas por diferentes trabalhos dos quais, no essencial, eu não sou o autor e que tenho sido quase sempre incapaz de levar a bom termo. Essa constatação remete, aliás, a outro ponto. Depois de uma vintena de anos, pesquisadores em Ciências Sociais ou por vezes historiadores, especialmente jovens pesquisadores (alguns dentre eles tiveram aparentemente dificuldade de se reconhecer nesse qualificativo: o tempo fez seu trabalho), saídos de "legiões" ou "gerações" sucessivas, acreditaram poder utilizar, se apropriar ou prolongar as proposições teóricas, as análises e os questionamentos de *SCP* em vista de objetivos próprios a seus trabalhos e cada um à sua maneira. A mim importa dizer aqui que esses trabalhos não são estranhos ao destino deste livro; eu sei o que ele lhes deve. Para mim, é impossível, no escopo deste prefácio, apresentá-los e discuti-los como eles merecem, ou mesmo esboçar uma lista ou resumir os resultados. Eu me limitarei a assinalar rapidamente dois traços da configuração que eles formam. Primeiro traço: esses trabalhos – cinco ou seis dezenas de artigos, livros ou teses (não estou seguro de conhecê-los todos, uma vez que alguns são escritos em línguas que não me são acessíveis) – concernem, por conseguinte, a *um inventário bastante diversificado de "ares culturais"*, incluindo em particular o espaço, ao qual acabei de me referir, dos países da Europa Central e da Oriental. Espaço este, é claro, das "velhas" ou relativamente velhas democracias da Europa Ocidental (em particular, com estudos concernentes a esse notável "laboratório" que ao longo do correr dos anos tem sido o sistema político italiano). Espaço este, também, de inúmeras sociedades da América Latina. Por último, outros trabalhos estão ligados às sociedades do mundo "árabe-muçulmano" e alguns, talvez menos notados (provavelmente com injustiça), dos países da África Subsaariana. Segundo traço, sem dúvida o mais importante: esses trabalhos cobrem um *largo espectro de fenômenos ou de "objetos" empíricos*. Eis aqui os principais focos: por um lado, o que não

---

16 Lakatos, Falsification and the methodology of scientific research programs. In: Lakatos; Musgrave (eds.), *Criticism and the Growth of Knowledge*.

surpreenderá a ninguém, os processos de "crise" e de fenômenos críticos contíguos e, por outro, os processos de transição já mencionados (e não somente aqueles das sociedades da Europa Central e da Oriental). Outros desses trabalhos se debruçam sobre objetos também diversos da ação coletiva e da mobilização, as transformações de regime político, os escândalos políticos, os fenômenos "carismáticos", as "catástrofes", as "crises" ou os "riscos" ecológicos ou industriais etc. Mas esses trabalhos estão também interessados por "objetos" relevantes ao registro do estável e ordinário, como compasso cotidiano de dispositivos institucionais, as colusões e as trocas intersetoriais, a legitimidade e a produção da legitimação ou ainda os jogos políticos rotineiros observáveis tanto nos sistemas democráticos quanto nos sistemas autoritários (essa enumeração não é evidentemente exaustiva). A partir de seus terrenos e objetos próprios, esses trabalhos *de facto* "testaram" ou "verificaram", como preferirmos, a aptidão da teoria das conjunturas fluidas a *viajar*. Ao cabo, eles me parecem ter sido bem mais fortalecidos do que enfraquecidos pelas ideias expostas por *SCP*.

Última reflexão: as observações que precedem fazem sentido de início com relação ao domínio de pertinência de *SCP* tal como eu o defini no livro e tal qual eu o retomei neste prefácio, mesmo se alguns dos trabalhos já mencionados, por seus "terrenos" e "objetos", se situem em minha opinião nas fronteiras desse domínio. O mesmo ocorre com algumas outras questões que colocam, e que me colocam, outros pesquisadores os quais não hesitam em explorar o alcance das proposições de *SCP* para além das fronteiras de seu domínio de pertinência: no tempo ao, por exemplo, levá-lo, na profundidade histórica de nossas sociedades, para muito longe, ou, o que é muito diferente, para ensaiar pensar o espaço internacional e os relacionamentos que nele se desenvolvem. Confesso que me mostrei por muito tempo extremamente desconfiado, para não dizer temeroso, de ficar face a face com tais abordagens. Hoje elas me amedrontam menos. Todavia penso que, sob essa chave, o melhor partido que se poderia tirar das proposições de *SCP* consiste, paralelamente ao uso heurístico destas, em identificar também nelas, e talvez de início, *o que está em jogo nessas lacunas e diferenças*, isto é, por que nos afastamos de seu domínio de pertinência.[17]

Paris, abril de 2009.

---

17 Que me seja permitido aproveitar este prefácio para afirmar de novo minha gratidão para com aquelas e aqueles que, em diversos momentos e de diversas maneiras, outrora me ajudaram a levar a bom termo este trabalho. Mais de vinte ou vinte cinco anos se passaram: alguns foram prematuramente tirados de nós, outros seguiram vias que os afastaram de mim. Meu reconhecimento se dirige de imediato a Jean Leca, por sua imensa cultura, disponibilidade, gentileza e coragem que teve de bancar um trabalho fortemente pouco conformista com relação ao qual ainda hoje eu não estou seguro se ele compartilhava todas

Referências bibliográficas

BERGER, P. L.; LUCKMANN, T. *The Social Construction of Reality*. New York: Anchor Books, 1966.

DOBRY, M. Clausewitz et l'"entre-deux", ou de quelques difficultés d'une recherche de paternité légitime. *Revue Française de Sociologie*, v.17, n.4, oct.-déc., p.652-64, 1976.

_____. Mobilisations multisectorielles et dynamique des crises politiques: un point de vue heuristique. Revue Française de Sociologie, v.24, n.3, jul.-sept., p.395-419, 1983.

_____. Les causalités de l'improbable et du probable: notes à propos des manifestations de 1989 en Europe de l'Est. *Cultures et Conflits*, n.17, printemps, p.3-8, 1995.

_____. Ce dont sont faites les logiques de situation. In: FAVRE, P. et al. (dir.), L'atelier du politiste: théories, actions, représentations. Paris: La Découverte, 2007, p. 119-148.

_____. L'apport de l'école néo-phénoménologique. In: DUPRAT, G. (dir.). *Analyse de L'Idéologie*. Paris: Galilée, 1983, v.2.

KURZMAN, C. Structural opportunity and perceived opportunity in social movement theory: the Iranian revolution of 1979. *American Sociological Review*, v.61, 1996.

LAKATOS, I. Falsification and the methodology of scientific research programs. In: LAKATOS, I; MUSGRAVE, A. (eds.). *Criticism and the Growth of Knowledge*. Cambridge: Cambridge University Press, 1970.

TACKETT, T. *Becoming a Revolutionary*: The Deputies of the French Assembly and the Emergence of a Revolutionary Culture. Princeton, N. J: Princeton University Press, 1996.

---

as opiniões. Minha gratidão também se dirige a Élisabeth Bautier-Castaing, Roger Bautier, Jacqueline Blondel, Luc Boltanski, Juan Linz, Mireille Perche, Pierre Vialle e Aristide Zolberg; a Bernard Lacroix e Vincent Merle, pelas frequentes e densas trocas que eu tive com eles e, por fim, a François Chazel, Serge Hurtig, Jacques Lagroye e Marcel Merle, que aceitaram a árdua tarefa de participar da banca da tese de doutorado da qual esta obra derivou. Todos eles me prodigalizaram com numerosos conselhos, críticas e sugestões. Escrevi na primeira edição desta obra que "eu nem sempre soube, pôde, ou – mais frequentemente – quis" levá--los em conta. Isso queria dizer simplesmente que eu nela fiz o que me veio à cabeça e que eles não eram em nada responsáveis pelo conteúdo deste livro. Contudo, saibam eles que a época da gestação deste trabalho ficou em minha lembrança como um período encantado – creio que se trata senão muito marginalmente de efeito da velhice esta que pode ser apenas "social" – e que eles contribuíram para o clima intelectual do qual essa gestação beneficiou-se permanentemente. Eu gostaria de agradecer igualmente a Marie-Geneviève Vandesande por tudo o que ela dedicou à realização desta terceira edição.

1
A HIPÓTESE DE CONTINUIDADE

Este livro tem por objeto os processos de crise política. Mais precisamente, ele é consagrado a uma categoria particular de crises: àquelas que são associadas às mobilizações que afetam simultaneamente várias esferas sociais diferenciadas de uma mesma sociedade. Sua ambição é a de restituir a dinâmica dessas crises. Uma de suas teses centrais é a de que é possível fazê-lo, desde que se leve plenamente em conta na análise essa diferenciação "estrutural" presente nas sociedades que nos são contemporâneas. Em seu conjunto, as análises desenvolvidas nos capítulos seguintes se devem a certas escolhas feitas inicialmente que não são apenas – longe disso – puras e simples decisões de método.

Uma perspectiva clausewitziana

A primeira dessas escolhas poderá parecer paradoxal. Interessam-nos fenômenos cujas definições habituais giram em torno da ideia – esta é uma boa definição provisória, mas somente provisória, desses fenômenos – de processos sociais que levam, ou são suscetíveis de levar, a rupturas no funcionamento de instituições políticas (não necessariamente legítimas) próprias a um sistema social e que parecem ameaçar a persistência dessas instituições. Em outros termos, limitar-nos-emos aos fenômenos percebidos e analisados – tanto pelos próprios atores das crises quanto por seus observadores "externos" aliás – como descontinuidades que intervêm no fluxo "normal" das rotinas ou das interações políticas. Nossa primeira escolha é, em tudo contrária a essa representação, aquela da *hipótese de continuidade*. Não postularemos, com efeito, no ponto de partida deste estudo, que a interpretação desse tipo de fenômeno deve necessariamente ser buscada nos "fatores", nas "variáveis" ou nas configurações causais radicalmente diferentes daquelas às quais o cientista político ou o historiador recorrem para dar conta dos jogos políticos das conjunturas mais rotineiras. Nessa perspectiva, "continuidade" quer tão somente dizer que as molas sociais das crises políticas não se situam exclusivamente (nem sequer, sem dúvida, de modo privilegiado) na patologia e nos "desequilíbrios" sociais, nas decepções ou nas frustrações (por mais "relativas" que elas fossem), nos desvios psicológicos ou ainda nos "impulsos" da irracionalidade, individuais ou coletivos. Com relação a isso, a problemática esboçada aqui pode ser legitimamente aproximada de toda uma série de trabalhos ligados à perspectiva da mobilização ou da "gestão de recursos".[1]

Ela se aproxima também dessa perspectiva por outra de suas opções que, de certa maneira, representa a vertente positiva disso que acabamos de indicar. Trata-se da reinserção sistemática, na análise e na explicação das crises políticas, *da atividade tática* de seus protagonistas. Ela supõe, mais geralmente, que, tanto nas conjunturas rotineiras quanto naquelas que o são menos, temos os meios para compreender o lugar de direito – seja na aparição, seja no desdobramento desses processos – das mobilizações que

---

[1] Entre os mais típicos desses trabalhos, devemos citar: Gamson, *Power and discontent*; Oberschall, *Social conflict and social movements*; McCarthy; Zald, Resource mobilization and social movements: a partial theory, *American Journal of Sociology*; Tilly, *From mobilization to revolution*; Zald; McCarthy, *The dynamics of social movements*. Em sua maior parte, esses trabalhos encontram, sem que seus autores estejam, ao que parece, perfeitamente conscientes disso, inspiração em algumas análises externas a essa perspectiva, como, por exemplo, as de Bailey, *Les règles du jeu politique*; Ilchman; Uphoff, *The political economy of change*. Entre os trabalhos ligados à perspectiva da mobilização de recursos, Charles Perrow sugeriu que se opusessem duas orientações – ou duas sensibilidades – distintas, que não nos parecem em absoluto incompatíveis: uma mais "política", qualificada como "modelo de processo político", relaciona as mobilizações, as ações coletivas, os movimentos sociais a seus papéis e a seus efeitos no jogo político; a outra, mais "econômica", permanece sobretudo indiferente à dimensão política desses fenômenos e, acerca deles, investiga de preferência como são criados, trocados e gerenciados esses bens raros que constituem os recursos políticos. À primeira orientação corresponderia um interesse particular pelos fatores constitutivos da solidariedade de grupos sociais e pelos instrumentos que tornam a ação coletiva possível. A segunda orientação, por seu turno, privilegia a competição pelos recursos, o grau de substitutibilidade dos "produtos" (ecologia e "liberação das mulheres", por exemplo), as curvas de demanda e a atividade de promoção dos bens políticos ou, ainda, as carreiras dos "empreendedores do movimento social" e os modos de remuneração da atividade de seus membros. Essa distinção, por mais interessante que ela seja, não é pertinente para nosso propósito (ver Perrow, The sixties observed. In: Zald; McCarthy [eds.], op. cit.). Com razão, Perrow destaca que a primeira orientação pode ser qualificada de "clausewitziana" em um sentido bastante próximo ao que aqui damos a esse termo (Ibid., p.199).

esses protagonistas realizam no curso das competições e dos enfrentamentos que constituem a trama das relações políticas.

Isso significa dizer que a hipótese de continuidade corresponde também a um deslocamento do interesse teórico para o que está em jogo *nos* próprios processos de crise, *nos desferimentos das jogadas* que neles intervêm, em detrimento das "causas", "determinantes" ou "pré-condições" das crises, que supostamente a tudo explicam e, às vezes (mas os dois podem se acumular), em detrimento dos resultados ou dos subprodutos desses processos – tais quais, por exemplo, a queda de um regime, a guerra civil –, o compromisso leva a um "reequilíbrio" do sistema político, ou ainda, é claro, à "mudança" deste – categoria esta que é uma das que a tudo englobam e que está entre as mais acolhedoras que a Ciência Política dispõe. E, como veremos, seria errado, naquilo que concerne a esses resultados e subprodutos, decidir muito apressadamente que eles resumem, refletem ou representam de alguma maneira "o que se passa" no próprio desdobramento das crises.

Contudo, esse deslocamento do interesse nos condena a retomarmos por nossa conta, na nossa abordagem, as categorias de percepção, os dilemas, as racionalizações, os conceitos e mesmo as "teorias" originárias dos atores das crises? Não acreditamos. Com certeza, estes são um dos materiais mais ricos de ensinamentos com os quais seremos levados a trabalhar. Sem dúvida, constituem também uma parte importante da própria realidade que iremos examinar. Mas seu papel para aí, porque o "enigma" a resolver[2] ou, caso se prefira, o "quebra-cabeças" próprio a esse estudo, não tem nada a ver com os problemas pragmáticos ou "teóricos" nascidos da atividade prática dos atores. Antes de tudo, no que concerne às mobilizações, nos deteremos nas relações que elas mantêm com os contextos "estruturais" – termo que, à maneira do de "crise", também é delicado. Esses contextos, nós os suporemos variáveis, sensíveis justamente às mobilizações que neles poderão se inscrever. Nós nos orientaremos aqui em direção a uma especificação de *diversos tipos de conjunturas*, entre as quais as conjunturas críticas, enquanto *estados particulares* dos sistemas políticos concernidos.

Essas escolhas fazem com que as análises e as hipóteses apresentadas no escopo desse estudo correspondam, antes de tudo, a uma perspectiva *clausewitziana*. Perspectiva clausewitziana sim, porém despojada de toda tentação de agarrar-se à continuidade em termos teleológicos ou instrumentais, isto é, despojada, em particular, das virtudes que de ordinário se prestam a colocar em funcionamento o esquema "meios-fins".[3] E também,

---

2 Kuhn, *La structure des révolutions scientifiques*, p.54 e ss.
3 Esta é precisamente uma das grandes fraquezas da interpretação engenhosa, mas com muita frequência frágil, que Raymond Aron propõe a respeito de *Vom Kriege* [Da guerra] de Clausewitz, em que rebate a hipótese de continuidade com esse esquema finalista (Aron, *Penser la guerre, Clausewitz*). Para uma crítica desse insossamento do pensamento Clausewitz, ver

outra qualificação, perspectiva articulada a uma distinção entre *estados rotineiros e estados críticos* que podem ser experimentados por uma mesma sociedade.[4]

Essa última opção separa muito sensivelmente a problemática que esboçamos aqui de alguns dos postulados colocados pelos pontas de lança da vertente da "mobilização de recursos". O mérito incontestável deles é o de ter de algum modo reabilitado a dimensão tática do comportamento dos atores individuais e coletivos na explicação dos movimentos sociais, dos confrontos internos "violentos", dos fenômenos revolucionários e, mais geralmente, dos processos de mobilização e de conflito. Mas eles também erraram ao acreditar que disso poderiam tirar como consequência que essa reabilitação só possa ser feita às custas do abandono de toda reflexão sobre os *diferentes estados* que um sistema social pode conhecer e sobre as variações desses estados.

Tentemos precisar a divergência, porque ela toca no próprio coração de nosso sistema de hipóteses. Ela se relaciona à forma como podemos conceber os processos que são, a um só tempo, geradores e constituidores das "crises", a saber, as mobilizações. A análise desfere, desse ponto de vista, contra duas armadilhas opostas, a do objetivismo e a da visão manipuladora ou instrumental das mobilizações e dos recursos políticos, visão esta que se encontra com frequência entre autores que reclamam para si a perspectiva da mobilização de recursos.

Uma herança objetivista

Na maior parte das correntes dominantes da Ciência Política dos anos de 1960, a noção de mobilização não tem senão poucos laços com a atividade tática dos atores sociais. Agora, ao contrário, se estabelece uma associação bastante estreita entre mobilização e "modernização" ou "desenvolvimento político" de sociedades mais ou menos tradicionais. Assim, para Karl Deutsch – que, porém, se ocupa apenas da mobilização "social" – a mobilização designa um "processo geral de mudança" em sociedades em transição de modos de vida tradicionais para modos de vida modernos. Esse processo é caracterizado, resumidamente, por uma sequência histórica do tipo "integração-desintegração-reintegração" (*recommitment*), que

---

Dobry, Clausewitz et l'"entre-deux", ou de quelques difficultés d'une recherche de paternité légitime, *Revue Française de Sociologie*.

4 É possível ver nessa distinção um ponto de vista durkheimiano. Em nossa perspectiva, entretanto, essa distinção é isenta de toda referência tanto a uma patologia social qualquer quanto às diversas formas do organicismo sociológico. Sobre a oposição feita por Durkheim entre períodos críticos e períodos ou estados "orgânicos", ver notadamente Lacroix, *Durkheim et le politique*, p.272 e ss.

vê compromissos sociais, econômicos e psicológicos se esmigalharem ou desmoronarem deixando assim os indivíduos, liberados de suas sujeições tradicionais, disponíveis para novos modelos de socialização e de comportamento.[5]

Entretanto, para Deutsch, essa mobilização "social" acarreta efeitos propriamente políticos, tais como, por exemplo, fortes pressões a favor de um crescimento das capacidades governamentais, de uma participação política ampliada ou de uma transformação das formas e dos fluxos da comunicação política. Os índices empíricos que ele toma para medir essa mobilização (a exposição aos meios de comunicação de massa, a urbanização, a renda *per capita*, a taxa de alfabetização etc.) são reveladores do objetivismo de sua abordagem. Esses índices têm como característica fundamental serem inteiramente externos à atividade tática dos atores sociais, de serem, em particular, externos ao *trabalho de mobilização* observável no curso dos confrontos políticos nos quais a "modernização" das sociedades tradicionais pôde se constituir como tema ou pauta.[6]

Tais concepções não teriam hoje senão um interesse puramente arqueológico se não devêssemos constatar que elas marcaram duravelmente e com profundidade os hábitos intelectuais dos politicólogos, sociólogos ou historiadores, e, por esse viés, o conjunto dos debates que concernem a esses processos mobilização política. Como prova, desejamos elencar as dificuldades que, no plano da análise, se pode encontrar na conceitualização elaborada por Etzioni, este que é, todavia, um dos críticos mais perspicazes das confusões engendradas pela escola "desenvolvimentista" e a quem, ademais, se referem sistematicamente os teóricos da "mobilização de recursos". A Etzioni recai, com efeito, o mérito de haver estremado, segundo a expressão de Chazel,[7] o lugar "quase umbilical" que unia mobilização e modernização. Ao definir a mobilização enquanto processo pelo qual uma unidade social adquire controle significativo sobre recursos (*assets*) que ela não controlava antes,[8] esse autor não tem nenhuma dificuldade em

---

5 Deutsch, Social mobilization and political development, *The American Political Science Review*.
6 Com uma série de nuances, o acoplamento da mobilização à modernização é encontrado em inúmeros outros trabalhos, como no de Daniel Lerner e, com um uso muito mais circunscrito e técnico da noção de mobilização, na conceitualização de David Apter (no qual a mobilização não é analisada senão enquanto maior característica de um tipo particular de sistemas sociais modernizadores) ou mesmo em Nettl, que, no entanto – sem que seja útil entrar aqui nos detalhes de uma abordagem densa –, procurou destrinchar uma concepção "induzida", isto é, mais simplesmente, voluntarista dos processos de mobilização (desta vez mobilização "política") (ver Lerner, *The passing of traditional society*; Apter, *The politics of modernization*; Nettl, *Political mobilization*). Sobre os laços dessas concepções com a perspectiva do desenvolvimento político, ver Badie, *Le développement politique*.
7 Chazel, La mobilisation politique: problèmes et dimensions. *Revue Française de Science Politique*.
8 Etzioni, *The active society*, p.388.

estabelecer que os processos de mobilização não devem necessariamente ser confundidos com a "modernização" de uma sociedade. Há, por exemplo, mobilizações cujos efeitos são de "bloqueio" de uma modernização, há também mobilizações mais especificamente "contrarrevolucionárias" que nem sempre são, longe disso, "modernizadoras".[9] Um elemento significativo: Etzioni quer manifestadamente reagir contra o objetivismo da escola desenvolvimentista e antes centrar a análise na própria ação dos atores. Crê elaborar assim uma concepção "voluntarista" dos processos de mobilização: estas suporiam uma "condução" (*steering*) por parte de certas subunidades sociais, por parte, em outros termos, de certos atores coletivos tais como o governo, a direção de uma organização ou de um conselho regional. Por isso, seria errôneo ver nas mobilizações simples subprodutos não intencionais da interação entre várias unidades sociais ou de uma multiplicidade de microdecisões. Desse ponto de vista, a noção de mobilização pertence à mesma família de conceitos que as de *decision-making*, de planificação social ou de política pública. A dificuldade provém tanto porque Etzioni, na linha dos trabalhos de inspiração desenvolvimentista, ainda concebe as mobilizações enquanto mudanças sociais[10] como também das implicações do uso que ele faz da noção de "controle".

Com certeza, está fora de questão negar a frequente ligação que mobilizações e transformações sociais têm entre si, uma vez que de saída a Etzioni interessa as mudanças "na estrutura de controle" dos recursos, isto é, aquelas que afetam o "modelo" da repartição desse controle entre os diversos tipos – hierarquizados – de unidades sociais.[11] Assim, Etzioni exclui apenas, desse controle de recursos do campo de fenômenos que a noção de mobilização deve cobrir, as *flutuações menores* e *as flutuações não cumulativas*.[12] Dito de outra maneira, são descartadas as variações constitutivas, no dia a dia, da atividade tática dos protagonistas dos conflitos, que agem muito frequentemente sem estarem aptos a modificar de maneira substancial, ao menos a curto prazo, os "modelos" de repartição do controle de recursos. O erro objetivista tem aqui, nesse sentido, uma visada contígua àquela de que se revestem frequentemente os trabalhos de historiadores que privilegiam a "longa duração" a expensas do que está em jogo ou do que "se tece" no evento. Malgrado sua intenção "voluntarista", a análise de Etzioni dessa maneira abdica disto que "se passa" nos confrontos em favor

---

9 Ibid., p.418-21.
10 Ibid., p.389-90.
11 Etzioni destaca que este tipo de processo igualmente afeta as "fronteiras" de diversas unidades sociais hierarquizadas que nele tomam parte.
12 Ibid., p.389. Assinalemos, no mesmo sentido, a exclusão de todos os mecanismos sociais de "manutenção" do sistema e, mais geralmente, a fronteira muito clara que Etzioni traça entre aquilo corresponde à "manutenção" e aquilo que é constitutivo das mobilizações, isto é, nessa perspectiva, a mudança (Ibid., p.390).

somente dos *resultados* destes e apenas quando esses resultados são *estabilizados* sob a forma de "modelos" duráveis da repartição de recursos. Quanto à ideia de controle, o grande inconveniente de sua inserção na definição dos processos de mobilização é que ela veicula a imagem da aquisição por uma unidade social ou por um ator de um *potencial* de ação equivalente aos recursos acumulados. O pesquisador é então levado seja a pensar dentro das mesmas categorias esse tipo de processo e a "atualização" – a colocação em prática desse potencial nos confrontos –, seja a abandonar a "atualização" em proveito da observação dos simples processos de aquisição de potenciais de ação (o que, no mais, está mais próximo da abordagem efetiva de Etzioni).[13] Subsidiariamente, a ideia de controle supõe também o caráter *central* da mobilização em torno de uma unidade ou subunidade "central", ponto que justamente, como veremos, cria ainda mais dificuldades para análise das mobilizações e, em particular, das mobilizações multissetoriais que nos ocuparão mais adiante, do que a direção descendente (*downward process*) – desde "elites" ou "do alto" da unidade social mobilizadora rumo aos componentes mais baixos – que Etzioni atribui ao conjunto dos processos de mobilização.

Mobilizações e jogadas

O conjunto das considerações precedentes milita, pois, em favor de uma concepção extremamente exigente ou, caso se prefira, estreita da noção de mobilização. Esta é uma das condições da integração efetiva, na análise dos processos de crise, da dimensão tática dos confrontos políticos. Não falaremos de mobilização senão quando recursos dados se inserirem em uma linha de ação, ou melhor, em uma jogada (*move*), e isso tão somente em um contexto conflituoso. Essa perspectiva, sem dúvida bastante inabitual na Sociologia Política contemporânea, convida a várias observações:

1. É preciso sublinhar desde o início a função que desempenham as "jogadas". Esta função é decisiva. Por meio dela, com efeito, a atividade tática dos protagonistas dos conflitos é, de imediato, colocada no coração da análise dos processos de mobilização. Mas é igualmente claro que, sobre

---

[13] Por exemplo, com o problema da medida da mobilização (Ibid., p.391). Convém sublinhar que o conjunto da discussão desse ponto feita por Etzioni tornou-se particularmente obscuro devido ao uso de uma analogia termodinâmica, por exemplo: "O conceito de mobilização responde à questão analítica: qual é a fonte de energia da ação *societária*? Do mesmo modo que a libido é 'mobilizada' por vários mecanismos de personalidade para energizar ações e trabalhos desses mecanismos, assim também os ativos dos membros das subunidades – unidos do ponto de vista da unidade – são colocados à disposição, a despeito do processo de mobilização, para energizar (ou cobrir os 'custos' das) ações *e* controles das unidades" (Ibid., p.392).

esse ponto, a perspectiva que acabamos de indicar é a que mais se afasta das definições objetivistas desses processos. No tocante às "jogadas" em si mesmas, visaremos por meio desse termo os atos e os comportamentos individuais ou coletivos que terão por propriedade afetar, seja as tentativas dos protagonistas de um conflito concernente ao comportamento dos outros atores, seja isso que Goffman chama de "situação existencial" (isto é, a grosso modo, as relações entre esses atores e seu ambiente), seja ainda, é claro, esses dois simultaneamente, uma vez que a modificação dessa situação existencial se acompanha quase sempre de uma transformação das expectativas e das representações que os diferentes atores têm a respeito da situação.[14] Nessa perspectiva, dissolver a Assembleia Nacional, invadir os prédios do Governo-Geral na Argélia, ou uma subprefeitura em Finistère, fazer barricadas no Quartier Latin, anunciar sua candidatura à prefeitura de Paris (ou, claro, à de Lyon ou à de Nova York) ou encontrar chefes militares em Baden-Baden, tudo isso constitui ao fim e ao cabo as "jogadas" no sentido que acabamos de enunciar, malgrado as muito sensíveis diferenças que opõem esses atos naquilo que concerne ao lugar que têm em seu desdobramento as normas, as instituições ou os recursos coercitivos.[15]

---

14 Nós tomamos de empréstimo a noção de "jogada" dos teóricos da "interação estratégica" (ou teoria da decisão interdependente), particularmente Schelling, *The strategy of conflict*; Goffman, *Strategic interaction*, p.90 e ss. A extensão que nós damos aqui a essa noção nos permite contornar o problema inutilmente penoso das "jogadas" dissimuladas ou invisíveis. Ver também, para uma discussão dessa noção, Archibald (ed.), *Strategic interaction and conflict*; Dobry, Note sur la théorie de la interaction stratégique, *Arès*, p.58-60.

15 Sabemos também que, nessa perspectiva, a "jogada" é dissociada de toda vontade de especificar uma "solução determinada" a um "jogo", o que quer dizer que assim se abandona isso que constitui a abordagem intelectual característica da "teoria dos jogos". O ponto merece algumas explicações. De encontro a uma crença bastante difundida entre sociólogos e politicólogos, a autonomização analítica das "jogadas" – empreendida, sob os fenomenalmente mais diversos registros e terrenos empíricos, por Thomas Schelling e depois por Erving Goffman – marca, na realidade, uma ruptura com a perspectiva da "teoria dos jogos", ao menos com as formulações mais ortodoxas desta última (cf. Joxe, Le pouvoir militaire e le simulacre nucléaire, *Traverses*). Sob um plano técnico, a "jogada", tal como esta é apreendida por Schelling, com efeito, não representa senão a passagem de um "jogo" dado, de uma matriz de retribuições, a outro "jogo", isto é, a uma matriz de retribuições diferentes. Assim, naquilo que concerne às categorias de "jogadas" estudadas por Schelling – por exemplo, o acordo (*commitment*), o fato de "darem-se as mãos" – corresponde a uma passagem a matrizes que restringem consideravelmente as opções deixadas a meu adversário pelo simples fato de haver desaparecido algumas opções que estavam abertas para mim antes da "jogada" que eu fiz. Corresponde, a rigor, à intervenção de um elemento exterior à "teoria dos jogos" em sentido estrito: na realidade, a introdução das "jogadas" tem por efeito restituir aos conflitos sua dimensão temporal, de restaurar o caráter diacrônico do *desferimento das jogadas*, de dar valor à evolução do jogo – aqui "jogo" já não tem mais completamente o mesmo sentido – em função das táticas efetivamente adotadas pelos jogadores. Em suma, como nota Rapoport, tudo o que a "apresentação" sincrônica do conjunto das retribuições em uma matriz (a forma dita "normal" dos jogos) pela teoria dos jogos visava justamente eliminar. Ver, a esse respeito, Schelling, op. cit., p.99, bem como a intervenção de Anatol Rapoport em Archibald, op. cit., p.165.

2. Se "a mobilização não é (sempre) a guerra", ela coincidirá sempre, no entanto, na perspectiva que adotamos aqui, com uma "jogada", isto é, com uma atividade tática da parte dos protagonistas do conflito. Só que essa atividade poderá muito bem ser apenas esta que a linguagem comum nomearia de "simbólica", no sentido de que certos atos podem simbolizar outros atos, por exemplo, mais "duros". O encontro do general De Gaulle com os chefes militares franceses em Baden-Baden em 29 de maio de 1968, no ponto culminante do que foi percebido como "derrapagem" dos "eventos", não foi, é claro, equivalente a uma utilização efetiva das tropas francesas lotadas na Alemanha. Esse encontro ainda sim constitui uma jogada, pôde ser interpretado como uma ameaça facilmente decifrável pelos protagonistas desse confronto, e ainda sim modificou seus esforços e seus cálculos. A amplitude dessa observação de longe ultrapassa, entretanto, os casos particulares das ameaças ou mesmo aquele, mais geral, do jogo das táticas dissuasivas. Porque o que está em causa é a noção de "potencial" já mencionada há pouco. Sem dúvida, e está fora de questão ignorá-lo aqui, os atores – em suas antecipações e cálculos, bem com nas interpretações que dão às situações às quais eles são confrontados – levam em conta os recursos que não são diretamente utilizados, diretamente colocados em jogo no conflito. Sem dúvida, seria um erro análogo esquecer que a "realidade" desses recursos dá lugar aos fenômenos de *misperception* – poderia até mesmo acontecer que, nas conjunturas que nos interessam, as percepções "adequadas" fossem de uma frequência bastante limitada.[16] O mais importante, entretanto, está em outra parte. Trata-se de que, para além desse lugar comum sociológico que consiste em opor potencial e ato (ou, em registros contíguos, "poder latente" e "poder manifesto", "potência" e "poder" ou "mobilização" e "atualização" ou, às vezes, "participação"),[17] a única questão verdadeiramente fecunda para a Sociologia Política é aquela acerca dos diferentes *modos de fazer-valer* os recursos. Dito de outra maneira, essa perceptiva orienta a atenção para as táticas pelas quais podem entrar em jogo a latência ou o potencial. E ela faz suspeitar que os destinos – os "valores" ou os pesos conjunturais – dos potenciais "ativados" e o daqueles que permanecem "dormentes" não são talvez inteiramente os mesmos.[18]

3. A exclusão de situações de cooperação pura, por seu turno, não alivia nenhuma dificuldade. Mas ela tem por implicação lógica que jamais lidaremos, quando falarmos de mobilização, com fenômenos perfeitamente unilaterais, sem mobilizações concorrentes ou antagônicas. No entanto,

---

16 Cf. Jervis, *The logic of images in international relations*; Id., *Perception and misperception in international politics*.
17 Trata-se da orientação da definição proposta por Etzioni, op. cit., p.388. A respeito de "poder", ver também Aron, Macht, power, puissance: prose démocratique ou poésie démoniaque?. In :_____. *Études politiques*.
18 Gamson, op. cit., p.98-9.

as situações que correspondem àquilo a que frequentemente nomeamos jogos de interesses ou de motivos *mistos*, isto é, as situações nas quais componentes de cooperação coexistem com componentes conflituosos, formam – e é uma banalidade constatar isso – a maior parte daquelas com as quais toda análise dos processos de crise política se confronta.[19] Não é certo, todavia, que ganhássemos em rigor analítico ao substituir as expressões "motivos mistos" ou "interesses mistos" por uma formulação menos imprudente naquilo que toca às molas sociais desse tipo de situações. Isso principalmente porque, com muita frequência, esses protagonistas dos confrontos políticos estão condenados a *táticas de denegação* do componente cooperativo, notadamente em face de seu próprio "campo" (ver o exemplo simples dos esforços empreendidos pelo Partido Comunista Francês em maio de 1968 para tentar impor outra interpretação de seu jogo cooperativo com as autoridades, exemplo este que está longe de constituir um caso excepcional) e, além disso, porque a imputação de um interesse ou de um motivo a um ator é uma das operações mais perigosas do "ofício de sociólogo". Isso devido à razão mais fundamental de que, longe de estarem sempre e por toda parte, como desejariam as diversas "sociologias da ação", no princípio dos atos – e, aqui, das "jogadas" –, os motivos, os interesses, os fins, as pautas, os objetivos perseguidos pelos atores são com bem mais frequência abalados, sacudidos, transformados, descobertos ou esquecidos nas (e pelas) próprias *interações entre os desferimentos das jogadas*, isto é, na dinâmica própria ou, caso se prefira, autonomia (em face dos motivos e dos interesses dos atores) do conflito. Por essa razão, vamos preferir aqui falar antes de conflito de dinâmica mista do que conceder *a priori* – o que não seria senão pelo enviesamento da terminologia – um lugar também central a uma representação demasiado teleológica, e por isso ingênua, da atividade tática dos atores e daquilo que a engendra.

4. Observaremos igualmente que, nessa perspectiva, não há nenhuma razão para considerarmos que as mobilizações são o feito de "descontentes", de "opositores", de "dominados" ou de "desafiantes" e que elas não podem ser dirigidas senão contra as autoridades instituídas ou contra a ordem política ou social existente. Trata-se de uma das escolhas mais contestáveis das concepções elaboradas por alguns dos promotores da perspectiva da mobilização de recursos, a oposição do jogo entre os "agentes de controle social", de um lado, e as mobilizações, de outro, bem como entre aquele da atividade tática dos dominantes e aquele dos dominados.[20]

---

19 A respeito de jogos de interesses ou de motivos "mistos", ver antes de tudo Schelling, op. cit., p.99-118.
20 Cf. Oberschall, op. cit., p.28. As outras oposições – tais como, por exemplo, aquela entre ação coletiva e repressão – apontam visivelmente na mesma direção e encontram aí a postura de perspectivas teóricas das quais a escola da mobilização de recursos procura se esquivar, como a distinção feita por Smelser entre ações institucionais e comportamentos coletivos

Isso não quer dizer em absoluto que não há abismos entre estoques de recursos e "repertórios de ação" de uns e de outros – com frequência, esses abismos são até mesmo bastante impressionantes, inclusive em numerosos sistemas democráticos.[21] Eles são tais que, muitas vezes, podemos neles discernir, ao invés dos altamente duvidosos "gostos", disposições ou inclinações dos dominados para a submissão, a principal fonte e a lógica social do "consentimento" que estes concedem àqueles que podem lhes parecer, segundo a expressão de Barrington Moore, da ordem do "inevitável".[22] Mas estaríamos equivocados ao deduzir de tais abismos qualquer diferença de "natureza" entre as mobilizações opositoras ou contestatórias e a atividade tática desses agentes do controle social. Porque isso significaria se tornar cego à similitude dos mecanismos sociais atuante nos dois tipos de processos. A oposição entre esses dois é tanto mais surpreendente à medida que os teóricos da mobilização de recursos não hesitam em absoluto em propagandear, às vezes imprudentemente aliás, o lugar, no comportamento efetivo dos atores, do cálculo "racional", da avaliação de custos e de lucros de uma participação na ação coletiva.[23] Seria evidentemente absurdo pensar que esse tipo de cálculo jamais intervenha nas "agências de controle social" e que a sanção da defecção ou que o encorajamento à lealdade, às vezes, por exemplo, em certas conjunturas críticas, não se tornem nessas agências "problemas" tão cruciais quanto estes podem ser no caso dos "movimentos sociais". Evitar tal armadilha depende igualmente de identificar outra, na verdade, muito contígua: os "movimentos sociais" não têm como propriedade "essencial" a de emergirem apenas nas zonas pouco estruturadas do espaço social. Eles surgem também no próprio interior das "agências de controle social",[24] e veremos mais adiante que tal localização de certas mobilizações nas esferas sociais fortemente institucionalizadas constitui um dos elementos decisivos para a inteligibilidade das conjunturas críticas e da dinâmica destas.

(cf. Dobry, Variation d'emprise sociale et dynamique des représentations: remarques sur une hypothèse de Neil Smelser. In: Duprat, *Analyse de l'idéologie*, notadamente p.209-12).

21 Hoje em dia, nenhum politicólogo sério não sustenta a ideia de que as "poliarquias" existentes – se admitimos a existência efetiva destas – funcionam apenas ao deixarem usualmente fora do jogo grandes segmentos da sociedade. Assim como os mais rígidos entre os economistas clássicos são afeitos à ideia da emergência frequente de um "equilíbrio" global do subemprego, os mais ferozes partidários da perspectiva poliárquica admitem, por fim, o funcionamento de sistemas pluralistas de "sub-representação estável" (ver, em particular, Dahl, Pluralism revisited, *Comparative Politics*).
22 Moore, *Injustice*, p.458 e ss.
23 Ver, por exemplo, o "modelo" no qual as análises desembocam de Tilly, op. cit., p.138-42. Este é igualmente o fundamento da extensão proposta por Oberschall das hipóteses de Mancur Olson acerca da participação à ação coletiva (Oberschall, op. cit., p.113-45).
24 No mesmo sentido, ver Zald; Berger, Social movements in organizations: coup d'état, insurgency, and mass movements, *The American Journal of Sociology*.

5. Por fim, a perspectiva esboçada aqui não toma partido de modos particulares de emergência e de propagação das mobilizações. Aqui tocamos em outra das dificuldades às quais nos confrontam as concepções, frequentemente ligadas à vertente da mobilização de recursos, que atribuem às mobilizações um caráter centralizado. Essas concepções supõem que as mobilizações consistem antes de tudo em uma ativação, a partir de um "centro", de uma "direção" ou de uma "autoridade", de certos recursos, por exemplo, os compromissos em face de uma organização ou de um "patrão", ou ainda de ligações étnicas, com o propósito de atender certos fins coletivos ou certos objetivos de ação e das pautas, uns e outros definidos por esse "centro", essa "direção" ou essa "autoridade". Assim, notadamente para Tilly,[25] a mobilização de uma unidade social se realiza pela mediação de diversos mecanismos que trazem uma espécie de *apelo a recursos* emitidos por uma direção, quando esta sente a necessidade. À semelhante concepção não falta certa pertinência descritiva. Isso é verdade, de imediato, para mobilizações em contextos fortemente institucionalizados, e até mesmo poderíamos sustentar que a atividade rotineira de grandes instituições burocráticas modernas deve uma parte de sua eficácia à execução, mais ou menos explícita, de mecanismos sociais desse tipo. Esta é, aliás, a análise que Tilly propõe acerca da "lealdade" nessas organizações enquanto o compromisso de entregar certos recursos em caso de apelo feitos pela "direção".[26] O mesmo sucede, na verdade, em certas situações menos "estruturadas". Temos uma boa ilustração disso nas táticas declaratórias por meio das quais "notáveis morais" tentam às vezes fisgar mobilizações ao contornarem ou ao estremecerem a divisão habitual do trabalho político – consideramos mais especialmente os apelos a recursos tais como o "Apelo aos trabalhadores" feito pelo Comitê de Vigilância de Intelectuais Antifascistas, em 5 de março 1934 ou aquele que visava legitimar a insubmissão dos "121",[27] em 6 setembro 1960.[28] A despeito desses referenciais empíricos, a concepção centralista dos processos de mobilização não deixa de constituir uma fonte constante de confusão. Em primeiro lugar, porque o apelo aos recursos revela-se à análise ser somente uma jogada particular entre outras jogadas possíveis ou que já

---

[25] Tilly, op. cit., p.69. A apreensão da "liberação" de recursos em termos de probabilidades estatísticas em nada atenua a representação das mobilizações enquanto processos iniciados por um centro

[26] Ibid., p.70 e ss.

[27] Referência ao Manifesto dos 121, intitulado "Sobre o direito à insubmissão na Guerra da Argélia", assinado por intelectuais orientados predominantemente à esquerda (Simone de Beauvoir, André Breton, Guy Debord, Marguerite Duras, Henri Lefebvre, François Truffaut entre eles) que se opunham à concepção de poder do general De Gaulle. (N. T.)

[28] Ver, em particular, Racine, L'Association des Écrivains et Artistes Revolucionários (AEAR), *Le Mouvement Social*, p.44-6; Hamon; Rotman, *Les porteurs de valise*, p.277-81, 307-12, 393-96.

foram jogadas: não se distinguem de outras categorias de atos táticos nem por aquilo em que ele consiste – trata-se de um ato que supõe custos particulares, recursos, ao menos "simbólicos", investimentos, riscos etc. –, nem por seus efeitos próprios, em especial, sobre as antecipações e os cálculos de outros atores. Além disso, o apelo a recursos, contrariamente àquilo que parece crer Tilly, não se beneficia de nenhuma anterioridade cronológica na mobilização e no encadeamento das jogadas, nem, *a fortiori*, de nenhuma anterioridade causal particular. Entretanto, a concepção centralista acerca das mobilizações se revela imprópria por razões de uma gravidade totalmente outra: ela não dá conta da dimensão estratégica e do caráter disperso dos processos de mobilização.

A dimensão estratégica das mobilizações

A dimensão estratégica das mobilizações remete ao fato de que a "ativação de recursos" é um processo no qual intervém a mediação dos *cálculos* por parte dos atores sociais. O mesmo se dá com relação aos mais fechados e coercivos "aparelhos". Que esses cálculos estejam longe de corresponder à imagem do *homo oeconomicus* dos economistas clássicos – mas também à do *homo politicus* de certos pontas de lança da Escola da "mobilização de recursos" –, concordamos voluntariamente. Mas trata-se aqui de uma questão totalmente diferente. No momento, para que representemos para nós esses cálculos, basta indicarmos que estes não operam, salvo em contextos sociais muito raros, por meio de utensílios intelectuais forjados por economistas ou por matemáticos para suas próprias necessidades. Eles se efetuam, em situações suscetíveis de variar, com outros indícios, com outros pontos de referência, com outros testes ou signos, com outros instrumentos de avaliação ligados aos estoques culturais de uma sociedade, de um grupo ou de uma esfera de atividade, às rotinas e às "regras do jogo" de instituições que nela são presentes, e também – como veremos, isto é de uma importância capital para a inteligibilidade dos processos de crise política – ligados à própria evolução dos jogos, ou seja, dos conflitos.[29] Essas modalidades, essas lógicas dos cálculos reais são tais que há grandes chances de que a maior parte dos "modelos" elaborados em nosso domínio de investigação e acerca dos quais fizemos a escolha de não levá-los em conta não sejam senão puros artefatos

---

29 Contudo essa consideração por parte da análise das mobilizações sobre a própria dimensão estratégica não poderia significar que, na improvisação ou na emergência de comportamentos – inclusive comportamentos táticos –, tudo "caminhe", de qualquer modo, para cálculos de atores. Sobre contextos sociais que dispensam os atores do cálculo explícito, contextos nos quais opera uma "prática mestra" de situações, ver em particular Bourdieu, *Esquisse d'une théorie de la pratique*, p.204 e ss.; Id., *Le sens pratique*, p.102-9.

formais. Assim, investigar, para todas as configurações de formação de "multidões" ou de "manifestações" públicas, limiares quantitativos cuja ultrapassagem garantiria a "decolagem" ou a "cristalização" de um movimento e, indiretamente, o sucesso de uma mobilização constitui, por essa razão, não somente um objetivo de investigação fútil, mas ainda a prova de uma incompreensão do papel da modelação na abordagem científica.[30] O historiador, por sua vez, cai em um contrassenso grosseiro ao negligenciar, no desenvolvimento dos "eventos" de Maio de 1968, o número de estudantes, "em si" reduzido (4 mil ou 5 mil), que, estava na rua, no Quartier Latin, na manhã de 6 de maio, isto é, bem antes da manifestação chamada "oficialmente" para o fim da tarde. Ele cai em outro contrassenso quando não confere importância numérica real aos participantes da manifestação "republicana" de 28 de maio de 1958 (com toda segurança bem mais do que 200 mil pessoas) simplesmente porque ele sabe, *a posteriori*, que ela não teve "seguimento". Nos dois casos, os números fazem vezes de limiares [*"seuils"*, em francês] quantitativos, e há muitos "limiares" que os protagonistas do confronto levam em "conta". Mas esses limiares para eles não têm sentido e, por conseguinte, efeitos práticos, exceto em função de suas próprias "culturas", da estruturação do grupo ou dos grupos mobilizados[31] e, acima de tudo, da própria história da mobilização, de sua trajetória anterior (em particular, sua extensão a lugares sociais exteriores aos sítios de sua "decolagem" inicial). Esses limiares reais pertencem, com mais frequência, à ordem do arbitrário histórico e situacional e não podem por isso, seriamente, ser objeto de uma dedução a partir de alguns postulados mecanicistas acerca da racionalidade dos atores e da agregação de estratégias individuais. À questão "quanto?" é preciso, em suma, substituir pela questão "como?": como emergem esses limiares, como operam em situações reais, como os atores os identificam, como se servem deles em seus cálculos e suas táticas, como também esses atores, às vezes, prisioneiros da aparição desses limiares?

Assim, talvez, essa dimensão estratégica das mobilizações raramente é tão visível quanto "em negativo", quando os figurões de certas instituições – isto é, claro, os agentes dessas instituições – opõem sua *inércia* ou seu "oportunismo" aos mais legítimos apelos a recursos. Tudo isso leva a pensar que se confrontaram com fenômenos desse tipo os Gabinetes Daladier na noite de 6 de fevereiro de 1934, Pflimlin em maio de 1958 ou, dez anos depois,

---

30 Ver em particular Granovetter, Threshold models of collective behavior, *The American Journal of Sociology*.
31 Por exemplo, acerca da distribuição dos estudantes entre faculdades geograficamente dispersas, acerca da compartimentação destes por meio de disciplinas distintas ou ainda acerca de fatores mais complexos tais quais a antiguidade do estudante no curso universitário, a visibilidade da homogeneidade social do recrutamento de certas unidades etc.

Pompidou, ao menos na semana de 24 a 30 de maio de 1968.[32] Em todos esses níveis de hierarquias que formam os "aparelhos de Estado", os cálculos dos agentes dessas instituições operam e se ajustam àquilo que, *nesses momentos*, percebido como *provável*, levou um grande número deles, sob os registros mais diferenciados, a não se comprometerem com os governos cuja posição precária se "sabia".

Em suma, a perspectiva adotada recusa resolutamente a ideia segundo a qual as instituições ou, mais geralmente, as esferas sociais fortemente institucionalizadas "agiriam", segundo a expressão de Raymond Aron, "como um só homem".[33] Isso também vale, claro, para mobilizações menos legítimas e menos estruturadas à luz das hierarquias institucionais do que para as situações que acabamos de mencionar, como podemos verificar, por exemplo, no caso do oportunismo de que deram prova inúmeros oficiais na Argélia quando da tentativa do golpe militar em abril de 1961, oportunismo este que constituiu, com toda evidência, uma das maiores causas do rápido naufrágio desse empreendimento com o qual esses oficiais simpatizavam e diante da qual, por um lado, eles estavam "comprometidos".[34]

A *dispersão* das mobilizações está diretamente ligada a isso que acabamos de ver. Por "razões", "motivos", ou "interesses" heterogêneos, ou melhor, sob o efeito de séries causais ou de "determinismos" largamente independentes entre si que, nesses sítios sociais distintos, grupos ou indivíduos são incitados a se apoderarem de mobilizações iniciadas por outros, a nelas investirem outras significações e, ao "entrarem no jogo", a elas darem assim outras trajetórias históricas. Dito de outra maneira, as mobilizações não se realizam necessariamente, longe disso, em torno de pautas, de objetivos ou de perspectivas estratégicas idênticas para todos os atores e os segmentos sociais mobilizados. E como já sugerimos, por essa razão, é extremamente imprudente relacionar os processos de mobilização prioritariamente à perseguição de certos fins ou valores coletivos. Teríamos dificuldades para demarcar perspectivas estratégicas (ou mesmo definições da pauta do confronto) comuns ao conjunto dos atores dos motins de 6 de fevereiro de 1934, mesmo se pudesse parecer tentador para todo historiador um pouco sofisticado mostrar que o conjunto dos amotinados, dos monarquistas da Action Française [Ação Francesa] (AF) e dos membros

---

32 Para relatos úteis, ver Berstein, *Le 6 février 1934*, p.199-211; Tournoux, *Secrets d'État*, p.268 e ss., p.280-3; Dansette, *Mai 1968*, p.291. Ver também, de um modo mais romanceado, Balladur, *L'arbre de mai*, p.271-336.

33 Aron, op. cit., v.2, p.229.

34 Cf Gorce, *La république et son armée*, p.660; Planchais, *Une histoire politique de l'armée*, v.2, p.361; Ambler, *The French army in politics*, p.259-61; Field; Hudnut, *L'Algérie, De Gaulle et l'armée*, p.177-89.

"de base" da Croix-de-Feu[35] aos simpatizantes comunistas da Association Républicaine des Anciens Combattants [Associação Republicana de Combatentes Veteranos] (Arac),[36] compartilhava um interesse pontual – e sobretudo tácito – de que a manifestação se transformasse em motim.[37] Para dizer a verdade, encontramos uma dispersão análoga na quase totalidade das "jornadas" que, como dizem os historiadores, "tiveram peso no curso dos eventos". Em 13 de maio de 1958, no Fórum de Argel, em vão procuraríamos um projeto político semelhante aos diversos protagonistas daquela "jornada", os ativistas da extrema-direita argelina, os membros dos diversos "complôs",[38] os militares ou alguns gaullistas presentes em Argel se encontravam presos em uma inextrincável e incontrolável situação de concorrência. Este é o caso, claro, de 13 de maio de 1968, malgrado os apelos pontualmente convergentes e um mínimo de coordenação "em terra" entre os organizadores da manifestação, a presença da Confédération Générale du Travail [Confederação Geral do Trabalho] (CGT) e a do Partido Comunista junto a um "movimento estudantil" – ele próprio operado por uma competição política interna – não podem, é evidente, ser explicadas por uma visada estratégica comum.

Se a dispersão das mobilizações se decifra quase experimentalmente nos cortes sincrônicos que oferecem, ao olhar do observador, "jornadas" desse tipo, ela não é em absoluto limitada a eles. Podemos demarcá-la igualmente bem ao colocá-la de um ponto de vista mais diacrônico, ao examinar o encaminhamento histórico das mobilizações e, mais particularmente, os momentos sucessivos da "entrada no jogo" de seus protagonistas, por exemplo, os grandes atores coletivos. Nesses momentos, aliás, colocam-se com mais acuidade os problemas práticos do controle das mobilizações por seus primeiros atores – por exemplo, para os "eventos" de 1968, a extensão da mobilização dos estudantes ao mundo trabalhador com as ocupações de empresas a partir de 14 e 15 de maio e, depois, com a acentuação deliberada dessa extensão nos dias seguintes à

---

35 Referência à Association des Croix-de-Feu [Associação da Cruz de Fogo], ou Association des Combattants de l'Avant et des Blessés de Guerre Cités pour Action d'Éclat [Associação de Combatentes do Fronte e dos Feridos de Guerra Condecorados por Honra ao Mérito], que consistia em uma liga de combatentes nacionalistas franceses veteranos. (N. T.)
36 Organização de esquerda próxima ao Partido Comunista Francês, fundada em 1920. (N. T.)
37 Ver Berstein, op. cit., p.148-50, 176-8.
38 Se estes não podem, claro, "explicar" eventos tais como, por exemplo, a queda da Quarta República francesa e se convém desconfiar de todas as "teorias" conspirativas ou policialescas da história, todavia, é necessário sublinhar que os complôs, enquanto modo e estilo de ação particulares (e enquanto modo de representação da ação) existem com efeito e que a Sociologia Política deveria observá-los mais de perto, notadamente porque esse modo de ação é familiar a toda uma série de grupos sociais – não necessariamente os mais desmuniciados de recursos políticos – e porque, em parte, as representações que lhes corresponde não poderão ser inteiramente sem efeito sobre os jogos políticos "reais".

iniciativa das direções sindicais.[39] Aí também se situa a principal fonte de todas as "traições" (De Gaulle diante do movimento argelino, o Partido Comunista diante do movimento estudantil), mas também aquela de numerosas "derrapagens" dos eventos e, naturalmente, das inumeráveis e inesgotáveis querelas, originárias ou acadêmicas, sobre o "sentido" autêntico desses episódios históricos. Por fim, essa questão sobre o "sentido" constitui uma das molas da atração incontestável e da relativa plausibilidade de que, com frequência, aos olhos dos pesquisadores, ainda se beneficiam as concepções centralistas dos processos de mobilização. Estas não se apoiam somente sobre as racionalizações dos atores. Elas são, na realidade, substituídas pelas rotinas intelectuais dos especialistas, historiadores ou sociólogos, notadamente pela exigência puramente acadêmica de apresentação "sintética" do evento. Essas rotinas levam a investigar e a atribuir um *sentido unitário* a fenômenos – notadamente as mobilizações constitutivas das "crises" – que encontram incertas (com frequência) e flutuantes (sempre) fronteiras apenas na "marcha" dos eventos, isto é, no desferimento das jogadas, em seus resultados e seus efeitos. Se é verdade que a apreensão dos processos de mobilização não pode de maneira nenhuma ignorar a eventual convergência – que pode ser intencional bem como não intencional – entre os efeitos das jogadas realizadas por atores individuais ou coletivos distintos, o historiador ou o sociólogo não percebe senão muito raramente, quando retoma por sua conta o objetivo "teórico" da determinação do "sentido" (ou da "significação histórica" etc.) de um movimento social, de um conflito ou de uma crise, que, nesse "sentido", há também – de início, deveríamos dizer – delimitação, inclusão e exclusão; de que o que está em jogo é antes de tudo o controle da mobilização, ou de seus frutos, pela imposição disso que adquire o caráter de sua significação legítima (greve "revindicativa" ou greve "política", "reforma" ou "revolução" etc.). E a imposição de "sentido" –, podemos agora formular isso mais rigorosamente – não é, em realidade, nos jogos sociais de que tratamos aqui, senão uma variante particular, e particularmente interessante, de jogadas, ou, com mais frequência, a resultante dos desferimentos de jogadas.[40]

---

39 Acrescentemos que a dispersão não é evidentemente própria somente às mobilizações "espetaculares" – como estas que acabamos de mencionar – e sobretudo que, a par do aspecto da dispersão que podemos chamar de horizontal, as mobilizações conhecem uma dispersão vertical, na qual os polos de mobilização podem se localizar em torno dos mais baixos extratos ou lugares sociais das unidades ou dos segmentos sociais concernidos, ou ainda em torno das zonas menos especializadas em um trabalho específico de mobilização (o que se vê muito bem, quando remetemos ao espetacular, por exemplo, da história da extensão das greves em 1936, 1953 ou 1968).

40 Uma ilustração, entre inúmeras outras, a propósito dos "eventos" de Maio de 1968: Dubois et al. *Grèves revendicatives ou grèves politiques*. É evidente que certas distinções "conceituais", tais como as de "crise" e de "conflito"; uma, confronto expressivo, e outra, instrumental sobretudo, remetem diretamente a essa interrogação acerca do sentido e constituem, por

Michel Dobry

A visão instrumental das mobilizações

Agora nos resta examinar certas implicações da visão instrumental das mobilizações. Essa visão instrumental é muito simples. Os recursos mobilizados são considerados simples meios utilizados pelos atores com o propósito de atender certos fins (quaisquer que sejam os fins, bastante diversificados, que os pesquisadores atribuem às mobilizações). O efeito mais imediato dessa visão instrumental consiste em ver nesses recursos entidades que têm uma realidade isolável de contextos sociais nos quais elas têm lugar e "operam" ou, em outros termos, em ver nesses recursos "coisas em si". As características dos recursos mobilizados são desde então percebidos como largamente independentes de relações sociais nas quais esses recursos se inserem e, de maneira ainda mais decisiva para nosso propósito, de transformações conjunturais que essas relações podem sofrer.

Tilly, por exemplo, fala até, de maneira reveladora, de "caracteres intrínsecos" dos recursos mobilizáveis.[41] Não nos enganemos: não se trata evidentemente de negar aqui a realidade física estável de alguns desses recursos. Os armamentos e os papéis-moedas existem incontestavelmente enquanto objetos dotados de propriedades físicas duráveis e identificáveis (mas o mesmo já não ocorre inteiramente, como podemos suspeitar, com "recursos" tais como a "legitimidade" ou o "carisma"). Contudo falar de caracteres intrínsecos não significa esquecer um pouco que tais propriedades apenas poderão começar a interessar à Sociologia Política a partir do momento que elas são retraduzidas em certas relações sociais, nas quais elas são retranscritas segundo a lógica das relações em que esses recursos operam (isto é, se retomarmos o exemplo da moeda, as lógicas dos contextos sociais em que esse papel-moeda é um pouco mais e um pouco distinto do papel impresso que é aceito, e até mesmo imposto, por tal tipo de transações etc.)?[42]

Daí advém igualmente, em grande parte, a ilusão segundo a qual os recursos políticos (entre outros) se trocariam e operariam da mesma maneira que os bens econômicos em mercados "modernos", aliás bastante idealizados pelas necessidades da causa teórica. A ignorância ou a ocultação do caráter *relacional* dos recursos conduzem um grande número

---

isso, sérias desvantagens para a apreensão dos processos de mobilização (ver notadamente Touraine, *Le communisme utopique*, p.229-34).
41 Tilly, op. cit., p.69.
42 A ideia de "caracteres intrínsecos" de recursos está presente mesmo nas tentativas taxonômicas que têm por objeto explícito e específico conceitualizar as variações do valor dos recursos. James S. Coleman crê, desse modo, que deve opor os recursos importantes "em si mesmos" (ou que têm um valor intrínseco) e aqueles que permitem engendrar outros recursos (e cujo valor depende de sua combinação com outros recursos). Ver Coleman, Race relations and social change. In: Katz; Gurin (eds.), *Race and the social sciences*, p.275-7.

de politicólogos a não levar em conta que os recursos políticos não têm propriedades estáveis senão diante de certas lógicas sociais particulares e de linhas de ação que autorizassem ou que definissem essas lógicas. Assim, esses recursos não são facilmente transferíveis ou "conversíveis" de um lugar do espaço social para outro.[43] Não foi possível para a Rassemblement du Peuple Français [Reunião do Povo Francês] (RPF), em 1947, "converter" seu sucesso fulgurante nas eleições municipais em recursos eficazes na cena parlamentar, assim como não foi fácil para o Partido Comunista britânico "converter" sua influência, que durante muito tempo foi real no movimento sindical, em público eleitoral e em peso político no sistema parlamentar. E à medida que não se adira inteiramente à ideia absurda de que o Estado "marcha como um só homem", poder-se-ão discernir inclusive sérios problemas de conversão justamente na apreensão que com frequência – e com razão – sentem os partidos políticos ao ganharem eleições e "tomarem o poder", ao "formarem" o governo, de não serem capazes de transformar esses recursos adquiridos no terreno eleitoral em políticas efetivas (no sentido do termo inglês *policy*), isto é, notadamente em uma atividade de burocracias que constituem o Estado. Ademais, é duvidoso que a questão da convertibilidade ou da transferenciabilidade tivesse até mesmo qualquer sentido definível para recursos tais como o direito de dissolução de uma assembleia parlamentar (teremos oportunidade de ver mais adiante que o jogo do próprio direito de dissolução varia também em função da transformação de seus contextos de "funcionamento", como testemunha, na crise francesa de 1968, o uso que dele se fez enquanto elemento de uma negociação tácita entre os governantes e seus "adversários").

A visão instrumental das mobilizações e a substancialização de recursos que a esta está ligada desembocam, assim, em uma concepção errônea, porque ingênua e economicista, daquilo que faz a eficácia ou o "valor" dos recursos mobilizados. Esse valor resultaria, na visão instrumental, do jogo da oferta e da procura em um "mercado político" ou em "arenas" que conheceriam o jogo de mecanismos idênticos ou contíguos àqueles dos mercados econômicos. Desde então se tornaria possível medir, graças a uma apreciação do "valor de mercado" dos estoques de recursos sob controle de um ator político, seu poder (segundo Ilchman e Uphoff) ou o nível da mobilização que ele pode suscitar (segundo Tilly).[44] Essa orientação da análise do valor de recursos constitui um verdadeiro impasse e isso pela seguinte razão

---

43 A hipótese de tal convertibilidade é desenvolvida notadamente por Scott C. Flanagan em um escopo teórico a que voltaremos com vagar mais adiante: ver Flanagan, Models and methods of analysis. In: Almond; Flanagan; Mundt (eds.), *Crisis, choice, and change*, p.73. Ver também Ilchman; Uphoff, op. cit., p.59, 84-5, que associam a convertibilidade de recursos à existência, postulada, de "liquidezes políticas".

44 Ibid., p.30, 59; Tilly, op. cit., p.69. O nível atingido pela mobilização resulta, segundo Tilly, devido a um conjunto de recursos ou "fatores de produção", da seguinte equação: nível de

decisiva: as lógicas sociais que operam em inúmeros sítios sociais não são em nenhum caso redutíveis à lógica do(s) – mercado(s) econômico(s). Inclusive, elas se distinguem destes radicalmente devido a vários de seus aspectos fundamentais, entre os quais nos contentaremos em mencionar o mais saliente. Este se situa tão simplesmente na ausência de um equivalente daquilo que a moeda representa nas trocas econômicas "modernas". Mesmo se aceitássemos a hipótese segundo a qual seria possível descobrir em outros sítios sociais que o mercado econômico de "liquidezes" (aquilo que, se inspirando notadamente nos trabalhos de Karl Deutsch,[45] Warren Ilchman e Norman Uphoff chamam de "liquidezes políticas"), a especificidade do mercado econômico sob essa relação permaneceria intacta. É preciso constatar, com efeito, que essas "liquidezes políticas" – as ameaças e o apoio, no sentido que Easton dá a esse segundo termo, representam agora as liquidezes correspondentes da força e da legitimidade[46] – têm dificuldade em assegurar a função de *medida de valor* dos recursos políticos. Ora, a moeda "opera", com mais frequência, com essa propriedade importante de intervir, enquanto meio nessas trocas, ao veicular simultaneamente a informação acerca do valor dos bens trocados, e isso inclusive quando esse valor está submetido a flutuações amplas e bruscas.[47] Ao contrário, as variações do "valor" dos recursos políticos – variações estas que são, retornaremos a isso, um dos componentes fundamentais das conjunturas de crise política – não conhecem nenhum mecanismo comparável. A ausência, em outros sítios sociais, de um equivalente informacional do "preço" no mercado econômico faz com que o valor e as variações do valor, em especial dos recursos políticos, corram o risco de não se apresentarem instantaneamente, em si mesmos, pelo jogo autônomo dos mecanismos sociais "naturais", para os atores que nestes estão localizados. Em suma, os mecanismos pelos quais os atores obtêm a informação acerca do valor dos recursos políticos, bem como o acesso a essa informação, se separam bastante sensivelmente, ao menos em tempo ordinário (todavia, como nos daremos conta, mais ainda nas conjunturas críticas) daquilo que chamaremos a *transparência métrica* e para a qual tendem, mais ou menos, os

---

mobilização = soma ({valor de mercado de um fator de produção nominalmente sob controle do grupo} × {probabilidade de liberação em caso de apelo}).
45 Deutsch, *The nerves of government*, p.117-8.
46 Ilchman; Uphoff, op. cit., p.72, 78.
47 Sem extrair daí as consequências indispensáveis, Ilchman e Uphoff disso se dão conta manifestadamente quando escrevem: "A liquidez política é análoga em função à moeda na economia: pode servir como um meio de troca, uma reserva de valor, um padrão de pagamento protelado, a medida de valor ou alguma combinação dessas funções. Em nosso modelo infelizmente, a última função mencionada é a menos concreta" (Ibid., p.54). Para uma discussão interessante disso que opõe, do ponto de vista de sua "liquidez", recursos individuais a recursos coletivos, ver Wrong, *Power*, p.130 e ss.

mercados econômicos modernos.[48] É preciso acrescentar que essa diferença completamente elementar tem uma incidência em nada negligenciável sobre os comportamentos estratégicos dos atores políticos, sobre a maneira deles de calcular, sobre a formulação de suas antecipações, de suas percepções do possível, do provável e do inevitável, isto é, sobre a concepção que devemos ter da racionalidade deles?[49]

As crises enquanto transformações de estado

Em resumo e de chofre, nem o "valor" ou a eficácia dos recursos políticos, nem suas "propriedades" – por mais "intrínsecas" que sejam –, nem os cálculos ou mesmo as manipulações das quais são o objeto, podem ser apreendidos independentemente de suas relações com os contextos sociais nos quais as mobilizações se inscrevem e, sobretudo, no que concerne às crises políticas, com as desordens que esses contextos podem conhecer.

Compreendemos que, nesse ponto, a vertente adotada aqui e a perspectiva da "mobilização de recursos" divergem. Com efeito, no espaço balizado pela hipótese de continuidade, foi preciso trabalhar algo a respeito do qual aquela permanece muda: trazer à luz as diferenças que opõem as conjunturas rotineiras às conjunturas críticas.[50]

---

48 Ver Stinchcombe, *Constructing social theories*, p.165 e ss.
49 Outra diferença significativa entre a lógica do mercado econômico e as lógicas sociais de outros sítios sociais tem, no que concerne à relação entre o "valor" dos recursos políticos e as funções de oferta e procura desses recursos, na maior parte desses sítios, um laço bastante frouxo. As noções de oferta e procura de recursos, quaisquer que sejam ademais suas *commodities*, podem tão simplesmente não ser pertinentes para descrever aquilo que se passa com os recursos políticos e a maneira de operar desses recursos. Tomemos um exemplo-limite que, com toda evidência, embaraça os promotores da "economia política", a saber, aquele dos recursos coercitivos. Segundo Ilchman e Uphoff (que escolheram denominar "poder" o valor dos recursos políticos que, na perspectiva deles, equivale ao preço tal como ele aparece no mercado econômico): "[...] O poder conferido pela posse de certo recurso é função da extensão do quanto outro deseja ter o recurso e daquilo pelo qual este luta. Ou, se o recurso é negativamente valorado, como são a violência ou a coerção, o poder é função da extensão daquilo que outro deseja evitar ao receber o recurso" (Ilchman; Uphoff, op. cit., p.54). A ideia de um valor de recursos negativo poderia parecer interessante. Entretanto, ela dissimula mal o fato de que a "oferta" de recursos coercitivos corresponde aqui ao uso efetivo desses recursos ou, no mínimo, à ameaça de recorrer a este uso. Trata-se então, para retomar a metáfora econômica, de uma oferta sem procura. Com efeito, será difícil, nesse caso, localizar a "procura" em outro lugar senão naquele entre os atores que "oferecem" esses bens ou entre seus aliados, e nos resguardaremos de concluir por isso que o "valor" de recursos coercitivos tenderá a baixar todas as vezes que tal situação se apresentar.
50 É claro, isso não quer dizer em absoluto que os teóricos que se associam à perspectiva da "mobilização de recursos" escolheram em tudo ignorar aspectos "estruturais" das mobilizações. Sabemos, ao contrário, que este é um dos maiores aportes deles à Sociologia das Mobilizações. Dois exemplos significativos: 1. Anthony Oberschall mostra, assim, de encontro à "teoria da sociedade de massas" (notadamente Kornhauser), que não só os primeiros

Michel Dobry

Quais diferenças? Seguramente teria sido sedutor, com uma fórmula que parafraseia Clausewitz, enunciar assim a hipótese de continuidade: "A crise (política) é a continuação das relações políticas por outros meios". "Outros" meios? Mesmo isso não é certo: nada nos permite afirmar que os meios colocados em funcionamento nas conjunturas de crise sejam radicalmente "outros", radicalmente diferentes daqueles que estão em curso nas conjunturas mais estáveis. Como a hipótese de continuidade não poderia significar que não há diferença entre conjunturas críticas e rotineiras, é mais conveniente procurar as diferenças em outro lugar do que nos meios. Identificar essas diferenças supõe que tomemos por objeto e por problema as modificações a que podem se submeter as "estruturas" de sistemas sociais sob efeito das mobilizações que nelas têm lugar. A maior inflexão que este estudo visa produzir na maneira pela qual a perspectiva da mobilização de recursos apreende as crises políticas reside nisso: trata-se de pensar as crises *a um só tempo* enquanto mobilizações e enquanto transformações de estado – passagens a estados críticos – dos sistemas sociais. De encontro a todas as formas de reificação de instituições, trata-se aqui de abordar as "estruturas", as "organizações" ou os "aparelhos" ao levar em conta sua *sensibilidade às mobilizações*, às jogadas desferidas, à atividade tática dos protagonistas das crises. Mas se trata também de decifrar simultaneamente as *lógicas de situação* que, em tais contextos, tendem a se impor a esses atores e tendem a estruturar suas percepções, seus cálculos e seus comportamentos.

Fixemos nesse ponto alguns elementos de terminologia. Chamaremos de sistemas sociais *complexos* os sistemas que são diferenciados em esferas sociais autônomas, fortemente institucionalizadas e dotadas de lógicas sociais específicas; de *setores*, esferas sociais autônomas cujas características serão detalhadas mais adiante. Chamaremos, no mais, de *mobilizações multissetoriais* as mobilizações que serão localizadas ao mesmo tempo em várias dessas esferas e de *mobilizações restritas* aquelas que terão por sítio uma só dentre elas. Não ficaremos nem um pouco surpresos ao

---

cernes das mobilizações tendem a ser formados por indivíduos beneficiados por uma boa inserção social, mas que, em acréscimo, os processos de mobilização tendem a ser constituídos mais por recrutamentos ou por transições de *blocos* sociais – recrutamentos e transições estas que são então com mais frequência mediatizados por organizações que preexistem às mobilizações – do que por agregação ou por adição de indivíduos atomizados (ver em particular o capítulo 4 de Oberschall, op. cit.); 2. Em uma direção contígua, Charles Tilly, ao tomar como objeto da análise os repertórios da ação coletiva dos grupos sociais, sugere – em nossa terminologia – que o universo de linhas de ação disponíveis para um dado ator coletivo é, a um só tempo, um universo de raridade e de uma rigidez variável mas real (mesmo se a hipótese central de Tilly, segundo a qual seriam os repertórios dos mais organizados grupos que se beneficiariam de uma maior flexibilidade, parece longe de ser inteiramente convincente) (Tilly, op. cit., p.151-6). Acrescentaremos que o interesse dessa perspectiva se verifica igualmente bem nessas formas muito particulares de mobilizações que são as mobilizações nas arenas eleitorais (cf. Offerlé, Mobilisation électorale et invention du citoyen: l'exemple du milieu urbain français à la fin du XIXe siècle. In: Gaxie et al. *Explication du vote*).

constatar que as "grandes" crises políticas, tais como, na história política recente da França, aquelas de 1947-1948, de 1958-1962 ou de 1968 correspondam todas elas a mobilizações multissetoriais. Teremos ocasião de ver que elas estão longe de serem as únicas.

Por último, chamaremos – por razões que, assim esperamos, aparecerão claramente mais adiante – de *conjunturas políticas fluidas* a classe particular de conjunturas críticas que corresponde a transformações de estado dos sistemas complexos quando esses sistemas estão submetidos às mobilizações multissetoriais. Essas conjunturas fluidas se especificam por uma dinâmica social e por jogos táticos originais estruturalmente definidos, isto é, que não poderiam ser restituídos à lógica binária do senso comum sociológico, à oposição entre rotina e estabilidade política, de um lado, e desintegração social e reino da violência, de outro. Precisamente sobre essas conjunturas fluidas, escora-se o sistema de hipóteses desenvolvido neste livro, e, pela identificação das propriedades tendenciais que caracterizam essas conjunturas, tentaremos atribuir razão a numerosos aspectos de processos de crise política que a elas são associados ou, mais exatamente, que delas são indissociáveis.

Não nos afastaremos muito, nas páginas seguintes, da orientação de pesquisa que acabamos de definir. E também deixaremos de lado alguns dos problemas, das interrogações ou dos objetos empíricos que poderíamos espontaneamente crer mais ou menos ligados às "crises políticas". Isso se dará, por exemplo, com o essencial da temática em torno da qual – em reação a uma concepção demasiado integrativa dos sistemas sociais atribuída, não inteiramente de modo errôneo é preciso convir, a Parsons[51] – se desenvolveu no fim dos anos de 1950 uma estimulante "Sociologia dos Conflitos" que privilegia a formação de "grupos de conflito", as "funções positivas" dos conflitos e os efeitos da sobreposição de clivagens sociais e os das filiações múltiplas.[52] O mesmo se dará, em outras direções, com certos problemas com os quais se preocupa ativamente em nossos dias a Ciência Política e cujo interesse "intrínseco" é inteiramente real. Do mesmo modo, a questão das relações que ligam crises econômicas e crises políticas, tanto a "crise" do *welfare State* quanto a "crise fiscal do Estado" ou da súbita e, para dizer a verdade, a um tanto suspeita "crise de governabilidade" dos sistemas democráticos ficarão fora do campo de nossas preocupações.[53] E,

---

51 Cf. Chazel, *La théorie analytique de la société dans l'oeuvre de Talcott Parsons*, p.164-5.
52 Ver, por exemplo, Coser, *The functions of social conflict*; Dahrendorf, *Classes et conflits de classes dans la société industrielle*.
53 Sobre esse último ponto, ver, para bons exemplos da orientação assumida pela pesquisa, Rose, The nature of the challenge. In: _____. (ed.). *Challenge to governance*; Crozier, Les démocraties européennes deviennent-elles ingouvernables?. In: Seurin (dir.). *La démocratie pluraliste*.

devemos sublinhar, trata-se aqui de algumas ilustrações, e não de uma lista que visaria ser exaustiva.[54]

A ordem de exposição que vamos seguir, longe de obedecer a uma lógica da investigação ou da descoberta, não tem como objetivo outro senão tornar mais fácil o acesso a problemas que não o são sempre. Nós nos esforçaremos de início em precisar o escopo e os instrumentos de análise, o "paradigma" que a orientação, cujas linhas de força acabamos de traçar, pressupõe. Essa tarefa, na realidade, já a iniciamos neste primeiro capítulo. Sua importância se deve a que tais instrumentos, notadamente os conceitos, não poderiam receber definições eficazes – isto é, antes de mais nada, produtoras de conhecimentos – senão em função de um "programa" de pesquisa e de uma visada teórica determinados e, além disso, senão uns em relações com os outros.[55] As etapas seguintes serão consagradas a colocar em evidência as principais transformações "estruturais" que caracterizam as conjunturas fluidas (capítulo 4), bem como as estruturas de interdependência que condicionam os jogos táticos de atores sociais nesse tipo de conjunturas (capítulo 5). Procuraremos provar a fecundidade dessa *matriz teórica* – outros diriam dessa "construção do objeto" – ao examinar várias de suas implicações empíricas em terrenos mais familiares aos politicólogos: abordaremos, com efeito, a par de uma reflexão exploratória acerca do jogo de disposições interiorizadas pelos indivíduos nos contextos críticos (capítulo 7), certos *topoi* clássicos da Sociologia Política, como, por um lado, os fenômenos carismáticos e os mecanismos de negociação e de resolução dos conflitos (capítulo 6) e, por outro, os processos de deslegitimação (as "crises de legitimidade") observáveis nas conjunturas de crise e que afetam os regimes e as "autoridades" políticas (capítulo 8). Preambularmente a tudo isso (capítulo 2), terá lugar uma discussão que o leitor apressado poderá contornar e cuja função nesta obra é muito particular: ela servirá para restituir alguns dos encaminhamentos que nos levaram às escolhas e à problemática anteriormente enunciadas. Ela será consagrada à análise de obstáculos, estas ilusões específicas com que nos deparamos inevitavelmente quando tomamos por objeto os processos de crise política e nos quais se decifra a dificuldade que o politicólogo e o historiador experimentam ao inscreverem na realidade de seu trabalho, de sua abordagem, a exigência da dúvida metodológica à qual eles podem, aliás, no plano abstrato dos princípios, subscrever sem nenhuma reserva.

---

54 Igualmente, por decisão de método, no quadro desse esboço de uma teoria das conjunturas fluidas, deixamos de lado os fatores ou as "pressões" externas que, de diversas maneiras, intervêm nos jogos políticos internos.
55 Cf. Hempel, *Fundamentals of concept formation in empirical science*, p.47-50.

Uma visada comparativa

No plano empírico, a estratégia que adotamos comporta dois vieses. Preferimos, em todas as vezes que isso foi útil, levar a discussão crítica acerca de outras problemáticas e conceituações aos próprios terrenos empíricos das mesmas. Não é preciso ver nisso, entretanto, uma simples questão de *fair play* para com os autores discutidos. Essa forma de debate comporta também uma questão mais séria: trata-se de conseguir arrimar as discussões em um universo circunscrito – um reservatório – de casos históricos diferenciados, ou melhor, "paradigmáticos" (esta é, por exemplo, umas das virtudes despercebidas das crises italianas e alemãs do entreguerras) que facilitam o reconhecimento de problemas teóricos significativos para todo um setor da comunidade acadêmica. No mais, procuramos nutrir essa abordagem recolhendo-a com proficuidade das crises políticas que a sociedade francesa "experimentou" no último meio século – "eventos" tais como aqueles de 1934, 1958 ou 1968 que tiveram dificuldade, por causa de seus resultados, de serem inseridos nas taxonomias mais correntes – e que representam frequentemente crises "bizarras", isto é, particularmente interessantes. Entretanto, essa última escolha não se justifica senão pela relativa facilidade de um controle detalhado do desdobramento desses episódios históricos.

Porém isso não deve dissimular o essencial: tanto por seu modo de construção quanto pela formulação de suas proposições,[56] o esquema teórico esboçado nas páginas seguintes constitui um esquema *comparativo*. Ele é, segundo a expressão de Sartori, destinado a "viajar",[57] isso quer dizer, em particular, que devemos nos limitar às propriedades que, destrinchadas das conjunturas fluidas, possam ser observadas nos "mais diferentes"[58] sistemas

---

[56] Sobre as dificuldades às quais, nesse sentido, a abordagem comparativa se expõe com o uso, na aparência perfeitamente anódino, de nomes próprios, ver notadamente Przeworski; Teune, *The logic of comparative social inquiry*, p.17-30.

[57] Sartori, Concept misformation in comparative politics, *The American Political Science Review*. Sobre os problemas da análise comparativa, em uma literatura desde então superabundante, uma das melhores iniciações talvez seja aquela, em tudo prática, que representa o belo livro de Veyne, *Le pain et le cirque*. Para uma visão acerca dos debates recentes aos quais alguns desses problemas deram lugar, ver, por exemplo, naquilo que concerne às relações entre a construção de esquemas teóricos e a História Comparativa, os artigos de Bonnel, The uses of theory, concepts and comparison in historical sociology, *Comparative Studies in Society and History*; Skocpol; Somers, The uses of comparative history in macrosocial inquiry, *Comparative Studies in Society and History*. Sobre os problemas que se colocam com as comparações regionais, as reflexões de Leca, Pour une analyse comparative des systèmes politiques méditerranéens, *Revue Française de Science Politique*.

[58] Przeworski; Teune, op. cit., p.34 e ss. Devemos enfatizar, todavia, que as similitudes entre "os mais diferentes" sistemas, no caso das sociedades "complexas", não se situam em absoluto, como quereria a estratégia comparativa (desenho dos *"most different systems"*) que discutem esses autores, em um nível infrassistêmico.

políticos com a condição de que estes não se afastem em demasia dos traços "estruturais" que caracterizam as sociedades "complexas" e que, assim, se exponham ao tipo de mobilização já mencionada.

Com certeza, isso quer dizer que a visada teórica deste trabalho – e talvez este seja o único sentido aceitável do termo "teórica" em nossa disciplina – é a de arrancar à historicidade e à singularidade das diversas crises alguns fragmentos de conhecimento de ordem nomológica. Concederemos, todavia, sem nenhuma reticência, que adotar tal postura de investigação representa sempre, a montante de um trabalho (porque não será mais necessariamente assim quando, por acaso, pudermos desenredar alguns resultados, mesmo se mal-acepilhados, congruentes com essa visada), uma espécie de aposta e, nesse sentido, os debates frequentes sobre a própria possibilidade desse tipo de conhecimento do mundo social não são nada ilegítimos. Queremos simplesmente sugerir que o ceticismo *a priori* que é, às vezes, de bom tom propagandear no que concerne a essa possibilidade não é, muito provavelmente, senão uma das mais coercitivas e mais perniciosas formas da *self defeating prophecy*: a impossibilidade de avançar que se demonstra por meio da ausência de todo esforço para avançar.

Sartori, que não se afila entre os "derrotistas", malgrado tudo, retoma por sua conta, não sem nuances, a ideia de que todo ganho em generalidade e em abstração parece levar forçosamente, ao mesmo tempo, a uma perda em precisão, em informação e sobretudo em testabilidade.[59] A questão é importante e não poderíamos evidentemente em algumas linhas fazer face a ela de maneira satisfatória. Devemos destacar que a dificuldade é menor do que parece à primeira vista. Tudo depende, com efeito, da imagem da "testabilidade" à qual aderimos e do que esperamos de um esquema teórico. Podemos pensar que um conjunto de hipóteses deve ser "verificado" um após outro, cada um independentemente da precedente, até mesmo conceito após conceito (mas aqui, sem dúvida, tangenciamos o absurdo: como, com efeito, "verificar" um conceito?). Em tal perspectiva, é verdade que a dificuldade se arrisca a se tornar perfeitamente insuperável.

Porém não se tratará mais do mesmo se, em lugar dessa visão segmentada e descosida da "validação", nos dedicarmos a avaliar o alcance empírico e explicativo de um sistema teórico na proporção de sua própria fecundidade, isto é, de sua extensão, da variedade de suas implicações e da possibilidade de que essas implicações ou algumas delas possam oferecer qualquer apoio aos testes críticos[60] ou, ao menos, de que elas possam ser observadas. Agora, não somente a "contradição" abstração/testabilidade se apaga (ao menos quando o esquema se revela fecundo), mas também

---

59 Sartori, op. cit., p.1041-4.
60 Bourdieu; Chamboredon; Passeron, *Le métier de sociologue*, p.89-91; Boudon; Bourricaud, *Dictionnaire critique de la sociologie*, p.6.

essa segunda perspectiva permite compreender porque proposições formuladas em um nível macrossociológico – este será em particular o caso das principais proposições concernentes às propriedades das conjunturas fluidas – podem dar lugar a observações formuladas em outros níveis, por exemplo, para tratar do mais simples, ao nível microssociológico da identidade do indivíduo ou de seus cálculos táticos.

Tendo em vista esses problemas, a "estratégia" de investigação que adotamos apresenta algumas vantagens com relação a outras "estratégias" possíveis. Essa estratégia tem, em primeiro lugar, o efeito de neutralizar a ilusão segundo a qual todos os casos de crise que convocaremos aqui seriam, por todos seus aspectos, igualmente importantes, igualmente "decisivos" para o desenvolvimento de uma abordagem comparativa.[61] De fato, segundo os problemas e as propriedades abordadas, certos casos são mais decisivos e, por isso, mais *discriminantes* que outros: quando se tratar de apreender os fenômenos de deslegitimação, extrairemos mais do exame dos "eventos" de maio de 1968 do que daqueles de maio de 1958, uma vez que estes últimos oferecem poucas possibilidades de separar os diferentes processos da perda de legitimidade que neles se manifestam; quando se tratar de avaliar a problemática da "História natural", veremos que um caso "negativo" como o do "inacabamento" da Revolução Boliviana de 1952 que, devido a seu peso demonstrativo, conta mais do que todos os casos "positivos" que poderíamos recensear. Em segundo lugar, mas não menos importante, essa estratégia subtrai a pesquisa à tentação vertiginosa da restituição do conjunto dos encadeamentos de "fatos" próprios a um ou mais casos históricos particulares, a saber, de uma reconstrução lógica da totalidade de um fenômeno desse tipo.

Isso significa dizer, de outra forma, que a orientação de investigação definida anteriormente leva, até mesmo condena, a abandonar uma grande parte da riqueza e da complexidade fenomenal de processos sociais reais. Essa *seletividade*, de fato, parece inevitável. Longe de constituir um obstáculo à inteligibilidade desses processos, ela é sem nenhuma dúvida uma de suas condições indispensáveis. Nada é mais absurdo, em nossa disciplina e, mais particularmente, no domínio empírico a respeito do qual nos interessaremos nos capítulos que seguem, que a *tentação totalista* – a explicação total de toda a realidade de um "evento" tal como uma crise política – e ao mutilar assim essa realidade nos damos algumas ocasiões de acrescentar uma mais-valia de conhecimentos no estoque disso que os atores sociais já sabem.

---

61 Eckstein, *Support for regimes*, p.11.

2
TRÊS ILUSÕES DA SOCIOLOGIA DAS CRISES POLÍTICAS

O "fundo de erro"[1] no domínio das pesquisas sobre crises políticas não se situa mais no lugar onde espontaneamente todo leitor entendido esperaria encontrá-lo. Sem dúvida, nem os pesados esquemas do organicismo sociológico,[2] nem os pressupostos de ordem diretamente ideológica desapareceram por completo dos trabalhos contemporâneos. Porém há muito foram perfeitamente identificados e, quando assim o desejamos, sabemos contorná-los pouco a pouco. As verdadeiras dificuldades são de outra natureza. Elas são mais difusas, mais sutis, mais resistentes, mais árduas de seguir o encalço, mais delicadas de dominar. Os obstáculos que examinaremos a seguir – a ilusão etiológica, a ilusão da "História natural", a ilusão heroica – se relacionam com as decisões de método mais primordiais e, com frequência, as menos conscientes entre as que se impõem ao pesquisador: o que devemos precisamente explicar e em que deve consistir a explicação quando queremos "explicar" uma "crise política"?

O objetivo próprio a este capítulo não é, pois, senão o de definir, brevemente, ao que precisou se ater a elaboração da orientação de pesquisa designada como "hipótese de continuidade". Assim, o leitor não encontrará

---

[1] Bachelard, *Le rationalisme appliqué*, p.48.
[2] Mesmo Brinton, malgrado o uso ostensivo de uma metáfora proveniente da medicina, recusa explicitamente toda analogia entre sociedade e organismo: "Consideramos conveniente aplicar, a certas mudanças observadas em uma dada sociedade, um esquema conceitual tomado de empréstimo da patologia. Consideramos inconveniente e enganador estender esse esquema conceitual e falar de um corpo político, com uma alma, uma vontade geral, coração, nervos e assim por diante" (Brinton, *The anatomy of revolution*, p.17).

aqui a nomenclatura geral de prejuízos, impasses ou erros clássicos da Ciência Política,[3] nem mesmo um sobrevoo e uma avaliação do conjunto da imensa literatura referente aos processos de crise política.[4] Ao contrário, esperamos que graças à discussão de alguns elementos dos trabalhos elencados de certo modo por sua representatividade, ele perceberá que os obstáculos mais frequentes nesse domínio de investigação estão "ativos" quaisquer que sejam as problemáticas, as escolas ou os "paradigmas" a que esses trabalhos se filiem.

A ilusão etiológica

À primeira vista, nada mais legítimo do que relacionar as crises e os fenômenos que delas se aproximam com seus "determinantes", com suas "fontes históricas", com suas "origens", com suas "condições de emergência" ou de produção, em suma, para usar uma terminologia proveniente da medicina, com sua etiologia. Explicar um fenômeno do tipo dos que nos interessam aqui não é, antes de tudo, enunciar a ou as "causas"? Este é o primeiro movimento – o primeiro reflexo, poderíamos dizer – do pesquisador e também é a expectativa primeira de seu público.

Nesse sentido, no que concerne às crises políticas, a colheita parece excepcionalmente farta. Perdemos a conta das hipóteses etiológicas e estas impressionam pela variedade.[5] Em um já antigo artigo de balanço, Eckstein se esforçou para colocar um pouco de ordem entre as mais utilizadas dessas hipóteses. Eis, em resumo, o que conseguiu. Por exemplo, sob a rubrica intitulada "fatores intelectuais", Eckstein fez figurar hipóteses acerca da "alienação" ou da "transferência da fidelidade" dos intelectuais e acerca dos "conflitos entre mitos sociais" no interior de uma mesma sociedade. Sob a rubrica "fatores econômicos", encontrar-se-ão tanto a pobreza crescente quanto o progresso econômico rápido e a hipótese de um melhoramento econômico de longa duração seguido por uma brusca

---

3 Um bom exemplo, ao qual não falta nem interesse nem sabor: Levy, Does it matter, if he's naked? Bawled the child. In: Knorr; Rosenau (eds.), *Contending approaches to international politics*. Ver também Fischer, *Historian's fallacies* (devo a Alfred Grosser por ele ter me apresentado esta última obra).

4 Destaquemos, a este respeito, algumas análises críticas recentes, com frequência centradas nos processos revolucionários: Aya, Theories of revolution reconsidered: contrasted models of collective violence, *Theory and Society*; Eckstein, Theoretical approaches to explaining collective political violence. In: Gurr, *Handbook of political conflict*; Goldstone, Theories of revolution: the third generation, *World Politics*; Zimmermann, *Political violence, crises and revolutions*.

5 Talvez tal acumulação em si mesma constitua um obstáculo particular a esse domínio de investigação uma vez que ela incita a grandes empreendimentos sincréticos ou "sintéticos". Para um exemplo recente, ver Zimmermann, op. cit.

reviravolta da conjuntura. Sob a rubrica "hipóteses que enfatizam certos aspectos da estrutura social", a hipótese de um fechamento das elites se opõe àquela do recrutamento mais amplo destas, que quebra sua unidade; a hipótese da "anomia" proveniente de uma enorme mobilidade social se opõe à da "frustração" produzida por uma mobilidade muito reduzida. Por último – mas há outras –, sob a rubrica "fatores políticos", na hipótese de *outputs* inadequados dos governantes às demandas que lhes são dirigidas etc., encontramos as clivagens internas aos governantes a par do alheamento (*estrangement*) ao resto da sociedade por parte das elites.[6] O próprio leitor poderá sem dificuldade prolongar tal lista nem que seja com as inúmeras – e frequentemente surrealistas – "explicações" dos eventos de Maio de 1968 na França.

Sem dúvida, se tomadas em conjunto, nenhuma ou quase nenhuma das hipóteses etiológicas do tipo das que acabamos de mencionar (e das quais trataremos mais adiante) é realmente absurda. Aquilo que visamos colocar em questão nos desenvolvimentos que seguem é a pretensão que elas têm de explicar e, mais particularmente, o que sua busca não nos deixa entrever. E, sob esse ponto de vista, podemos falar de um viés ou mesmo de uma verdadeira ilusão etiológica uma vez que, com muita frequência, o primeiro movimento do pesquisador – ir às "causas" das crises, elucidar a etiologia das mesmas – representa, no *estado atual de nossos conhecimentos*, um obstáculo tanto mais pregnante à medida que parece justamente acima de qualquer suspeita metodológica.

A *postura etiologista*

Esse obstáculo atua principalmente devido à postura de investigação a que a preocupação etiológica conduz. Com efeito, para essa postura, o enigma a resolver, o que convém investigar, se reduzirá à identificação de "fatores", de "variáveis", ou de fenômenos situados *a montante* dos fenômenos ou dos eventos a explicar. Dado que as crises e os fenômenos a ela aparentados serão de saída concebidos como transparentes, sem mistério ou, em outros termos, sem verdadeiro interesse para o pesquisador, o essencial da atenção deve se reportar às "causas". Não obstante, nós não "sabemos" como se desenrolaram os motins de 6 de fevereiro de 1934 ou como os enfrentamentos entre estudantes e forças da ordem

---

6 Eckstein, On the etiology of internal wars, *History and Theory*. Eckstein se interessa, na realidade, por uma categoria restrita de crises políticas, as "guerras internas", das quais ele dá, entretanto, uma definição muito ampla: "O termo guerra interna denota qualquer recurso à violência em meio a uma ordem política a fim de mudar sua constituição, governantes ou políticas".

de 6 a 11 de maio de 1968 em Paris desembocaram em um confronto social e político bem mais amplo? No melhor dos casos, não é este um trabalho que podemos deixar aos cronistas e às testemunhas do evento, uma vez que o pesquisador tem vocação para se voltar para aquilo que não está na "superfície" das coisas e que nessa perspectiva se supõe – não podemos deixar de destacar isso de passagem – estar sempre ao lado das causas? O "invisível" não serão os atos dos protagonistas das crises, não será "isso que se passa" no evento, não serão as características internas do fenômeno a explicar, não será isso em que a "crise", se podemos dizer assim, consiste. Será, em vez disso, aquilo que lhe é *externo e anterior:* a degradação da condição material e do *status* social das classes médias nos anos de 1930, as oportunidades para estudantes no mercado de trabalho as quais supõe-se que estão mais e mais difíceis às vésperas de 1968 ou, quando se trata de "explicar" a crise de maio de 1958, a "frustração" dos militares franceses após a Guerra da Indochina...

A postura etiologista não se limita, entretanto, a essa orientação do interesse teórico. Ela pode também se revestir de um aspecto mais insidioso de uma adesão – raramente consciente e explícita, mas muitíssimo frequente – ao postulado da *heterogeneidade* fundamental entre as "causas" e os supostos "produtos" destas, as crises. Também desse ponto de vista, as prenoções se apoiam sobre evidências imediatas: as discrepâncias entre as expectativas que fabricam, de modo bastante flutuante na verdade, o sistema universitário e o estado do mercado de trabalho, não pertencem ao mesmo tipo de fatos sociais que aqueles que estas discrepâncias reputadamente explicam, a saber, a "violência coletiva", o uso de certos recursos abertamente coercitivos. É verdade que, ao menos *a priori*, pensar determinantes e produtos como heterogêneos não parece ter, em si, nada de escandaloso no plano metodológico. Nada salvo isso: ao proceder assim, as perspectivas etiológicas restringem consideravelmente o espaço de relações de causalidade mobilizáveis para explicação dos processos de crise. Dessa maneira, elas se privam, com muita frequência sem nenhuma hesitação, de toda possibilidade de entrever uma eventual continuidade entre os produtos – as crises – e seus determinantes. Elas se interditam, por isso mesmo, a toda interrogação acerca dos elementos que produtos e determinantes podem ter em comum (isso que é também, como podemos notar, um excelente caminho para não identificar algumas de suas descontinuidades). Desse componente da postura etiologista provém a frequente tentação de esquecer, entre os determinantes a montante das crises políticas, dos fatores "políticos", os que concerniram às competições e às pautas mais diretamente políticas.

O último grande componente da postura etiologista reside na ausência de qualquer esforço para trazer à luz toda a espessura das *mediações causais* entre os determinantes a montante das crises e as características particulares do produto que identificamos. Para formular de outra maneira, isso significa que talvez, de encontro à postura etiologista, não é de todo deslocado levantar questões tão rasamente escolares quanto estas: toda degradação do *status* social ou da condição material das classes médias produz eventos análogos às "jornadas" de fevereiro de 1934? Toda frustração das expectativas dos diplomados tem como consequência uma "revolta estudantil" do tipo daquela de maio 1968 na França? Toda frustração dos militares leva a uma crise do regime como em maio de 1958 etc.? Para dizer a verdade, a objeção parece banal. Ela comporta, entretanto, uma dimensão específica da postura etiologista. Para sermos mais exatos, uma dupla dimensão. Por um lado, não é necessariamente fácil identificar com um mínimo de precisão um encadeamento causal sem se interessar também pelas propriedades internas daquilo a que se reputa constituir os produtos das "causas" invocadas. Por outro lado, e isso não é menos grave, nessa ausência de passagem teórica entre os determinantes que colocamos em evidência e as características dos produtos, outra coisa também se coloca: a exclusão do campo das hipóteses imagináveis de uma possível *autonomia* dos processos de crise com relação às "causas" que intervêm a montante das crises (e podem, em parte, fornecer a razão das mobilizações iniciais ao dar nascimento a estas últimas). Em outros termos, as perspectivas etiológicas parecem ter como característica suplementar uma falta total de curiosidade teórica pelos encadeamentos causais internos aos processos de crise analisados.

A "teoria da curva em J"

Provavelmente, os efeitos da ilusão etiológica nunca são mais visíveis do que quando tendem a jogar o conjunto da explicação de uma "crise" ou de um fenômeno a ela aparentado sobre as motivações – conscientes ou não – dos indivíduos ou dos grupos que vão entrar em ação. A "teoria da curva em J" de James Davies apresenta a esse respeito uma virtude paradigmática inigualável.[7]

Essa "teoria" visa, a princípio, explicar as revoluções. Sua proposição central enuncia aquilo que Davies considera ser uma generalização de certas intuições tomadas de empréstimo de Tocqueville e de Marx:[8]

---

7 Davies, Toward a theory of revolution. In: _____ (ed.), *When men revolt and why*; Id., The J-curve of rising and declining satisfactions as a cause of revolution and rebellion. In: Graham; Gurr (eds.), *Violence in America*. Ver sobretudo os comentários de Davies em resposta a algumas das críticas à sua "teoria" em Id., The J-curve and power struggle theories of collective violence, *The American Sociological Review*.

8 Se o problema de saber o que a "teoria da curva em J" deve realmente às concepções de Tocqueville e de Marx aqui está fora de questão, talvez não seja inútil pontuar que teríamos dificuldade para encontrar nesses autores uma representação da causalidade dos processos

Revoluções são mais passíveis de ocorrer quando a um período prolongado de desenvolvimento econômico e social objetivo se segue um curto período de aguda regressão. O efeito mais importante sobre a mentes das pessoas em uma sociedade particular é o de produzir, durante o período anterior, a expectativa de uma habilidade contínua para satisfazer necessidades – que continuam a crescer – e, durante o posterior, um estado mental de ansiedade e frustração quando, a partir da realidade antecipada, a realidade manifesta abre caminho.[9]

A proposição é menos trivial do que parece. Ela tem o mérito de romper com uma visão ingênua dos fenômenos revolucionários: não é a despossessão em si, a despossessão "absoluta", que permite explicar *quem* se rebelará contra a ordem social estabelecida. Ao colocar o acento sobre a dinâmica das representações do futuro, as esperanças, as expectativas, Davies sugere que não são necessariamente os indivíduos e os grupos mais desmuniciados que constituirão os elementos ativos das mobilizações.

Entretanto, aquilo que interessa Davies se situa com toda certeza a montante dos fenômenos revolucionários que ele procura explicar. Aquilo que o preocupa é a possibilidade de identificar a montante desses fenômenos qualquer frustração ligada à discrepância entre as expectativas (a satisfação esperada de certas necessidades) e a realidade vivida (a satisfação real dessas necessidades). No centro de sua pesquisa está um "estado de espírito", um "humor", "aquilo que se passa na cabeça das pessoas" antes que elas entrem em movimento.[10] Como essas grandezas psicológicas não são facilmente observáveis e mensuráveis, Davies propõe demarcá-las a partir de indicadores mais tangíveis, em especial a evolução do bem-estar econômico (índices da evolução das receitas, dos preços etc.) e, de maneira mais ampla, do bem-estar social (por exemplo, as disposições jurídicas concernentes às liberdades individuais concretas, tais como a montante da Revolução Russa de 1917, as expectativas nascidas da abolição da servidão).

Essa característica da construção feita por Davies aparece com nitidez no gráfico que deu nome à "teoria":

---

revolucionários tão simples quanto aquela que Davies lhes atribui (ver Aya, op. cit., p.91, n.54).
9 Davies, Toward a theory of revolution, op. cit., p.136.
10 A teoria de Davies se quer psicológica e ela é de maneira explícita ligada às conceitualizações behavoiristas da "frustração" e da agressão. Davies se refere mais especialmente à teoria da hierarquia das "necessidades humanas" elaborada por Abraham Maslow (Id., The J-curve of rising and declining satisfactions as a cause of revolution and rebellion, op. cit., p.417-8).

Sociologia das crises políticas

Gráfico 1

Somente a curva da satisfação real das necessidades (linha contínua) pode ser objeto de uma observação efetiva: a curva da satisfação esperada é, ao menos nos trabalhos de Davies, produto de uma inferência feita a partir da curva da satisfação real. A linha de invalidação proposta é, por conseguinte, a de uma verificação da existência de uma escalada das esperanças em um longo período seguida por seu brusco desmoronamento – os dois na linha contínua – e, também nesse terreno, no essencial, a "teoria" de Davies foi contestada.

Qual é o alcance empírico da "teoria da curva em J"? Observemos de início que a formulação de Davies parece bastante prudente: assim, não afirmou em absoluto que as revoluções surgem "todas as vezes" que as condições enunciadas aparecem em uma sociedade qualquer. Entretanto, essa prudência é meramente formal. Os casos-desvio que Davies recenseia – a inexistência dessas condições na China em 1949 ou na Hungria em 1956 – são explicados por... dados insuficientes ou incertos.[11] Além disso, o alcance explicativo da "curva em J" parece exceder amplamente as revoluções propriamente ditas. Davies sugere notadamente que foi na ocasião do estudo da greve na Pullman na região de Chicago em 1894 que a hipótese da "curva em J" se impôs enquanto explicação, e é significativo que o autor aproxime essa greve, arrebentada por uma intervenção "vigorosa" das tropas federais, ao episódio da Comuna de Paris em 1871. Essa ubiquidade da "curva em J", que é antes de tudo indício da indiferença de Davies ao "conteúdo" das "revoluções" ou às "violências" que ele procura explicar, é tanto mais embaraçosa porque Davies se esquiva sistematicamente da dificuldade que a seguinte questão pontua: em que medida os

---

11 Id., The J-curve and power struggle theories of collective violence, op. cit., p.609.

59

comportamentos reunidos sob as rubricas "revolução" ou "violência" constituem, para retomar a terminologia da Psicologia behaviorista à qual se refere o autor, respostas adequadas ou adaptadas aos problemas existenciais, às frustrações dos atores sociais submetidos aos efeitos da "curva em J"? Tratar-se-ia simplesmente da boa e velha descarga de agressividade (o que faria com que o conjunto dos enfrentamentos que têm na origem uma "curva em J" de satisfações entrasse na categoria daquilo que Coser chama "de conflitos não realistas")?[12] Ou tratar-se-ia, ao contrário, de respostas racionais cuja dinâmica seria a de um realinhamento de satisfações reais com relação às aspirações frustradas?

A nebulosidade causal não provém apenas desses elos faltantes. É preciso que retornemos ao gráfico apresentado há pouco. Com efeito, como faremos para conhecer a diferença que separa a margem de insatisfação tolerável da margem intolerável geradora dos fenômenos revolucionários? Se seguíssemos Davies, também deveríamos conhecê-la por meio da inferência *ex post* do que se produziu, a saber, movimentos sociais que se exprimem pela "violência" ou pela "revolução". De fato, a demonstração se condena a uma total *circularidade*. Em um primeiro momento, uma "violência" qualquer permite decidir a passagem da margem de uma *discrepância tolerável* entre aspirações e satisfações reais a uma *discrepância intolerável*. E, em um segundo momento, a existência assim inferida de uma margem intolerável autoriza uma imputação de causalidade, isto é, "explica" a violência observada. Aliás, sempre há risco de tornar a explicação verdadeira por definição, ao fazer da "violência" ou da "revolução" a prova da insatisfação ou, pior, de *uma* insatisfação. A explicação se torna assim irrefutável e trivial porque autoriza a busca eterna por uma discrepância *qualquer*, não específica, entre aspirações e satisfações reais.[13] Ali onde índices econômicos se revelarão manifestamente não pertinentes, bastará "vislumbrar" as "insatisfações" em outros domínios da vida social ou em outros tipos de transformações conjunturais. Assim, por exemplo, para explicar a irrupção na cena política norte-americana de movimentos negros radicais nos anos de 1960, Davies localizará a discrepância entre satisfações reais e aspirações na reaparição da violência física contra a comunidade negra, "frustração" esta que sucede a um período bastante longo de melhoramento das condições de vida (emprego, educação, direitos civis e segurança física) irrompido no fim da Guerra de Secessão.[14]

---

12 O conflito não realista é definido pelo caráter não instrumental do comportamento conflituoso de um de seus protagonistas (o comportamento não representa um meio para esperar um fim). Ver Coser, op. cit., p.48-54.
13 Sobre esse ponto, ver as observações convergentes com as nossas de Snyder; Tilly, Hardship and collective violence in France, 1830 to 1860, *American Sociological Review*, p.520.
14 Davies, The J-curve of rising and declining satisfactions as a cause of revolution and rebellion, op. cit., p.429-34.

Uma visão sumária da causalidade

Sugerimos anteriormente que essas dificuldades não são exclusivas à "teoria da curva em J". Em realidade, elas se encontram na quase totalidade dos trabalhos etiológicos centrados em fenômenos tais como o desapontamento de expectativas, a "privação" e a "deprivação" relativa, ou ainda, naturalmente, a "frustração".[15] Mas, de maneira ainda mais significativa, elas também operam nas problemáticas que fazem apelo a *variantes estritamente sociológicas* – morfológicas – das hipóteses da frustração ou do desapontamento das expectativas, como ilustram perfeitamente alguns trabalhos de autores tão opostos como Raymond Boudon e Pierre Bourdieu podem ser.[16] Elas afetam até as abordagens que se querem mais resolutamente macrossociológicas, como é o caso da perspectiva sistêmica proposta por David Easton.[17] O anexo 1, localizado no fim deste livro, mostra que, de maneira bastante similar à margem intolerável da "teoria da curva em J" que acabamos de examinar, a ilusão etiológica afeta até a consistência lógica e a estrutura explicativa das ferramentas intelectuais especialmente forjadas para dar conta, mas dessa vez de um modo não psicológico, dos processos de crise dos sistemas políticos. O leitor verificará, sobretudo, um ponto que é tudo menos indiferente para a compreensão do jogo da ilusão etiológica: o tipo de dificuldades mencionado há pouco a propósito da teoria de Davies, se manifesta, na conceitualização de Easton, no lugar preciso onde o pesquisador é confrontado à questão da *passagem* das "causas" atribuídas às crises aos supostos produtos das mesmas, as próprias crises. De fato, aqui como alhures, a postura etiologista leva o pesquisador a se desinteressar em particular pelas *mobilizações* cujos produtos emergem e que são também, em um sentido, a matéria.[18]

Compreender-se-á que, de maneira nenhuma, queremos colocar aqui em questão a legitimidade de toda vertente acerca das crises em termos de causalidade. No mais, quando se trata de identificar do que as mobilizações a montante das crises se alimentam, certos fatores destacados

---

15 Notadamente, malgrado sua "estrutura causal" mais complexa, os trabalhos de Gurr, A causal model of civil strife: a comparative analysis using new indices, *The American Political Science Review*; Id., *Why men rebel*.
16 Ver, notadamente, Boudon, Mai 68: crise ou conflit, aliénation ou anomie?, *L'Année Sociologique*; Bourdieu, Classement, déclassement, reclassement, *Actes da Recherche en Sciences Sociales*.
17 Ver, em particular, Easton, *A systems analysis of political life*. Para referências bibliográficas mais completas, reportamos o leitor ao Anexo 1, no fim deste livro.
18 É significativo a esse respeito que Easton não possa dar importância a situações especiais que correspondem a transformações bruscas da divisão do trabalho político – quando as demandas dirigidas às autoridades se tornam diretas, não mediatizadas pelos *gatekeepers* do sistema político – que, ao preço de um abandono de fato de sua conceitualização, à qual é então substituída por uma espécie de raciocínio, ou antes, de retórica, da "exceção" (Easton, op. cit., p.88-9, especialmente nota 3).

pelas hipóteses etiológicas (em especial os fatores de ordem morfológica, quando estes moldam antecipações que serão desmentidas depois) podem, às vezes, não ser desprovidas de pertinência. Ao contrário, o problema é, digamos mais uma vez, uma concepção excessivamente estreita da causalidade: a ideia de que os determinantes de uma crise possam ser identificados por jogadas de força intelectuais ou, de modo ainda mais ingênuo, por inferências estatísticas, independentemente de todo esforço para compreender isto que "são" as crises e para tornar inteligível aquilo de que elas são feitas. E a ideia de que, em tudo complementar àquela, a explicação daquilo que representa para a análise, no melhor dos casos, apenas alguns aspectos limitados da gênese de uma mobilização, implica a explicação do conjunto do fenômeno no qual essa mobilização participa.

A ilusão da História natural

Porém, para avançar, não basta que se substitua a investigação das "causas" por uma focalização do interesse nos resultados dos processos de crise. O exame da armadilha que representa a tentação da História natural permitirá que compreendamos isso. Essa segunda ilusão recorrente na Sociologia das Crises Políticas corresponde, ela também, a uma categoria de objetivos de investigação precisa: restituir o encadeamento temporal particular de diversas fases ou etapas que levam a um tipo dado de resultado – que nomearemos doravante de "fenômeno-efeito" –, por exemplo, uma revolução, uma onda de greves, um escândalo político, a derrocada de um regime autoritário ou a tomada do poder por um partido fascista. Essa tentação da História natural repousa sobre uma crença fundamental bastante simples: trata-se da ideia da existência de certas regularidades na "marcha da história", segundo a qual a ordenação em sequência dessas regularidades se oferece ao historiador ou ao sociólogo como princípio de decifração da realidade ali onde outras ordenações dos fatos parecem fora de alcance. Por essa mesma razão, a abordagem da História natural está indissoluvelmente associada a uma intenção comparativa, a uma vontade – com a qual podemos com certeza simpatizar – de arrancar-se à outra ilusão, mais histórica e bem mais banal, a da irredutível singularidade de cada fenômeno de "crise". Entretanto, sob esse aspecto, do ponto de vista comparativo, a História natural pode ser seriamente contestada, e isso no próprio coração de sua lógica intelectual.

O estudo comparativo das "grandes revoluções"

O terreno clássico da História natural, onde melhor podemos apreender sua lógica em funcionamento, é aquele do estudo comparativo das "grandes revoluções". Ainda que Crane Brinton não seja o inventor dessa abordagem,[19] o estudo em que se dedicou a colocar em perspectiva quatro "grandes revoluções" nela perdura, com toda segurança, como o modelo mais acabado. Brinton tomou como objeto as revoluções inglesa, norte-americana, francesa (de 1789) e russa. Da comparação entre elas, ele buscou extrair as "uniformidades" que esses episódios históricos teriam em comum. Essas "uniformidades" lhe pareceram que podiam ser articuladas em etapas nitidamente distintas, recorrentes em um e outro episódio, e que, aos olhos dele, caracterizariam de modo preciso o fenômeno "revolução".[20]

O trançado que forma essas "uniformidades" se tornou familiar mesmo para quem jamais leu Brinton. Uma analogia da medicina parece, ao menos na superfície, organizar a sucessão das diferentes fases. Os primeiros momentos, a gestação de uma revolução seria identificável graças a uma série de "sintomas" típicos: um crescimento econômico acelerado, um aumento das expectativas associado a esse crescimento, divisões sociais agudas (Brinton fala de "antagonismos de classe") que o crescimento alimenta, a transferência da fidelidade dos intelectuais,[21] a perda de confiança em si mesmas das velhas classes dirigentes, a ineficácia visível da maquinaria governamental e, ao menos, em três dos quatro casos, de dificuldades muito sérias nas finanças públicas. Esses diferentes traços constituem, entretanto, apenas "pródromos" e signos da "febre" que ainda está por vir.[22] A primeira fase da revolução propriamente dita conhece uma tomada de poder por parte dos revolucionários. Essa tomada de poder se efetua após um duplo fiasco: por um lado, um relacionado a demandas formuladas por grupos sociais mobilizados; por outro, um relacionado a tentativas de uso da repressão física por parte das autoridades contra aqueles. Porém essa tomada de poder, sublinha Brinton, se realiza de preferência com "docilidade", sem grande derramamento de sangue e beneficia, sobretudo, aos revolucionários "moderados". Estes são os grupos mais abertos a compromissos.[23] os girondinos, os presbiterianos, os mencheviques, que então se amparam nas posições governamentais. Eles não são capazes, entretanto, de bloquear o desenvolvimento de uma situação de "poder dual".[24] A essa

---

19 Cf., em particular, o prefácio de Morris Janowitz a Edwards, *The natural history of revolution*, p.IX-XII.
20 Brinton, op. cit.
21 Essas concepções tiveram uma influência considerável, que podemos discernir até nas recentes "reescritas", às vezes bastante ideológicas, da Revolução de 1789 (mesmo se, na França pelo menos, Edwards e Brinton parecem se não ignorados, no mínimo, por razões obscuras, indignos de serem citados). Essas concepções podem, aliás, ser legitimamente relacionadas à maneira pela qual Gramsci pensava o lugar e o papel de diferentes frações dos intelectuais nos processos revolucionários (ver, sobre esse ponto, Portelli, *Gramsci et le bloc historique*).
22 Capítulo 2 de Brinton, op. cit.
23 Ibid., p.133.
24 Ou, mais precisamente, de "dualidade de poderes", Brinton tinha com toda certeza no espírito o modelo da *dvoevlastie* da Revolução Russa de 1917 (Ibid., p.132-7).

fase de "febre" sucede a fase mais aguda do processo revolucionário, a fase da "crise". Nessa fase, os "moderados" são afastados do poder. Na perspectiva de Brinton, lida-se com um deslocamento favorecido por potentes "pressões objetivas", em particular, intervenções militares estrangeiras que ameaçam o novo regime e, sobretudo, com o fato de os "moderados" serem incapazes – por natureza, parece pensar Brinton[25] – de colocar em funcionamento o governo forte e centralizado que as circunstâncias exigem. Com a emergência de um homem forte, com a monopolização da ação e das posições governamentais por grupos políticos relativamente restritos (independentes, jacobinos, bolcheviques) e, também, com a organização do terror – tudo isso ao mesmo tempo –, trata-se então do "reino dos radicais". Surge, por fim, uma última fase, "termidoriana", marcada pelo retorno a um *status quo* suportável, uma fase de "convalescência" da sociedade que reencontrou algum equilíbrio depois da "doença".[26]

Não riamos muito rápido do esquematismo ou da ingenuidade desse quadro. De início porque, como veremos mais adiante, a lógica intelectual que subjaz à abordagem da História natural opera, sob formas com frequência irreconhecíveis, em um grande número de outras vertentes acerca dos fenômenos críticos. Mas também porque seria absurdo ignorar que sua virtude descritiva pode às vezes se revelar completamente perturbadora. Assim, não temos qualquer dificuldade em aplicá-la a alguns outros casos além dos que foram considerados por Brinton, como o da Revolução Iraniana de 1978-1979.[27]

Os sintomas da revolução que está por vir estão visivelmente presentes na sociedade iraniana antes de 1978. Temos diante de nossos olhos um crescimento econômico rápido ligado, nesse caso, à renda petrolífera, e a acentuação correlativa das clivagens que opõem diversos grupos sociais assume notadamente a forma do "alheamento", com relação ao resto da população, dos que se beneficiam de um modo de vida "consumista" à maneira ocidental. Os outros "pródromos" também estão em seu lugar: desde a transferência da fidelidade dos intelectuais – que sem dúvida reforçam as hesitantes tomadas de posição da administração norte-americana em matéria de direitos humanos – à perda de confiança dos grupos dominantes em si mesmos, que veem, por exemplo, o regime "declarar guerra ao lucro" no verão de 1976. O mesmo se dá, sobretudo, com relação às diferentes fases do processo revolucionário. A insurreição de 9 fevereiro de

---

25 "Os moderados por definição não são grandes odiadores, não são dotados da cegueira efetiva que mantém homens como Robespierre e Lênin impassíveis em sua ascensão ao poder. [...] Os moderados, nesse sentido, não acreditam realmente nas grandes palavras que eles precisam usar. Eles são em tudo compromisso, senso comum, tolerância, conforto" (Ibid., p.146).
26 Ibid., em particular, p.235-6.
27 Ver notadamente Fischer, *Iran*, p.239.

1979 é, com efeito, precedida de um período de político errático das autoridades, que oscilam entre concessões que pareceram muito insuficientes aos adversários deles e o recurso a uma repressão que, a partir de janeiro de 1978 e mais ainda em setembro do mesmo ano, se revelará, malgrado sua brutalidade ostensiva, manifestadamente ineficaz em face das multidões mobilizadas. A tomada do poder por parte dos revolucionários assumirá sim a forma de um governo "moderado", o de Bazargan, o qual se mostrará, de fato, impotente em face da desaparição rápida de todo o monopólio da violência organizada.[28] Com a rejeição a Bazargan, em novembro de 1979, se tornará manifesto o movimento em direção a um governo de "radicais". Esse movimento coincidirá com uma intensificação do enfrentamento com o "inimigo externo" (a ocupação da embaixada dos Estados Unidos data de 4 de novembro[29]) e se alimentará, em seguida, da guerra com o Iraque. Nada, por fim, interdita pensarmos que, cedo ou tarde, essa fase de "crise" desembocará em um período de convalescência, de estabilização da situação interna do Irã e de "normalização" de sua situação internacional.

Nessas condições, por que ser reticente diante de um esquema que "funciona" tão bem assim? Em que a História natural, que parece dar conta perfeitamente de episódios históricos, entre si, tão distantes no tempo e tão opostos pelas atmosferas culturais a que pertencem as sociedades concernidas, pode impedir a inteligibilidade de processos revolucionários e, de maneira geral, de conjunturas de crise?

A lógica do "método regressivo"

A resposta a essa questão remete principalmente ao *modus operandi* próprio à História natural, qualquer que seja, aliás, o tipo de fenômeno ao qual seu esquema é aplicado.

O elemento que comanda uma enorme parte da lógica intelectual da História natural se situa no método histórico particular a que (quase) inevitavelmente conduz todo objetivo de pesquisa do tipo que Brinton se fixou, a saber, evidenciar uma sequência de eventos, etapas, uniformidades ou, porventura, pré-condições – sequência esta que se supõe desembocar em um dado tipo de fenômenos, aqui, as "revoluções". Para a clareza da discussão, é útil escolher variante que se quer a mais rigorosa da História natural, aquela que se apoia sobre o "método regressivo". Foi um dos precursores desconhecidos da História natural, o sociólogo francês Arthur Bauer, que, em *Essai sur les révolutions* [Ensaio sobre as revoluções], publicado em 1908,

---

28 Ibid., p.223.
29 Ibid., p.234 e ss.

formulou de maneira mais clara e, sem dúvida, da maneira mais crua, os princípios desse "método regressivo":

> "As revoluções são mudanças que são tentadas por meio da força na constituição das sociedades." Tal é o fato social cujas causas trata-se de descobrir. Para isso, é preciso usar o método regressivo: partir do efeito e remontar até às causas iniciais, tendo o cuidado de percorrer toda a série de causas intermediárias.[30]

Ora, tudo isso está longe de ser dado tão de barato quanto parece. Esse "método regressivo", acoplado, como sublinha Bauer, a uma definição do fenômeno-efeito, se encontra, no domínio que aqui nos ocupa, na fonte de sérias dificuldades.

Em primeiro lugar, o recorte da realidade, dos "fatos" históricos pertinentes, a que o "método regressivo" conduz. Esse recorte tem uma dupla dimensão. Na profundidade histórica de cada caso tomado, ela opera por meio da seleção de certas classes de fatos em função, voltaremos a isso, da "intriga"[31] que cada variante da História natural constitui. Mas o recorte ao qual o "método regressivo" leva, traça também as fronteiras do conjunto dos casos históricos que são julgados comparáveis, isto é, aqueles que apresentam, por atacado, os traços tomados pela definição do fenômeno-efeito.

Sem dúvida, a consequência mais inesperada e, curiosamente, com pouquíssima frequência compreendida dessa maneira de proceder é que o historiador (ou o politicólogo), por acaso comparatista, que seguirá às indicações de Bauer e que partirá tranquilamente dos "efeitos" – por exemplo, as "revoluções" – para tentar remontar às cadeias de determinações, chegará a um verdadeiro impasse. Ele se encontrará, de fato, diante de uma impossibilidade lógica – e sobretudo prática – de perceber tanto as diferenças quanto as similitudes entre a categoria de fenômenos assim recortados e a de outros encadeamentos históricos, eventualmente contíguos, mas que terão tido a deselegância de ter desembocado em resultados não coincidentes com a definição de fenômeno-efeito que servira de ponto de partida para a análise. O historiador apenas poderá ter a expectativa de identificar diferenças e algumas similitudes no interior do conjunto restrito dos casos históricos que a definição do fenômeno-efeito escolhida por ele delimita (desse ponto de vista, a definição do fenômeno "revolução" utilizada por Bauer, uma vez que ela se estende também às *tentativas* de mudança por meio da força, recorta um conjunto de fenômenos sensivelmente mais extensos do que, de fato, a definição, aliás bastante implícita, de Brinton).

Dito de outra maneira, todo recorte dos fatos históricos que obedeça a essa lógica constituirá inevitavelmente um grande obstáculo para a

---

30 Bauer, *Essai sur les révolutions*, p.11.
31 Sobre a noção de "intriga", ver Veyne, *Comme on écrit l'histoire*, p.45-62.

abordagem comparativa. Ela impedirá até mesmo o que a perspectiva da História natural visa em princípio, a saber, a identificação de eventuais traços originais da classe de fenômenos que tomamos como objeto de estudo e, mais ainda, da eventual *especificidade* das sequências históricas cujo "efeito", tomado enquanto ponto de partida da análise, é suposto ser o produto. De fato, não podemos, é lamentável ter de sublinhar isto, precisar então os elementos pelos quais essas sequências históricas poderiam se diferenciar – ou não – de outros processos que tenham desembocado em outros resultados e, por essa razão, são deixados fora do campo da comparação.

Aliás, não há nenhuma razão para pensarmos que, sob esse aspecto, qualquer relaxamento do "método regressivo", ou mesmo seu abandono em proveito de uma apreensão intuitiva – ou, eventualmente, "indutiva"[32] – das "uniformidades", poderia modificar de maneira substancial essa lógica do recorte. Neste caso, esse método, que sempre se efetuará partindo de uma definição do "fenômeno-efeito", simplesmente não se sobrecarregaria mais com exigência de demarcação dos elos causais entre as "uniformidades" ou entre as etapas colocadas em evidência.[33] O esquema da História natural perde, nessas condições, em ambição explicativa, sem ganhar, contudo, o que quer que seja – o contrário teria sido espantoso – no plano comparativo.

O mesmo se segue, assim nos parece, da recuperação definicional do esquema sequencial de Brinton que por vezes se propôs para consolidar esse tipo de vertente.[34] Estender a definição do fenômeno "revolução" ao conjunto das "uniformidades" identificadas por Brinton levaria apenas a se restringir, dessa vez de maneira explícita, a população dos casos

---

32 Disto Brinton estava perfeitamente consciente: "A popularização de ideias baconianas acerca da indução talvez seja a principal fonte da noção errônea de que o cientista nada faz aos fatos que ele trabalhosa e virtuosamente desenterra, exceto deixá-los se enfileirarem de modo ordeiro no lugar que eles produzem por si mesmos. Os fatos em si mesmos não estão 'lá fora' e devemos estar dispostos a aceitar a definição de Lawrence Henderson do 'fato' como uma *declaração* empiricamente verificável acerca do fenômeno em termos de um esquema conceitual" (Brinton, op. cit., p.9).

33 É conveniente destacar que tal demarcação dos elos causais, ao remontar os "efeitos" às "causas", não é certamente tão fácil como parece crer Bauer, em especial porque supõe que se ponha em funcionamento um esquema teórico que, ao menos, permita decidir quais são os "fatos" suscetíveis de constituir "causas"... Caso contrário, remontar efeitos às causas reduz-se a investir a seleção desses fatos com todas as imaginárias causais da sociologia espontânea e leva, por conseguinte, a que se apague toda diferença entre o "método regressivo" assim praticado e seu abandono puro e simples – caso este da própria abordagem de autoria de Bauer: o emprego da força – característica de "revoluções" – "depende" dos agentes que a utilizam. Estes têm, pois, sempre uma "razão" (ideias, sentimentos etc.) para tê-lo feito, e de onde vêm essas "razões"? Do partido revolucionário, e assim por diante (Bauer, op. cit., p.12-5).

34 Nadel, The logic of *The anatomy of revolution* with reference to the Netherland Revolt, *Comparative Studies in Society and History*.

históricos legitimamente comparáveis às "grandes revoluções" mencionadas há pouco.[35]

Entretanto esse impasse da História natural comporta um segundo viés concernente às relações causais que supostamente agem nos encadeamentos das fases históricas identificadas. Seja, por exemplo, o caso da "Revolução" Boliviana de 1952, isto é, os eventos passados na historiografia contemporânea sob essa denominação.[36] Para começar, imaginamos sem dificuldade o embaraço extremo no qual esse episódio histórico coloca o adepto da História natural. Com relação à sequência descrita por Brinton, a Revolução Boliviana de 1952 se caracteriza por seu *inacabamento*, pela ausência do reino dos radicais bem como da reação termidoriana. Por outro lado, os outros estágios desse episódio parecem coincidir inteiramente com o esquema da História natural.[37] Retenhamos para nosso propósito que a tomada de poder pelos moderados – o MNR de Paz Estenssoro – é acompanhada pelo desaparecimento de todo monopólio da violência física organizada.[38] Nas zonas mineradoras e mesmo em certos setores rurais nascem milícias autônomas diante das novas autoridades centrais e, sobretudo, os radicais não estão ausentes da cena política: eles, em especial, estão ativos e influentes nos sindicatos, em particular, nos das minas de estanho.[39] Porém a "revolução" fica de resto, neste ponto, completamente dominada pelos moderados, o MNR, mas de modo algum estabilizada, até a intervenção dos militares em 1964. Ela resta, como dirão de maneira reveladora seus comentadores, "inacabada", "incompleta". Por conseguinte, na perspectiva da História natural, o que fazer dessa "revolução"? Ela merece deveras essa denominação? Se devemos seguir a inclinação da História natural – ao menos na variante clássica de Brinton –, não poderemos tomar esse caso e comparar os enfrentamentos políticos bolivianos no início dos anos de 1950 ao desdobramento das "grandes revoluções". Ou, então, e aqui surge o aspecto causal do impasse da "História natural", seria preciso tentar salvar um pouco de sua lógica,

---

35 A este respeito, o caso norte-americano, Brinton tem perfeitamente consciência disso, levanta algumas dificuldades muito sérias (Brinton, op. cit., p.254).

36 Ver, notadamente, Malloy, *The uncompleted revolution*; Malloy; Thorn (eds.), *Beyond the revolution*.

37 Sobre os "pródromos" da revolução (transferência da fidelidade dos intelectuais, divisões e "alheamento" das elites ou revés brusco da conjuntura econômica) e sobre a utilização errática da força pelas autoridades, ver em especial Malloy, op. cit., p.64 e ss., 71, 81, 323-4, 327-8, 330.

38 Ibid., p. 179-84.

39 No que concerne às relações conjunturais variáveis, em especial, entre os grupos que se definem como "marxistas", o Partido de la Izquierda Revolucionaria [Partido da Esquerda Revolucionária] (PIR) e Partido Obrero Revolucionario [Partido Operário Revolucionário] (POR) e a Central Obrera Boliviana [Central Operária Boliviana] (COB) e entre os "radicais" e os "moderados" desta última, ver Ibid., p.283-90. Sobre as radicais "Teses de Pulacayo" adotadas pela COB, ver Ibid., p.147; Lora, *A history of the Bolivian labour movement (1948-1971)*, p.246-52.

à maneira de Huntington, ao atribuir o "xeque" em que essa "revolução" entrou – a saber, para este autor, como para uma série de outros, a ausência de uma fase radical – a seu caráter "pacífico". Segundo Huntington, a violência no processo revolucionário teria, com efeito, dois tipos distintos de consequências. De início, a violência teria por "função" permitir a eliminação de certas tendências rivais em competição pela direção do processo revolucionário – ou a competição subsistirá e inclusive ganhará vigor até à queda de Paz Estenssoro. A violência, em segundo lugar, estaria na origem de uma lassidão que constituiria a mola mais eficaz para um retorno à ordem termidoriana.[40] Ao cabo, o argumento de Huntington é bastante surpreendente, porque, como os fundadores da História natural das revoluções revelaram perfeita e explicitamente, as fases iniciais das "grandes revoluções" são, como é o caso da Revolução Boliviana, relativamente "pacíficas". Assim, a "salvação" perde de maneira manifesta seu alvo, o baixo nível da violência de nenhum modo impediu a evolução ulterior desses episódios históricos para uma fase de "crise".

Dessa maneira, o problema do recorte se duplica com a dificuldade de um controle mínimo de relações causais que, mais ou menos explicitamente, segundo os autores, dão a razão do encadeamento das diferentes fases distinguidas. É claro, isso significa dizer que, às vezes, censuramos muito injustamente a História natural por sua falta de interesse pelas causas das revoluções (Skocpol também fez do interesse pelos elos de causalidade a linha de demarcação entre a vertente da História natural e aquela da "análise histórica comparativa" que ela fez de sua vertente[41]). Ora, a relativa plausibilidade das "uniformidades" recenseadas sempre se deve, em todos os casos da utilização do esquema da História natural, a que essas uniformidades parecem organizadas por elos de causalidade. Isto é presente tanto na ideia que Brinton faz daquilo que pode opor os "tipos humanos" radical e moderado, na ideia que ele faz da dinâmica necessária de uma situação de "poder dual",[42] quanto nas reflexões de Huntington

---

40 Huntington, *Political order in changing societies*, p.327-8.
41 Skocpol, *States and social revolutions*. Essa demarcação proposta por Skocpol também é, a este respeito, bem menos nítida do que essa autora deseja. Enfatizemos, entretanto, que os trabalhos do tipo da tese de Skocpol se esforçam visivelmente para controlar os encadeamentos causais ao confrontar os casos selecionados, por exemplo, "as revoluções sociais", com outros casos que correspondam a "efeitos" finais diferentes, mas também que Skocpol não se interessa muito pelo próprio "desenrolar" dos processos revolucionários, no que é diferente justamente de um Brinton (mas isso já é ponto pacífico da análise histórica comparativa). Por último, esses trabalhos vão procurar as "uniformidades" causais entre eles com muito mais profundidade no passado das sociedades estudadas. Para outro bom exemplo dessa abordagem, além dos trabalhos pioneiros de Barrington Moore, para uma comparação das trajetórias das "revoluções feitas pelo alto" com aquelas dos casos descritos por Brinton, ver Trimberger, *Revolution from above*, p.19.
42 Eis a razão pela qual não é preciso dar muita importância à analogia da medicina da qual Brinton pretendeu fazer seu esquema conceitual organizador: nenhuma das relações causais

acerca das "funções" da violência nos processos revolucionários. Em realidade, a dificuldade se situa em outro lugar e está muito próxima daquilo que dissemos sobre o impasse comparativo a que a História natural leva: com efeito, como saber se, em outros episódios históricos além dos que foram selecionados, as mesmas causas ou as mesmas configurações causais (por exemplo, para ir no mais simples, a deserção dos intelectuais) não produziriam efeitos mais ou menos diferentes[43] – como parece ser justamente o caso da Revolução Boliviana de 1952? A incerteza acerca desses encadeamentos causais se torna aqui indissociável do recorte de fatos históricos a partir de certos tipos de "resultados". Desse ponto de vista, pouco importa que esses "resultados" sejam mais revoluções "políticas" do que revoluções "pelo alto", "golpes de Estado" ou "revoluções sociais".

História natural, historicismo e senso comum

Vejamos agora brevemente duas últimas dificuldades, para dizer a verdade, bastante banais no domínio do conhecimento político, mas que tocam nisto que constitui o coração da abordagem feita pela História natural. A primeira concerne ao próprio objetivo dessa abordagem: colocar em evidência sequências históricas supostamente características de um dado tipo de fenômeno-efeito. Esse objetivo é necessariamente subentendido por uma representação bastante particular dos processos sociais submetidos à pesquisa, uma representação da marcha da história que constitui o horizonte teórico de toda abordagem que se relaciona à da História natural. Para apreendermos bem essa dificuldade, convém ter presente ao espírito não mais um único tipo de fenômeno-efeito, mas, simultaneamente, vários deles. A perspectiva da História natural se restitui, *grosso modo*, à ideia muito simples de que aos diferentes tipos ou classes de fenômenos-efeitos – "revoluções", "crises políticas", "escândalos", "revoltas", "motins" etc. – correspondem, a cada um deles, tipos de encaminhamentos históricos particulares e diferentes dos encaminhamentos próprios a outras classes de fenômenos-efeitos ou de resultados. Nesse sentido, preciso, cada tipo de fenômeno-efeito teria uma natureza particular. A ambição última da História natural, com frequência inconfessa, consiste em mostrar que, desde seu nascimento, o processo estudado é dotado de uma substância ou de uma essência que se encontra – que se realiza por

---

que as "uniformidades" extraídas dela sugerem, poderiam ser a ela ligada com alguma plausibilidade (o único caso discutível, desse ponto de vista, parece ser o da "frustração" associada às "esperanças" produzidas pelo crescimento econômico – ver, entretanto, para uma interpretação oposta, Nadel, op. cit).

43 Rule; Tilly, 1830 and the unnatural history of revolution, *The Journal of Social Issues*, p.52.

completo – no resultado ao qual ele chega e que o orienta justamente na direção desse resultado.

O historicismo próprio à abordagem da História natural está assim, de saída, em parte ligado ao interesse, determinante na lógica dessa abordagem, pelos *resultados* dos processos conflituosos. A História natural não poderia admitir que o deslocamento de um fenômeno em direção a um fenômeno de outro tipo apenas possa, em certos casos ao menos, se produzir *à margem*. Ela tem alguma dificuldade em admitir a ideia de que, às vezes, deslizamentos *locais* ou transformações de *fraca amplitude* possam ter "grandes efeitos", que possam reverter fortes tendências. Evidentemente não é a postura determinista, aquela do determinismo metodológico em geral, que aqui está em questão – a assimilação ainda feita às vezes entre essa postura e o historicismo revela, nós não o ignoramos, uma atitude estritamente ideológica –, mas sim a visão particular da História natural. A focalização dessa última sobre os resultados de processos sociais trai sua incompreensão acerca da contingência desses resultados; sua incompreensão do fato de que esses últimos provêm de conjunções relativamente aleatórias de séries múltiplas de determinações, de cadeias causais separadas ou autônomas entre si.

Circunstâncias agravantes: como tudo o que precede deixa pressentir (o que explica as aspas que beneficiam às vezes noções tais como a de "revolução"), essa posição parece tanto mais insustentável quanto as definições de fenômenos-efeitos, as fronteiras que supostamente os separam e, mais geralmente, a organização do campo dos fenômenos que supõe a História natural têm todas as chances de não representarem senão uma duplicação, uma estilização ou, no melhor dos casos, uma sistematização dos recortes inscritos nas categorias da linguagem ordinária. Com certeza, essas categorias – "revolução", "crise política", "motim", "revolta", "onda de greves", "escândalo político" etc. – constituem para o politicólogo *materiais* extremamente preciosos. Elas *fazem sentido* para os atores: elas estruturam suas percepções, suas interpretações, seus cálculos. Elas constituem com frequência as pautas de suas competições. Elas condicionam seus atos e até seus afetos. Em tudo isso, elas participam plenamente da própria realidade social. Isto posto, fazer dessas categorias o instrumento privilegiado da investigação, sua armação, o princípio da seleção dos "fatos" e da seleção dos encadeamentos causais, é com certeza bem mais perigoso – porque não só é improdutivo, mas também contraproducente – do que usualmente gostamos de considerar. O perigo, a este respeito, é esquecermos de muito boa vontade que se "nós sabemos de maneira intuitiva que esta é uma revolução e que este é apenas um motim [...], nós não saberíamos dizer o que são um motim e uma revolução: nós falamos deles sem conhecê-los de verdade", mas, acrescenta Paul Veyne, tendo a "ilusão de intelecção".[44] E, sobretudo,

---

44 Veyne, *Como on écrit l'histoire*, p.161-2.

nós falamos deles tomando de empréstimo da linguagem ordinária o que há de mais nebuloso – suas fronteiras incertas, seus esquemas implícitos, suas taxonomias confusas –, de acréscimo, com a ilusão suplementar, que serve frequentemente de álibi, de termos assim à nossa disposição, com poucos custos, um vocabulário observacional eficaz. Isso significa, em outros termos, que certamente não é por meio da via tomada de empréstimo da História natural que a Sociologia Política conseguirá isolar eventuais sequências recorrentes operantes nos processos sociais reais.[45]

A ilusão heroica

Chamaremos "ilusão heroica" aquela procedente da ideia de que os períodos de crise política se opõem às conjunturas rotineiras ou estáveis à medida que aqueles mais do que estas se valem uma análise decisional, a qual privilegia a escolha e, de modo mais geral, a ação de indivíduos ou de grupos. A lógica dessa ilusão – e nisto ela é um obstáculo – leva a uma desqualificação *a priori* de todo exame dos processos de crise política em termos de "estruturas", qualquer que seja, no mais, o conteúdo preciso que damos a essa noção.

A localização da escolha e da decisão

Quaisquer que sejam suas formulações particulares, reconhece-se à ilusão heroica antes de tudo devido ao fato de que ela concebe os períodos

---

[45] De encontro a uma crença bastante difundida entre os historiadores e os pesquisadores das Ciências Sociais, não basta, para escapar às torpezas do historicismo, afrouxar os esquemas explicativos da "História natural" por meio da introdução nesses esquemas de "bifurcações" ou "ramificações" que supostamente possam "tanger" os processos históricos para direções diferentes (i.e. pontos de chegada, resultados diferentes) das que até então eles parecem estar orientados. Essas representações arborescentes dos encaminhamentos dos processos históricos, que nós chamaremos de *variantes ramificadas* da História natural, estão, na realidade, muito longe de romper com um elemento decisivo das explicações historicistas analisadas anteriormente. De fato, elas salvaguardam o essencial destas, porque a cada tipo de resultado elas tendem a fazer com que corresponda uma trajetória histórica que é supostamente típica, que lhe seria própria. Elas concebem o resultado ao qual conduz essa trajetória como o produto exclusivo da especificidade dessa trajetória. Em suma, à multiplicidade de pontos de chegada, isto é, de resultados, que elas colocam em cena, essas variantes ramificadas fazem corresponder uma multiplicidade de encaminhamentos ou de sequências históricas específicas a cada um deles. O mais surpreendente, entretanto, é que os usos ordinários que os especialistas de Ciências Sociais fazem de ramificações ou bifurcações têm como subproduto barroco que o historicismo e a focalização da investigação sobre os resultados dos eventos ou processos levam com frequência a acumular seus efeitos com os da ilusão heroica dissecada a seguir. Para uma discussão detalhada dessas variantes ramificadas, reportamos ao Anexo 2 presente no fim desta obra.

críticos, de saída, como momentos históricos nos quais as escolhas táticas ou as decisões dos atores se tornam determinantes na marcha dos eventos. Estes se tratariam – toma-se de empréstimo dos historiadores essa terminologia ao menos imagética e reveladora – de "pontos nodais" ou, melhor, de "momentos em que a história hesita".[46] A respeito deles, não se deixará de lembrar as raízes gregas do termo "crise", *krisis*, discriminação ou decisão, e *krinein*, examinar e decidir.[47] Estes são, além disso, momentos tais que tornariam possível a representação de todos os "possíveis laterais", de todos os destinos coletivos abortados que não tomaram lugar – agora a explicação nunca é difícil de achar – justamente em razão das escolhas efetuadas pelos atores das crises.

Nos capítulos seguintes, nós teremos ocasião de entrever as razões pelas quais a ilusão heroica é, de qualquer modo, "bem-fundamentada", no sentido de que a "estrutura do jogo" nas conjunturas críticas tem todas as chances de enredar os atores e as testemunhas nesse tipo de representação. Por hora, limitar-nos-emos a vê-la funcionar.

De início, em sua forma clássica, que é banal, mas – e isto o é menos – ela se encontra até mesmo nos trabalhos mais objetivistas, nos mais macrossociológicos, nos mais distantes, em princípio, das perspectivas fenomenológicas ou decisionais. O mesmo se dá, o exemplo é típico, com a explicação proposta por Chalmers Johnson dos fenômenos revolucionários, que se coloca na esteira do funcionalismo estrutural de inspiração parsoniana.[48] Johnson por mais que concebesse os sistemas sociais em termos de "equilíbrio homeostático", por mais que concebesse seus desequilíbrios em termos de "disfunções" que afetariam as "variáveis" fundamentais do equilíbrio (isto é, a grosso modo, os valores de uma sociedade e a divisão do trabalho que ela conhece), quando ele precisou apreender os momentos críticos, este quadro conceitual foi simplesmente deixado de lado. Desse instante em diante, Johnson passaria a opor o funcionamento não intencional das transformações que resultam de mecanismos homeostáticos próprios às conjunturas rotineiras às ações *conscientes e intencionais* que, segundo ele, assumem o lugar desses mecanismos quando o sistema social se torna desequilibrado:

> Nesses casos, a preocupação do ator, assim como a do analista, não é com o processo homeostático, mas com as políticas conscientes e com a formação política. [...] *[P]olíticas* de mudança estrutural são necessárias precisamente porque alguma

---

46 Por exemplo, Ladurie, La crise et l'historien, *Communications*, p.29.
47 Starn, Historians and crisis, *Past and Present*.
48 Johnson, *Revolutionary change*; Id., *Revolution and the social system*.

situação súbita e não familiar excedeu as capacidades das práticas homeostáticas costumeiras.[49]

Esse peso subitamente concedido – quando se trata de conjunturas críticas – à ação, à consciência e à intencionalidade dos atores, sem dúvida também envolve uma questão mais ampla do que esta que abordamos aqui. Discernimos, com efeito, sem muita dificuldade que esse peso tem um elo estreito com a concepção que o pesquisador tem a respeito da "consistência", se podemos dizer assim, das "estruturas" sociais. Mais precisamente, a ilusão heroica muito parece vir a par, quase sempre, com uma aceitação da oposição – Poulantzas diz "distinção radical" – entre, por um lado, "estruturas" ou "sistemas" sociais e, por outro, "práticas" ou "ação". E a reificação de "estruturas" de que toda visão desse tipo carrega consigo, é, queiramos ou não, necessariamente renovada todas as vezes que, com base nessa oposição, imputamos aos atores um "leque de opções", uma "liberdade de ação" ou uma "margem de escolha" no interior de "limites" ou de "coerções" impostas pelas "estruturas" ou pelos "sistemas".[50]

Assim, a ilusão heroica dos politicólogos e dos historiadores talvez não esteja mais tão distante de certas representações e de certas racionalizações "originárias", a dos próprios atores sociais, tais como elas aparecem em particular sob a forma de "receitas" práticas nos manuais de estratégia revolucionária. A operação intelectual por meio da qual os praticantes de revoluções modernas fazem das crises o objeto de uma atividade organizada consiste, com efeito, em uma partição da realidade social em dois blocos, dois conjuntos distintos: os "fatores objetivos" e os "fatores subjetivos". De fato, essa oposição é perfeitamente homóloga à imaginária acadêmica que acabamos de indicar: os "fatores objetivos" correspondem a isso que parece proceder de fortes determinismos sociais, a isso que escapa, por conseguinte, ao controle dos atores, os "fatores subjetivos", ao contrário, remetem à atividade da organização revolucionária, à orientação consciente desta aos objetivos que ela se dá, à própria estratégia.[51] Não nos espantaremos nem um pouco que o tempo da crise seja, de saída, percebido e racionalizado como aquele da eficácia política particular dos "fatores subjetivos".

---

49 Id., *Revolutionary change*, p.57.
50 Sobre a noção de campo de indeterminação, ver, por exemplo, Poulantzas, *Pouvoir politique et classes sociales*, p.91-3, 99-100, 103; Crozier; Friedberg, *L'acteur et le système*, p.25.
51 Por exemplo: Lênin, Le marxisme et l'insurrection. In: _____. *Oeuvres complètes*; Neuberg, *L'insurrection armée* (trata-se de um "manual" redigido por um grupo de especialistas do *Komintern*, entre eles Toukhatchevsky, Ho Chi Minh e Wollenberg, que assinam com o pseudônimo coletivo "Neuberg"); Trotsky, *Les problèmes da guerre civile*; Lussu, *Théorie de l'insurrection*.

Crises e escolhas racionais

Uma forma mais refinada da ilusão heroica irá nos permitir desmontar o mecanismo. Trata-se de uma variante de viés metodológico: a equipe de pesquisadores reunidos em Stanford ao redor de Gabriel Almond procurou, com efeito, dar conta da irrupção, do desdobramento e da resolução de uma importante "amostra" de crises políticas ao combinar várias vertentes teóricas distintas, mas julgadas pertinentes para a análise desse tipo de processo.[52]

Cada uma das trajetórias das crises estudadas foi recortada em várias fases distintas (ver o quadro a seguir). Os autores fizeram corresponder a cada uma dessas fases uma perspectiva teórica particular, "mais bem adaptada" que as outras, segundo eles, aos problemas teóricos específicos à fase em questão.[53]

A fase I e a fase IV representam o sistema político antes da crise e no seu fim. Em princípio, a descrição dessas duas "fases", o sistema político antecedente e o sistema político resultante da crise, deveria permitir avaliar a amplitude da mudança surgida no curso dos episódios históricos selecionados. Assim essas duas fases vêm aplicar, principalmente, a perspectiva do funcionalismo estrutural.[54] Ao menos nas concepções iniciais dos autores, essas duas fases deveriam manifestar certas propriedades que permitissem identificá-las. A mais importante dessas propriedades é a *sincronização* entre a estrutura da demanda política proveniente do ambiente do sistema político e a estrutura da alocação de bens, *status* e recompensas provenientes da "estrutura política".[55] Essa identificação não era tão fácil como previam os autores:

---

[52] Almond et al. (eds.), *Crisis, choice, and change*. Os episódios históricos abordados são os seguintes: as crises britânicas de 1832 e 1831, o nascimento da Terceira República na França (1870-1875), a formação da República de Weimar, a "restauração" de Meiji e as "crises" mexicana (1935-1940) e indiana (1964-1967). O projeto do grupo de Stanford constituiu um dos dois maiores empreendimentos para revisar a abordagem desenvolvimentista em face das críticas, para dizer a verdade, decisivas, de que esta foi objeto nos anos de 1960. A segunda dessas tentativas foi realizada no escopo da "Comissão de Política Comparada" do Social Science Research Council dos Estados Unidos e também consistiu, em parte, em dar um maior papel às crises políticas na explicação – ver Binder e al., *Crises and sequences in political development*, obra substituída pela série de estudos de caso de Grew (ed.), *Crises of political development in Europe and the United States*. Sobre o lugar da ilusão heroica nesse empreendimento, ver Dobry, *Éléments pour une théorie des conjonctures politiques fluides*, p.94-118.

[53] Almond, Approaches to developmental causation. In: Almond et al. (eds.), *Crisis, choice, and change*, p.25. A lógica inicial do projeto é exposta em Id., Determinacy, choice, stability, chance: some thoughts on contemporary polemics in Political Theory, *Government and Opposition*. Para uma apresentação muito clara do projeto, ver Leca, *Quelques théories explicatives des crises*, p.10-3.

[54] Perspectiva chamada de *system-functionalism* por Almond, que procura sublinhar assim a utilidade das metáforas sistêmicas para a análise dos sistemas sociais (Almond et al. [eds.], op. cit., p.6-7).

[55] Trata-se de uma adaptação do esquema de "enlaces de realimentação sistêmica", tornado clássico em Ciência Política após os trabalhos de Easton, o termo de "sincronização" sendo preferido ao de "equilíbrio", porque este último, segundo os autores, não corresponderia a

não foi possível começar o estudo de certos casos históricos (a emergência da Terceira República na França ou aquela do regime de Weimar, por exemplo) com a descrição de um estado, mesmo aproximativo, de sincronização.[56]

Quadro 1

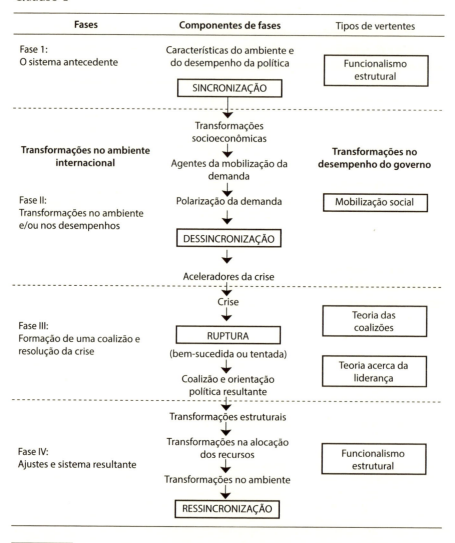

---

nada de observável no plano e não se prestaria a uma definição unívoca (Flanagan, op. cit., p.46-7, nota 3 sobretudo).
56 Almond, Approaches to developmental causation, op. cit., p.25. Ver também Almond; Mundt, Crisis, choice and change: some tentative conclusions. In: Almond et al. (eds.), op. cit., p.619-20. Destacamos que mesmo a "crise" britânica de 1931 levantou dificuldades análogas (Kavanagh, Crisis management and incremental adaptation in British politics: the 1931 crisis of the British party system. In: Almond et al. (eds.), op. cit., p.183).

As diferentes fases das crises e as vertentes correspondentes (adaptados da figura H, 2, Flanagan, op. cit., p.49).

A segunda fase é aquela que chega a uma dessincronização entre a demanda e a alocação dos bens políticos. Essa dessincronização provém de transformações exógenas, isto é, exteriores à estrutura política. Essas transformações podem ser tanto internacionais quanto internas. Por fim, ela pode eventualmente resultar de modificações amplas no desempenho da estrutura política.[57] A vertente julgada apropriada às características dessa fase – que tocam notadamente às relações entre transformações no ambiente e na estrutura da demanda político – é aquela da "mobilização social" (Karl Deutsch ou Daniel Lerner).

Por fim, a fase III corresponde à crise política propriamente dita, às transformações que intervêm na própria estrutura política. A análise diz respeito aqui às estratégias dos atores, as escolhas com as quais eles se defrontam nos diferentes momentos dessa fase, às alianças que eles formam e aos benefícios que dela eles podem esperar. O esforço teórico visa identificar várias linhas de ação possíveis para cada um dos protagonistas da crise e a romper assim com as concepções "deterministas" dos processos de mudança política. Isso porque o instrumento privilegiado da apreensão da fase III, momento de ruptura[58] dos sistemas políticos, reside, para o Grupo de Stanford, em uma versão original da "teoria das coalizões",[59] completada, quando é considerada útil, por um recurso, de resto tímido, às teorias acerca da liderança.[60]

A principal objeção que se pode opor a esse trançado teórico envolve precisamente a essa mudança de perspectiva a cada fase dos processos descritos. Aliás, os autores parecem ter pressentido vagamente certas dificuldades às quais sua opção lhes expõem.[61] Mas a reorientação esboçada, que consiste em utilizar ao mesmo tempo o conjunto das vertentes selecionadas, é sugerida apenas para análise das fases supostamente estáveis, as fases I e IV, *mas não para as outras*. Isso tende a indicar, com certeza, os limites desse remorso metodológico. Este tende, sobretudo, a mostrar

---

57 Flanagan, op. cit., p.52-5, 58-7.
58 A "crise sistêmica" que caracteriza essa fase de ruptura é definida da seguinte maneira: "*Crise sistêmica* é um desafio para a autoridade dos tomadores de decisão constituídos, expressado através de meios extralegais de protesto em escala suficiente para ameaçar a habilidade dos incumbidos de manter a ordem e a ocupação contínua dos papéis de autoridade. Em outras palavras, a crise se torna visível quando o descumprimento ou a expectativa de eminente descumprimento das regras e procedimentos autorizados com relação às demandas processadas e mudanças afetantes, ameaçam a *constituição* das incumbências" (Ibid., p.48).
59 Ibid., p.55-56, 67 e ss.
60 Entre os trabalhos citados desse ponto de vista, mencionamos sobretudo aqueles de Erikson, *Young man Luther*; Id., *Gandhi's truth*.
61 Almond, Approaches to developmental causation, op. cit., p.25, 27. Os diversos estudos de caso são, aliás, amplamente tributários da escolha metodológica inicial.

que o aspecto central dessas dificuldades não foi percebido, nem, *a fortiori*, dominado. Com efeito, não é por acaso que a fase III (que constitui, de fato, como reconhecem explicitamente os autores, o ponto focal de suas investigações) é de imediato conhecida como o lugar natural da escolha, do cálculo, da *decisão* dos atores, por oposição às outras fases nas quais, de diversas maneiras, são as perspectivas "deterministas" que supostamente explicam "o que se passa".

Como distinguir as diferentes fases?

A mudança de perspectiva teórica a cada "fase" dos episódios históricos analisados torna difícil a observação de eventuais descontinuidades entre as diferentes fases. Trata-se de uma consideração em tudo elementar: essas descontinuidades podem aparecer somente se ancorarmos o conjunto da abordagem, isto é, o estudo das quatro fases distinguidas, em uma vertente precisa. Não é senão ao nos darmos tal "ponto fixo" que diferenças significativas têm algumas chances de aparecer.

Abordemos essa questão por um lado menos abstrato: se nós queremos aplicar o trançado proposto pelo Grupo de Stanford, é preciso que introduzamos cortes cronológicos nos episódios históricos analisados. Pelos períodos situados aquém e além de certos limiares cronológicos, nós devemos solicitar tal perspectiva teórica em vez de outra. Seja, por exemplo, os cortes que delimitam o período da ruptura do sistema político (fase III) no estudo que Rittberger consagra ao nascimento da República de Weimar.[62] A emergência da fase de ruptura é situada, *grosso modo*, em julho de 1917, momento do abandono definitivo do *Burgfrieden*.[63] O fim da fase de ruptura é manifestamente identificada ao estabelecimento, que se supõe efetivo, das instituições de Weimar. Parece consagrado pelos resultados das eleições de março-junho de 1920, marcado por um recuo sensível da maioria socialista em proveito de certa polarização aos extremos.[64] Por consequência, entre essas duas datas, entre essas duas cesuras cronológicas, a análise do comportamento dos atores deverá ter por princípio explicativo os cálculos estratégicos, em especial as escolhas racionais dos mesmos. O esforço empírico do pesquisador incidirá, em razão disso, sobre a avaliação quantitativa de diversos estoques de recursos políticos à disposição dos protagonistas da crise, sobre a estimativa da variação do valor desses estoques no curso dessa "fase de ruptura" e aquela da distância

---

62 Rittberger, Revolution and pseudo-democratization: the formation of the Weimar republic. In: Almond et al. (eds.), *Crisis, choice, and change*.
63 Ibid., p.323.
64 Em especial, Ibid., p.336-7.

entre os diferentes protagonistas naquilo que concerne aos problemas (*issues*) que se sobressaem nesse período (armistício, reforma constitucional, tratado de paz).⁶⁵ A partir dessas diversas apreciações, tornar-se-á possível identificar as alianças otimizadas sobre a base da teoria das coalizões um pouco revisada, como já assinalamos. Dessa maneira, a abordagem teórica procurará explicar por que somente três coalizões – entre as oito possíveis – vão emergir ao fim da crise enquanto "soluções" jogáveis: uma coalizão "reacionária" (burocracia estatal, alto comando militar, o Partido Nacional Popular Alemão [DNVP] e Partido Popular Alemão [DVP] com a Associação Nacional Popular do Reich [VNR]), uma coalizão "radical" (que integra os socialistas "independentes" ao bloco socialista-centrista) e, por fim, a aliança dos partidos de centro com as elites institucionais – muito conjunturalmente – "lealistas". Dessa maneira, ela tentará também explicar por que, das três coalizões, será a terceira que vencerá.⁶⁶

Contudo essa análise no escopo da teoria das coalizões se detém em 1920, no corte introduzido entre a fase III e a fase seguinte. A partir desse corte cronológico, não se coletam mais os mesmos "fatos", não se procura mais oferecer o mesmo tipo de explicação. Os estoques de recursos, as distâncias entre os atores passam a segundo plano e não se determinam mais sobre essas bases as estratégias de aliança mais vantajosas para se explicar a formação efetiva ou o fiasco de certas coalizões.

Mesmo se, sem que isto seja verdadeiramente explicitado, o período 1920-1923 parece às vezes compreendido enquanto processo de "ajuste",⁶⁷ desde o corte de 1920, a descrição das estruturas sociais, econômicas e políticas do sistema resultante da crise bem como a descrição de relações desse sistema com o ambiente internacional substituem a análise em termos de escolhas racionais. O resultado desse deslocamento metodológico é inevitável: não podemos saber se – e em quê – o sistema posterior a 1920 (ou mesmo a 1923) deve suas características a uma estabilização do valor dos recursos de diversos atores coletivos, o que seria uma via possível, ainda que pouco convincente, para explicar a "aparente" estabilização do regime de Weimar entre 1924 e 1930, ou se ele deve essas características a variações nas configurações desses estoques e nas distâncias entre os

---

65 Ibid., p.361-3.
66 Ibid., p.361-3.
67 Ibid., p.366. Se queremos ser justos com o estudo, bastante sutil aliás, de Rittberger, é preciso assinalar alguns de seus dilemas. Esse autor parece, com efeito, desconfortável no tronco metodológico discutido e não chega a deixar de se preocupar o mínimo que seja com o que se tornam os estoques de recursos e as distâncias entre os protagonistas do confronto nas fases ulteriores deste. Entretanto, esses pontos não são objeto dos procedimentos de avaliação que se coloca em prática, o que permitiria, nessas fases ulteriores, passar a uma aplicação efetiva da teoria das coalizões. Eles surgem apenas sob uma forma alusiva e parecem manifestar apenas um tipo de má-consciência metodológica do autor.

atores.[68] Pode ser que a cesura de 1920 seja significativa, mas como decidir a respeito disso, uma vez que não sabemos nada de preciso acerca das variações do valor dos estoques de recursos e sobre as variações da distância entre os atores no período que se segue a 1920? Devemos pensar que depois dessa data o comportamento dos atores não deve mais nada aos recursos que eles dispõem e às percepções que eles têm a respeito de suas relações mútuas? Devemos admitir *a priori* que, a partir da cesura de 1920 (mas por que razão isto seria verdadeiro?) os determinismos "estruturais" são o que mais conta? E que o funcionamento do regime de Weimar está, por conseguinte, desconectado dos cálculos estratégicos, das decisões e das escolhas "racionais" dos diversos protagonistas da vida política alemã? Os autores sem dúvida não quiseram necessariamente dizer isto, mas a abordagem assumida torna inteiramente *indecidível* o conjunto desses pontos. Uma vez mais: não se pode comparar períodos assim recortados, ou até mesmo medir as diferenças entre eles – esta que é a ambição proclamada pelo Grupo de Stanford – se *mudamos de instrumento de referência* a cada fase da crise.

Como, nessas condições, poderíamos estar até mesmo seguros de que a instabilidade do valor de recursos é maior entre 1917 e 1920 do que após a cesura de 1920? Os enfrentamentos políticos do ano de 1923, ou mesmo daqueles dos anos que precedem ao fim do regime de Weimar, autorizam alguma dúvida sobre esse ponto.[69] É preciso acrescentar, por fim, que essas reflexões sobre um aspecto particular do recorte das fases poderiam sem dificuldade ser estendidas ao conjunto da abordagem? Mais geralmente, a questão de limiares cronológicos traz com perfeição à luz a maneira pela qual os autores de *Crisis, choice, and change* [Crise, escolha e mudança] realizaram os recortes em fases distintas dos episódios estudados. Eles manifestadamente tiveram tendência a fazê-lo de maneira intuitiva, a partir das propriedades mais aparentes da intriga histórica e, em especial, as passagens de certos arranjos institucionais a arranjos percebidos como diferentes.[70]

---

68 Sem dúvida, é nesta na direção que nos convém pesquisar, ao menos em parte, a explicação das características "inapreensíveis" dessa sequência que Dahrendorf chama de maneira significativa período de "estabilidade enganosa" (Dahrendorf, *Society and democracy in Germany*, p.399).
69 Ver, em particular, Bracher, *The German dictatorship*, p. 204-27.
70 A aplicação de uma vertente específica a cada fase distinta dos processos de crise estudados expôs os autores de *Crisis, choice, and change* a outra dificuldade característica da lógica da ilusão heroica: o "problema" da *conversão* de uma vertente em outra. Essa operação de conversão visa extrair, malgrado os obstáculos que acabamos de assinalar, um elo causal entre as diferentes fases. A operação chega, na realidade, a uma confusão sistemática entre, de um lado, a conversão formal, feita pelo pesquisador, de uma vertente teórica e de "variáveis" que ela põe em cena em outra vertente teórica e suas "variáveis" próprias e, por outro, a "conversão" efetiva, na realidade, de um fato social em outro fato social. Com efeito, a "conversão"

A indiferença aos aspectos estruturais das crises políticas

Como acabamos de ver, a ilusão heroica do mesmo modo que interdita que compreendamos em que medida os períodos que são considerados estáveis e sincronizados devem eventualmente essas propriedades, talvez em parte, às flutuações do valor dos recursos, aos cálculos estratégicos, em suma, às decisões dos atores, ela também impede que consagremos uma atenção específica às estruturas políticas ou, de maneira mais geral, sociais, que possam aparecer nas fases de crise propriamente ditas, nos momentos de "dessincronização" e de "ruptura" dos sistemas políticos. A crítica pode parecer um despautério: as crises políticas, os períodos de sublevações sociais não são marcadas justamente por uma instabilidade, uma evanescência, uma fluidez das relações sociais de modo tal que o uso do termo "estrutura" seria deslocado? Esse uso não supõe, se seguimos a maior parte das abordagens que solicitam a noção de estrutura, uma repetição, uma recorrência, uma estabilidade no tempo das relações sociais de que se "extrairiam" os traços estruturais? Não estamos lidando com uma antinomia radical entre essas situações que Nadel, por exemplo, chama em algum lugar de "amorfas"[71] e o próprio projeto de toda abordagem estrutural? Por conseguinte, não somos obrigados, todas as vezes que tentamos restituir a lógica, se há alguma, dessas situações, a centrar a pesquisa não sobre as "estruturas", mas sim sobre as ações (os fins) e as decisões dos atores?

Nós nos deteremos com vagar sobre essas questões mais adiante. Neste momento, nos contentaremos com algumas observações breves cuja única ambição é a de abalar um pouco as robustas certezas que essas questões resumem e que constituem uma das bases "teóricas" da ilusão heroica. De início, seja o exemplo, familiar aos politicólogos e aos historiadores, da emergência possível, em algumas "grandes" crises políticas, de situações de "poder dual", de "soberania dual" (Brinton) ou, em uma formulação mais satisfatória, de "soberania múltipla" (Tilly). Com toda certeza, a Alemanha de 1918 conheceu, por um curto período, sem dúvida, essa situação. Ante a burocracia civil e o Estado-maior, são rapidamente afirmados, enquanto "polos do poder", os comitês de operários e de soldados e os organismos que deles foram derivados. Não é interdito se pensar que essa estruturação

---

opera de maneira tal que não podemos saber nada da variação das "variáveis independentes" da fase precedente quando analisamos uma fase posterior. O conjunto do trançado teórico faz com que, paradoxalmente, essas "variáveis" cessem de variar quando mudamos de fase; ignoramos, por conseguinte, todo o impacto possível dessas variáveis sobre os processos estudados. Para uma discussão detalhada dessa questão, reportamos ao subitem "O problema da conversão das vertentes e o status das variáveis", presente nas edições anteriores deste livro, que foi suprimido na presente edição (nas duas primeiras edições originais, cf. *Sociologie des crisis politiques*, p.92-95).

71 Nadel, *La théorie de la structure sociale*, p.194.

do espaço social, talvez em uma parte reduzida, possa explicar as interações, as transações, as pautas, os conflitos e as estratégias que constituíram a trama dos eventos desse período. A este respeito é significativo que entre os cenários alternativos acerca dos quais, aliás, de hábito, a visão heroica das crises é ciosa, Rittberger privilegie justamente aquele em que uma coalizão "radical" em torno de uma maioria de socialistas havia feito desses conselhos o elo de sua atividade e o eixo da definição do novo regime.[72] Porém não nos esqueçamos: aqui, estamos na fase III do processo estudado, a fase de "ruptura" e, portanto, levamos em conta apenas as escolhas e as decisões dos atores. O trançado teórico do grupo de Stanford não concede nenhum lugar a tais "fatos" e, *a fortiori*, torna impraticável toda interrogação específica sobre esse tipo de "estrutura" política.

Vemos ainda melhor quando se trata diretamente da análise comparativa. Ainda que o projeto do Grupo de Stanford seja comparativo, a análise não poderá, no escopo desse trançado, relacionar o caso de soberania múltipla a outras configurações que têm talvez alguma coisa em comum com ele. Assim é o caso da crise que chega em 1968, no Japão, à qual foi chamada de "a Restauração de Meiji". A questão da soberania múltipla não é abordada no estudo que White consagra a esse episódio histórico.[73] Porém, na fase de ruptura dessa "revolução aristocrática", certos traços estruturais mereceriam ser mais escrutinados a esse respeito. Esses traços não residem tanto na aparente dualidade de poderes que se cristaliza a partir de 1862, de início timidamente, entre Edo, lugar do poder do xogunato tradicional dos Tokugawa, e Kyoto, a corte imperial, à medida que as interações dessa estrutura bipolar que se deixa decifrar apenas por referência a uma estrutura de soberania múltipla mas eficaz, aquela que formam os principais feudos (Satsuma, Choshu, Tosa etc.), estrutura na qual o xogunato tendera a ser não mais do que uma unidade política no mesmo plano que algumas outras, pelo menos.[74] Ora, as relações entre essas unidades políticas não poderiam ser submetidas à noção simples de "dualidade de poderes": elas mais se assemelham aos jogos políticos de certas sociedades segmentadas, todavia com a diferença de que elas correspondem aqui a uma crise radical de uma sociedade que não poderíamos qualificar de segmentada senão ao preço de uma grande tibieza na definição dessa noção, e que esses jogos são constitutivos daquilo que nós – de modo não muito pertinente – chamamos às vezes de uma "revolução pelo alto".[75] Em todo caso, essas breves reflexões deixam entrever o interesse que teria uma exploração comparativa dessas

---

72 Rittberger, op. cit., p.389.
73 White, State building and modernization: the Meiji restoration. In: Almond et al. (eds.), op. cit.
74 Akamatsu, *Meiji, 1868*, p.191-278.
75 Por exemplo, Trimberger, op. cit. Esse autor notou perfeitamente, entretanto, a presença no processo revolucionário da "restauração de Meiji" de uma estrutura de "soberania múltipla" (Ibid., p.16).

"estruturas de crise", a qual a ilusão heroica nos interdita conceber e que colocará, com toda segurança, em dificuldades a visão (leninista) clássica que ainda hoje temos da "dualidade de poderes".

Acrescentemos que nós havíamos escolhido intencionalmente para ilustrar nosso propósito um exemplo de "estrutura de crise" muito conhecido dos próprios atores políticos. Mas outras direções de investigação foram menos exploradas, ainda que uma atenção às "estruturas de crise" se arrisque a se revelar igualmente fecunda. Para terminar provisoriamente este ponto, um exemplo: a aparição possível, o surgimento brusco de grupos sociais nos períodos de crise política intensa e, às vezes, o desaparecimento, também igualmente repentino, destes, isto é, de entidades dotadas de propriedades mínimas – símbolos de identidade, autoidentificação, posse de instrumentos de ação coletiva etc. – a respeito das quais possamos falar sem abuso de "atores coletivos". Esses grupos, cuja formação é difícil de relacionar aos traços que permitissem às rotinas dos historiadores ou dos sociólogos ligarem as classes sociais ao conjunto da estruturação de uma sociedade (pelo viés do *status*, dos recursos, do lugar de nossas de produção ou de dominação), parecem, ao contrário, se definir de início com relação aos "eventos" e são definidos por eles, isto é, pela própria crise política. Provavelmente sob esse anglo seria mais rigoroso se considerarem o inclassificável *"sans-culotismo"* da Revolução Francesa, a "lúmpen aristocracia" da Restauração de Meiji,[76] ou ainda – os mais precisos conhecimentos são, a este respeito, muito lacunares – o meio dos "guardiões da revolução" da Revolução Iraniana de 1979.[77]

Ao cabo, a ilusão heroica leva a perdas em duas frentes de uma vez: a do conhecimento das "estruturas" próprias às conjunturas críticas e a da compreensão da "ação", da atividade tática, dos cálculos dos protagonistas das crises. Isto, em primeiro lugar, pela ignorância do que se tornam, das eventuais transformações que possam sofrer as estruturas nos períodos de "crise" ou de "ruptura", bem como pela ignorância dos efeitos possíveis dessas transformações. Mas também, e exatamente pelas mesmas razões, pela dificuldade em identificar por que as escolhas, decisões e cálculos dos atores nesses períodos apresentam, ou não, especificidades ou diferenças com relação aos períodos "normais" (é certo, por exemplo, que nas situações críticas, os cálculos dos atores sejam muito menos determinados, socialmente condicionados ou coagidos do quedo que eles supostamente o são nos períodos "normais"?).

---

76 Ver, em especial, Moore, *Les origines sociales de la dictature et de la démocratie*, p.200.
77 Para outro exemplo desse tipo de emergência, ver Ferro, La naissance du système bureaucratique en URSS, *Annales ESC*.

3
A PLASTICIDADE DOS SISTEMAS COMPLEXOS

A existência, na maior parte dos sistemas sociais modernos, de uma multiplicidade de esferas ou de campos sociais diferenciados, inextricavelmente emaranhados e, ao mesmo tempo, mais ou menos autônomos entre si, constitui o fato estrutural fundamental para a inteligibilidade dos processos de crise política que podem aparecer nesses sistemas.[1] Dizer isso – mesmo se essa diferenciação estrutural dificilmente possa passar como uma descoberta sociológica – já significa tomar alguma distância crítica diante de metáforas sem dúvida bastante cômodas, mas esterilmente redutoras (porque toda redução não é necessariamente improdutiva), pelas quais inúmeros politicólogos, ainda em nossos dias, tentam apreender e descrever o funcionamento da política nesses sistemas.[2] Tanto a distinção, de viés arcaizante, do Estado e da sociedade civil quanto aquela, de aparência mais modernista, do sistema político e de seu ambiente têm,

---

[1] Sobre esse fato estrutural, ver, notadamente, em perspectivas diferentes, Pierre Bourdieu, Les modes de domination, *Actes de la Recherche en Sciences Sociales*; Luhmann, *The differentiation of society* (a maior parte dos ensaios contidos nessa obra foi publicada em alemão em 1971).

[2] Designaremos indiferentemente por setor ou por campo *político* os setores em que têm lugar competições por bens ou posições definidas como políticas pelos originários das sociedades concernidas. Serão ditos democráticos os sistemas em que: 1) os setores políticos serão caracterizados por uma competição aberta e organizada, no plano institucional, entre atores coletivos; 2) o voto político será universal; 3) haverá poucas barreiras para a formação de sindicatos e associações. Trata-se, pois, de uma definição bastante ampla, que integra em particular os sistemas políticos que conhecem diversas formas de desconexão ou de recorte entre a orientação definida pelo voto de eleitores e as políticas públicas efetivamente realizadas pelos governos.

com efeito, como ponto cego comum ignorar o que está em jogo justamente *na* multiplicidade de campos sociais diferenciados, o que está em jogo *entre* esses campos sociais, o que faz, em suma, a *complexidade estrutural* desses sistemas sociais.[3]

Ora, a análise dos processos de crise deve necessariamente levar a sério, isto é, explorar em todas suas implicações, essa complexidade (esta é, claro, uma proposição mais "substantiva" do que "paradigmática"): alguns de seus componentes nos oferecem o meio de entrever tanto do que é feita a plasticidade das estruturas dessas sociedades quanto o impacto que podem ter, desse ponto de vista, as mobilizações que nelas se desenrolam. Os traços estruturais que apresentam um interesse em relação à orientação definida anteriormente (capítulo 1), isto é, os traços que explicitam como os setores podem ser, na própria "estrutura", *sensíveis* às mobilizações multissetoriais, se repartem entre os que dizem respeito a face interna e os que concernem mais à face externa dos setores. À face interna correspondem suas lógicas sociais específicas e o poderio que essas lógicas exercem; à face externa, a autonomia da qual se beneficiam os setores entre si e o efeito de consolidação que podem resultar de relações que se estabelecem entre eles. Porém essa distinção entre o interno e o externo é admissível apenas com a condição de que guardemos constantemente no espírito a interdependência entre as duas faces na realidade, na "marcha" efetiva dos setores.

Das lógicas sociais específicas

As lógicas específicas constituem sem dúvida o traço mais familiar para os politicólogos. Há uma longa data uma venerável tradição sociológica mais ou menos as identificou e descreveu. Ou, para ser mais preciso, ela forjou os tipos ideais, por exemplo, a lógica – as "leis" – do mercado econômico, a lógica das grandes burocracias "racionais", a dos sistemas militarizados (no sentido de organização disciplinar e da monopolização tendencial do armamento) ou a dos sistemas escolares. Weber visa em especial essas lógicas específicas quando trata das "leis próprias" às instituições

---

3 A noção de complexidade não deve, é claro, ser confundida aqui com o uso sensivelmente diferente que dela faz, em sua própria perspectiva, Luhmann: "Sistemas podem ser designados como complexos quando eles são tão grandes que não conseguem mais ligar todo elemento com outro. [...] Sistemas complexos são caracterizados pelo fato de que eles não podem tornar real o matematicamente possível. [...] Por consequência, sistemas complexos devem obrigar a si mesmos a usar somente uma fração das relações matematicamente possíveis". A complexidade dos sistemas sociais, como podemos perceber, é indissociável dos problemas da seletividade das relações sociais e da redução da complexidade a que estão condenados a realizar os sistemas ou subsistemas sociais (Id., Temporalization of complexity. In: Geyer; Zouwen (eds.), *Sociocybernetics*, v.2, p.96-7).

religiosas – que ele opõe àquelas das "esferas da vida" ou das instituições "intramundanas" –, de leis próprias à justiça moderna ou ainda, claro, as do "livre"-mercado.[4] Ora, esses tipos ideais, que remetem em grande parte às atividades "funcionais" especializadas, próprias a cada setor – para os setores militarizados, o combate, para os sistemas escolares, a atividade pedagógica, e assim por diante –, se afastam na maior parte dos casos das lógicas setoriais efetivamente operantes na realidade das sociedades. Com efeito, essas lógicas são moldadas, trabalhadas, transformadas por uma *historicidade* bem mais caótica e bem menos "funcional" do que desejariam certas sociologias. Uma ilustração fácil, mas significativa, nos é fornecida pelo conjunto das diferenças que opõe, nos sistemas democráticos, as lógicas sociais dos campos políticos a depender de se estivermos lidando com regimes parlamentares ou com regimes presidenciais (e sabemos, em acréscimo, que, em cada uma das duas categorias de regimes, poderíamos sem dificuldade destacar discrepâncias bastante sensíveis naquilo que concerne a essas lógicas).

Assim, uma segunda dificuldade, mais próxima de nossas preocupações imediatas, deve ser desde já assinalada. Certos autores, com efeito, entreviram a necessidade, para a análise dos processos de crise política, de ser levada em conta a variedade dessas lógicas. Devemos constatar, entretanto, que eles raramente evitaram dar a ela uma interpretação despojada de toda carga normativa. Isso acontece em particular quando se trata de abordar a questão das lógicas específicas aos setores sociais militarizados, que não é fácil de ignorar inteiramente no caso de crises tais como, por exemplo, a de 1958 na França. É claro, não se trata necessariamente de aderir a um ponto de vista normativo quando se admite que essas lógicas e as que são próprias aos campos políticos – nos sistemas democráticos, mas também em inúmeros sistemas autoritários contemporâneos, inclusive os do Leste Europeu – estão longe de coincidirem. Ainda assim, essa questão é com muita frequência confundida com a do uso tático que certos atores podem fazer, no curso dos confrontos, do tema da "especificidade" da sua própria atividade setorial enquanto *argumento*, ou, mais exatamente, enquanto elemento de uma jogada (no sentido mais alto dado a esse termo).[5] Isso se passa notadamente em 1958 quando a mobilização multissetorial da qual participa o Exército se faz em parte – com relação aos próprios militares – em nome de seus valores profissionais e de "exigências" próprias a seu saber prático especializado.[6]

---

[4] Weber, *Économie et société*, v.1, p.586-7, 604 e 634. O termo alemão mais frequentemente utilizado a esse respeito é *Eigengesetzlichkeit*.
[5] Por exemplo, Linz; Stephan, *The breakdown of democratic regimes*, v.1, p.52.
[6] Ver entre muitos outros: Planchais, op. cit., v.2, p.289-49; Girardet (dir.), *La crise militaire française*; Ambler, op. cit., p.277 e ss. E mais especialmente acerca da doutrina da "guerra revolucionária", ver Ibid., p. 308-36.

Por fim, é preciso destacar que, se a variedade das lógicas setoriais não é inteiramente incompatível com uma hipótese apresentada por Bourdieu de uma *homologia estrutural* entre diversos campos sociais nas sociedades pelas quais nos interessamos aqui,[7] não é certo, todavia, que essa hipótese seja a mais apta a dar conta da diversidade dos sistemas de clivagens e de configurações de posições que conhecem os setores em um grande número de sociedades complexas contemporâneas. Sem que seja útil desenvolver aqui esse ponto, podemos sugerir que todas as vezes que esses campos sociais diferenciados se aproximem de configurações estruturais homólogas e, no caso mais específico das configurações *dualistas*, assim, tornem perfeitamente visíveis as clivagens entre dominantes e dominados em cada campo, estaremos lidando, em caso de emergência de mobilizações multissetoriais no seio deles, com um potente fator de *coordenação tácita*.[8] Este é, muito provavelmente, uma das molas centrais das mobilizações constitutivas de algumas crises que têm afetado os sistemas políticos do Leste Europeu e, mais especialmente, da crise polonesa de 1980.

A captação dos cálculos setoriais

Além da diversidade própria às lógicas setoriais, a análise dos processos de crise deve destacar vários traços que essas lógicas têm em comum.

Trata-se, em primeiro lugar, do poderio que essas lógicas exercem sobre os cálculos dos atores localizados nos setores correspondentes (ou, de maneira mais precisa, sobre seus cálculos pertinentes, que dizem respeito às atividades próprias ao setor concernido) e que faz com que estes setores se apresentem à observação como *zonas limitadas de interdependência tática dos atores*. As antecipações, as apreciações, as interpretações e, de modo mais geral, a atividade tática desses atores se efetuam então principalmente em função das pautas, das regras do jogo, "oficiais" ou "pragmáticas",[9] das categorias de recursos e da distribuição particular dos mesmos entre os diversos atores individuais ou coletivos – isto é, também em uma boa parte, entre as posições, mais ou menos institucionalizadas, que esses atores frequentemente ocupam – e, sobretudo, em função dos marcos, dos índices e dos instrumentos de avaliação, de previsibilidade e

---

7 Bourdieu, *La distinction*, p.257-8.
8 Essas objeções valem também para certos aspectos da teoria da "congruência" dos modelos de autoridade elaborada por Harry Eckstein, à medida que esta teoria tende a associar a estabilidade política à congruência de modelos de autoridade presentes em diversos locais diferenciados do espaço social e a instabilidade política à não congruência dela. Ver, em particular, Eckstein, Authority relations and governmental performance: a theoretical framework, *Comparative Political Studies*.
9 Sobre essa distinção, ver Bailey, op. cit., p.17-20.

de identificação de situações específicas a cada setor. Esses traços aproximam, pois, a noção de setor de outras noções contíguas, tais como aquela, mencionada há pouco, de "campo" (Bourdieu), a de "sistema de interação" (Baumgartner e outros), ou ainda a de (definitivamente muito próxima desta última) "sistema de ação" (Crozier e Friedberg). Essas diversas noções têm em comum com a de setor o fato de visarem à designação dos espaços sociais de interdependência dos atores, de zonas limitadas de endodeterminismo e, para falar como Luhmann, de *autorreferência*. A noção de setor se distancia daquela de campo notadamente porque não se preocupa em identificar a função específica que o setor preencheria diante de diversos tipos de público, isto é, o tipo de interesse particular que o setor poderia satisfazer (a este respeito, de acréscimo, nada que nos garante a *monofuncionalidade* de um setor particular). Ela se distancia daquela de sistema de ação pelo abandono da focalização da intenção teórica no "problema" da *regulação* dos sistemas de ação e nos mecanismos que permitem aos sistemas de ação "manter a própria estrutura" – e pelo abandono simultâneo da indiferença ao grau de institucionalização e, de maneira mais geral, de objetivação das relações sociais que os constituem (aliás, esta última observação vale também para inúmeros usos que Pierre Bourdieu faz da noção de "campo").[10]

Nesse sentido, podemos dizer que os setores se caracterizam, nas conjunturas rotineiras, por sua capacidade de realizar o fechamento do espaço de referência obrigatório dos cálculos de seus membros ou, melhor, por sua capacidade de realizar a captação desses cálculos. Por exemplo, o desdobramento da maior parte das crises ministeriais que a Quarta República francesa sofreu, revela uma captação dos cálculos em proveito do campo político: a partir dos anos 1947-1949 – que veem emergir (ou reemergir) um conjunto de rituais, testes de posições e procedimentos de controle da situação –, a "classe política" dá provas de um notável poderio sobre essas "crises", fenômenos doravante rotinizados nos quais o imprevisível é circunscrito e, por assim dizer, domesticado.[11] Contudo, a captação dos cálculos não pode ser assimilada a qualquer consenso explícito ou tácito do conjunto dos membros de um setor dado

---

10 Ver, em particular, Bourdieu, Une interprétation de la théorie de la religion selon Max Weber, *Archives Européennes de Sociologie*; Id., Genèse et structure du champ religieux, *Revue Française de Sociologie*; Baumgartner *et al.*, Meta-power and the structuring of social hierarchies. In: Burns; Buckley (eds.), *Power and control*, p.220; Crozier; Friedberg, op. cit., p.246. Ver também Di Maggio, Review essay: on Pierre Bourdieu, *American Journal of Sociology*, p.1462-4; Favre, La relation sociale. In: _____. *Relation et relations*, p.123-38; Leca; Bruno Jobert, Le dépérissement de l'État: à propos de L'acteur et le système de M. Crozier et E. Friedberg, *Revue Française de Science Politique*.

11 Ver, entre muitos outros, Williams, *La vie politique sous la IVe république*, p.715-42. Naquilo que concerne à emergência dessas práticas, Merle, De la troisième a la quatrième république: l'instabilité ministérielle, *Revue du Droit Public et de la Science Politique*.

em torno de projetos, de representações ou de interesses daqueles que nele detêm as posições dominantes. Não se trata mais de uma adesão comum às regras do jogo internas ao setor considerado, nem mesmo de um acordo tácito diante do exterior, dos não membros, dos não especialistas ou dos profanos. Se representações que legitimam o jogo interno contribuem a isso frequente e poderosamente, a efetividade da captação dos cálculos supõe apenas que os membros de um setor dado – independentemente do que eles queiram ou creiam – não possam, nas atividades que lhes são pertinentes, fazer nada a não ser calcular em função da lógica social desse setor. Eles estão, de qualquer maneira, *presos* nessa lógica. Por conseguinte, os mecanismos sociais que asseguram a persistência da captação podem, sem excessiva imprudência, ser aproximados àqueles nos quais Hirschman viu os recursos da lealdade da qual se beneficiam frequentemente as instituições e as organizações.[12] Todavia, essa aproximação pode ser proposta apenas com a condição de que captação e lealdade não sejam confundidas (tocamos aqui sem nenhuma dúvida em um dos pontos fracos da "teoria da lealdade" de Hirschman): "direitos de entrada" elevados (a severidade da iniciação) e uma penalização da deserção podem muito bem contribuir para assentar a captação dos cálculos, sem que necessariamente se desenvolva a lealdade dos membros, sem que se torne observável nenhum apego de ordem afetiva às finalidades, aos valores, às normas ou aos interesses setoriais.

A objetivação das relações setoriais

O segundo aspecto das lógicas setoriais que precisamos integrar em nosso "paradigma" concerne à objetivação, notavelmente elevada, que as relações sociais constitutivas dessas lógicas adquiririam em geral no período contemporâneo. O peso e o papel que têm, nessas lógicas, os processos que produzem e mantêm tanto a percepção acerca das relações sociais setoriais como fatos que têm uma realidade *externa* e *coercitiva* relativa aos seus membros, quanto a impessoalidade dessas relações, são, com toda a certeza, em nossos dias, bem mais importantes do que podem sugerir as análises que outrora Weber consagrou à objetivação que caracteriza as burocracias modernas e os mercados nas economias monetárias.[13] A esses dois componentes distintos da objetivação, convém acrescentar um terceiro, explorado por vários trabalhos recentes que levaram em conta o que

---

12 Hirschman, *Face au déclin des entreprises et des institutions*, p.95-101.
13 No que concerne ao mercado, Weber, op. cit., p.633 e ss. Para aquilo que é próprio das burocracias modernas, reportamos à edição inglesa desta obra: Id., *Economy and society*, v.3, p.956 e ss.

no mundo social é percebido segundo o modo do que "é dado de barato" (*is taken for granted*).[14]

Podemos passar rapidamente sobre a impessoalidade de relações sociais: trata-se de um ponto bem-conhecido (embora seja preciso sublinhar que subsistem *zonas limitadas de relações e elos pessoais* mesmo nas sociedades como as que nos debruçamos aqui, que conhecem um grau elevado de objetivação das relações setoriais, de modo particular – mas não exclusivo, longe disso –, no que concerne aos campos políticos).[15] Quanto ao caráter coercitivo das lógicas setoriais, o politicólogo não tinha nenhuma necessidade de recorrer, para apreender o jogo e os efeitos, à ilustração canônica das "leis" do mercado econômico. Igualmente demonstrativo é, entre outras ilustrações, o caso das organizações que devem operar em vários setores de uma vez, por exemplo, no campo político e no das relações industriais. Tais organizações, mesmo quando isso vai de encontro às doutrinas que anunciam e à imagem de si mesmas que elas tendem a impor, são condenadas a gerir suas atividades em função de várias lógicas setoriais distintas. Disso deriva, como podemos adivinhar, um grande número de dificuldades práticas, das quais um dos melhores exemplos é fornecido pelas relações delicadas que mantiveram (e com frequência ainda mantêm) os partidos "operários", os sociais-democratas ou trabalhistas, com suas frações parlamentares. Estas últimas tendem "naturalmente" a se deixar levar pelo jogo parlamentar.[16] O terceiro componente remete a essas redes ou *tramas* de significação[17] produzidas, no essencial, fora da intervenção consciente e deliberada dos atores individuais (e, *a fortiori*, da dos atores coletivos) e que constituem o escopo e o alimento cognitivo incontornável de suas ações, percepções e interpretações. Um dos meios privilegiados para apreender esse componente é o da análise

---

14 Em particular, Berger; Luckmann, op. cit.
15 Sobre o fenômeno "clientelista", entre numerosos trabalhos, ver Eisenstadt; Lemarchand (eds.), *Political clientelism, patronage and development*. Ver também as observações de Médard, Le rapport de clientèle, *Revue Française de Science Politique*, p.123-8. Sobre as relações clientelistas como adendo às relações institucionalizadas ver, antes de tudo, Landé, The dyadic basis of clientelism. In: Schmidt, *Friends, followers and factions*.
16 Por essa razão, há muito a aprender da observação de organizações multissetoriais que lograram disciplinar em benefício próprio suas frações parlamentares ou que, de maneira geral, lograram dominar esse tipo de inserção múltipla, como notadamente é o caso, na França, do Partido Comunista. O comportamento de parlamentares da RPF depois das eleições legislativas de 1951 sugere que essas dificuldades não são características apenas dos partidos "operários".
17 Cf. Geertz, Thick description: towards an interpretative theory of culture. In: _____. *The interpretation of cultures*. Acordar-se esse lugar para representações objetivadas não implica em absoluto, é evidente, qualquer adesão à visão puramente consensual dessas redes de significações, da forma "comunidade de sentido = consenso", que veiculam, assim nos parece, alguns (no mínimo) culturalismos. Essas redes, com efeito, estão longe de ser inteiramente idênticas para todos os membros de um setor particular.

do jogo de "tipificações", de taxonomias e de operações de classificação que revelam e veiculam as linguagens nativas e, de maneira mais geral, de recursos que procuram os instrumentos cognitivos da vida cotidiana, incluídos nos aspectos mais diretamente políticos.[18] Longe de ser o reflexo ou o véu de uma realidade social mais "profunda", essas significações objetivadas participam diretamente dessa realidade por meio do efeito, entre outros, de coerção que elas exercem sobre os atores. Como veremos mais tarde, o interesse desse componente para a Ciência Política e, em particular, para análise do processo de crise, é bem menos marginal do que parece à primeira vista, porque nele está em jogo, em particular, uma ampla parte da compreensão dos processos de legitimação e de deslegitimação dos regimes e das autoridades políticas.

Com certeza seria desproposistado examinar aqui o conjunto das questões e das dificuldades que levanta a exploração ainda balbuciante dos processos de objetivação, exceto uma delas, que concerne diretamente a nossas hipóteses. Levar em conta graus variáveis de objetivação de relações sociais serviu até hoje principalmente para fazer aparecer, em uma tradição weberiana estrita, algumas características dos tipos contrastados ou opostos do universo social. Assim, Bourdieu distingue dois tipos de modos de dominação: um no qual as relações de dominação "se fazem, se desfazem e se refazem na e por meio da interação entre as pessoas", em que a reprodução dessas relações não pode ser senão o resultado precário de uma "verdadeira criação continuada", de um trabalho direto, permanente e pessoal (isto é, custoso), e outro no qual se vê uma série de mecanismos objetivos e institucionalizados dispensar os agentes deste "trabalho incessante e indefinido de instauração e de restauração de relações sociais".[19] Não é essa distinção que desejamos colocar em questão aqui. Com efeito, apenas um *etnocentrismo às avessas* poderia levar a negar, ingenuamente, a ideia de que esses processos de objetivação não estão presentes da mesma maneira, no mesmo grau, com a mesma densidade, nas sociedades contemporâneas e nas que, por comodidade, chamamos tradicionais ou arcaicas (se há, é verdade, objetivação por toda parte, adotar esse ponto de vista ocultaria, por fazer somente uma ilustração muito elementar, tudo o que separa as *tecnologias rudimentares de objetivação*, tais como, em especial, os estigmas corporais ou mesmo o uniforme – nesse caso, enfatizemos, a objetivação se dá ainda sobre a própria pessoa –, e as tecnologias mais elaboradas, que operam mais sobre as *antecipações dos atores* do que sobre a *visibilidade imediata* das relações sociais, como as que encontramos sob a

---

18 Ver em particular Berger; Luckmann, op. cit., p.85-89.
19 Bourdieu, Les modes de domination, op. cit., p.126.

forma, por exemplo, de carreiras, de definições de patamares hierarquizados de promoção ou perspectivas de aposentadoria, de "porta-giratória"[20] ou de reconversão[21]).

O ponto sobre o qual isso que acabou de ser dito deve ser inflectido ou, ao menos, completado, não coloca absolutamente em questão a legitimidade e a fecundidade teóricas da distinção, em função do grau de objetivação de suas relações sociais, de *vários tipos de sociedades*. Mas, a par dessa distinção, a análise das conjunturas críticas, em particular no que concerne às sociedades complexas, deve necessariamente restituir todo seu lugar, o que não é pouco, às *variações conjunturais* da objetivação das relações setoriais em *uma mesma sociedade*.

Contrariamente ao que Max Weber às vezes parece crer, as esferas sociais que se beneficiam, segundo seus próprios termos, de uma forte "objetividade", as burocracias modernas em particular, não são na sua totalidade "indestrutíveis" ou invulneráveis.[22] Uma das mais interessantes propriedades das relações sociais mais fortemente objetivadas é justamente que elas não são de todo coisas. Se a objetivação constitui de algum modo uma armadilha para os nativos de uma sociedade, a "ilusão societária"[23] por excelência, a *reificação* dos efeitos dos processos de objetivação pelo observador, em especial a reificação das estruturas e instituições, é outra – com certeza distinta, obedecente de outra lógica, mas não é menos redutora. Em definitivo, somente ao recusar radicalmente todo *realismo da estrutura* (a expressão

---

20 No original, *pantouflage* refere-se à migração, na França, de funcionários públicos do alto escalão, usualmente formados na Escola Politécnica ou na Escola Nacional de Administração, para o setor privado. (N. T.)

21 Contudo, contrariamente ao que postularia um evolucionismo sumário, isso não quer dizer que as formas rudimentares tenham desaparecido ou estejam condenadas a desaparecer nas sociedades complexas. Convém destacar, a partir de um plano mais geral, que a avaliação do grau de objetivação de relações sociais internas aos setores não levanta dificuldades sensivelmente diferentes das que aparecem com a avaliação de seu grau de institucionalização, forma particular de objetivação (mesmo se devêssemos reconhecer que os "critérios" propostos desse ponto de vista por Huntington – a adaptabilidade, a complexidade, a autonomia e a coerência dos procedimentos e das organizações – estão longe de ser inteiramente convincentes, em particular acerca do fato de que a visão que propõe da institucionalização Huntington deixa curiosamente de lado tudo o que, nesse tipo de processo, produz objetividade ou "exterioridade" com relação aos atores individuais e às percepções deles acerca do mundo social, bem como o efeito de coerção que dele resulta (ver Huntington, op. cit., p.12-24).

22 Weber, *Economy and society*, v.3, p.987-9.

23 Tal formulação, naquilo em que sugere uma oposição entre ilusão e realidade, não é evidentemente sem risco, ainda que, na perspectiva que desenvolvemos aqui, a objetivação constitua a própria "realidade" e que não há nada de mais "autêntico", dissimulado ou sepultado sob ou na objetivação. Também por essa razão, essa questão ganha ao não ser relacionada ao velho debate a respeito da "falsa consciência" ou da "alienação". Entretanto, em sentido contrário, ao menos pontualmente, ver Berger; Pullberg, Reification and the sociological critique of consciousness, *History and Theory*.

é de Bourdieu que, entretanto, segundo nos parece, com relação ao ponto em discussão, não tira todas as consequências de uma perspectiva teórica forjada, em grande parte, como reação contra as derrapagens objetivistas do estruturalismo) que a Sociologia Política pode conseguir os meios para destrinchar uma das dimensões fundamentais das *transformações de estado*, um dos elementos, em outros termos, da plasticidade das sociedades complexas pelas quais nos interessamos.

A autonomia dos setores

Apenas no plano da análise é possível distinguir as características estruturais que acabamos de mencionar a respeito da autonomia de que os setores se beneficiam (e que os definem nas conjunturas rotineiras). Esse aspecto, variável segundo os setores, da sua face externa não requer longas explicações uma vez que já foi largamente explorado pela Sociologia Política. Mas é preciso, por essa mesma razão, precisar os limites do que entenderemos aqui por "autonomia setorial": esta designará somente as relações que mantêm o funcionamento, a "marcha", de um setor dado com relação aos outros setores. Isso quer dizer, em particular, que, sob a importante condição do que será dito mais adiante sobre os grupos e os movimentos sociais, não é a relação entre instituições e classes sociais ou entre sistema político e sociedade "civil" que visaremos por meio dessa noção.[24] Podemos até mesmo sublinhar que o fato de que um setor dado seja investido, ainda que apenas em seu topo, por um grupo social particularizado (um exemplo clássico é o da aristocracia em certos sistemas institucionais) é um fator que pode contribuir para reforçar a autonomia desse setor.[25] O mesmo se dá, é claro, com a presença de especialistas profissionalizados ou semiprofissionalizados e que têm interesses próprios em uma monopolização de suas atividades e de sua proteção diante do "exterior".[26]

---

[24] Com efeito, principalmente essa relação, com nuances é claro, aproxima autores tão diferentes quanto Huntington e Poulantzas, ao menos quando este trata da "autonomia relativa" do Estado capitalista (Huntington, op. cit., p.20; Poulantzas, op. cit., p.278).

[25] É inútil lembrar que um dos teóricos clássicos desse tipo de tecnologia institucional é Montesquieu. Ao lado das segundas câmeras de vocação conservadora, é preciso assinalar outras tecnologias que têm recursos sociais similares como as instituições de conservação da mudança que representam certos "conselhos da revolução", compostos, em Portugal depois Revolução dos Cravos, por militares ou, no Irã da revolução islâmica, por religiosos.

[26] Goffman observa a propósito das instituições totais que não é necessariamente nos mais altos estratos dos funcionários delas, mas sim nos outros que têm chances mais fortes de encontrar os mais encarnados defensores, diante da autonomia dos setores, das "tradições" próprias às diversas categorias dessas instituições (Goffman, *Asiles*, p.166). Poderia ser que essa observação tivesse um alcance mais geral e sobretudo que, para além das tradições, com

A par dessas molas "sociológicas", a autonomia setorial pode ser com facilidade observada a partir da presença mais ou menos afirmada de uma gama extremamente extensa de *tecnologias institucionais* acumuladas, aperfeiçoadas e afinadas nos últimos dois séculos, tecnologias que inúmeros juristas, não sem às vezes idealizá-las um pouco, tentaram descrever colocando-se do ponto de vista dos membros individuais dos setores. Assim, como sabemos, as diversas incompatibilidades de funções, imunidades, estabilidades, adicionais etc. têm como propriedade comum visar assegurar a esses membros capacidade de se esquivarem na atividade que lhes são concernentes das interferências ou das pressões externas. As outras molas da autonomia permaneceram, até o momento, menos buriladas sem que sua eficiência estivesse em dúvida: podemos citar, sem pretender esgotar a lista, o jogo frequente de jurisdições internas aos setores, o de linguagens internas passavelmente esotéricas ou o das verdadeiras leis do silêncio diante do exterior e do que podemos considerar como uma microfísica de *demarcação de fronteiras*.

Trata-se um pouco até mesmo de outra mola a que ainda teremos ocasião de retornar, o jogo de *ritmos temporais específicos* às rotinas e aos procedimentos setoriais. Com razão, autores como Easton ou Luhmann detectaram neste um dos mais potentes componentes da autonomia de um sistema institucional,[27] mesmo se uma representação de relações entre um sistema e seu ambiente (este último caracterizado por temporalidades, por tempos sociais diferentes) em termos de *inputs* e de *outputs* não é nada convincente no que diz respeito a esse ponto. Há necessidade de acrescentar que essa autonomia setorial não poderia significar alguma autossuficiência dos setores ou o isolamento deste diante de seu ambiente? Somente as transações de cada setor com esse ambiente tendem a ser submetidas, nas conjunturas rotineiras, à lógica específica desse setor, ou, o que, aliás, não é incompatível, aos arranjos institucionalizados comuns a duas ou a várias lógicas setoriais. Aqui, talvez, no que concerne à autonomia dos setores, a análise sistêmica possa, ainda hoje, guardar o mínimo de pertinência.

---

frequência fosse uma atitude menos rígida – ou, se quisermos, mais aberta às "exigências" externas – que se tornaria notável nos altos setores, em particular quando os indivíduos que neles estão localizados se beneficiassem das vantagens da multiposicionalidade e dos mecanismos institucionais que favorecem a "circulação das elites" entre os setores (como, por exemplo, naquilo que concerne aos sistemas políticos muito diferentes, a "nomenclatura", nos regimes autoritários do Leste Europeu e, na França, os grandes corpos de altos funcionários).

27 Easton, *A systems analysis of political life*, p.67-9, 443-7; Luhmann, *The differentiation of society*, p.142-3.

Michel Dobry

Transações colusivas e consolidação

A autonomia dos setores não implica mais a fraqueza ou a inexistência de *transações colusivas* estáveis ao menos entre alguns desses setores (chamaremos *rede de consolidação* o conjunto que esses setores formam). Essas são, inclusive, uma das principais características da maior parte dos sistemas políticos contemporâneos e, em particular, dos sistemas democráticos. Nestes casos, as transações colusivas devem ser analisadas como potentes formas intersetoriais de dominação, e os "Estados" modernos são, de encontro à imagem frequentemente monolítica e quase sempre reificadora que lhes dão a maior parte das conceituações contemporâneas, um dos melhores exemplos do funcionamento de tais redes.

No conteúdo dessas transações, contrassensos podem facilmente aparecer. Essas transações não se reduzem em absoluto a uma espécie de contribuição funcional dos setores ao andamento do sistema, contribuição esta que consistiria em trocas ou em relações de complementaridade entre esferas sociais diferenciadas e especializadas em atividades distintas e, ao menos em algumas visões funcionalistas, necessárias à sobrevivência ou à reprodução do sistema. O essencial, para análise dos processos de crise nas sociedades complexas, está em outro lugar. Podemos começar a entrever de que são feitas as transações colusivas com os princípios pragmáticos de *não ingerência* que operam em inúmeras redes de consolidação. Mesmo nas sociedades que propagandeiam os valores democráticos, um homem político "responsável" – que nestas se trata de um rótulo útil nas competições próprias ao campo político – deve saber "fechar os olhos" a certas atividades, em geral bem pouco legítimas com relação a esses valores, quando estão em questão setores que pertencem à rede de consolidação e quando essas atividades incrementam definições, internas a estes setores, do que constitui seus procedimentos legítimos (não se trata simplesmente dos setores delicados, como os serviços "especiais" ou as instituições repressoras, mas também com muita frequência de setores mais ordinários, tais como os setores econômicos). Para justificar essas atividades, os atores ou, se quisermos, os agentes desses setores oferecem argumentos técnicos, "exigências" ligadas à especificidade de suas atividades (e aqui encontramos o uso tático das lógicas setoriais). Sobre tais regras pragmáticas, podemos remeter à atitude dos membros de diversos governos franceses diante das autoridades militares quando eles, especialmente no período 1956-1958, "deram cobertura" – o termo originário [*indigène*] é aí sintomático – a uma série de atos (sequestro do avião dos dirigentes da Frente de Libertação Nacional [FLN], bombardeio de Sakiet[28] etc.) que eles não haviam "decidido", isto é,

---

28 Em 8 de fevereiro de 1958, como retaliação a um suposto apoio da Tunísia aos rebeldes argelinos, o Exército francês bombardeia a vila tunisiana de Sakiet Sidi Youssef, no qual

que feriam frontalmente a representação legítima das relações entre campo político e Exército (não deixa de ter interesse destacar que esse respeito a regras pragmáticas foi progressiva e frequentemente nesse período, unilateral, isto é, alheio à reciprocidade).[29]

Nós teremos compreendido que o que está em jogo nas transações colusivas são, de fato, a manutenção e a solidez das definições que os setores tendem a dar de si mesmas, tanto diante de seus ambientes quanto de seus próprios agentes. A consolidação dos sistemas políticos concernidos é, assim, feita por *reconhecimentos mútuos* e, nesse sentido, trata-se de uma propriedade externa a cada setor particular. Devemos sublinhar que a evolução mais ou menos acentuada de uma grande parte das democracias liberais em direção às configurações que se aproximam do "corporativismo societário"[30] apresenta, desse ponto de vista, uma tendência em direção a uma *inclusão maximal* de diversos setores autônomos das sociedades concernidas nas redes de consolidação. Ela tende, correlativamente, em direção a uma marginalização do peso, do poderio social dos setores cujas dinâmicas os levam a permanecer externos ao jogo de reconhecimentos mútuos. Assim, as transações colusivas são produtoras de um superávit, de um valor excedente, de objetivação (na mais alta extensão dada dessa noção), uma vez que esses reconhecimentos intervêm, precisamos nos recordar disso, entre entidades sociais já fortemente objetivadas "em si mesmas". Nessas condições, compreendemos sem dificuldade porque as trajetórias dos confrontos em que existe a estabilidade das relações colusivas entre os setores que formam uma rede de consolidação, muito se arriscam a serem sensivelmente diferentes daquelas dos confrontos nos quais essas relações colusivas sofrem uma erosão ou uma ruptura. Por exemplo, este é claramente o caso das relações entre o campo político e os setores militarizados em 1958, que anuncia então, quaisquer que sejam as intenções iniciais inclusive, o desmoronamento do apoio mútuo entre eles. Mas as *crises das relações colusivas* não são necessariamente todas assim espetaculares e escancaradas

---

morreram mais de 70 civis e mais de 140 ficaram feridos, entre eles 12 alunos de uma escola primária e refugiados argelinos abrigados pela Cruz Vermelha. (N. T.)

29 Também interessante seria, a esse respeito, a observação das *cerimônias reparadoras* que podem intervir quando – na terminologia de Goffman – "profanações" tiverem sido perpetradas contra o "território" de um setor (transpomos aqui muito livremente certas análises que esse autor consagra às atividades reparadoras nas interações cotidianas cara a cara). Ver Goffman, *La mise en scène de la vie quotidienne*, v.2, p.101-80.

30 Sobre o "corporativismo societário" e o que o distingue do corporativismo estatal, ver Schmitter, Still the century of corporatism, *Review of Politics*. Para uma aproximação entre as transações "consociativas" que tomam às vezes lugar nos sistemas sociais conhecedores de uma forte fragmentação cultural, ver as observações de Lehmbruch, Consociational democracy, class conflict and the new corporatism. In: Schmitter; Lehmbruch (eds.), *Trends toward corporatist intermediation*.

como em 1958. Um exemplo também interessante é o das situações que resultam do sucesso, no campo político, de partidos que frequentemente ficaram por um longo período na oposição e que propagandeiam projetos reformistas, até mesmo radicais: a posição frágil dos governos, que agora são formados, a despeito de sua completa "legitimidade" política, provém do relaxamento, banal nesses casos, das rotinas de consolidação. Não seria absurdo interpretar dessa maneira ao menos certos aspectos do episódio da Frente Popular[31] em 1936 e, mais recentemente, as dificuldades com que se deparou o governo socialista proveniente das eleições francesas de 1981.

Setores e arenas

Os diversos componentes do quadro de análise que acabamos de apresentar e a imagem das sociedades complexas que eles desenham pedem algumas breves observações complementares.

1. Para começar, se no momento devemos deixar de lado a questão da delimitação precisa do conjunto dos universos sociais em que os traços estruturais que acabamos de enumerar são encontrados (essa delimitação supõe, em especial, que possamos apreender de maneira extremamente detalhada as lógicas próprias aos arranjos institucionais dos diversos tipos de sistemas políticos autoritários), é preciso, por outro lado, sublinhar desde já que, ao menos nos sistemas democráticos, uma série de campos sociais ou de sistemas de ação fortemente institucionalizados possui nitidamente o conjunto desses traços. Convém destacar que isso é verdade apenas com referência aos setores que compõem diretamente ao que, em uma linguagem reificadora, chamaremos de "maquinarias" estatais. Os campos dos empreendimentos econômicos – mesmo períodos nos mais "keynesianos", as instituições universitárias ou os setores de representação sindical (ou corporativa) – correspondem com muita frequência ao que a noção de setor envolve. A esta corresponde também, quando prestamos atenção aos detalhes, um conglomerado organizacional como o que é formado em torno do Partido Comunista francês (ou ainda, ao menos em certas épocas, em torno do movimento gaullista e da SFIO). Outros sistemas ou entidades sociais podem, ao contrário, se afastar dessa noção de setor sem que isso seja, para dizer a verdade, um grande problema. Não mais do que o fato de admitir que o cômputo detalhado dos setores em uma sociedade dada – e nisso também nos afastamos da abordagem teórica de certos funcionalismos – é uma questão estritamente empírica e não pode ser obtido por qualquer

---

[31] Coalizão de partidos de esquerda formada pela Seção Francesa da Internacional Operária (SFIO), pelo Partido Radical-Socialista e pelo Partido Comunista que governou a França durante 1936 e 1938.

Sociologia das crises políticas

dedução a partir das "necessidades" ou das "funções" universais que se supõe indispensáveis à persistência ou à reprodução de toda sociedade ou de todo o sistema político.

2. É preciso ver com clareza que, mediante a noção de setor, não procuramos apreender esferas sociais ou sistemas de ação diferenciados enquanto lugares de produção ou de uma troca particular, de um *jogo cooperativo* entre seus membros, mas sim enquanto sítios de competição, de concorrência ou de enfrentamento. Essa observação é importante uma vez que se trata de situar a abordagem que procuramos definir com referência àquela de certos pioneiros da reflexão sobre a mobilização de recursos, que tentaram discernir os processos por meio dos quais os grupos sociais, em particular aqueles que são os mais desmuniciados, podem incrementar seus estoques de recursos políticos. Assim, Coleman concebe o que chama de arenas como lugares sociais em que se efetua uma transformação do valor dos recursos mobilizados por um grupo dado (recursos de *input*) graças a combinações específicas dos recursos em "interação"; cada tipo de arena corresponde, desse modo, a uma combinação ou uma "interação" típica de recursos. Por conseguinte, os produtos do funcionamento da arena, denominados recursos de *output*, são utilizáveis por outras atividades de "produção".[32] Com frequência, não somente tais "arenas" não podem corresponder aos setores definidos há pouco, como, além disso, é forçoso constatar que uma atividade de produção definida como cooperativa devido a seus resultados não é necessariamente – e até mesmo podemos dizer que quase nunca é – dissociável dos conflitos que opõem os que "colaboram" (inclusive, a escola dos *bureaucratic politics*, a propósito das "decisões" das grandes burocracias, lançou perfeitamente luz sobre isso).[33] Em acréscimo, e isso com muita

---

[32] Não se trata de uma vaga metáfora cuja função seria puramente ornamental: as tabelas que Coleman propõe para dar conta – em sentido literal – de operações de *conversão* de certos recursos em recursos de outro tipo ou de um valor diferente, não deixam de evocar as tabelas elaboradas por Leontieff para apreender as relações entre diversos setores econômicos. A especificação de "taxa de conversão" própria a cada arena – isto é, também, a cada combinação de recursos – representa o ideal sociométrico que essa vertente deveria, segundo Coleman, se esforçar para visar. O esquema a seguir exibe essa concepção de arenas:

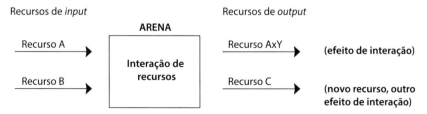

[33] Ver antes de tudo: Allison, *Essence of decision*; Allison; Halperin, Bureaucratic politics: a paradigm and some policy implications. In: Tanter; Ullman (eds.), *Theory and policy in international relations*.

frequência passa despercebido, a interação tal como a concebe Coleman é uma interação *entre recursos* ainda que a noção de setor vise explicitamente à interação *entre atores*, isto é, em especial a interdependência de suas percepções, apreciações e cálculos estratégicos, cujo jogo, cuja mediação, desaparece por completo na conceituação feita por esse autor. Além disso, conceber os setores como sítios de conflito tem por consequência que, com as clivagens e os confrontos internos, temos um dos fatores da *extensão* possível das mobilizações, isto é, da multissetoriação destas pela importação de recursos externos, pelas interferências de atores localizados em outros setores ou pela execução de táticas colusivas etc.

3. A terceira observação concerne à outra fonte de possíveis confusões, que está em parte ligada às *categorias práticas* que estruturam a experiência imediata dos atores (e produzidas por essa experiência). Estes últimos são, com efeito, levados a apreender seu ambiente sob a forma de "lugares de ação"[34] distintos, do mesmo modo que eles são levados a segmentar seus tempos em função da diversidade desses lugares. Algumas vertentes de inspiração fenomenológica, atentas às classificações e "tipificações" originárias descrevem como os atores objetivam esses diversos lugares (que seria preciso, mais rigorosamente, nomear como lugares de interação direta) ao associarem aos mesmos expectativas específicas que concernem às regras de comportamento, aos "papéis" para si mesmo e para os outros, aos objetivos de ação e aos recursos definidos. Claramente muito próximo dessa perspectiva, Bailey, ao falar de arenas, as reduz por seu turno a situações de "interação ou de competição em geral", o que o leva a recensear tantas arenas quanto há de situações de competição distintas em todo o conjunto e em todo o segmento social.[35]

Assim compreendida (e ganhamos ao reservar o termo arena a esses lugares de interação) a noção de arena implica que todo setor tem chances muito fortes de se caracterizar por várias ou, às vezes, até mesmo um número muito grande de arenas. Esse número depende, como é natural, da história própria de cada setor, de suas dimensões, de tipos de recursos ou, mais geralmente, de repertórios de linhas de ação que nele encontramos.

---

34 Isso ilustra bem a análise que Erving Goffman faz do que ele chama de "regiões" e o "comportamento regional" (Goffman, *La mise en scène de la vie quotidienne*, v.1, p.105-35); as "regiões" devem ser distinguidas dos "lugares da ação", noção que, na conceituação de Goffman, recebe uma extensão técnica muito estreita: para dizer logo, como "lugares de risco" (Id., *Les rites d'interaction*, p.121-225).

35 Bailey, op. cit., p.102. Assim, na perspectiva proposta por esse autor, há "arenas" que correspondem a competições perfeitamente ritualizadas nas quais os atores dão prova de controle e parecem ter um interesse comum de manter intactas as regras do jogo (ver, por exemplo, a descrição feita por Bailey das batalhas de palavras, os *doladoli*, entre as diversas facções da vila indiana de Basipara) (Ibid., p.103-6); há "arenas" de um tipo diferente, nas quais intervêm decisões – no sentido militar do termo – isto é, notadamente, interações nas quais um ator pode perder o essencial de seus recursos, por exemplo seus aliados (Ibid., p.110).

Com a representação estudantil nos conselhos de universidades da França depois de maio de 1968, aparece uma série de arenas eleitorais que, no sistema universitário, mesmo os atores dotados dos mais importantes recursos frequentemente não podem mais ignorá-las. Nada nos autoriza a pensar que essa representação, *por ela mesma*, seja constitutiva de um setor, isto é, que se beneficie em particular, com relação ao resto do sistema universitário, de uma real autonomia, de uma capacidade de captação dos cálculos etc. (por outro lado, pode não ocorrer o mesmo com a introdução de instituições regionais ou de um arranjo constitucional de tipo federativo).

4. A última observação que gostaríamos de fazer toca em uma questão mais delicada. O problema é feito pela oposição, que todo estudante iniciante dá de barato, entre entidades sociais fortemente institucionalizadas (e que têm a aparência, os atributos externos da instituição) e outras entidades tais como grupos ou mesmo movimentos sociais. Ora, aqui também seria errôneo transformar diferenças de intensidade ou de grau nas dimensões que distinguimos em diferenças radicais de "natureza". Grupos, mas às vezes também movimentos sociais, ao menos em curtos períodos, podem se caracterizar por um "índice" bastante elevado no que concerne à sua autonomia, aos instrumentos de objetivação do grupo postos à disposição dos mesmos ou ao poderio sobre uma lógica social particularizada. Tanto o movimento argelino de 1958 quanto o movimento estudantil de 1968[36] constituem sistemas de interdependência tática entre seus membros, universos de micro-organizações nos quais percepções, opiniões e comportamentos estão compreendidos em lógicas coletivas que uma descrição bastante parcial pode designar – a isso que uma análise mais atenta aos fenômenos de mobilização e ao que se pode chamar de *tectônica social*, discerniria mais uma autonomização desses universos com relação a outras esferas ou sistemas de ação[37] – de "consenso" sobre o que é digno

---

36 Sobre o "movimento argelino" nos reportaremos antes de tudo a Parodi, *Le 13 mai 1958*. Sobre o movimento estudantil, ver, entre outros, o quadro-vivo de seus diferentes componentes que fazem Bensaïd; Weber, *Mai 1968*, p.32-105.

37 Desse modo, compreendemos a amplitude do equívoco em que recaem Bourdieu e Passeron quando traçam o feroz retrato do "tipo ideal" dos estudantes parisienses de letras* de origem social elevada, como aqui: "A vontade de se distinguir pode encontrar um terreno ao mesmo tempo tanto na ordem política quanto na ordem filosófica ou na ordem estética: um trotskismo se opõe a outro do mesmo modo e de modo diferente de como este se opõe ao maoismo, assim como os admiradores do primeiro Antonioni se opõem aos fervorosos pelo segundo, uma ou outra igrejinha concordam em exibir Bergman, mas com expectativas diferentes. Na realidade, a busca da diferença supõe o *consenso* acerca dos limites nos quais pode se jogar o jogo das diferenças e acerca da necessidade de jogá-las nesses limites. Mas estando dada a dificuldade que há em se encontrar verdadeiras diferenças sem sair dos limites do consenso, as oposições arriscam sempre a serem fictícias ou formais e expõe-se a nunca discutir o essencial, porque é preciso estar de acordo acerca do essencial para discutir" (Bourdieu; Passeron, *Les héritiers*, p.75). Além disso, como testemunham frequentemente seus próprios materiais empíricos, não é de todo verdade que possamos ver, assim como

de ser objeto das tomadas de posição e das pautas da ação coletiva e sobre o que é a marca da exterioridade com relação ao movimento.

Isso significa dizer também que a perspectiva delineada nessas páginas em nada é incompatível com um reconhecimento e uma consideração do lugar decisivo de tais entidades e, em especial, de grupos sociais, nos jogos e nos confrontos políticos bem como na emergência destes últimos. Na verdade, ela não faz nada mais do que colocar em evidência o *parentesco* dos processos que operam nas entidades sociais, parentesco este que o senso comum originário – mas também, e sobretudo, sociológico – separa e opõe. Exércitos e grupos sociais se expõem a fenômenos de debandada; uns e outros comportam arenas nas quais os conflitos tendem a definir, se podemos falar assim, a consistência social deles; uns e outros, por fim, são levados por mobilizações que podem colocar novamente em questão suas fronteiras e suas identidades sociais. Essa perspectiva designa, em suma, para a atenção do sociólogo, algumas dimensões de grupos sociais que senão muito raramente são introduzidos em suas análises,[38] o que subsidiariamente também permite esvaziar os eternos e inconclusivos debates sobre o "em si" e o "para si" dos grupos (e ao mesmo tempo os debates que concernem à mágica das "tomadas de consciência", isto é, às passagens de um a outro).

Interrompamos a discussão nesse ponto. Sem dúvida, poderíamos multiplicar as observações, ilustrações ou precauções. Propriedades tais que, por exemplo, o multiposicionamento de numerosos atores ou a localização de certas arenas em ou entre vários setores mereceriam com toda segurança alguns desenvolvimentos, como mereceriam os numerosos pressupostos que operam na abordagem que é delineada nessas páginas e que estão longe de terem sido todos postos em evidência. Porém, assim qual o objetivo teórico a que nós nos fixamos, os elementos das perspectivas de análise

---

creem poder fazê-lo Bourdieu e Passeron, nos comportamentos descritos e, sobretudo, na interdependência que tende a se estabelecer nesse momento entre percepções, tomadas de posição e condutas desses estudantes, antes de tudo, um atalho para a realização de "fins últimos da universidade" (Ibid., p.72). Na verdade, estamos lidando com outro fenômeno social, a emergência e a autonomização na sociedade francesa de um sistema de interdependência que vai se enxertar na instituição universitária e cujas "regras do jogo" estão longe de se confundir com aquelas da universidade. Mesmo se Bourdieu e Passeron permaneçam em dúvida acerca da "seriedade" das opiniões e comportamentos desses estudantes, é evidente que não podemos repreendê-los por não terem antecipado o destino do "movimento estudantil" que suas análises esclarecem involuntariamente (aliás, essas análises constituem, ainda hoje, um útil contraponto às explicações mecanicistas, que, sem muitas precauções, atribuíram aos "eventos" de maio 1968 origens exclusivamente morfológicas). [* *Lettres* é uma subdivisão do sistema universitário francês (as outras são: Direito, Ciências e Saúde) que, nesta época, designava não somente a área de Letras, mas englobava também as de Ciências Humanas e Filosofia (N. T.).]

38 Ver, em particular, naquilo concerne ao lugar de instrumentos e de fatores de objetivação de um grupo social em sua emergência e seu "sucesso", Boltanski, *Les cadres*.

(ou, caso se prefira, do "paradigma") que acabou de ser apresentado são suficientes uma vez que eles permitem – por pouco que se tente compreender o jogo e o impacto das mobilizações multissetoriais em e sobre as estruturas das sociedades complexas – ir muito além de uma simples ordenação conceitual, de uma moldura que integraria na análise fatos com muita frequência negligenciados.

4
As conjunturas fluidas

Todo processo de mobilização multissetorial, qualquer que seja a forma e quaisquer que sejam os atores particulares, parece ter o efeito de afetar a organização rotineira da sociedade em suas próprias "estruturas". As transformações que nesse caso a marcam devem ser concebidas segundo uma dinâmica distinta das que, de hábito, a Sociologia Política considera para pensar as crises políticas, a saber, o aumento na escala de violência ou o agravamento da intensidade do conflito. Identificar essa dinâmica implica destrinchar o lugar teórico e empírico da fluidez política. A essa tarefa, ou antes, às primeiras etapas desta, este capítulo é consagrado. Mais precisamente, nós nos limitaremos a explicitar certos componentes ou propriedades elementares que permitem caracterizar essa fluidez e as conjunturas marcadas por sua irrupção. Essas propriedades, de que nos esforçaremos a seguir para apresentar uma formulação tão sistemática e tão concisa quanto possível, remetem às variações observáveis em diversas dimensões nas conjunturas críticas, graças às quais acabamos, no capítulo precedente, de localizar a plasticidade "estrutural" dos sistemas complexos. As propriedades destrinchadas são elementares no sentido de que elas são o princípio da derivação e da inteligibilidade de outras propriedades que, ao menos algumas delas, serão estudadas mais adiante, sem ser, contudo, menos interessantes ou menos importantes para análise dos processos de crise política. Essas propriedades elementares definem as *conjunturas políticas fluidas*. Tomadas uma a uma, elas não estão necessariamente, em si mesmas, em estado isolado, características das dinâmicas de "crise" ligadas às mobilizações multissetoriais, e nenhuma delas, muito provavelmente, se encontra com a mesma intensidade no conjunto dessas dinâmicas. Por outro lado, todas essas dinâmicas apresentam o conjunto dessas propriedades e, como podemos ver, isto é o que constitui seu traço distintivo, quaisquer que sejam, aliás, as diferenças fenomenais que podem opô-las e que podem ser, ainda teremos a ocasião de constatar isso, de todo sensíveis, mas também quaisquer que sejam as causas, os determinantes ou as origens próprias a cada situação histórica que viu emergir esse tipo de dinâmica.

A dessetorização conjuntural do espaço social

Esta é sem nenhuma dúvida a mais rica propriedade em implicações teóricas e empíricas. Em especial, ela possibilita que se apreendam, nas conjunturas críticas, os principais componentes da mudança de estado dos conjuntos sociais complexos. Também é o princípio da evidenciação de outras propriedades que especificam a fluidez dessas conjunturas. De fato, essa propriedade não faz senão resumir certos aspectos "estruturais" da dinâmica associada às mobilizações multissetoriais, aspectos estes que têm em comum corresponderem a transformações de agenciamento dos setores entre si. Trata-se principalmente da redução da autonomia dos setores afetados pelas mobilizações, da abertura dos espaços de confronto que a elas estão ligados e do fenômeno de evasão de cálculos que podemos então observar.

a) *A redução da autonomia*

A redução da autonomia dos setores se deve à própria "marcha" das mobilizações multissetoriais, isto é, à descompartimentação e às interferências das lógicas setoriais, bem como à ocorrência de jogadas transetoriais das quais essas mobilizações tendem a ser mais portadoras do que as mobilizações restritas. Essa redução da autonomia se observa tanto melhor quando nos colocamos de um ponto de vista global – o das relações intersetoriais, das transações entre setores e de as eventuais colusões entre eles – do que quando tomamos por objeto não mais um conjunto de setores, mas um setor particular, sua lógica social específica, suas definições legítimas e pragmáticas, suas delimitações ou seus ritmos sociais. Aqui uma dificuldade interessante provém de que a redução da autonomia de um setor dado pode muito bem se traduzir, no plano das subunidades, dos elementos que o compõem, pela autonomização dessas subunidades ou elementos. No que diz respeito aos campos políticos, esse traço se encontra frequentemente nas conjunturas de forte fluidez com a fragmentação dos partidos políticos, ou até mesmo, ponto que foi levantado por alguns observadores dos processos de crise política, com a emergência conjuntural, no interior de certos sistemas institucionais, de "órgãos" que, nas conjunturas ordinárias, se beneficiam apenas de uma margem de autonomia muito reduzida no interior desses sistemas.[1] Uma ilustração típica desses fenômenos nos é oferecida pelo papel subitamente eminente do presidente da República francesa no desdobramento da crise de maio de 1958. Devemos aproximar desse tipo de processo as curiosas *emancipações* que obtém, às vezes, nos sistemas autoritários, instituições marcadas por uma autonomia de fachada (em que, além disso, os atores muitas vezes não "acreditam"), quando esses sistemas sofrem os efeitos de mobilizações multissetoriais. Como exemplificam alguns órgãos "judiciários" ou até mesmo "políticos" no curso da crise polonesa de 1980-1981, essas instituições podem, com uma única jogada – nos contextos de perda da autonomia dos setores englobados –, tender a coincidir provisoriamente, em seu funcionamento, para a surpresa dos originários, com sua imagem oficial, sua autonomia perde então amplamente seu caráter fictício.[2] Porém é fácil constatar que a ocorrência desse tipo de autonomização interna de um (ou de vários) elemento institucional em nada constitui, ao contrário, uma prova (ou uma mola) da autonomização do próprio setor englobante. Pensamos ser esta, contudo, a causa frequente de certa opacidade – no plano empírico – da redução da autonomia dos setores e também uma fonte constante de confusão na interpretação da dinâmica das crises políticas.[3]

b) *Abertura dos espaços de confronto*

Ao lado desse primeiro aspecto, a dessetorização conjuntural do espaço social também se traduz por uma *abertura dos espaços de confronto*, ou, caso se prefira, das arenas ou lugares de competição próprias aos diversos setores, quando estes são afetados por mobilizações multissetoriais. Como veremos

---

1 Em especial, Linz; Stephan, op. cit., v.1, p.66-70. Para observações em parte convergentes com as de Linz, ver também Poulantzas, *Fascisme et dictature*, p.71-6.
2 Sobre a emancipação conjuntural de instituições tais como a Câmara Baixa polonesa e outras "correias de transmissão", ou mesmo tais como as organizações locais do Partido Operário Unificado da Polônia (Poup), antes ver todas as análises de Staniszkis, *Pologne*, p.196, 201-2.
3 Examinaremos mais adiante as dificuldades às quais, a este respeito, está exposta a abordagem teórica proposta por Linz. Todavia pontuamos que, no estudo que consagrou à crise italiana de 1919-1922, Paolo Farneti, ao contrário, compreendeu perfeitamente que os processos que acabamos de mencionar eram bem-constitutivos de uma perda de autonomia do campo político (mesmo se, para tentar tornar essa observação compatível com o esquema teórico de Linz, Farneti acreditou poder assimilar essa perda de autonomia a uma fase particular do processo de crise, a montante de uma fase de "vazio político" (Farneti, Social conflict, parliamentary fragmentation, institutional shift, and the rise of fascism: Italy. In: Linz; Stepan (eds.), *The breakdown of democratic regimes*, p.8-19).

logo a seguir, essa abertura tem consequências muito importantes para as táticas dos atores e a eficácia, o valor, dos recursos que são localizados nesses setores, bem como para as características do próprio jogo. Essa abertura tem também outro tipo de efeito particularmente interessante para a análise do processo de crise política: trata-se de um relaxamento do elo que, nas conjunturas rotineiras, se estabelece entre certas arenas setoriais e as *pautas* que são próprias aos confrontos que nelas se desenrolam. Trata-se, de todo modo, de uma tendência à desespecificação das pautas. Aqui temos uma das razões pelas quais as conjunturas associadas a mobilizações multissetoriais são, ao mesmo tempo, conjunturas de forte *mobilidade das pautas* e conjunturas que tornam difícil, por parte dos atores, o *controle* das pautas em jogo nos confrontos em que estão comprometidos. Esta é também uma das razões pelas quais um dos esquemas favoritos de numerosos historiadores, que muitas vezes adoram atribuir um papel motor nas crises políticas às pautas dos confrontos e dar a estas a virtude de comandar os comportamentos e táticas dos atores individuais ou coletivos, deve ser seriamente corrigido.

c) *A evasão dos cálculos*

A evasão dos cálculos constitui o terceiro componente analítico da dessetorização. A perda de poderio sobre lógicas setoriais se manifesta desse ponto de vista pelo fato de que os atores situados em um setor afetado pelas mobilizações multissetoriais tendem a fazer com que prevaleça nos cálculos que lhe são pertinentes – isto é, é preciso que recordemos, aqueles que concernem à atividade específica do setor – um universo de referência, de índices e de marcos para a avaliação da situação amplamente externo à lógica social específica a esse setor (o que podemos tentar traduzir na terminologia de Luhmann ao falar então, mais somente no que toca à maneira pela qual os atores em seus cálculos apreendem ou definem as situações, de uma *diminuição da autorreferência* dos setores). Essa evasão dos cálculos se torna particularmente proeminente em episódios históricos que, assim como a crise de maio de 1958, veem, por exemplo, o campo político sofrer uma espetacular "sensibilização" sob o efeito de interferências e de jogadas transetoriais que provêm em particular do Exército (como, entre outras, antes mesmo de 13 maio de 1958, o "telegrama dos generais" que procuraram inflectir sobre o eixo político do governo em gestação) e que levou os parlamentares e mais geralmente a "classe política" da Quarta República francesa a saírem muito ostensivamente de seu jogo setorial e de suas regras mais estáveis. Se a "sensibilização" que sofre o campo político em um tempo bem mais conturbado, na noite de 6 a 7 fevereiro de 1934, traz à tona a mesma análise, é preciso todavia sublinhar que a evasão dos cálculos não se objetiva ou não se inscreve necessariamente, como em 1934 e 1958, nos próprios *resultados* dos confrontos. Devemos, a partir de então, para identificar a presença dela, ter recorrido a outros indicadores menos imediatos como, e estes são apenas exemplos, o rastreamento da dispersão – da multissetoriação – das negociações que então têm lugar ou como a localização, multissetorial ela também, de *testes de posição* pelos quais os atores tentam, nesse tipo de conjuntura, ao mesmo tempo, se situar e situar os outros protagonistas do confronto (essa observação vale igualmente bem para os episódios precipitados em 1934 e em 1958 quanto para aqueles de 1947, 1953 e, naturalmente, de 1968).

A tendência à dessetorização conjuntural do espaço social, assim delimitada, pede uma série de observações que permitirão, assim o esperamos, prevenir alguns contrassensos.

1. Trata-se, para começar, de uma dessetorização que, sob os três aspectos que nos são permitidos descrever, permanece um fenômeno no essencial puramente *conjutural*. Nesse sentido, ele é conjuntural em particular porque não se cristaliza em instituições que unificam de modo duradouro o espaço social. Ele deve ser distinguido, por essa razão, de todos os processos de unificação que, em uma longa duração – tal como a entende os historiadores objetivistas –, transforma os espaços sociais, como foi o caso, por exemplo, dos mercados econômicos unificados ou da formação dos espaços políticos dos Estados-nação (a mesma observação pode, além disso, valer para alguns processos menos estudados, tais como a constituição de um movimento sindical centralizado, ou até mesmo um alinhamento progressivo, que às vezes se pode constatar em alguns sistemas políticos, dos cenários políticos locais e regionais aos cenários e clivagens políticas centrais). Entretanto, essa questão e essa distinção não devem levar à ideia errônea de que as conjunturas fluidas não podem em nenhum caso dar nascimento a instituições ou a cristalizações institucionais originais que eventualmente possam sobreviver a uma reabsorção da fluidez na qual elas apareceram.

2. Se o risco de confusão não é, apesar de tudo, muito grande no que diz respeito a esse ponto, o mesmo não ocorre com a tentação – e, ai!, vemos sem dificuldade como poderíamos cair nela – de transplantar nessa propriedade a terminologia e as analogias tomadas de empréstimo, muitas vezes sem muita prudência, às leis da termodinâmica, entre as quais em particular a ideia de uma "entropia" operante de modo ininterrupto na vida dos sistemas sociais e a que estes seriam permanentemente forçados a frustrar.[4]

---

4 Este, por exemplo, é o caso de Etzioni que aceita o postulado segundo o qual "todos os sistemas societários tendem em direção à entropia – isto é, em direção à atomização e à anarquia – a menos que investimentos contínuos sejam feitos na manutenção dos níveis de integração e de organização dos mesmos" (Etzioni, *The active society*, p.389-90; ver também Ibid., p.14).

Se é necessário que permaneçamos muitíssimo prudentes com relação a esse tipo de abordagem, não é apenas por causa da confusão que de hábito marca o uso dessas analogias na Sociologia ou na Ciência Econômica, em particular, caso se trate de saber o que envolve noções tais como as de "energia", de "entropia",[5] de "desordem" ou de irreversibilidade quando estas são aplicadas aos sistemas sociais.[6] Não apenas – não mais – por causa de fantasmas sociais de nivelamento ou de encobrimento que frequentemente presidem esse tipo de elaboração teórica[7] e que em alguns casos tendem a assumir o lugar deixado pelos esquemas organicistas que a Sociologia, não sem pesar, marginalizou em sua abordagem. É preciso delas se resguardar, sobretudo, porque o uso dessas analogias se revela, ao menos neste momento e em nosso poderio de investigação com frequência improdutivo e às vezes até mesmo contraproducente. Digamos, em uma palavra, que essas analogias, como todas as outras analogias, teriam interesse para nós apenas se elas interviessem no momento em que se tratasse de inventar e de organizar um corpo de hipóteses aptas a apreender certos aspectos da realidade e a eles dar uma razão. Não só este não é o caso aqui (e tal analogia, de qualquer modo, chegará depois à batalha),[8] como também,

---

5 Assim, para usar o caso de uma definição interessante, segundo Luhmann, a entropia de um sistema social corresponde às relações não aparentes entre elementos do sistema e que são matematicamente possíveis, o que não é necessariamente, admitiremos sem dificuldade, o equivalente de uma medida da "desordem" ou de "desorganização" de um sistema social (bem ao contrário, "inter-relações não efetuadas indicam suas [dos sistemas complexos] atividades ordenadoras reais") (Luhmann, Temporalization of complexity, op. cit., p.97). Uma das consequências dessa definição é a de que a entropia de um sistema social é diretamente função do aumento da dimensão desse sistema e ela é, diz Luhmann, largamente compensada por uma realização sequencial, no tempo, de relações que os sistemas sociais não são capazes de realizar de maneira sincrônica.

6 Sobre os diversos usos que as Ciências Sociais fizeram das leis da termodinâmica, pode-se consultar utilmente, entre outros, Lapidus, Une méthodologie pour les sciences sociales: la thermodynamique, *Actes du Colloque Thermodynamique et Sciences de L'Homme tenu à Créteil et à Paris, 22 et 23 juin 1981*). Lapidus propõe distinguir o recurso às analogias termodinâmicas de dois outros "modos" de intervenção da termodinâmica na abordagem feita pelas ciências humanas, o modo prescritivo e o modo extensivo. Este visa integrar na análise o "substrato" físico dos fatos sociais, aquele supõe que o segundo princípio da termodinâmica, em particular, governaria a evolução das sociedades. Seriam representativos do modo prescritivo os trabalhos de Nicholas Georgescu-Roegen e, no que concerne ao "modo extensivo", os de Richard Newbold Adams (por exemplo, Georgescu-Roegen, *The entropy law and the economic process*; Adams, *Energy and structure*). Quanto ao modo analógico, uma ilustração nos é fornecida pelas célebres reflexões de Claude Lévi-Strauss e, assim nos parece, por aquelas, desse ponto de vista mais rigorosas, citadas anteriormente, de Luhmann e de Etzioni, que Lapidus não parece conhecer. O otimismo desse autor no que diz respeito aos resultados das transferências de formalizações saídas da termodinâmica no escopo do modo analógico nos parece, no mínimo, prematuro.

7 Sobre esse ponto, ver Bourdieu, *Le sens pratique*, p.237.

8 Com certeza, o mesmo não se daria se, por exemplo, tivéssemos partido de um "estado de entropia social" para explicar a ordem social ou as instituições políticas enquanto arranjos

aliás, esse tipo de analogia veicula quase sempre a imagem do caminhar espontâneo das sociedades em direção a um vazio social ou em direção ao desaparecimento de toda estrutura, e toda nossa abordagem é constituída explicitamente *contra* esse tipo de ilusão que assimila as crises ao social não estruturado – este que é, como recordamos, um dos traços fundamentais do que chamamos de ilusão heroica.[9]

Por fim, essas analogias são contraproducentes porque a imaginária que elas veiculam tende a interditar a compreensão desse fato fundamental de que as transformações de estado dos sistemas políticos não são em nada o efeito de uma "degradação das estruturas" que se faria "naturalmente" a partir de si própria, mas que, ao contrário, essas transformações resultam das mobilizações, da *intervenção ativa* e *custosa* – muitas vezes bem mais custosa do que a atividade de restauração ou de "manutenção" das estruturas – feita pelos atores sociais. Isso quer dizer, muito simplesmente, se consentirmos que se faça uso da terminologia forjada pela termodinâmica, que as conjunturas ou estados críticos dos sistemas políticos não podem – independentemente das circunstâncias e da história dos desferimentos das jogadas particular a cada crise – ser considerados *estados atractores* para a evolução desses sistemas.

3. O terceiro engano que desde já é útil prevenir, toca em um ponto mais empírico: trata-se de certas táticas ou mesmo de certas tecnologias sociais que entram em ação nas conjunturas críticas e que podem ser analisadas como tentativas de *insulamento* dos setores de seus ambientes. Uma ilustração clássica dessas táticas e tecnologias nos é oferecida pelos dispositivos de "fechamento" (*"clôture"* em francês)[10] que os setores militarizados

---

ou construtos sociais "contraentrópicos" – esta é, como sabemos, a abordagem de Etzioni, na verdade, pouco convincente sob esse aspecto (ver Etzioni, *The active society*, p.95).

9 Esta é a razão pela qual convém, no presente momento, reservar o caso das analogias que se apoiam em resultados recentes do "terceiro estágio" da termodinâmica, o do estudo das dinâmicas das estruturas dissipativas e dos fenômenos de auto-organização (ver capítulos 5 e 6 de Prigogine; Stengers, *La nouvelle alliance*). Essa observação não poderia significar, entretanto, que devêssemos necessariamente subscrever, por um lado, as teses filosóficas – e, às vezes, até mesmo propriamente metafísicas – que alguns creem poder extrair desses resultados e, por outro, às transposições muito superficialmente metafóricas que com rapidez apareceram em alguns setores das Ciências Sociais e que podem ter como efeito inibir toda tentativa séria de exploração de eventuais homologias entre os "comportamentos" das estruturas dissipativas e certos fatos sociais.

10 Joxe, *Le rempart social*, p.146-8. Está claro que – em grande parte – o que está em jogo no recurso a essas receitas: trata-se da gestão, nem sempre muito fácil, da multiplicidade de adesões dos agentes que formam as organizações militarizadas, base possível das mobilizações multissetoriais que podem alcançá-las. Uma das formas primitivas de institucionalização do "fechamento" consiste no recrutamento de corpos militares perfeitamente *estranhos* à sociedade na qual eles devem operar e dos quais o janízaro otomano é uma variante interessante. Na mesma direção, no que diz respeito à utilização de algumas "etnias marciais", notadamente nas sociedades marcadas por um pluralismo cultural, pode-se consultar também Enloe, *Ethnic soldiers*, p.23-49.

inscreveram, há uma longa data, em suas rotinas: esses setores tendem, com efeito, nas conjunturas críticas, a se apartarem fisicamente do resto da sociedade por meio da "consignação" dos homens de tropa, dos procedimentos de "alerta" permanente e de restrição, e até mesmo pela suspensão dos fluxos de comunicação com o exterior. Notemos que aqui nos deparamos, de maneira pontual, com uma das preocupações familiares à Sociologia de inspiração estrutural-funcionalista e que fez do insulamento dos sistemas ou dos subsistemas um dos mecanismos de defesa elementares dessas entidades ante os próprios ambientes sociais.[11] Vejamos a possível objeção: a constatação da entrada em ação dessas tecnologias e dessas táticas é compatível com as proposições enunciadas anteriormente? As crises, de qualquer modo, não são antes períodos em que os setores ou as organizações se voltam sobre si mesmos, em vez de fenômenos subjacentes a uma dinâmica de dessetorização do espaço social? Para dizer a verdade, a objeção é fraca. Há todas as razões para pensarmos, ao contrário, que essa entrada em ação, quando ela se dá efetivamente no curso dos confrontos multissetoriais, não pode senão apoiar e fortalecer nossas hipóteses. Isso por uma razão simples e decisiva: a intervenção dessas tecnologias e táticas defensivas pode receber interpretação satisfatória apenas se supormos a presença efetiva de uma dinâmica social de direção oposta, *contra a qual reagem* alguns atores (que podem perceber essa dinâmica como uma "ameaça") ao optarem por linhas de ação desse tipo. Aliás, esse ponto não é evidentemente desprezável. No plano empírico, essas tecnologias e táticas estão longe de conseguir fazer, em todas as circunstâncias, que os setores concernidos se esquivem da dinâmica de dessetorização, da redução de sua autonomia e da perda de poderio sobre suas lógicas sociais específicas. A rigor, tanto o fracasso quanto a sucesso constituem, em tais casos, bons índices do jogo efetivo da dessetorização.[12]

---

11 Do que podemos encontrar traços na maneira pela qual Easton critica a vertente dos sistemas sociais em termos de equilíbrio, quando ele observa que esses sistemas dispõem de vias múltiplas para responder a perturbações tais como, precisamente, o insulamento (*insulation*) deles com relação a seu próprio ambiente (Easton, *A systems analysis of political life*, p.20). Para uma discussão incisiva do uso dessa noção na perspectiva funcionalista, ver Gouldner, Reciprocity and autonomy in functional theory. In: Gross, *Symposium on sociological theory*.

12 Contudo, isso também quer dizer, numa observação marginal, que, quando falamos de dessetorização conjuntural do espaço social, não implica que devamos admitir que todos os atores localizados nos setores que enfrentam essa dinâmica buscam ou operam conscientemente o que se realiza nessa propriedade. Alguns entre eles – mas a este respeito não há leis gerais, isto é, que, em particular, não se trata necessariamente dos que ocupam posições dominantes nesses setores – podem muito bem ter um interesse, que não seria senão conjuntural, em "jogar" com o insulamento de seu setor, e outros podem se lançar também em táticas mais complexas para obter esse isolamento, pela intervenção de outros atores situados alhures, isto é, agir sobre um registro multissetorial (e alimentar a um só golpe a dinâmica que, localmente, eles buscam rechaçar). Esse *posicionamento diferenciado* dos atores é uma propriedade geral a que teremos a ocasião de voltar a seguir.

Acrescentaremos que essas tecnologias e táticas de insulamento não são específicas aos setores militarizados. Quando observamos o desdobramento de certos episódios históricos, como, por exemplo, os de maio de 1968, discernimos facilmente, a par da operacionalização de dispositivos de "reclusão" por parte do Exército, o uso em outros sítios sociais de táticas análogas, tais como a tentativa efetuada pela CGT, ao que parece não sem um relativo sucesso, de confinar as greves na indústria e de fazê-la se esquivar especialmente das interferências do movimento estudantil.[13] Como teremos ocasião de mostrar mais adiante, todas as táticas defensivas não se revestem necessariamente das mesmas formas de separação física com referência ao ambiente do setor. Mais, em todo o caso, podemos dizer que os desempenhos externos dos setores, os *outputs* que eles podem produzir, parecem bastante dependentes, nas conjunturas críticas, das capacidades de eles se esquivarem, o que seria apenas parcialmente, da dinâmica de dessetorização do espaço social.

A incerteza estrutural

A segunda grande propriedade das conjunturas fluidas, a incerteza estrutural, está estreitamente associada a que acabamos de examinar. A rigor, aquela decorre desta. Com efeito, ela tem como maiores molas o apagamento ou o embaralhamento dos indícios e dos marcos, bem como a perda da eficiência dos instrumentos de avaliação que, enquanto elementos das lógicas setoriais, servem nas conjunturas rotineiras de suporte e de material para as apreciações, as interpretações das situações, das antecipações e, mais geralmente, dos cálculos ordinários dos atores. Trata-se esta de um conjunto de efeitos directos da dessetorização tendencial do espaço social.

A incerteza estrutural – verificaremos neste e também nos capítulos seguintes – permite não somente darmos uma razão a um número considerável de "fatos", regularidades empíricas, sensações ou, às vezes, até

---

13 Ver, por exemplo, o relato da acolhida reservada às "passeatas" de estudantes nas fábricas da Renault de Boulogne-Billancourt em Bensaïd; Weber, op. cit., p.150-8. Se não é possível avaliar com precisão o sucesso das táticas de reclusão, esta pode, contudo, se deixar decifrar no fato de que – ao menos durante o período *"ascendente"* da crise e com a exceção do caso muito particular da Loire-Atlantique – o movimento estudantil não pôde se apoiar de maneira visível em nenhum "bastião" operário suscetível de fazer simbolicamente contrapreso à gestão da greve pela CGT. Aliás, se dá de barato que é muito delicado fazer o papel, com toda segurança importante nesse sucesso, do que se deveu à *distância social* com a qual, com toda certeza, operou a tática que o CGT fez funcionar (a este respeito, ver Adam et al. *L'ouvrier français en 1970*, p.223-5). Pierre Dubois pontuou em uma "amostra" de 182 empresas do Norte e do Pas-de--Calais cerca de 6,5 % de casos nos quais discussões com estudantes foram organizadas, proporção cujo alcance não é muito fácil de avaliar. (Dubois, Les pratiques de mobilisations et d'opposition. In: Dubois et al. *Grèves revendicatives ou grèves politiques*, p.370).

mesmo de raciocínios dos atores das crises, mas também descobrirmos outros. Comecemos por uma dessas regularidades, que nos permitirá mencionar um ponto não desprezável do método. A incerteza estrutural está no princípio da explicação de uma observação ou de uma regularidade empírica com que já nos deparamos precedentemente neste livro, observação que, por sua vez, também recorta uma impressão sentida às vezes com muita intensidade pelos atores de numerosos episódios de "crise política" (esta não escapou a uma parte da literatura que trata das revoluções ou as crises políticas). Dessa observação, podemos dar a seguinte formulação, já utilizada anteriormente: nos períodos ou conjunturas de "crise", a eficácia, ou o "valor", dos recursos políticos dos protagonistas desses eventos sofre flutuações bastante sensíveis e, com frequência, bastante bruscas. Essa formulação, incontestavelmente cômoda (por essa razão, ainda chegará o momento de recorreremos a ela), não é todavia de todo satisfatória e deve ser qualificada. Para o pesquisador confrontado a tais flutuações, existe um risco significativo de cair na armadilha, para dizer a verdade bastante banal, da abordagem de conhecimento que Marion Levy chamou de modo feliz *the fallacy of inutile measurement* [a falácia da medição inútil].[14] Exceto que a medida aqui não só é inútil como é *contraproducente*. Voltemos por um instante, para explicitar essa questão, à construção teórica – já discutida no capítulo 2 – de autores do Grupo de Stanford.[15] Essa construção tomou como tarefa reconstituir os cálculos dos atores nas fases de "crise" dos episódios históricos estudados, cálculos que os levaram à escolha de suas táticas e, sobretudo, de suas alianças. A armadilha assume aqui a forma da busca por parte do pesquisador de alguma receita milagrosa que lhe permitiria *medir* a eficácia ou o "valor" mutável desses recursos, isto é, que lhe permitiria atribuir a estes "valores" precisos. Essa busca é, pensamos, desesperada. Porque, ao fazê-la, na falta de poder simplesmente registrar medidas "naturais" da eficácia ou do "valor" desses recursos (assim como o "preço" em um mercado econômico), o pesquisador alcança um resultado desastroso em todos os aspectos: ao desprezar o fato de que ele substitui, *após da sanção do evento*, as apreciações dos atores políticos pelas suas próprias, ela apaga tudo o que a constatação das flutuações da eficácia ou do "valor" dos recursos pode ter de interessante ou pode ser sugestivo para a análise das situações de "crise".[16] Mais precisamente, ele afasta assim, sem

---

14 Levy, Does it matter, if he's naked?, op. cit., p.98.
15 Almond et al. (eds.), op. cit.
16 As razões que conduziram os autores do Grupo de Stanford a essa escolha metodológica remete diretamente à *ilusão heroica* que modela sua abordagem de conjunto: nos recordamos que, para a apreensão das fases de "ruptura" dos episódios históricos estudados, isto é, apreensão de suas fases de "crise" em sentido estrito, esses autores consideraram que as vertentes em termos de "estruturas" seriam impróprias e que somente as vertentes que privilegiam as escolhas ou as "decisões" dos atores seriam pertinentes. Recordamo-nos igualmente que, em

se aperceber, algumas das mais decisivas propriedades dos cálculos dos atores nas conjunturas críticas; ele afasta esta de que é feita de uma grande parte de *incerteza* com a qual esses atores são confrontados, isto é, a própria possibilidade de compreender, a um só tempo, essa incerteza e os efeitos desta sobre os cálculos e as interpretações a respeito destes últimos.

Como tudo o que dissemos até agora sem dúvida nos leva a pressentir, em tais "contextos", os cálculos dos atores se caracterizam justamente por enfrentarem dificuldades muito sérias para proceder a avaliação da eficácia ou do "valor" de seus recursos, mas também dos de outros protagonistas dessas situações. Isso se deve ao fato de que a eficácia dos instrumentos de avaliação acessíveis aos atores – ou, em outros termos, a própria calculabilidade ordinária – é estreitamente dependente da estabilidade das lógicas setoriais e da manutenção da autonomia dos setores concernidos. Embora os atores políticos calculem nas conjunturas críticas, eles o fazem em contextos estruturais de modo tal que o valor dos recursos, com muita frequência, enquanto informação utilizável pelos protagonistas do confronto, tem poucas chances de vir à tona "naturalmente". Em suma, se levantar a questão das variações conjunturais da eficácia dos recursos não é para as Ciências Sociais nada ilegítimo (voltaremos com calma a isso em outro momento), a única possibilidade de esboçar uma resposta satisfatória para ela se situa a par da inserção desses recursos em "contextos" variáveis – e cujas variações é preciso tornar inteligíveis.

Para dizer a verdade, as dificuldades com que os atores a este respeito se deparam ultrapassam em muito a questão exclusiva da eficácia ou do "valor" dos recursos. Elas se tornam, nas conjunturas marcadas pela fluidez política, particularmente sensíveis, assim como, no plano das capacidades que esses atores têm de antecipar as linhas de ação ou as prováveis jogadas de seus adversários (mas também de seus parceiros ou de seus aliados) no que diz respeito à aptidão dos mesmos em identificar ou definir a situação em que eles se encontram. Em tais contextos, a probabilidade que emerge de definições múltiplas e não congruentes da situação se torna muito forte. O *desmoronamento das definições rotineiras* ao qual os protagonistas da crise são então confrontados contribui, em associação com o conjunto dos elementos mencionados há pouco, para uma *inibição* tendencial da atividade tática (inibição esta que alimenta, além disso, alguns outros fatores que serão examinados logo a seguir). Devemos destacar, por fim, que esses contextos tendem a tornar muito *custoso* o acesso à informação. A

---

resumo, Almond e Flanagan procuraram mostrar que as coalizões que supostamente teriam posto um fim a essas "crises" são explicáveis pelas escolhas racionais dos atores. Por isso, para dar conta dessas escolhas racionais, que a eles parece simplesmente evidente – não problemático – atribuir valores quantificados aos recursos políticos à disposição dos protagonistas dessas crises (sobre o conjunto dessa conceituação, remetemos às análises que a ele consagramos anteriormente, no capítulo 2; ver também, para um esclarecimento complementar, o Anexo 3).

antecipação dos custos da informação em absoluto não escapa, não mais, aos componentes da incerteza que acabamos de indicar.

Esses diversos traços podem ser observados de maneira quase experimental no que se pode chamar de *momentos de derrapagem* de algumas "grandes" crises políticas. Esses momentos são, em realidade, fáceis de identificar, porque para isso basta nos apoiarmos diretamente nas percepções dos próprios atores e, de modo mais particular, nas sensações de perda de controle sobre os eventos e de perda das capacidades de interpretar a situação. Importa destacar que essas derrapagens tendem a sobrevir em contextos nos quais alguns atores dotados de recursos importantes tentavam estabilizar uma situação que parecia lhes escapar e que foram levados a crer (como o essencial dos protagonistas do conflito) que haviam conseguido fazer isso, isto é, que haviam conseguido construir, impor ou negociar de uma vez uma interpretação socialmente plausível dessa situação e das linhas de ação – das orientações estratégicas – que pareciam adaptadas à situação assim circunscrita. Desse modo, a brutal derrapagem dos "eventos" de Maio de 1968, no período de 27 a 30 daquele mês, se produziu após a recusa por parte dos grevistas das fábricas da Renault de Boulogne-Billancourt dos acordos de Grenelle, acordos estes que deveriam, na cabeça de seus promotores, permitir *desconectar* o conflito industrial de outros componentes do confronto, em uma palavra, ao contribuir para a ressetorializar as mobilizações e o conflito em seu conjunto.[17] Trata-se, na realidade, de uma configuração semelhante a que se seguiu ao acordo Matignon, que marca a derrapagem das greves de junho de 1936, derrapagem esta que surpreende ou inquieta, ou frequentemente os dois, o essencial dos atores, dirigentes sindicais e membros do governo constituído (trata-se do momento do "É preciso saber terminar uma greve..." de Maurice Thorez).[18] O fracasso, a

---

[17] A interpretação sugerida por alguns autores, tais como Stanley Hoffmann, reúne as versões que deram às vezes *ex post* os dirigentes da CGT e alguns dos mais proeminentes adversários destes para aderirem a uma visão conspirativa da história segundo a qual a rejeição aos acordos de Grenelle seria uma manobra tática organizada e controlada pela direção da CGT e que parece nunca ter tido o menor fundamento plausível. Georges Ross, no qual se inspira a interpretação de Hoffmann, parece, além disso, tê-la revisto por completo (Hoffmann, *Essais sur la France*, p.233; Ross, *Workers and communists in France*, p.200-3). A mais verossimilhante explicação dos mais confusos aspectos desse episódio remete à precipitação com a qual os dirigentes da CGT e do PC francês improvisaram uma resposta ao empreendimento carismático de Mendès France, em gestação naquele momento, ao procurarem chegar rapidamente a um acordo e assim encontrar um "lugar para aterrissagem", expressão relacionada mais tarde por Roger Garaudy às greves que se arriscavam então a terem resultados bastante incontroláveis. Para o ponto de vista da direção da CGT, ver Séguy, *Le mai de la CGT*, p.117, e o relato mais prudente de Frémontier, *Renault*, p.368-70.

[18] A assinatura do acordo, na noite de 7 para 8 de junho, foi seguida por um recrudescimento das greves, malgrado as orientações de retorno ao trabalhos feitas pela CGT (ao menos onde o patronato havia aceitado a assinatura de contratos particulares e o princípio de negociação concernente às convenções coletivas). Esse recrudescimento culminará em 12 de junho, que

montante da derrapagem, de uma solução mais ou menos negociada se encontra, aliás, sob outras formas, na situação que o "desembarque" na Córsega em 24 de maio de 1958 cria, jogada desferida que marca a falência definitiva e, sobretudo, não dissimulável, da barganha por uma definição "legalista" das relações entre governo e militares argelinos, empreendida a partir de 13 de maio pelo primeiro-ministro francês.[19] É notável que, em todos esses casos, as derrapagens tendem não somente a coincidir com o apogeu da multissetoriação dos confrontos, mas também com a descoberta forçada e às vezes trágica para numerosos protagonistas de que os atores coletivos não marcham necessariamente "como um só homem" e estão sujeitos ao que chamaremos de fenômenos de perda de objetivação, ponto ao qual retornaremos em poucos instantes.

Mesmo que não se encontre, longe disso, a incerteza estrutural com a intensidade com que ela se reveste nesse tipo de derrapagem, ela não levanta dificuldades particulares, exceto talvez no que concerne a um ponto limite, que merece alguns esclarecimentos. Acabamos de ver que os atores individuais – mas também, em outras modalidades, os grupos – percebem e sentem essa incerteza; podemos admitir que a incerteza estrutural tem necessariamente alguma incidência sobre o estado psicológico dos atores individuais. Resta apenas que, do ponto de vista onde nos colocamos, o da teoria das conjunturas políticas fluidas, a dimensão fundamental da incerteza é de início de ordem *relacional*. A incerteza provém aqui de uma transformação conjuntural das relações entre os setores bem como das lógicas internas aos setores; ela corresponde a um *estado particular das "estruturas" e das relações sociais*. Nisto, antes de tudo, que essa incerteza – mesmo se é inteiramente legítimo relacioná-la a outras noções contíguas, como, em particular, a incerteza, também dita "estrutural", da qual faz caso Steinbruner em seu estudo dos "processos de decisão" – não coincide inteiramente, longe disso, com estas. Na perspectiva proposta por Steinbruner, o aspecto "estrutural" da incerteza designa a impossibilidade, em

---

verá a assinatura, tarde da noite, do acordo na metalurgia: os delegados dos grevistas da metalurgia tinham fixado para esse dia, às 18h, o prazo final para a chegada a acordo, caso contrário, eles ameaçavam reivindicar "a nacionalização das fábricas em greve e das que trabalhavam para o Estado". Esse acordo ocasionará o declínio do movimento (ver sobretudo Lefranc, *Juin 1936*, p.164-74; Prost, Les grèves de juin 1936: essai d'interprétation. In: Renouvin; Rémond (dir.), *Léon Blum, chef de gouvernement*, p.70-1).

19 Em face dos eventos de 13 de maio na Argélia, Félix Gaillard, demissionário, delega os poderes civis e militares na Argélia ao general Salan. Estabelece-se assim essa curiosa barganha em que o governo Pflimlin se junta a essa opção tática, mesmo se, na sequência, restringe o campo dessa delegação (para o inventário das deliberações do governo Pflimlin, ver Tournoux, *Secrets d'État*, p.242-4, 250-5). Tudo isso leva a crer que a operação "Córsega" era de conhecimento da comitiva imediata do general De Gaulle (cf. Viansson-Ponté, *Histoire de la république gaullienne*, p.57, que se apoia nos testemunho de P. Arrighi no processo do general Salan em 1961; encontraremos uma descrição parcial, às vezes inexata mas vivaz, dessa operação em Sérigny, *La révolution du 13 mai*, p.115-23).

certas situações, da especificação da gama – do conjunto – dos resultados possíveis de uma linha de ação e, ao mesmo tempo, das probabilidades da ocorrência desses resultados. A incerteza e o aspecto "estrutural" desta são pensados nessa perspectiva nos termos da teoria dos jogos e, nesse sentido, as situações pertinentes são as que poderão ser ditas "não estruturadas".[20] Por conseguinte, percebemos sem dificuldade que esse aspecto "estrutural" da incerteza não corresponde à extensão que demos a ele anteriormente (um estado das "estruturas"), entretanto, entendemos que o estado das "estruturas" sociais próprio às conjunturas fluidas pode muito bem ter por efeito, entre outros, colocar os protagonistas dos confrontos em contextos de "decisão" caracterizados pela impossibilidade acentuada por Steinbruner em sua definição acerca da incerteza estrutural.[21]

Os processos de desobjetivação

Essa propriedade representa uma das mais interessantes vulnerabilidades dos sistemas que se aproximam das configurações estruturais próprias aos "sistemas complexos". Talvez seja preciso recordar que caracterizamos esses sistemas por um alto grau de objetivação das relações setoriais e por uma consolidação dessa objetivação produzida nas transações colusivas intersetoriais que esses sistemas conhecem. Ora, de encontro às concepções reificadoras das "estruturas" sociais e das instituições que correntes da Sociologia Política contemporânea mais marcantes compartilham, esses dois traços estruturais são os afetados pela emergência e pela "marcha" das mobilizações multissetoriais. Essa hipótese concerne o conjunto das três dimensões nas quais circunscrevemos os processos de objetivação, a saber: a exterioridade das relações sociais, a impessoalidade e a percepção sob o modo daquilo que é "dado de barato". Sob esses três aspectos, os sistemas ou sociedades complexas se expõem, quando nelas se desdobram

---

20 Steinbruner, *The cybernetic theory of decision*, p.17-8.
21 Por outro lado e, todavia, em uma escala completamente diferente das crises mencionadas até aqui, quando ele descreve a "crise moral" que sempre opôs, em Bisipara, os membros da casta impura dos *pans* àqueles das castas puras desta vila indiana, Bailay lança mão de um contexto de incerteza que corresponde sensivelmente à caracterização que esboçamos da incerteza estrutural. Os *pans*, que procuravam se elevar na escala das castas, em vez de escolher jogar o jogo *interno* da ascensão lenta pelo viés de uma conversão progressiva da riqueza em honra, optaram, ao menos os mais militantes entre eles, por recorrer a recursos *exteriores*, isto é, à administração, aos homens políticos, à polícia do estado de Orissa e às leis federais que sancionavam as discriminações contra os intocáveis. As linhas de ação utilizadas pelos *pans* tiveram como efeito imediato o de pôr em causa o valor do conjunto dos recursos e das linhas de ação tradicionais da arena da vila e constituíram, observa Bailey, para os protagonistas do confronto, especialmente para os membros das castas puras, um potente fator de incerteza e de desencarrilhamento tático (Bailey, *Les règles du jeu politique*, p.136-8).

mobilizações multissetoriais, a *bruscas* perdas de objetivação das relações setoriais. Em termos um pouco diferentes, podemos dizer que a objetivação de relações sociais internas aos setores ou que constituam as relações intersetoriais, não é independente, não está ao abrigo dos desferimentos das jogadas e das táticas postas em ação pelos protagonistas dos confrontos.[22] Concederemos voluntariamente a respeito desse ponto que uma medição precisa das perdas de objetivação não deixa, em todas as circunstâncias, de colocar alguns problemas,[23] mas é necessário sublinhar ao mesmo tempo que os fenômenos aos quais correspondem essa propriedade das conjunturas fluidas não deixam de ser *observáveis* com facilidade, seja por seus efeitos, seja até mesmo diretamente por sua totalidade. Sem que isso nos faça antecipar muito alguns desenvolvimentos ulteriores, destaquemos que a essa propriedade convém aproximar em especial dos *momentos de loucura* ou de "efervescência criadora" quadro que suas testemunhas ou intérpretes se aprazem em pintar do desdobramento das "maiores" crises políticas e do qual os eventos de maio de 1968 na França representam o arquétipo acabado.[24] Muito se escreveu sobre as imagens de "festa", ou para alguns, de "psicodrama", sobre o sentimento de "liberação" que seus atores experimentaram, sobre os instantes nos quais parecia que "tudo era possível", sobre as "tomadas de palavra", sobre as transgressões das distâncias sociais ou as "dessacralizações",[25] e é inútil insistir nisso, senão talvez para fazer notar que esses fenômenos não são em nada próprios aos eventos de maio de 1968, nem mesmo à "cultura política" e à sociedade francesas.[26] E, sobretudo,

---

22 As perdas *conjunturais* da objetivação de relações sociais não devem ser confundidas com a (relativa) desinstitucionalização que podem sofrer, no período contemporâneo, certos aspectos ou domínios da vida cotidiana – com mais frequência, aspectos que tocam à "vida privada", isto é, relações familiares, sexuais etc.; trata-se de *evoluções de longa duração* que conduziram alguns autores, no mínimo apressadamente, a discernir, nas sociedades ou culturas modernas, universos sociais nitidamente menos institucionalizados ou até mesmo desinstitucionalizantes com relação às sociedades tradicionais (por exemplo, Gehlen, *Man in the age of technology*; ver igualmente as reflexões, acerca desse autor, de Berger; Kellner, Arnold Gehlen and the Theory of Institutions, *Social Research*, p.110 e ss.).

23 Entretanto, não é impensável ver, nas três dimensões distinguidas, também matrizes de índices, as quais, ao menos algumas delas, parecem perfeitamente "operacionalizáveis". Damos um exemplo familiar e que encontraremos mais adiante, exemplo que concerne à impessoalidade das relações sociais, o da ocorrência observável das relações, certas relações "face a face", em ruptura com os arranjos institucionais que produzem a distância e a impessoalidade (notadamente dos arranjos hierárquicos), ou até mesmo da emergência possível de uma negociação contínua e socialmente extensa acerca da "manutenção das aparências" de uma relação concernente a um "conteúdo" institucionalmente definido.

24 Por exemplo, Zolberg, Moments of madness, *Politics and Society*.

25 Em uma muito abundante (e muito... literária) literatura consagrada a esses aspectos, citemos Certeau, *La prise de parole*, e, por inúmeras passagens, Morin et al. *Mai 1968*.

26 Ver, em particular, no que concerne a certos aspectos dos amplos processos de desobjetivação que a sociedade polonesa sofreu nos anos que se seguiram ao verão de 1980, Staniszkis, *Pologne*, p.133 e ss.

que nem todos os processos de desobjetivação são tão coloridos, têm o mesmo aspecto do que os que acabamos de mencionar. Em particular, no caso das flutuações que, nas conjunturas críticas, afetam com frequência e *a curto prazo* os estoques de legitimidade ou de "apoio difuso" de que as autoridades ou os regimes políticos podem se beneficiar. Entre esses processos de deslegitimação, é conveniente conceder uma atenção particular às *crises de relações colusivas* no interior do que chamamos de redes de consolidação (por exemplo, a crise de maio de 1958, ou ainda, embora durante um período muito curto, a de fevereiro de 1934): nelas, esses processos arriscam ter o impacto político mais sensível. Como mostraremos mais adiante, essa perspectiva implica diretamente a se recolocar em questão o lugar que a Sociologia Política atribui de hábito à perda de legitimidade nos processos de crise política.

A atenção privilegiada que concedemos aqui aos processos mais francamente políticos não deve, entretanto, dissimular o estreito parentesco que os fenômenos mencionados mantêm com processos de desobjetivação bem mais reduzida, tais como, por exemplo, os que podemos distinguir ao dar a eles como objeto isto que é preciso nomear de *arte da desobjetivação*, isto é, uma série de microtáticas ou microtecnologias cuja eficácia se pode decifrar apenas na perspectiva das interferências das lógicas sociais diferenciadas de que elas são feitas. Duas ilustrações muito dessemelhantes serão o suficiente para que sintamos o gosto delas. A primeira é constituída pelas *tecnologias burocráticas de "desbloqueio"*, que supostamente promovem a adaptação à mudança nas organizações burocráticas (segundo a perspectiva inicial – muito frágil nesse plano – de Michel Crozier, até mesmo na sociedade francesa em seu conjunto e em seus diferentes subsistemas), estas que, segundo os promotores dessas tecnologias, são incapazes de se corrigirem a partir de seus erros e que transformaram suas disfunções em elementos de seu próprio "equilíbrio interno". Ora, essas tecnologias, e isso é o que nos interessa, consistem na intervenção no seio dessas organizações de "agentes de mudança" encarregados de conduzir e de reabsorver as "crises" de adaptação, isto é, antes de tudo, de *colocar em crise*, de qualquer maneira, as relações sociais internas à organização, ao passo que esses agentes se definem de início pela sua *exterioridade* com referência às organizações nas quais eles devem intervir (esse agentes, sublinha com vigor justamente Crozier, tais como os membros de grandes corpos no sistema administrativo francês, formam castas isoladas por seu recrutamento, sua formação e suas aspirações de carreira e, assim, estão ao abrigo de todas as pressões que poderiam vir do interior da organização de que eles se ocuparam).[27] A segunda ilustração remete ao que a linguagem originária descreve sob os rótulos de "ciclos provocações-repressão-solidariedade" ou de "atos de criação de situações"

---

27 Crozier, *Le phénomène bureaucratique*, p.239, 243, 307-8.

capazes de fazer aparecer as "contradições do sistema". Esses *atos de ruptura*, para retomar a terminologia de Alain Touraine, têm, de fato, eles também, como mola a intervenção no seio de um setor dotado de uma lógica social específica de recursos e de linhas de ação, jogadas estas que obedecem a outras lógicas sociais externas ao setor que é alvo da intervenção.[28]

Entretanto, tudo isso não deve induzir o leitor a conceber as instituições e as lógicas setoriais tão frágeis e precárias como certas formulações de sociólogos ligados à tradição da neofenomenologia (que, porém, tem o mérito de haver entrevisto – mesmo se principalmente nos terrenos tais como os das representações de si[29] – o jogo desse tipo de processo) levam a supor. Para se chegar a uma perda sensível de objetivação das relações setoriais em algumas esferas sociais fortemente objetivadas, é preciso às vezes – nos perdoarão por utilizar de modo bastante pontual uma imaginária que já afastamos explicitamente – um grande "gasto de energia": nessa direção, podemos dar conta com mais eficácia de certas observações dos teóricos clássicos das revoluções, observações estas retomadas por seus seguidores recentes que, como Skocpol, insistiram nos elos entre a emergência desse tipo de fenômeno (visíveis em particular no abalo das maquinarias estatais) e a ocorrência de severas derrotas militares ou de pesadas "pressões" nos confrontos internacionais.[30] Todavia, terão compreendido que uma das teses centrais do presente trabalho é a de que não há necessidade de sempre ter de recorrer a "energias" tão "altas" quanto as que provêm da cena interestatal para que possamos assistir a perdas significativas de objetivação das relações setoriais ou intersetoriais.

Elementos de discussão

Dediquemos agora alguns instantes às propriedades que acabaram de ser explicitadas a fim de tentar precisar alguns de seus contornos. Com efeito, essas propriedades têm em comum ser ao mesmo tempo seletivas, observáveis e tendenciais.

---

28 Ver Touraine, *Le communisme utopique*, p.126 e ss. Para relatos da entrada em ação dessas táticas, Labro, *Ce n'est qu'un début*, p.43-58; Cohn-Bendit, *Le grand bazar*, p.58. Para uma verdadeira compilação de receitas táticas desse tipo, Alinsky, *Manuel de l'animateur social*.
29 Cf. Berger; Pullberg, op. cit. Para uma análise do que eles nomeiam como os terrores anômicos, Berger; Luckmann, op. cit., p.119-21.
30 Ver, entre outros, Skocpol, *States and social revolutions*, p.23, 31-2, 60-4, 73, 94-6. E, no que concerne ao caso das crises políticas associadas às revoluções "sociais" na França, China e Rússia, também os trabalhos, mencionados no capítulo 2, dos adeptos da História natural das revoluções. Skocpol tem perfeitamente consciência do fato de que as pressões externas são retransmitidas ou, melhor, retraduzidas com mais frequência nos conflitos internos e, diríamos nós, nas mobilizações que os constituem.

Michel Dobry

Uma abordagem seletiva

Ao nos colocarmos nas fronteiras de um setor afetado pelas mobilizações multissetoriais, ao escolhermos observar o que, nesses contextos, os diversos elementos da lógica específica desse setor se tornam, ao tomarmos por objeto a maneira pela qual se operam então os cálculos, as estimativas, as antecipações dos atores, nós transformamos o enfoque da realidade. Em outros termos, as propriedades que acabamos de identificar constituem somente pontos de vista, ligeiramente descompassados entre si, acerca dos mesmos processos reais. Poderíamos sem muita dificuldade alongar a lista, e não seria um puro exercício formal sempre que trouxéssemos à luz fenômenos malpercebidos ou despercebidos até então, e que nos permitissem avançar em sua explicação. Eis três exemplos de tal abordagem, que são também caminhos de pesquisa.

a) *A simplificação do espaço social*

Assim podemos nos interrogar a respeito do que, nas conjunturas associadas a mobilizações multissetoriais, se tornam a diversidade, a variedade das lógicas sociais que caracterizam as sociedades complexas. Deveremos concluir então por um tipo de homogeneização tendencial ou de simplificação do espaço social, o que constitui, admitiremos sem dó, uma proposição bastante contraintuitiva (mas também, temos consciência disso, uma das possibilidades de inserção, no esquema teórico desenvolvido aqui, de analogias ligadas às leis da termodinâmica). Um dos interesses da escolha por autonomizar essa propriedade poderia ser o de alimentar a reflexão acerca das relações positivas que podemos destacar entre os contextos sociais dotados de complexidade estrutural e a facilidade de cálculos dos atores e dos processos de "decisão" ordinários dos mesmos – ponto este que deixaremos de lado no escopo deste trabalho.

b) *A unidimensionalização da identidade pessoal*

Até aqui não mencionamos senão muito marginalmente a maneira pela qual a dinâmica das mobilizações multissetoriais poderia repercutir na personalidade dos próprios atores individuais. Um dos meios privilegiados que nos são oferecidos, se quisermos levá-lo em conta, é constituído pela *inserção múltipla* de que se beneficiam os atores individuais nas sociedades complexas devido à diferenciação setorial presente nestas. Em particular, os atores individuais dela se beneficiam – este é um lugar comum da Sociologia contemporânea – no que diz respeito à definição de sua própria identidade pessoal. Esta se forja por meio da multiplicidade dos papéis ou das facetas sociais que se oferecem, embora desigualmente e com perfis muito diferenciados, ao conjunto dos atores individuais. Adivinhamos de cara o interesse que apresenta, desse ponto de vista, uma dinâmica social que afeta precisamente o que poderíamos chamar de suporte social da multidimensionalidade da identidade pessoal. E, de fato, podemos observar que os atores individuais – ainda que desigualmente – experimentam com frequência sérias dificuldades em salvaguardar, no curso das "grandes" crises políticas, essa multidimensionalidade. De maneira bastante análoga aos processos pelos quais, como mostrou Goffman, as "instituições totais" despojam os reclusos dos múltiplos papéis que estes reivindicam no mundo exterior,[31] as conjunturas críticas tendem, ao cabo, a reduzir a identidade a uma dimensão única que serve de índice prático nas interações percebidas de hábito como sensivelmente diferenciadas. Essa unidimensionalização da identidade pode emergir, de qualquer maneira, em estado puro em certas conjunturas revolucionárias: a qualidade "aristocrata", "trabalhador", "verdadeiro crente" ou "patriota" constituem então um *operador de identificação à vocação universal*, isto é, que tende a ser eficaz no conjunto do espaço social.[32] Há necessidade de acrescentar que, assim como a multiplicidade de papéis não é necessariamente, longe disso, uma fonte de graves problemas existenciais, colocá-la em causa não constitui, em todos os casos, uma "crise de identidade",[33] mas se trata de uma discussão na qual nos pouparemos de nos envolver aqui mais a fundo.

---

31 Goffman, *Asiles*, p.57-8 (nós devemos a uma observação de Vincent Merle a ideia dessa aproximação).
32 Para observações parcialmente convergentes no que concerne ao apagamento da multidimensionalidade da identidade pessoal em contextos de "desastre" – por exemplo, as catástrofes naturais –, ver Killian, The significance of multiple-group membership in disaster. In: Cartwright; Zander (eds.), *Group dynamics*, p.249-56. Ver igualmente, no que concerne às situações críticas, Luhmann, *Funktion und Folgen formaler Organisation*, p.42; Boltanski, op. cit., p.136-7.
33 Talvez este seja um dos elos mediadores da cadeia que faltam na explicação da relação estreita posta em evidência por Émile Durkheim, e discutida a partir de então por numerosos sociólogos e politicólogos, entre a ocorrência das crises políticas e a diminuição facilmente observável da taxa de suicídios (Durkheim, *Le suicide*, p.215-22; Halbwachs, *Les causes du suicide*; Lipset, *L'homme et la politique*, p.211-2 – que, ao que parece, não conhece Durkheim senão por Halbwachs; Lancelot, *L'abstentionnisme électoral en France* – que vai na esteira de Lipset). A explicação deste fenômeno oscila, em realidade, entre uma primeira hipótese, a de que uma maior coesão ou uma maior integração social provêm, seja de uma "exaltação coletiva" que caracterizaria as crises, seja do interesse suscitado por certas lutas políticas decisivas, e uma segunda hipótese, esboçada por Halbwachs, o qual observa "que em tais circunstâncias *a vida se simplifica*" (Halbwachs, op. cit., p.494-5, grifos do autor). Se essas duas hipóteses não parecem inteiramente incompatíveis, é claro que a segunda tem um parentesco imediato com a unidimensionalização da identidade nessas conjunturas críticas.

c) *A interdependência tática alargada*

Por outro lado, este terceiro exemplo está no princípio de um dos caminhos empíricos que exploraremos no capítulo seguinte. Trata-se de uma propriedade que toca diretamente às táticas dos atores e, se quisermos (mas essa linguagem não é livre de riscos), às "coações" que condicionam essas táticas. Ela é analisada como uma tendência à emergência de uma interdependência crescente entre as atividades táticas de atores localizados em sítios diferentes do espaço social. A isso podemos formular de maneira mais rigorosa enquanto passagem de uma forma rotinizada e, sobretudo, local de interdependência entre atores no interior de um setor particular (forma de interdependência em que a eficiência ou o valor dos recursos e linhas de ação à disposição dos diversos atores são garantidos pela compartimentação relativa dos setores ante os outros) a uma forma de interdependência alargada que tende a colocar em confronto direto os diversos recursos e linhas de ação, compartimentados até ali, e a determinar neste confronto a eficiência ou "valor" deles. O caráter crucial dessa propriedade se deve em particular ao fato de que encontramos aqui o problema que apontamos anteriormente a propósito do esquema teórico de Almond-Flanagan, e de que, na direção que acabou de ser indicada, a questão da flutuação do "valor" dos recursos políticos nas conjunturas de crise tem chances sérias, sem dúvida únicas, de ser apoderada pela Sociologia Política. Aliás, como veremos, a interdependência tática alargada tem como efeito importante o de contribuir para reduzir consideravelmente o controle que os atores têm sobre o alcance de seus próprios atos e sobre a significação que se liga a elas no curso do confronto (esse fator não é evidentemente estranho à emergência frequente da inibição tática de que tratamos há pouco).

Observação e refutabilidade

A segunda série de comentários que gostaríamos de fazer concerne ao confronto entre as proposições enunciadas anteriormente e os fenômenos *observáveis*, questão que não coincide inteiramente com a da aceitabilidade e a da força persuasiva das mesmas. É necessário, a este respeito, voltar muito rapidamente ao que dissemos no primeiro capítulo deste trabalho. Um sistema de proposições teóricas não se valida, contrariamente ao que muitas vezes se crê, ao se "demonstrar" *uma a uma* as proposições que o compõe, com a ajuda de dados esparsos e específicos a cada proposição (proposição que é, nesse tipo de abordagem pretensamente "empírica", com muita frequência, forjada *ad hoc* para dar conta de uma série isolada de dados).³⁴ Um sistema de proposições construídas e articuladas extrai o essencial de sua "força probatória" e de seu valor explicativo da amplitude e da diversidade de suas consequências, que, como proposições-mães, podem muito bem não ser todas imediata e diretamente observáveis. É preciso recordar que o escopo deste trabalho se orienta no sentido desse tipo de validação. A ancoragem empírica de proposições teóricas ocupa, nessa perspectiva, um lugar bastante diferente dos que lhes são atribuídos pelos *facts grapers*, partidários do que é, em realidade, apenas um factualismo pontilhista, ingênuo e, com certeza, estéril. A despeito do que acabamos de mencionar (a congruência com a observação das consequências deriváveis dessas proposições), a forma privilegiada dessa ancoragem, a forma privilegiada da refutabilidade é, quando possível, a de *testes críticos* ou *decisivos*, dos quais mais adiante teremos, além disso, uma ou duas boas aproximações. Parece, todavia, que essa orientação não é inteiramente incompatível com o recurso paralelo a outras vias de confronto com a realidade empírica, vias sem dúvida menos fortes, menos exigentes e menos "probadoras", mas que trazem esta orientação à luz de maneira mais imediata.

Convém sublinhar nesse escopo o fato de que as propriedades apresentadas neste capítulo, como já destacamos sem dúvida alguma, comportam numerosos aspectos fácil e *diretamente* observáveis e que, nesse sentido – sem que, é claro, isso seja necessariamente constitutivo de um teste crítico –, delas podemos nos servir como indícios da presença e, às vezes, da amplitude da dinâmica que essas propriedades descrevem. No entanto, tudo isso só pode ser feito ao preço de certa prudência, de não poucas precauções, que – em particular, devido ao caráter relacional dos "fatos" solicitados o qual sempre se é tentado a esquecer, ou ainda ao peso demonstrativo de um indicador ou de um indício pode muito bem, por razões que há pouco fizemos alusão, ultrapassar as fronteiras da validação de uma proposição singular e afetar o conjunto, ou uma grande parte, do esquema teórico discutido (tanto negativa como positivamente: quando "funciona", um indício é muitas vezes bem mais rico, em especial no plano heurístico, do que permitem supor certos manuais de "metodologia").

Podemos precisar essas considerações abstratas com a ajuda de uma ilustração relativamente simples. Tomemos o caso dos *ritmos ou temporalidades setoriais*. Esses ritmos, como nos recordamos, representam elementos importantes das lógicas sociais específicas aos diversos setores diferenciados e um dos principais fatores da autonomia destes. Eles adquirem com frequência, ao menos nos setores fortemente institucionalizados, tais como,

---

34 Sobre os impasses desse tipo de abordagem, que Popper chama de o "ad hocismo" e sobre seus elos com a lógica intelectual dos procedimentos indutivos, ver Popper, *La connaissance objective*, p.11-41.

por exemplo, os setores políticos das sociedades complexas contemporâneas, uma forte visibilidade social (e podemos, além disso, com facilidade constatar que os atores sociais não se servem deles, em suas apreciações e em seus cálculos, como indícios práticos). Por essas duas razões, podemos considerar os ritmos setoriais como bons indicadores a respeito do esquema teórico desenvolvido aqui, à medida que, todas as vezes que possamos supor que opera em um sistema social uma dinâmica conforme a que foi descrita anteriormente, deveremos esperar encontrá-la nos ritmos setoriais.

O que são esses ritmos em processos de crise reais? Notemos, para começar, que alguns especialistas discerniram perfeitamente o caráter decisivo, para a inteligibilidade desses processos, da dimensão temporal destes.[35] Mas a observação crucial, no que concerne aos ritmos setoriais, é representada pelo fato, apontado por Pierre Bourdieu, de que as "grandes crises" políticas têm por propriedade *sincronizar* os ritmos, as temporalidades ou, na terminologia do autor, as "durações estruturais" próprias às diferentes esferas sociais das sociedades afetadas por essas crises.[36] A observação de Bourdieu parece tanto mais interessante à proporção que concerne antes de tudo aos ritmos de certos campos sociais secundários ou periféricos, ao menos com relação aos sítios sociais ou setores nos quais as mobilizações empenhem então o essencial dos próprios recursos. Trata-se dos campos de produção cultural (literária, artística etc.), nos quais irrompem, na época das "grandes crises", eventos e grupos que, diz Bourdieu, "marcam uma era", que estabelecem cortes nítidos e que, de qualquer maneira, alinham – ou harmonizam – as temporalidades desses campos aos eventos e, sobretudo, às transformações dos ritmos que têm lugar em outras esferas sociais que poderíamos dizer mais "centrais" (parece-nos que Bourdieu pensa em especial em eventos políticos tais como as "revoluções", as "grandes" crises políticas e as transformações de regime). É inútil insistir no fato de que a extensão de tal sincronização a setores tão periféricos é, em si mesmo, um excelente indício da amplitude de uma dinâmica de dessetorização conjuntural e que tal extensão, da qual o episódio de Maio de 1968 ainda dá testemunho, não se encontra necessariamente – sem que, é claro, isso seja um problema – em todos os casos de mobilizações multissetoriais. À primeira vista, pois, a ocorrência da sincronização dos ritmos setoriais recorta massivamente as implicações deriváveis do esquema teórico já desenvolvido. Porém as coisas são um pouco menos simples. Vamos ver que, em sua formulação atual, essa

---

35 Por exemplo, Linz, Time and regime change, op. cit.
36 Ver, para uma apresentação cursiva, mas explícita, Bourdieu, La production de la croyance: contribution à une économie des biens symboliques. *Actes de la Recherche en Sciences Sociales*, p.40; Id., *La distinction*, p.530. Ver, igualmente, para indicações convergentes, Béjin, "Crises des valeurs, crises de mesures, *Communications*, p.41; Gras, *Sociologie des ruptures*, p.165.

propriedade não é de todo isenta de ambiguidade e, para a análise das conjunturas fluidas, não é admissível que medeiem inflexões sérias. Isso significa dizer que nos debruçamos aqui sobre as dificuldades inerentes a toda observação direta e a toda constituição de alguns "fatos" em índices empíricos, dificuldades estas que seriam objeto desse desenvolvimento. Devemos, em primeiro lugar, nos interrogar acerca da pertinência da própria ideia de sincronização, ideia esta que evoca irresistivelmente a imagem de uma *entrada na fase* dos ritmos setoriais uns com relação aos outros. Ora, mais do que com a entrada na fase destes, não temos de lidar de preferência, nas conjunturas de crise, com uma coocorrência tendencial ou, se quisermos, com uma sincronização das transformações ou, melhor, das rupturas nos ritmos setoriais? Mais do que de uma harmonização dos ritmos, não se trata agora de uma aparição mais ou menos simultânea ou, ao menos, condensada em uma duração relativamente reduzida, de descontinuidades que tomam a forma de eventos nos quais o funcionamento rotineiro e autônomo dos setores, segundo suas lógicas sociais próprias, não teria dado lugar nos momentos em que eles intervêm efetivamente? Não é senão desse ponto de vista, quando nos voltamos, em particular, em direção às esferas sociais em que as temporalidades sofrem uma institucionalização explícita (tais, como dissemos, os setores políticos) que, para tomar exemplos familiares, a demissão do governo Chautemps e depois a do governo Daladier entre janeiro e fevereiro de 1934, a investidura do general De Gaulle em 1958 ou a dissolução da Assembleia Nacional em maio de 1968, eventos "em si mesmos" relativamente anódinos, poderiam ser interpretados enquanto indicadores, entre outros, da entrada na fase dos setores políticos, da sincronização de seus ritmos com relação às transformações ou rupturas das temporalidades que têm lugar em outros setores tocados pelas mobilizações multissetoriais (compreendemos aqui todo o perigo que haveria em interpretar os indícios como ritmos temporais independentemente das relações sociais que neles se inserem). É notável que essas entradas na fase, compreendidas enquanto rupturas nos ritmos setoriais, se tornam, ao menos de modo pontual nesses contextos de forte fluidez, as *pautas* centrais das mobilizações concorrentes, independentemente qualquer que seja, as pautas iniciais dos confrontos e os objetivos próprios aos diferentes protagonistas delas. Esse fenômeno pode se revestir às vezes de um caráter de transparência total por parte dos atores, como foi em particular o caso da sincronização, inteiramente *intencional*, das manifestações externas e dos debates de candidatura à Câmara dos Deputados nas "jornadas" de 6 de fevereiro de 1934 e de 13 de maio de 1958. De fato, aqui tocamos no essencial: a sincronização dos ritmos setoriais não poderia ser considerada de um ponto de vista exclusiva ou prioritariamente *objetivista*, isto é, em separado das mobilizações efetivas, dos jogos táticos, dos desferimentos das jogadas entre os protagonistas do confronto.[37] Na perspectiva definida aqui, se devemos falar de sincronização de diversos setores afetados pelas mobilizações multissetoriais, não se pode fazer isso senão com a condição de nela ver antes de tudo a emergência, produzida pelo próprio confronto, de um *eixo de atividade* que se impõe, quer eles queiram quer não, aos diversos atores. Estes não podem, nesse caso, fazer outra coisa senão determinar suas táticas, suas alianças, seus objetivos de ação – que são aqui, como as pautas, *produtos* do confronto – em função do desafio que representa então a entrada na fase dos ritmos setoriais. Assim, este é claramente o caso dos episódios já mencionados de 1934 e de 1958, mas também o da crise de 1947-1948 mesmo se é patente que a jovem RPF tenha falhado em sua tentativa de obter, na esteira de seu estrondoso sucesso nas eleições municipais, a dissolução da Assembleia Nacional (à maneira de tipo ideal, um dos mecanismos de *aprisionamento* do campo político consistiu então na manipulação dos ritmos próprios a este campo, em particular, com o adiamento das eleições cantonais francesas decidido em setembro de 1948). Do mesmo modo, no episódio pouco explorado das greves "selvagens" de agosto de 1953, a sincronização se impôs como pauta central do confronto, a entrada na fase do campo político sendo agora refreada pela execução bem-sucedida, em especial por parte de alguns atores do grupo parlamentar Movimento Republicano Popular (MRP), de uma tática de *desconexão* entre o Parlamento e o conflito "profissional".[38]

---

37 Podemos nos perguntar, com efeito, se não tende necessariamente em direção a um ponto de vista prioritariamente objetivista toda tentativa de apreender a sincronização dos ritmos setoriais (e esses próprios ritmos) a partir, como Bourdieu parece fazer, das clivagens que, por exemplo, em um campo de produção cultural, opõem obras, estilos, posições e "escolas", de modo que essas clivagens possam *resultar* das crises, ou, em outros termos, a partir de traços que as crises deixam na estrutura rotineira de um campo dado. Acrescentemos que a discussão do conjunto dessa questão não teria nada a ganhar ao se entulhá-la com "aquisições" objetivistas da Escola histórica francesa, aquisições bastante contestáveis, ao menos nesse poderio, porque confundem – com a distinção de uma história "eventual", de uma história "conjuntural" e de uma história "estrutural", de "longa duração", ou "imóvel" – a abordagem, em particular dos recortes, feitos pelo historiador, e as temporalidades sociais efetivas tais como elas se impõem aos atores sociais (por exemplo, Braudel, Histoire et sociologie. In: Gurvitch (dir.), *Traité de sociologie*, v.1, p.92-4; Id. Histoire et sciences sociales: la longue durée, *Annales ESC*).

38 A petição socialista (depois comunista) por uma convocação do Parlamento em sessão extraordinária se chocou – malgrado as petições individuais de 224 e depois de 211 deputados, isto é, um pouco mais do que o número exigido pelo artigo 12 da Constituição francesa de 1946 (um terço de membros da Assembleia Nacional, a saber, 209) – com a recusa deliberada da mesa da Assembleia de levar em conta as regras do jogo constitucional. Em comunicado da Executiva Nacional de 25 de agosto, o MRP justificou sua atitude da seguinte maneira: "A convocação do Parlamento não faz nenhum sentido uma vez que seu objetivo é a abertura, em meio a turbulências sociais, de uma nova crise política insolúvel sem a imediata ampliação da maioria cujo alcance ansiado pelo último congresso nacional do MRP ainda não encontrou as adesões desejadas". A relativa rapidez das concessões bastante amplas feitas às organizações sindicais – trata-se para os grevistas, segundo os

Essas observações, além de indicarem a sistematicidade das relações entre o destino da autonomia dos setores e o dos ritmos setoriais destes, deixam também transparecer – e nisto um indício ultrapassa o simples papel de validação de uma ou de várias proposições – uma das funções da organização deliberada, no interior de um setor particular, do *descompasso* entre suas principais temporalidades institucionalizadas. Como podemos constatar, por exemplo, por meio do fato, bem-conhecido pelos juristas, da desigualdade da duração dos mandatos próprios aos diversos tipos de agentes especializados, esse tipo de tecnologia se encontra frequentemente nos setores políticos, em sentido estrito, nos quais os descompassos entre os ritmos de renovação ou de reingresso no jogo concernem às posições que o dispositivo constitucional torna interdependentes (ou "ligadas", se nos referirmos à terminologia de Montesquieu) no plano de suas "funções". É claro, a ideia de um *fracionamento dos riscos políticos* – não jogar tudo de uma vez – sem dúvida não está ausente, entre outras, das motivações que presidem a entrada em ação dessas tecnologias institucionais. Mas é igualmente legítimo ver nessas tecnologias, pouco importa que isso tenha sido buscado ou não, uma das molas que podem assegurar aos setores políticos um acréscimo de resistência ante conjunturas em que podem se exercer sobre eles, tanto a partir de fora quanto a partir deles mesmos, pressões que visam justamente fazê-los entrar na fase com eventos, transformações externas.

O último esclarecimento a que essas observações conduzem diz respeito aos *limiares* que podem escandir e estruturar os processos de crise e as mobilizações que os constituem. Longe de coincidirem com as fronteiras quantitativas mencionadas anteriormente ou, *a fortiori*, com esses misteriosos pontos ou zonas de ruptura dos sistemas sociais que gostam de imaginar, com frequência de modo tautológico, os partidários do estrutural-funcionalismo e da vertente sistêmica,[39] esses limiares correspondem muitas vezes a certos elementos das lógicas setoriais, tais como, justamente, ritmos, temporalidades específicas, que a história particular de um confronto dado colocou, de algum modo, em posições de saliência. Uma ilustração ajudará a apreendermos esse ponto. Trata-se do curioso episódio dos enfrentamentos que, no curso dos eventos de Maio de 1968, tinham como pauta o adiamento ou a manutenção da data dos exames universitários.[40] Esse episódio se coloca no momento em que, a partir de 14 de maio, o movimento ultrapassa rapidamente a esfera do ensino

---

comentadores, de um "sucesso quase total" – não parece alheia ao sucesso da desconexão mencionada anteriormente. Sobre o conjunto desse episódio, ver, em particular, VV, *L'année politique 1953*, p.60-7, 171-6.
39 Ver Anexo 1.
40 Schnapp; Vidal-Naquet, *Journal de la commune étudiante*, p.663-73; Bensaïd; Weber, op. cit., p.159-60.

superior e ganha na sociedade francesa uma amplitude, em sentido estrito, sem precedente. Se embora o observador desse episódio seja muitas vezes tentado, quando por acaso julga o fato digno de ser mencionado, ou a sorrir diante de tal desproporção entre o evento e as preocupações anunciadas por seus atores, ou, com certeza, a se irritar. Grande erro, porque é preciso constatar que a proximidade dos exames constituiu uma verdadeira barreira a ser superada pelo movimento estudantil, barreira esta contra a qual seu dinamismo e – os dois estão ligados – seu "ser" coletivo poderiam se estilhaçar, uma grande parte de seus adversários ou concorrentes se dão, aliás, perfeitamente conta disso (daí a violência, a extensão e a duração dos enfrentamentos que marcaram esse episódio). Mas, sobretudo, a superação dessa barreira, com efeito, comandou a transformação radical, embora conjuntural, das relações que os atores concernidos, isto é, em primeiro lugar, os estudantes, mantinham com lógica social do setor nos quais eles estavam imersos. Por conseguinte, essa ruptura dos ritmos setoriais representou para eles o desmoronamento da influência dessa lógica e afetou tanto seus cálculos – nos quais se incluem o ordenamento, a hierarquização de suas "prioridades" – quanto suas percepções do provável e do possível, bem como sua adesão ao caráter "natural" das regras do jogo setorial. É certo também que, nesse período, outros setores, por exemplo, os militarizados, não sofreram rupturas (ou de passagens de limiar) equivalentes e que este é um dos traços fundamentais que moldaram o perfil histórico singular dessa crise.

Compreendemos, por conseguinte, que um dos meios privilegiados para se apreender a presença efetiva das propriedades pelas quais caracterizamos as conjunturas políticas fluidas consiste em buscá-las na atividade dos atores sociais: podemos dizer, assim, que essas propriedades existem na realidade se pudermos observar que os protagonistas das crises "fazem com" elas, isto é, para retomar uma noção da qual já fizemos uso, se essas propriedades se apresentam aos atores políticos sob a forma isolável de eixos de atividade incontornáveis e coercitivas. Ou, ainda, se podemos identificá-las às características das tecnologias políticas – poderio ainda praticamente inexplorado – que esses atores fazem entrar em ação.

Nisto reside o interesse que têm, para a teoria das conjunturas fluidas, as *tecnologias institucionais de poderio das crises*. Essas tecnologias pertencem à família mais ampla dos saberes práticos e das receitas de tempos de crise que os atores políticos utilizam muitas vezes com eficiência sem haver se interrogado a respeito do que faz com que essas receitas "funcionem", ao menos quando estas funcionam! Ora, os recursos a essas tecnologias remetem muito diretamente às propriedades antes enunciadas, de início, por seu aspecto mais trivial: à transformação da divisão social do trabalho

político que, de diversas maneiras, essas tecnologias tendem a realizar.[41] As transferências de competências que elas institucionalizam – sem necessariamente se aproximar da verdadeira utopia que constitui desse ponto de vista o Artigo 16 da Constituição francesa de 1958[42] – têm em comum, para além de sua diversidade jurídica, visarem à unificação e à homogeneização de toda uma série de atividades que obedecem a lógicas sociais heterogêneas e específicas aos setores mais ou menos autonomizados. Quaisquer que sejam as racionalizações e as legitimações que acompanham a institucionalização delas, uma de suas principais molas sempre se situa na simplificação dos jogos sociais, na substituição mais ou menos ampla de uma lógica social única pela multiplicidade que acabamos de mencionar. Ela se situa, em suma, na realização tendencial de uma *suspensão da complexidade da sociedade*. Essa suspensão, devemos notar, concerne antes de tudo à maquinaria do próprio "Estado". Ela corresponde de qualquer maneira a um trabalho do Estado sobre ele próprio, trabalho este que toma a forma de uma manipulação das lógicas sociais dos setores que o compõem (assim, acerca das 25 decisões tomadas em 1961 em virtude do Artigo 16, 20 concernem diretamente às lógicas internas ao Exército, à Polícia e à Justiça, em particular, aos *status* profissionais de seus agentes). Quanto à direção que tomam essas transferências de competências, são de início os setores militarizados que tendem a se beneficiar delas. Seria, com certeza, afirmar uma banalidade, se não sublinhássemos ao mesmo tempo que esses setores se caracterizam, mais em seu desempenho "externo" (o uso da violência organizada), pelas capacidades institucionais que detêm de *insulamento* e de salvaguarda de um grau elevado de objetivação de suas relações sociais internas. Eles devem esse segundo traço à sua própria organização hierárquica e disciplinar particular e a um mecanismo muito menos conhecido: a verificação constante do estado de suas relações internas pelo viés de testes rotineiros que funcionam na visibilidade – a recusa a cumprimentar obtém uma informação imediata. Ao colocar no coração de seus dispositivos setores *endurecidos*,

---

41 Ver antes de tudo: Rossiter, *Constitutional dictatorship*; Camus, *L'état de nécessité en démocratie*; Leroy, *L'organisation constitutionnelle et les crises*. O conjunto desses trabalhos privilegia as diferenças que opõem os regimes jurídicos da aplicação dessas tecnologias e tende, por esse fato, a ignorar suas molas, isto é, tenta uma "normalização" da situação. Sobre o notável parentesco das tecnologias de manipulação das crises nos mais diversos sistemas políticos, ver as observações de Gopta, A season of caesars: emergency regimes and development politics in Asia, *Asian Survey*, p.317. É evidente que essa última observação vale em particular para os sistemas autoritários, entre os quais se incluem os do Leste Europeu (pensamos, por exemplo, na Polônia anterior ao Golpe de Estado de dezembro de 1981).

42 Ver, notadamente, Voisset, *L'article 16 de la constitution du 4 octobre 1958*, p. 105-10, 124-6 e 133-6; Quermonne, L'article 16 et la défense de la République, *Revue de l'Action Populaire*, p.701, 759.

as tecnologias de poderio sobre as crises tendem a operar *diferenciais de objetivação*: toque de recolher, perseguições noturnas, anúncio de sanções pesadas e imediatas, desprovimentos de procedimentos de apelação etc. têm como virtude, ao entrarem em ação, pesarem nos cálculos daqueles que são visados, ao colocá-los, se podemos dizer assim, em situações *olsonianas* (situações nas quais as estratégias de *free-riding* se impõem de maneira irresistível e massiva aos indivíduos e, assim, afetam o próprio "ser", a influência, de certos atores coletivos). Em tais casos, a redução observável da incerteza estrutural não equivale em absoluto a um retorno às configurações rotineiras das relações intersetoriais.

Uma realidade social "impura"

Em suma, as propriedades enunciadas anteriormente são *tendenciais*. A esse caráter tendencial que precisamos agora explicitar. Ora, não se trata em absoluto de um simples ornamento retórico cuja função poderia ser, além disso, justificada a partir do oferecimento de eventuais "exceções", como se encontra de maneira bastante usual, como sabemos, nas Ciências Sociais. Em verdade, esse uso visa uma característica (totalmente diferente) da dinâmica que essas propriedades descrevem. Não seria impensável, com efeito, imaginar uma "experiência mental" – uma espécie de modelo – em que seria inteiramente satisfeita uma longa série de condições que, é preciso sublinhar, não se encontram em processos sociais reais. Tratar-se-ia de condições tais como, por exemplo: 1. distribuição uniforme das mobilizações no conjunto dos setores de uma sociedade; 2. simetria perfeita entre jogadas desferidas; 3. homogeneidade dos setores no que concerne às suas respectivas autonomias, o grau de objetivação de suas relações internas etc.; 4. ausência de colusão somente entre alguns desses setores, ou uma simetria perfeita dos fluxos de transações colusivas; 5. uniformidade dos efeitos das mobilizações no conjunto dos setores, malgrado a diversidade de suas lógicas sociais etc.

Graças a essa forma de *idealização*, poderemos talvez economizar a partir de agora o uso deselegante do qualificativo tendencial, uma vez que a dinâmica das mobilizações atinge, caso estas condições fossem satisfeitas, uma "perfeição" ou um "acabamento" que não podem aparecer nas crises reais e que, logo – e isto é muito importante no que diz respeito aos problemas de "falsabilidade" ou os de "validação" empírica –, seria absurdo procurar nelas. O termo tendencial visa, por fim, à imperfeição fenomenal das propriedades enunciadas anteriormente. Mas, em contrapartida, para dizer uma palavra suplementar acerca das condições de falsabilidade do esquema teórico exposto aqui, isso significa também que toda "exceção" seria, por natureza, dada a colocar problemas, isto é, a recolocá-los em causa, em seu conjunto ou, ao menos, em alguns de seus aspectos particulares. Outras das implicações do fato de que as condições ideais não se encontram na realidade é a de que temos assim um bom meio para afinar e para prolongar as proposições formuladas anteriormente: muitos aspectos dos processos de crise, como teremos ocasião de constatar, provêm justamente de sua "imperfeição" ou "impureza".

5
A INTERDEPENDÊNCIA TÁTICA ALARGADA

Longe de resultarem em características "intrínsecas" dos recursos mobilizados ou em jogo de oferta e procura dos mesmos, as flutuações do "valor" ou da eficácia dos recursos e das linhas de ação que entram em funcionamento nas conjunturas críticas só podem ser compreendidas por meio da referência aos contextos – variáveis – de interdependência entre os atores. Já mencionamos como se efetua, sob o efeito das mobilizações multissetoriais, a variação desses contextos: com a dessetorização conjuntural do espaço social e a abertura dos sítios de confronto que a ela está ligada, assistimos, com efeito, a uma emergência tendencial de uma forma alargada de interdependência, que se substitui às formas de interdependência mais locais, mais compartimentadas e fortemente marcadas pelos "conteúdos" de diversas lógicas setoriais. A hipótese de tal emergência subjaz às análises que se seguirão. As propriedades dos contextos de interdependência alargada comandam a inteligibilidade de um grande número de "problemas" ou de "dilemas" que se impõe nas conjunturas críticas aos atores sociais. Elas constituem a chave teórica dos aspectos propriamente táticos das *lógicas de situação* particulares a essas conjunturas.

"Lógica de situação" designará aqui as "coerções" ("*contraintes*" em francês, termo que talvez não seja tão unívoco como gostaríamos, mas que utilizaremos na falta de um melhor) que, em tais contextos, pesam sobre as percepções, as estimativas, os cálculos e a atividade dos protagonistas dos confrontos constitutivos das crises. Com certeza, essas coerções concernentes às "metas", às "finalidades" que os indivíduos estabelecem para si mesmos ou, ao menos, que o pesquisador possa lhes atribuir quando procura compreender seus comportamentos. Mas, para dizer a verdade, ainda que já tenhamos nos deparado anteriormente com algumas dessas "metas" ligadas ao que chamamos de eixos de atividade que se impõem aos atores, quer eles queiram quer não, com a dessetorização conjuntural do espaço social, não vemos nenhuma boa razão para nos limitarmos a esse único tipo de objetivo de investigação. Em realidade, a Sociologia Política não tem nada a ganhar ao restringir a apreensão das lógicas de situação à robusta abordagem que Popper propõe, a da "compreensão objetiva", a qual, visando não conceder um lugar indevido na explicação dos comportamentos a fatores de ordem psicológica, consiste principalmente, segundo os próprios termos de Popper, em procurar colocar em evidência como as ações dos indivíduos são "objetivamente apropriadas" às situações nas quais eles agem. A despeito, inclusive, das dificuldades que toda ideia de adequação impõe entre ações individuais e contextos de ação, a extensão que daremos à noção de lógica de situação permitirá que não nos percamos com recaídas no venerável (mas talvez menos fecundo do que às vezes gostamos de dizer) debate entre "individualismo metodológico" e "holismo". Porque esse debate se passa com muitas vezes, dos dois lados aliás, ao largo daquilo que é essencial: o fato de que a operação "técnica" fundamental – que é a condição necessária de toda demonstração dedutiva em termos de finalidades, interesses e cálculos individuais – é a da descrição, em um plano que não tem estritamente mais nada de "individual", de propriedades de um contexto de ação ou de um sistema institucional, isto é, de regras do jogo próprias a um mercado, a uma arena política ou mesmo a essas competições cujo tipo é o jogo do *chicken*,[1] nas quais os jogadores se condenam – salvo se correrem o risco de ser ridicularizados – a lançarem seus veículos um contra o outro caso se recusem a desviar antes. Isso quer dizer, em outros termos, que mesmo quando tomamos por objetivo buscar a reconstrução das finalidades "objetivas" individuais, as hipóteses decisivas para a explicação se concentram de início nas propriedades dos contextos da ação.[2]

---

1 Dobry faz referência ao "jogo da galinha" em que dois jogadores seguem em uma pista com seus veículos na mesma trajetória, mas em sentido contrário, isto é, um de encontro ao do outro. O melhor resultado é o do jogador que consegue permanecer em sua trajetória enquanto o outro desvia (uma vez que a colisão foi evitada e este último será taxado, por sua "covardia", de "galinha"); o pior resultado para ambos os jogadores é o da colisão frontal uma vez que os dois, que arriscaram tudo para conseguir o melhor resultado, só conseguem o pior. (N. T.)

2 Ver notadamente acerca dessas questões: Popper, *The logic of the social sciences*, In: Adorno et al., *The positivist dispute in German sociology*. Ver também a interessante discussão desse aspecto da concepção popperiana das lógicas de situação por Eidlin, *The logic of "normalization"*, p.17-22. Sobre os elos de hábito admitidos entre a noção de lógica de situação e o individualismo metodológico, ver notadamente, em língua francesa, Boudon, *Effets pervers e ordre social*; para elementos de crítica, ver Favre, *Nécessaire mais non suffisante: la*

O jogo tenso imperfeito

Nos primeiros passos dessa exploração, lançaremos mão de uma ferramenta bastante rudimentar e que o leitor achará talvez excessivamente simplificadora. Trata-se de uma construção conceitual elaborada por Erving Goffman para dar conta dos processos de interação estratégica.[3] Sua principal vantagem reside em que é a mais acabada entre as muito raras tentativas para se pensar o tipo de problemas que enfrentaremos aqui. Além disso, nós a utilizaremos unicamente como fio condutor da análise, ao tentarmos mostrar em que os contextos de interdependência tática alargada se opõem, por vários traços inteiramente originais, a outras configurações de interdependência identificável, justamente as que Goffman descreveu.

Jogo tenso e jogo distenso[4]

Essa construção conceitual se assenta na distinção que Goffman estabeleceu entre duas categorias de jogadas, que chamaremos por comodidade de jogadas *diretas* e jogadas indiretas ou *mediadas*. O princípio dessa distinção é extremamente simples. As jogadas diretas correspondem a linhas de ação que, por elas mesmas, pelo simples fato de sua ocorrência, modificam a situação dos protagonistas de uma interação dada – no espírito de Goffman, trata-se da situação estritamente física destes. As ilustrações que ele propõe se limitam a contextos em que dois protagonistas estão cara a cara e a jogos contrários à natureza de um único ator.[5] Malgrado essa limitação, será necessário admitir aqui uma *extensão* que representará uma mudança significativa da escala inicial, mas também, ainda voltaremos a isso, da "estrutura do jogo". Por conseguinte, quando os manifestantes se apoderam na Argélia, em 13 de maio de 1958, da sede do Governo-geral,

---

sociologie des effets pervers de Raymond Boudon, *Revue Française de Science Politique*, p.1243 e ss.; assim como, em inglês, entre muitos outros, Agassi, Methodological individualism. In: O'Neil (ed.), *Modes of individualism and collectivism*.

3 Goffman, *Strategic interaction*, p.85-145.

4 No original, respectivamente, *jeu tendu* e *jeu relâché*. Do nosso ponto de vista, uma tradução mais direta para o português (por exemplo, jogo tenso, jogo relaxado) implicaria uma alteração no sentido proposto pelo autor, uma vez que confeririam aos termos um peso demasiadamente psicológico a tipos de interação entre protagonistas que são, como Dobry caracteriza na esteira da definição de Goffman, ou de natureza eminentemente física, sejam próximas ou distantes. (N. T.)

5 É evidente que apenas o primeiro tipo de situação conhece a emergência da interação estratégica, esse tipo de estimativa recíproca à qual se entregam os protagonistas da interação com base em suas antecipações das percepções, dos cálculos e da antecipação de seu(s) adversário(s) (cf. Goffman, *Strategic interaction*, op. cit., p.99).

quando os grevistas de uma fábrica aeroespacial em Bougenais perto de Nantes sequestram, em 14 de maio de 1968, vários membros da direção dessa empresa ou ainda quando, na França, os desfiles das "ligas" e dos combatentes veteranos convergem, na noite de 6 de fevereiro de 1934, em direção à Câmara dos Deputados e enfrentam o aparato policial que a protege, lida-se, nessa acepção ampla da noção de jogada direta, com aproximações admissíveis a esse tipo de situações, que tendem agora a serem definidas em termos principalmente físicos. Mas isso não é verdadeiro senão *localmente*, e isso precisa de algumas implicações decisivas.

No caso das jogadas indiretas ou mediadas, entre a jogada e seu resultado se impõe *o filtro de uma "agência de execução"* que retraduz e muda o valor – em função, nós diríamos, de sua lógica própria – da jogada pela qual um ator tentou modificar a situação a seu favor. Quando entro na Justiça e confio a ela, por intermédio de meu advogado, certas peças importantes de meu caso, haverá, entre minha jogada e o *resultado* que obterei, todo um processo de transformação amplamente independente da materialidade de minha jogada, de sua consistência física e, ao menos em um tempo ordinário, acima de tudo, fora do alcance de minhas capacidades de agir diretamente sobre ela. É claro que nos deparamos aqui, nesse efeito de filtro de uma "agência de execução", com alguns elementos das lógicas setoriais. Mas, no momento, esse ponto apenas nos interessa sob um aspecto mais estreito: caracteriza a jogada mediada, quando atua o filtro de uma "agência de execução", o fato de que a relação entre a jogada e o resultado *se desengata* – o termo é de Goffman.[6] A eficácia da jogada, seu "peso", seu "valor", seus efeitos sobre os outros protagonistas do jogo, que tendem agora a dependerem das rotinas, dos calendários, dos procedimentos, das regras do jogo, dos interesses e das correlações de força internas à "agência de execução".

Chamaremos *jogo tenso* (*"jeu tendu"* em francês, *"tight game"* em inglês) a todo contexto de interação no qual os desferimentos das jogadas – conjugados aos diversos elementos do contexto físico imediato da interação – determinam diretamente as transformações da situação dos protagonistas e *jogo distenso*[7] aos contextos nos quais "agências de execução" se interpõem entre as jogadas e seus resultados. Pois a associação entre a jogada e seu resultado – ou mais exatamente o resultado do desferimento das jogadas – que representa o traço discriminante entre os dois tipos de jogos. Seus *sistemas de execução (enforcement systems)*, os processos que produzem os resultados do desferimento das jogadas e que estruturam esses próprios desferimentos são o que os diferenciam. Em um caso, as próprias jogadas constituem por suas características físicas uma grande parte do sistema de execução;

---

6 Ibid., p.115.
7 Em francês, *"jeu relâché"*; em inglês, *"loose game"*.

em outro, a "execução" se dá em separado e se situa no funcionamento autônomo de uma instituição.[8]

Por meio dessa oposição de *tipo ideal* entre o jogo tenso e o jogo distenso, Goffman busca antes de tudo compreender em que a interação estratégica, enquanto categoria particular de interação, deve ser distinguida da troca de informação, da comunicação, ainda que tácita, entre os protagonistas da interação. O argumento de Goffman a esse respeito é convincente: se admitirmos que a interação estratégica se caracteriza pela sequência [estimativa (*assessment*) pelos protagonistas acerca de sua situação, decisão (escolha de uma linha de ação), execução dessa linha de ação e, por fim, a retribuição (resultado)],[9] devemos então constatar que nenhum desses elementos é feito fundamentalmente de comunicação. A estimativa de cada protagonista se efetua, de fato, em função do que este pensa ser a estimativa do outro, mas aquela não supõe nada além do que a observação dos atos do outro, do aspecto *expressivo* de seu comportamento, bem como uma apreciação das opiniões "objetivas" que se oferecem à escolha dele. No que concerne a esse ponto, o jogo tenso oferece, enquanto construção de tipo ideal, a possibilidade de apreender mais claramente possível por que, na interação estratégica, a comunicação entre os atores é, no melhor dos casos, somente residual.[10]

Os elementos de imperfeição

O interesse para o estudo da interdependência alargada da distinção entre o jogo tenso e o jogo distenso não se situa somente nessa oposição dos fenômenos de interação estratégica aos processos de comunicação. Ela também se deve, e talvez antes de mais nada, ao fato de que, sob alguns aspectos, as conjunturas fluidas tendem a colocar os protagonistas dos confrontos em situações *próximas* aos contextos de jogo tenso. Mas isso é verdadeiro apenas sob alguns aspectos. Sem dúvida, é mais rigoroso ver nos contextos de interdependência que emergem com a dessetorização conjuntural do espaço social um tipo de jogo particular que nomearemos

---

8 Fora o ambiente físico dos protagonistas, participam do sistema de execução próprio ao jogo tenso elementos tais como a coação para participar no jogo (a inação se torna então uma opção tática), o caráter estruturado do jogo (um número limitado de opções táticas discreta e distintamente diferenciadas) e o engajamento das partes nas jogadas realizadas (a impossibilidade de voltar uma jogada executada) – o elemento decisivo é justamente a existência de uma "retribuição intrínseca" (*intrinsic pay off*) inseparável da jogada realizada (Ibid., p.114-5).
9 Ibid., p.120. Por outro lado, não é nada necessário aceitar a representação da ação que essa sequência veicula, ao cabo bastante "decisionista", para chegar à mesma conclusão acerca do papel limitado da comunicação nas interações com forte componente de interação estratégica.
10 Ibid., p.99, 101, 143-4.

jogo tenso imperfeito, mesmo se suas imperfeições o distingam tanto do jogo distenso quanto do jogo tenso.

O primeiro elemento de imperfeição provém do próprio escopo da interação. Há algumas evidências massivas a esse respeito que devem ser recordadas. Para começar, esse escopo não se reduz, como é o caso do tipo ideal jogo tenso, a um espaço no qual todos os protagonistas da interação estão presos uns aos outros em relações de proximidade física imediata. Não se trata de uma espécie de interação cara a cara generalizada, na qual cada ator individual se tornaria interdependente, quanto a seu próprio "destino", com relação a cada um dos outros atores individuais (esse tipo de contexto de interação, na escala das sociedades pelas quais nos interessamos, parece dificilmente concebível, salvo a título de *pura ficção metodológica*).[11] Do mesmo modo, nada nos autoriza a supor que o alargamento do espaço de confronto, que especifica as conjunturas fluidas, possa impor uniformemente ao conjunto dos atores concernidos a obrigação, a coação para jogar: a par do *sentido de urgência* que podemos observar particularmente nos momentos de "derrapagem" de certas crises,[12] fenômenos de inibição tática podem constituir em tais contextos, como já havíamos sugerido, o componente principal do "estilo" ou do "clima" do confronto (e podem perfeitamente coexistir com uma percepção bastante difundida da urgência).

Entre o jogo tenso e os contextos de interdependência tática alargada, as diferenças não se limitam, pois, a uma simples mudança de escala. De fato, as interações *à distância* que encontramos no segundo caso não obedecem às mesmas "leis" que as interações com proximidade física. Isso se dá particularmente com as relações que se estabelecem entre as jogadas e os resultados destas, relações estas que, no caso da interdependência alargada, perdem uma parte sensível de seu caráter direto ou "tenso", ao menos, para os atores que não estão presos em um contexto *local* de interdependência física direta.

No que concerne às jogadas desferidas, isso quer dizer que, nesses casos de interdependência que emergem em uma escala multissetorial, nem todos os atores estão, ao mesmo tempo, uniformemente condenados, por seus próprios contextos situacionais, a "jogar" apenas jogadas diretas. Um dos outros componentes dos "climas" particulares às conjunturas críticas é precisamente a *coocorrência* de jogadas diretas e de jogadas mediadas (com

---

11 Isso não impede em absoluto, como veremos mais adiante, que, em contextos de fluidez, relações em que tudo se dá "cara a cara" se introduzam em relações sociais nas quais, em conjuntura rotineira, elas estavam institucionalmente ausentes, fenômeno este que não deve ser confundido com a configuração de interação fictícia que acabamos de mencionar.

12 Sobre a irrupção dessas estranhas sensações coletivas que traduz o célebre "*O ora mai piu*" – agora ou nunca – de Pareto à véspera da marcha sobre Roma, ver Linz, Time and regime change, *Comunicação apresentada no Congresso de Edimburgo da Associação Internacional de Ciência Política (IPSA)*, p.7-8.

a reserva de que justamente a coocorrência destas torna delicada a manutenção dessa distinção, ao menos em sua definição estrita). A análise dos processos de crise nunca atribuirá suficiente importância ao fato de que, se retomamos a ilustração canônica dos motins de 6 de fevereiro de 1934, os enfrentamentos físicos coexistem em sincronia com a discussão, na Câmara dos Deputados, das interpelações de deputados conservadores e com a votação sobre a moção de confiança proposta por Daladier.

Sem dúvida, isso significa que, se é útil se tomar parcialmente o esquema do jogo tenso para apreender certos aspectos centrais da interdependência alargada, a rigor apenas podemos fazê-lo se conservarmos tanto os espaços onde se desferem as jogadas diretas quanto as regiões ou, melhor, *as ilhotas de jogo tenso* – ilhotas estas mais ou menos instáveis em um ambiente menos marcado pela interdependência propriamente física dos protagonistas da interação. Em suma, a dessetorização conjuntural do espaço social e a emergência da interdependência alargada que a ela é associada não são, em nenhum dos casos, equivalentes a uma generalização para o conjunto dos setores afetados pelas mobilizações multissetoriais dos traços que caracterizam o jogo tenso. Mas, por conseguinte, os elos que, no jogo tenso, unem as jogadas aos resultados destas, se modificam – e o essencial no que concerne a esse ponto reside justamente na articulação entre as ilhotas de jogo tenso e seu próprio ambiente.

Vemos isso com clareza no que diz respeito às particularidades que caracterizam o *desengate* que opera nos contextos de interdependência alargada. Porque esta não pode ser descrita enquanto desengate do jogo tenso, ao menos no sentido técnico que Goffman dá a esse termo e que nós já explicitamos. Não é a intervenção de um filtro institucional que representa a mediação que intervém entre as jogadas e os resultados destas. As transformações de estado que então sofrem os setores afetados pelas mobilizações multissetoriais têm aqui uma incidência muito forte: não podemos, com efeito, associar a eficácia – aliás, como sabemos, muito flutuante – das jogadas institucionais à estabilidade e à influência das lógicas setoriais. O filtro institucional tende a não se interpor com a mesma espessura de objetivação das relações sociais, ele não se beneficia da mesma autonomia que possui em conjunturas rotineiras, ele não se impõe aos atores, com o mesmo efeito de coerção, suas definições das situações, suas regras do jogo e seus repertórios de jogadas que são possíveis. O "desengate" (tomado agora em um sentido completamente diverso) concerne então mais *ao estado dos filtros institucionais* do que às relações entre as jogadas e os resultados destas.

Podemos, nessas condições, falar ainda de um desengate próprio aos contextos de interdependência alargada e, se este é o caso, em que ele consiste? A resposta a essa questão exige que introduzamos na análise, ao menos no que concerne às ilhotas de jogo tenso, um elemento suplementar: a distinção entre o resultado *local* de uma jogada e o que chamaremos do resultado *expandido*. O resultado local terá um "elo intrínseco" com a jogada que foi feita: nesse sentido preciso, nas ilhotas de jogo tenso, a interação se aproximará do que designa a noção de jogo tenso. Em tais contextos locais – e os exemplos já citados concernentes aos enfrentamentos de 6 de fevereiro de 1934 ou a tomada do Governo-geral na Argélia em 1958 são pertinentes –, serão as definições estreitamente físicas das situações que se imporão aos protagonistas locais e que tenderão a coagi-los a jogar, sob o risco de desaparecerem – ainda que localmente – enquanto atores. Porém os efeitos de uma jogada, sua eficiência, não se reduzirão a esse resultado local. Em contextos de interdependência alargada, a eficácia das jogadas realizadas tenderá, com efeito, a ser o produto da inserção da jogada e do resultado direto desta na *rede* constituída pelas outras jogadas desferidas e os eventuais resultados locais destas. Mais precisamente, aí é que se encontra o elemento – próprio aos contextos de interdependência alargada – de desengate, de distanciamento, entre a jogada e o resultado desta: a retribuição positiva ou negativa que ela conseguirá para o ator. A diferença entre esses contextos e as conjunturas rotineiras aparece aqui claramente, desde que admitamos a equivalência aproximativa já sugerida entre estas últimas e os contextos de jogo distenso. Ainda que as conjunturas rotineiras tendam a ver a eficácia das jogadas desferidas se estabelecer ao nível das lógicas setoriais e das definições de situações que essas lógicas comportam, nas conjunturas fluidas, a eficácia resultará de um processo mais complexo no plano analítico. Processo este no qual não só serão confrontados diretamente recursos e linhas de ação, de hábitos compartimentados entre si, mas sobretudo processo no qual as jogadas tenderão a ser decifradas e apreciadas *umas relativamente às outras*, nas relações que sua ordem de ocorrência estabeleceu entre elas.

Naturalmente, esta é origem de alguns dos problemas táticos com que se deparam os atores nas conjunturas críticas. Já mencionamos um desses problemas: o do controle pelos atores da significação e do alcance das jogadas de que eles são os autores. As dificuldades com que eles se deparam a esse respeito constituem, com a incerteza estrutural, um dos principais fatores da prudência de que eles então frequentemente dão prova. Essa prudência se explicita de início na surpreendente *raridade das jogadas irreversíveis*[13] – que testemunham, por exemplo, o fato de que, na época da crise de maio de 1958, nenhuma jogada irreversível foi feita pelo campo governamental até a investidura do general De Gaulle: a negociação tácita com os militares argelinos por uma definição "legalista" da situação, oferece uma ilustração típica de uma atividade tática que contorna toda irreversibilidade (mas que se priva da vantagem de se apresentar a seus adversários como aquele que "queimou os navios"). Esse caso pode ser relacionado, em outro registro,

---

13 A saber, compromissos (*commitments*) no sentido que Schelling dá a essa noção (cf. Schelling, *The strategy of conflict*, p.121-3).

à *paralisia tática* que parece ter se abatido sobre movimento estudantil nas jornadas, percebidas porém como decisivas, de 29 a 30 de maio de 1968. Ela se encontra também nas não menos surpreendentes configurações que, em tais contextos, podem assumir certas estratégias carismáticas, tais como as de um De Gaulle em 1958 ou de um Mendès France em 1968, ponto que veremos em detalhe mais adiante.

Um segundo tipo de problemas, na realidade, bastante contíguo, provém da maneira que a "retradução" própria ao jogo tenso imperfeito afeta a *credibilidade* dos atos, mensagens, ameaças ou promessas das quais eles são os vetores.[14] Ali onde um reflexo substancialista leva o observador a buscar os princípios dessa credibilidade de saída nos "caracteres intrínsecos" dos atos "performativos", na "força elocutória" dos discursos ou nas qualidades pessoais do orador, seu carisma por exemplo, a inteligibilidade dessa retradução incita a mais prudência, isto é, mais precisamente, à consideração paralela das *estruturas de plausibilidade* das jogadas – tomamos De empréstimo essa noção de Berger e Luckmann[15] – nas redes de ocorrência destas. Assim, para nos apoiarmos em um exemplo muito comentado, a ameaça que o pronunciamento feito em 30 de maio de 1968 pelo general De Gaulle procura transmitir, deve talvez sua credibilidade tanto aos *efeitos halo* de algumas outras jogadas – o desaparecimento do general, seu encontro com os chefes militares na Alemanha, os movimentos de blindados às portas de Paris ou ainda a manifestação pró-governamental que a isto se seguiu (e do qual o pronunciamento com toda certeza constituiu um elemento de coordenação tácita) – quanto a seu (incontestável) perfil de "discurso-apelo".[16] Do mesmo modo, o fracasso do pronunciamento de 24 de maio não poderia ser exclusivamente imputado a seu aspecto bastardo: nem inteiramente "discursos-balanço", nem verdadeiramente "discursos-apelo".[17] Seu caráter "infeliz"[18] deve ser também associado ao encadeamento das jogadas no qual essa mensagem interveio, isto é, em particular: a) sua coocorrência, fortuita, com uma nova eclosão do movimento, que materializa a mais

---

14 Sobre a noção de credibilidade, ver sobretudo os trabalhos já citados de Schelling e de Goffman (capítulos 4 e 5 de Ibid; Goffman, *Strategic interaction*, p.102-3).
15 Berger; Luckmann, *The social construction of reality*, p.174-5.
16 Sobre a distinção entre os discursos-apelo e os discursos-balanço, ver Cotteret; Moreau, *Le vocabulaire du général De Gaulle*, p.19-37 (obra que não analisa os pronunciamentos de 24 e de 30 de maio de 1968). O pronunciamento de 30 de maio comporta 455 palavras, 20,54 palavras por frases e 11 vezes o pronome "eu" (o comprimento médio dos discursos-apelo do general De Gaulle é, segundo Cotteret e Moreau, de 801 palavras).
17 Cf. por exemplo, Dansette, *Mai 1968*, p.226 e ss.; Tournoux, *Le mois de mai du general*, p.143-51; Touchard, *Le gaullisme*, p.281. O pronunciamento comporta 633 palavras, uma média de 21,86 palavras por frase, 8 vezes o pronome "eu"... Mas que obviamente, com toda certeza, não foi decisivo (ver o texto dos pronunciamentos de 24 e 30 de maio em Bonnefous (Dir.), *L'année politique, économique, sociale et diplomatique en France, 1968*, p.379).
18 Sobre as condições sociais da enunciação infeliz, ver o estudo clássico de Austin, *Quand dire c'est faire*, p.47-56.

vigorosa das manifestações que os eventos de maio conheceram, sem sombra de dúvida; b) o tipo de solução que está em jogo (o referendo cuja "aceitabilidade" é, como veremos mais adiante, muito fraca – um ponto em que os pronunciamentos de 24 e de 30 maio se opõem radicalmente); c) a negociação irrompida em paralelo, e até mesmo concorrencialmente, com o propósito de outro tipo de solução, no terreno social.

Tudo isso tem também como implicação que, se a interdependência alargada é observada de início no plano das relações intersetoriais e das transformações que estas relações sofrem nas conjunturas fluidas – entre os quais, mais particularmente, a descompartimentação tendencial dos espaços de confronto ou das arenas setoriais –, ela não se reduz a isso e envolve como dimensão indissociável a dos cálculos e, mais geralmente, a da *atividade interpretativa dos atores*. Em outros termos, não é possível aceitar aqui, como o que é próprio aos resultados expandidos das jogadas desferidas, a distinção proposta por Goffman entre, de um lado, a estimativa da situação pelos protagonistas do confronto e, por outro, um sistema de execução produtor dos resultados que seria perfeitamente exterior às estimativas, à atividade interpretativa dos atores. A *"estimativa", nos contextos de jogo tenso imperfeito, faz parte dos sistemas de execução* e não se localiza exclusivamente, como Goffman parece pensar, *a montante* das linhas de ação colocadas em funcionamento pelos protagonistas da interação. Isso quer dizer que, no jogo tenso imperfeito, estamos lidando também com uma estrutura de determinação da eficácia das linhas de ação bem mais complexa do que as que caracterizam os dois outros tipos de interdependência tática. Essa estrutura pode ser analisada, embora se trate ainda de uma simplificação, como uma *dupla articulação* das jogadas desferidas, uma vez que toda linha de ação se articula em dois planos de uma vez. O primeiro plano é aquele que acabamos de destrinchar, o da rede de ocorrência na qual se insere a linha de ação. Nesse plano, são determinados os resultados das jogadas desferidas. Os processos que o constituem tornam inoperantes todas as concepções substancialistas da eficácia dos recursos e das diversas linhas de ação. Porém – e isso torna a análise difícil –, tudo se passa como se, ao mesmo tempo, em um segundo plano, devêssemos levar em conta um papel particular dos desferimentos das jogadas e dos resultados locais que intervêm nas ilhotas de jogo tenso. Discernir esse papel particular supõe que nos voltemos sobre a incerteza estrutural, um dos componentes fundamentais, como nos lembramos, das conjunturas fluidas. Podemos adiantar a hipótese de que esse papel das jogadas desferidas nas ilhotas de jogo tenso se explica amplamente pelo fato de que, em tais conjunturas, nas quais os atores tendem a ser privados dos pontos de referência, instrumentos de avaliação das situações e índices ligados às lógicas setoriais, suas percepções, suas antecipações e seus cálculos não podem contornar a dimensão física, a materialidade desses desferimentos de jogadas e dos resultados locais destas. Estes se apresentam como pontos particularmente *atractores* para a atividade interpretativa dos protagonistas dos confrontos, como saliências situacionais ou pontos focais, e veremos que o peso conjuntural acrescentado por essas saliências situacionais enquanto elementos de definição das situações é uma propriedade geral das conjunturas fluidas. Entretanto, isso quer dizer que esse papel particular remete, ele também, à atividade interpretativa dos atores e que a eficácia das jogadas diretas e dos resultados locais destas não pode, por conseguinte, ser conhecido como equivalente a seu "conteúdo" estritamente físico, a ganhos e perdas de recursos engajados e ao controle coercitivo no qual eles podem desembocar.

Não poderíamos, além disso, explicar de outra maneira a *desproporção* que muitas vezes podemos observar nas conjunturas críticas entre o "conteúdo" físico extremamente reduzido de certas jogadas e a amplitude dos efeitos destas, não somente sobre as percepções, mas, em particular, sobre os comportamentos táticos e sobre as definições de alianças desejáveis, de objetivos perseguidos e da própria pauta do confronto. Essa retradução, para tomar um exemplo elementar, se destaca de maneira impressionante no episódio, minúsculo nos fatos, por suas dimensões físicas, do "desembarque" na Córsega de 24 de maio de 1958. Esse "desembarque" representa, sem nenhuma dúvida, o ponto de transição do confronto, no sentido de que se implode então em definitivo toda possibilidade de manutenção da definição legalista da situação que, como já explicamos, o governo Pflimlin havia, não sem pesar, negociado mais ou menos tacitamente a partir de 13 de maio com os chefes militares argelinos. Esta é também uma das principais molas da eficácia que às vezes podem adquirir essas jogadas muito curiosas – ao menos do ponto de vista das condições sociais de intervenção e de sucesso destas – que são as *provocações*. Jogadas estas que sempre supõem a intervenção desse tipo de desavença amplificadora das interpretações a respeito de "suportes" físicos muitas vezes bastante reduzidos.[19] Mas, quando dizemos isso, é preciso sublinhar também que, para além dessa possibilidade de efeitos desproporcionais, leis da retradução continuam a não ser apoderadas com facilidade pelos autores dessas jogadas: se, definitivamente, as provocações bem-sucedidas parecem relativamente raras nas conjunturas críticas, isso se dá porque elas comportam, devido a essa retradução, riscos sérios de não atuar no sentido desejado por seus promotores (essa dificuldade em controlar os efeitos dos atos táticos é, como nos lembramos, uma das propriedades gerais dos contextos de interdependência alargada).

Por fim, os protagonistas das "grandes" crises políticas obedecem aos mecanismos sociais inteiramente semelhantes os fenômenos de *tensionamento*

---

19 Marx, Thoughts on a neglected category of social movement participant: the agent provocateur and the informant, *American Journal of Sociology* (que, entretanto, não aborda de frente a questão das condições sociais do sucesso dessas jogadas).

aos quais, em alguns momentos, são confrontados: essa tensão, que é indispensável distinguir do "tensionamento" do jogo tenso, consiste precisamente na separação, na distância que os "sistemas de execução" próprios ao jogo tenso imperfeito introduzem entre, de um lado, as jogadas realizadas e os eventuais resultados locais e, de outro, os resultados expandidos destas. Ela nada mais é do que uma consciência difusa dessa separação e, se podemos dizer assim, de um funcionamento não dominável do encadeamento das jogadas.

Estigmatizações e política simbólica

Em um plano mais geral, encontramos os mesmos traços nos processos de emergência de *marcadores* ou de *estigmas* que, nas conjunturas críticas, se fixam às situações e se impõem, enquanto elementos das definições dessas últimas, às percepções e aos cálculos dos atores.[20] A gama desses processos ou, mais precisamente, dos estigmas que estes produzem, é variada. Pode se tratar da direção, ascendente ou descendente – por exemplo, a escalada – de um confronto. Pode se tratar da postura, ofensiva ou defensiva, de seus protagonistas. Mas esses processos também podem concernir à própria existência dos atores enquanto unidades sociais discretas, enquanto atores coletivos ou enquanto partes que contam no confronto, isto é, aquelas que "é preciso contar". Assim, a análise dessas estigmatizações nos faz penetrar em um terreno empírico particular, bastante desconhecido ainda, mas que toda uma corrente da Sociologia Política tentou destrinchar e explorar sob o rótulo de "política simbólica" (ao que parece esse rótulo visa sobretudo as relações recíprocas notáveis entre, de um lado, as táticas que entram em ação nos confrontos e nas competições políticas e, do outro, as representações, símbolos, ou estoques cognitivos de seus atores).[21] Nesse sentido, limitar-nos-emos a tentar discernir o alcance do sistema de execução próprio aos contextos de interdependência alargada.

Escaladas e escadas para a escalada

Vejamos o exemplo, que acabamos de mencionar, dos processos, *a priori* sem mistério, da escalada dos confrontos em situações de crise política. A concepção que a pesquisa contemporânea nos propõe, corresponde, de

---

20 É óbvio que o uso que fazemos aqui das noções de estigma e de estigmatização não significa que aquilo que vemos fixar no estigma é objeto de um julgamento depreciativo ou negativo.
21 Ver em especial Edelman, *The symbolic uses of politics*; Id., *Politics as symbolic action*; Id., *Political language*.

maneira mais ou menos explícita, à combinação de dois elementos distintos. O primeiro elemento consiste em um ordenamento hierarquizado, e *organizado em escada*, de degraus (ou de limiares) em função de sua intensidade, de sua gravidade ou do grau em que se recorre a recursos coercitivos, em que cada um desses degraus corresponde a linhas de ação particulares ou à entrada em operação de certas tecnologias institucionais.[22] O segundo elemento consiste na ideia de que a escalada representa *uma subida na escada*, quaisquer que sejam, aliás, as hipóteses a respeito do "motor" dessa subida e a respeito da maneira pela qual ela se efetua.[23]

Essa concepção tradicional da escalada, ao menos no que concerne aos contextos de interdependência alargada, peca em um aspecto fundamental: ela atribui às escadas para a escalada uma realidade e um papel que estas não poderiam ter (e não têm). Sublinhamos desde já que não é suficiente, para reestabelecer uma imagem aceitável dos processos de escalada, destacar o quanto estas últimas estão longe de ter o caráter de uma subida monótona em uma escada, nem, inclusive, que as subidas reais pulam alguns degraus, conhecem paradas, "hesitações", movimentos de "vaivém".[24] Porque ainda assim se permanece prisioneiro da ideia de que há, com efeito, uma escada que estrutura os processos de escalada.

Ora, não é nada disso. Para começar, porque degraus e limiares que aparecem nos processos reais, não *preexistem* necessariamente aos confrontos e são neles, no mais das vezes, apenas resultados, efeitos emergentes; nas percepções dos atores, assumem a significação de degrau apenas em função do encadeamento singular das jogadas desferidas. Por exemplo, se o "desembarque" na Córsega, em 24 de maio de 1958, funciona como signo de uma escalada, não é por sua intensidade, pela violência que ele

---

22 O modelo de referência dessa concepção da escalada continua sendo, malgrado seu objeto (a escalada dos conflitos internacionais na era nuclear), Kahn, *De l'escalade*. Essa concepção está também em ação na maior parte das sistematizações objetivistas pelas quais os juristas tentam imaginar a dinâmica dos conflitos institucionais (para um bom exemplo dessa abordagem, ver Duhamel, La constitution de la Ve république et l'alternance, *Pouvoirs*).

23 Com frequência, tendemos a situar esse "motor", no que concerne tanto aos conflitos internos quanto aos conflitos internacionais, no jogo das percepções recíprocas dos protagonistas de um conflito (e, notadamente, nos eventuais efeitos de *misperception*) e – ao que não falta, aliás, nem sofisticação, nem interesse –, nas dinâmicas concorrenciais internas a cada protagonista, por exemplo, as dinâmicas que se organizam em torno da clivagem "falcões/pombas", este último tipo de hipótese que pode, em particular, desembocar na ideia de uma "cumplicidade objetiva" possível dos falcões (ou das pombas) de cada campo e na constatação que o motor da escalada pode muito bem, por conseguinte, ser localizado fora das pautas, nos fins, nos motivos ou interesses manifestos ou oficiais do conflito (ver sobretudo, no que concerne a estes últimas pontos, Edelman, Escalation and ritualization of political conflict, *American Behavioral Scientist*).

24 Herman Kahn compreende isso muito bem (ver capítulo 2 de Kahn, op. cit.). Ver também, no que concerne aos confrontos internos, Scranton, *Escalation*, p.5-9, 65-7 (uma tentativa de trazer à luz uma "estrutura do desenvolvimento" dos processos de escalada, ou, em outros termos, a História natural destes).

ocasionou ou por seu cômputo letal. Ele desempenha esse papel, para além do que já foi dito (ele acarreta a derrocada da ficção de legalidade), pelo fato de que esse "desembarque" *materializa* uma extensão geográfica, indica uma direção (a Córsega se situa entre a Argélia e a metrópole) e objetiva uma nova eclosão do confronto. Nisto, o papel do desembarque é comparável àquele que têm, nos "eventos" de maio de 1968, as manifestações de 24 de maio, muito mais violentas sem dúvida, porém que devem seu valor de degrau bem menos a essa violência do que ao fato de que elas materializaram do mesmo modo que ele uma extensão – a passagem da margem esquerda à margem direita, bastante comentada –, mas também, como já vimos, uma nova eclosão do movimento.

Aquilo que é verdadeiro acerca dos degraus o é *a fortiori* acerca das escadas para a escalada: o sucesso em contextos de interdependência alargada da imposição de uma imagem da situação enquanto "escalada aos extremos" não supõe em absoluto que o degrau atingido em um momento dado no confronto seja localizável em uma escada para escalada pré-construída. No âmbito dos fatos, as estigmatizações do tipo das que acabamos de mencionar permitem, por sua ocorrência em encadeamentos particulares, tornar críveis *ameaças* de escalada que para os atores só fazem sentido ao nível das jogadas realizadas. Se a ameaça que constitui a Operação Ressurreição em maio de 1958[25] tem para os atores valor de "escalada aos extremos", isso se dá porque ela se beneficia das antecipações produzidas pelo "desembarque" na Córsega, as escadas para escalada, quando elas emergem como representações da dinâmica dos confrontos, ao ser produzidas pelos mesmos processos, pelos mesmos desferimentos de jogadas que produzem seus degraus. A análise dos processos de escalada vê, assim, seu objeto se deslocar da *construção de um artefato*, de uma hierarquização objetivista das jogadas realizadas ou possíveis em função de sua "gravidade", em direção à exploração dos processos de emergência, bem mais desordenados, de certos tipos de representações, de suas estruturas de plausibilidade e estigmatizações em torno das quais essas estruturas se organizam.[26]

---

25 Trata-se de uma operação militar planejada pelo Exército francês sob a liderança do general Jacques Massu para invadir Paris com o objetivo de forçar o retorno do general De Gaulle ao poder. Tendo sido precedida pelo "desembarque" na Córsega, mas a operação militar sobre Paris foi cancelada depois de que os políticos franceses concordaram em chamar De Gaulle para ocupar o cargo de primeiro-ministro. (N. T.)

26 É interessante destacar que as táticas de ordenamento hierarquizado das jogadas – em que os atores pensam com frequência – têm tendência de intervir eficientemente apenas em contextos de uma *deflação* da fluidez política, como, por exemplo, é o caso da notável manobra de "normalização" que, no curso dos eventos de 1968, segue a virada de 30 de maio e cujas estigmatizações se ordenam cronologicamente em torno dos símbolos do "movimento" que são as fábricas automobilísticas em Flins e em Sochaux (que passam então por "filas de greves"), depois, em um segundo momento, o teatro Odéon e a Sorbonne em Paris. É significativo que a "retomada" desses dois últimos "lugares simbólicos" foram realizadas

De fato, as cristalizações desses tipos de representações parecem sofrer, devido à dependência delas relativamente aos encadeamentos das jogadas, de uma grande *precariedade* e, ao menos nos períodos de ampla fluidez política, a imposição de uma imagem de escalada assume para os atores que neles se encontram um interesse conjuntural, uma manobra tática das mais delicadas de se realizar. Esta é, para tomar um exemplo negativo, uma das principais razões porque, justamente por ter falhado em imprimir à situação estigmas de escalada, o *Putsch* Militar de abril de 1961,[27] por assim dizer, implodiu por si mesmo, sem que, na realidade, interviesse nenhuma derrota decisiva, no sentido militar do termo.[28] Um excelente exemplo em sentido inverso – mas um exemplo-limite sem dúvida – nos é fornecido pelo período que precede, na época da crise italiana de 1919-1922, à marcha sobre Roma, em que se assiste os esquadrões fascistas "conquistar", em ondas sucessivas, vila após vila e região após região e impor, progressivamente, a imagem de uma ofensiva territorial irresistível.[29]

As marcas da existência

Todavia, com relação a esses aspectos, as dificuldades que os atores enfrentam para se apoderarem das táticas de marcação não parecem exclusivas só dos processos de escalada. Observações convergentes podem ser feitas a propósito de outros tipos de estigmatizações, algumas entre as quais têm um interesse maior para a análise das crises políticas. Este é muito especialmente o caso dos problemas que se colocam aos protagonistas das crises quando eles procuram afirmar suas posições, ou até mesmo, tão somente, sua *existência*. Em certas configurações táticas que aparecem em contextos de interdependência alargada, isso pode ter, com efeito, custos muito elevados. Nesse sentido, um dos mais significativos tipos de configuração é constituído pelos contextos de *grande densidade* de jogadas diretas dos quais é útil indicar dois exemplos muito diferentes na França: de um lado, as ocupações de estabelecimentos industriais na época das greves de maio-junho

---

praticamente sem violência (sabemos que essa "retomada", ordenada pelo general De Gaulle a partir de seu retorno da Romênia, em 19 de maio, foi paralisada por uma resistência conjunta do chefe de polícia de Paris, Grimaud, e da facção do primeiro-ministro) (ver Grimaud, *En mai, fais ce qu'il te plaît*, p.194, 208-15).

27 Também conhecido como *Putsch* dos Generais, foi uma tentativa de golpe militar organizada na Argélia Francesa por generais franceses aposentados (Maurice Challe, Edmond Jouhaud, André Zeller e Raoul Salan) em reação à negociação aberta entre o governo De Gaulle com o movimento independentista da Argélia. O objetivo era depor De Gaulle e substituí-lo por uma "junta militar". (N. T.)

28 Ver, por exemplo, Viansson-Ponté, op. cit., v.1, p.359 e ss.; Field; Hudnut, op. cit., p.182 e ss.

29 A melhor explicação desse processo continua a ser Tasca, *Naissance du fascisme* p.131-50, 225, 240-52.

de 1936 e, sobretudo, de maio-junho de 1968 (*o efeito de saturação*, com efeito, foi buscado pela direção da CGT neste último caso); por outro, os "feitos" e "expedições punitivas" dos fascistas, em particular, em direção ao fim do ano de 1920 e o início do ano de 1921, que são detalhadas na tabela a seguir. Mas muitas vezes para o ator isso implica ter de recorrer a jogadas diretas, o que não necessariamente está ao alcance de todos os atores e, acrescentamos ainda, apresenta riscos sérios de perda do controle dos efeitos (ou resultados expandidos) destas. Nessa perspectiva, convém interpretar, como nos parece, esses balés sutis de manifestações que definem, como é notavelmente ilustrado pelo caso da semana de 24 a 30 de maio de 1968, os contornos dos diferentes atores, das alianças entre eles e das diferentes estratégias presentes[30] (em um nível de violência mais elevado, um fenômeno análogo se observa com os desfiles e motins de 6 de fevereiro de 1934 e dos dias seguintes, cujo caso o mais significativo foi, desse ponto de vista, o do Partido Comunista, que, tendo participado, com seus combatentes veteranos agrupados na ARAC, dos motins do dia 6, foi levado na sequência à tarefa de "retificar" na rua – o que foi custoso – a confusão produzida por essa participação).[31] A despeito das aparências, esses problemas de estigmatização das posições e da identidade não são sensivelmente diferentes daqueles com que se depara esse tipo particular de ator que são os governos, quando eles têm de, em certas conjunturas críticas, afirmar a própria "existência". Com efeito, na incapacidade em que eles podem se encontrar – tal como o governo de Pflimlin em maio de 1958 – de imprimir à situação esse tipo de estigmas em que se situa uma das mais fecundas bases para a emergência possível nesses contextos de uma percepção de *vazio político* (o que a renúncia eventual do governo, ao objetivá-la, só faz reforçar).[32]

30 Alguns episódios significativos: em 24 de maio, a CGT organiza desfiles independentes da manifestação "estudantil", desfiles estes que se dissolvem quando esta última começa; em 27 de maio, o movimento de 22 de março (ou ao menos sua principal tendência) se separa do resto do movimento ao não participar da concentração em Charléty, ao que a CGT contra-atacará, para se destacar justamente da operação Mendès France, com o desfile de 29 de maio. A este último se unirão as tendências dominantes dos "comitês de ação", que participaram da concentração em Charléty, também para se destacar da operação Mendès France que lhe é associada (mas este não será o caso da União Nacional dos Estudantes da França, que estava também apresente em Charléty): essa tentativa de estigmatização será de maneira muito reveladora um fiasco. A extrema-direita igualmente organizou várias manifestações antes mesmo de 30 de maio, que se desenrolam todas na margem direita do rio Sena (cf. acerca deste último ponto, Chiroux, *L'extrême droite sous la Ve république*, p.168-73).
31 Berstein, op. cit., p.158, 235-45; Beloff, The sixth of February. In: Joll (ed.), *The decline of the third republic*, p.9-35. Sobre as manifestações organizadas pelo Partido Comunista e pela Confederação Geral do Trabalho Unitária [Confédération Générale du Travail Unitaire] (CGTU) em 9 de fevereiro (e sobre aquelas do dia 12), ver Prost, Les manifestations du 12 février 1934 en province, *Le Mouvement Social*.
32 Na esteira dos trabalhos de Bracher acerca do advento do nacional-socialismo, Linz, entretanto, como já indicamos, considera o "vazio de poder" (*power vacuum*) apenas como uma fase particular em uma das sequências históricas típicas das crises dos sistemas democráticos

Sociologia das crises políticas

Quadro 2

Regiões	Jornais e Impressos	Casas do Povo[1]	Núcleos de Sindicatos[2]	Cooperativas	"Ligas" Camponesas	Sociedades de Socorro Mútuo[3]	Secções e Círculos Socialistas e Comunistas	Círculos de Cultura	Bibliotecas Populares e Teatros	Universidades Populares	Sindicatos Trabalhistas	Círculos Trabalhistas e Beneficentes	Total
Piemonte	1	4	9	3	2	1	9	–	2	–	10	8	49
Lombardia*	–	1	2	–	–	6	–	–	–	–	1	13	23
Ligúria	–	–	3	–	–	–	–	–	–	–	–	–	3
Vêneto**	–	1	9	8	1	–	7	–	1	–	–	1	28
Friul-Veneza Júlia	4	2	21	3	–	–	5	100	–	–	–	2	137
Vale do Pó													
Bolonha	1	6	7	9	5	–	5	–	–	–	–	2	35
Cremona	–	–	–	–	–	–	–	–	–	–	–	–	–
Ferrara	–	–	9	1	19	–	5	–	2	–	1	–	37
Mântua	–	3	4	37	15	–	2	–	–	1	–	1	63
Módena	–	–	2	–	–	–	–	–	–	–	–	–	2
Parma	–	5	1	6	–	–	2	–	–	–	–	1	15
Pavia	–	21	7	9	25	4	8	–	4	–	–	2	80
Placência	1	2	–	7	–	–	3	–	–	–	–	–	13
Reggio Emilia	1	1	2	1	8	–	2	–	1	–	–	–	16
Rovigo	–	2	4	3	3	–	2	–	–	–	–	1	15
Total / Vale do Pó	3	40	36	73	75	4	29	–	7	1	1	7	276

Michel Dobry

Regiões	Jornais e Impressos	Casas do Povo[1]	Núcleos de Sindicatos[2]	Cooperativas	"Ligas" Camponesas	Sociedades de Socorro Mútuo[3]	Secções e Círculos Socialistas e Comunistas	Círculos de Cultura	Bibliotecas Populares e Teatros	Universidades Populares	Sindicatos Trabalhistas	Círculos Trabalhistas e Beneficentes	Total
Romênia	–	–	1	–	–	–	1	–	–	–	–	1	3
Toscana	3	11	15	11	–	2	70	–	–	–	1	24	137
Marcas	–	–	–	–	–	–	–	–	–	–	–	–	–
Úmbria	1	–	5	3	–	1	6	–	–	–	–	1	17
Lácio	–	–	–	–	–	–	–	–	–	–	–	–	–
Mezzogiorno***	2	–	2	–	–	–	3	–	–	–	–	–	7
Apúlia	–	1	13	4	2	–	1	–	–	–	7	1	29
Sicília	–	–	3	–	3	–	4	–	–	–	9	5	24
Sardenha	–	–	1	–	–	–	–	–	–	–	–	2	3
	17	59	119	107	83	8	141	100	10	1	28	53	726

Fonte: Extraído de Tasca, *Naissance du fascisme*, p.136-7 [tabela incompleta, constituída com base nos relatórios internos do Partido Fascista]
* Exceto Pavia, Cremona e Mântua.
** Menos Rovigo.
*** Exceto Apúlia.
1 No original, maisons du people. Trata-se de edifícios destinados a servir de pontos de encontro entre membros da classe trabalhadora e seus representantes. (N. T.)
2 No original, bourses du travail. Trata-se de um lugar, presente na maioria das grandes cidades francesas, no qual se reúnem os diferentes sindicatos de trabalhadores e no qual estes dispõem de espaços para fazerem reuniões, assessoria sindical, serviços de filiação, eventos etc. (N. T.)
3 No original, societes de secours mutuel. Consideradas sucessoras das corporações de ofício, trata-se de associações que apareceram na França no século XVIII e que se caracterizam pelo auxílio mútuo entre seus membros (que pagavam taxa de filiação e mensalidades) em caso de doença, invalidez, acidente ou desemprego. Eram monitoradas de perto pelo Estado e foram substituídas juridicamente, no século XX, pelas atuais sociedades mútuas. (N. T.)

Talvez não seja muito temerário sugerir, para encerrar a discussão a respeito desse tipo de efeitos do sistema de execução próprio aos contextos de interdependência alargada, uma aproximação cujas implicações e dificuldades levantadas por ela não exploraremos aqui. Trata-se do parentesco que podemos discernir entre o papel particular das jogadas diretas que encontramos nos processos de estigmatização e nas "cenas" e nos "simbolismos" que, para fazer referência a um exemplo tópico, particularmente intrigaram os historiadores dos fascismos e, muito em especial, os do fascismo alemão. Ao contrário do que somos muitas vezes tentados a crer, a ostentação das demonstrações de força, dos desfiles, dos *adunate...*, os desenvolvimentos de uniformes e de bandeiras poderiam muito bem não representar somente a superfície, a espuma ou o resíduo de fenômenos sociais mais "profundos" ou mais "essenciais".[33] De modo mais preciso, podemos adiantar que o recurso ao que deve ser analisado como um conjunto de *tecnologias rudimentares de objetivação* de certas relações sociais, de certas *identidades* ou de certos grupos (tipo de fenômenos que a temática guarda-chuva do simbólico – ou do simbolismo – político não é capaz de identificar) não é de todo estranho ao lugar que ocupam, pelas definições das situações que intervêm em contextos de interdependência alargada, as táticas de estigmatização. Aliás, esse ponto de vista não é incompatível com a constatação que podemos fazer, em certos casos – em particular os que há pouco fizemos alusão – da sobrevivência dessas tecnologias (em particular pela institucionalização massiva destas) nas conjunturas mais rotineiras que sucedem às crises em que elas aparecem. Mas requer, ao contrário, que nos resguardemos de esquecer que os princípios da eficácia dessas tecnologias, e de suas próprias "funções", têm o risco de não ser inteiramente idênticos – ao menos se a hipótese que nós oferecemos não for desmentida – segundo as conjunturas – isto é o que os trabalhos sobre simbolismo político, em especial aqueles sobre o do nazismo, não parecem levar em conta de verdade. Isso significa também, como já sublinhamos, que talvez haja aí algumas boas razões de se suspeitar que esse tipo de fenômenos não é característico exclusivamente da Alemanha nazista, de sua cultura, nem mesmo do "estilo" político particular aos empreendimentos fascistas, os quais, é verdade, deram prova nesse domínio, ao menos no entreguerras, de um saber prático e de uma capacidade de inovação pouco comuns.

(na perspectiva de Linz, esse "vazio de poder" parece visar marcadamente o mesmo fenômeno que ele nomeou como "retração da arena política" e que examinaremos em detalhe mais adiante) (Linz; Stephan, op. cit., v.1, p.4, 66, 78-9, 81).
33 Ver, sobre esse ponto, Pelassy, *Le rôle des signes dans la dictature.*

Michel Dobry

As competições para a definição da realidade

O conjunto dessas observações mostra, em todo caso, o quanto a emergência de definições das situações que estruturam as percepções e os cálculos dos atores e, mais geralmente, sua experiência prática, se deve ao número de suas características centrais no sistema de execução próprio aos contextos de interdependência alargada. Tentemos agora de tomar mais de perto os processos dessa emergência.

Percepções e definição

Para começar, algumas palavras acerca do uso que a Ciência Política contemporânea faz da noção de "definição da situação". Esse uso arrisca, com efeito, a levar a algumas confusões que são fáceis de prevenir. As dificuldades provêm precisamente do fato de que, de hábito, por "definição da situação", o politicólogo visa de preferência o conteúdo das representações e das percepções próprias aos atores individuais ou às unidades sociais que serão assimiladas a elas e, de modo paralelo a isso, mas menos sistemático, a maneira pela qual essas representações e essas percepções modelam os comportamentos dos atores, contribuindo assim para a produção da realidade social.

Porém essa insistência – inteiramente justificada, aliás – no peso causal das idealidades no funcionamento das definições, nesse tipo de recorte da realidade, tem como efeito frequente que se tenda a deixar na sombra o que é central na perspectiva desenvolvida aqui, a saber, as jogadas, as táticas, a própria *atividade de definição* ou, mais globalmente, os processos diferenciados pelos quais as definições das situações emergem, se impõem aos atores, persistem ou desmoronam.

Assim, no uso do qual queremos nos afastar, de início, as representações dos *tomadores de decisão* serão avaliadas, e, quanto ao pesquisador, este se limitará a descrever de qual maneira o responsável ou os responsáveis por *uma* unidade política qualquer percebem a situação a que estão confrontados – por exemplo, se nos referimos a uma conceituação que teve uma influência considerável, a percepção da ameaça, a dos riscos incorridos, a do tempo disponível para agir ou a do grau de antecipação de um confronto.[34] Por conseguinte, resulta que, normalmente sem nos darmos conta disso, teremos tendência a apreender a definição da situação apenas enquanto fato

---

34 Hermann, International crisis as a situational variable. In: Rosenau (ed.), *International politics and foreign policy*, p.411-16. Esse autor combinou três "variáveis" que lhe permitiram descrever oito tipos de situações de decisão. As três variáveis, às quais já fizemos alusão, são as seguintes: amplitude da ameaça, o tempo disponível para decidir, o grau de antecipação (*awareness*) da crise. O "cubo situacional" reproduzido a seguir articula esses três variáveis:

cognitivo unilateral próprio a um ator ou, no melhor dos casos, a uma categoria homogênea de atores, e que, em tal recorte da realidade, abandonaremos notadamente as *interações* que podem intervir, sob esse aspecto, entre vários atores ou várias unidades sociais distintas.

Ora, esse esquecimento da dimensão da interação não se dá evidentemente sem algumas consequências danosas. Seus inconvenientes são, em particular, muito palpáveis até mesmo onde esse tipo de vertente pode levar a algumas hipóteses e resultados interessantes, como, por exemplo, o de colocar em evidência o fato de que as situações, para os diferentes protagonistas de um confronto, podem muito bem não ser idênticas, isto é, podem não ser definidas *unilateralmente* da mesma maneira por eles[35] – trata-se de

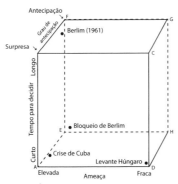

Os oito vértices do cubo permitem localizar, segundo Hermann, toda situação de decisão. Eles correspondem às situações-tipos seguintes: a) situação de crise: ameaça elevada, tempo reduzido, surpresa; b) situação de inovação: ameaça elevada, tempo longo, surpresa; c) situação de inércia: ameaça fraca, tempo longo, surpresa; d) situação de oportunidade (*circumstancial situation*): ameaça fraca, tempo reduzido, surpresa; e) situação reflexiva: ameaça elevada, tempo reduzido, antecipação; f) situação deliberativa: ameaça elevada, tempo longo, antecipação; g) situação administrativa: ameaça fraca, tempo reduzido, antecipação. Sobre a influência dessa conceituação no domínio da análise das crises internas, ver, notadamente, Jänicke, Die Analyse des politischen Systems aus der Krisenperspektive. In: _____ (ed.), *Politische Systemkrisen*, p.33-4; Dohse, Das politische System in der Krise: Modell einer revolutionären Situation. In: _____ (ed.), *Politische Systemkrisen*, p.113, 130. Pontuemos que o próprio Hermann se recusou explicitamente a limitar a aplicação de sua conceituação somente às crises internacionais (ver em particular Hermann, Some consequences of crisis which limit the viability of organizations, *Administrative Science Quarterly*).

35 Por exemplo, Eberwein tenta reformular a conceituação de Hermann ao introduzir nela uma "variável objetiva", a aparição efetiva de transformações no ambiente internacional, o que abre caminho para a possibilidade de colocar em evidência a ocorrência de "crises" que serão ditas *autistas* (ausência de mudança objetiva) e *latentes* (mudança não percebida) (Eberwein, Crisis research: a Western view. In: Frei, (ed.), *International crises and crisis management*):

		Mudanças no ambiente (internacional)	
		ameaça presente	crise real	não crise autista
Interpretação da ameaça {	ameaça ausente	crise latente	ausência de crise

um aspecto do que Schutz chama de as "realidades múltiplas".[36] Porque, para além da constatação, sempre útil da coexistência possível de várias definições para uma mesma realidade "objetiva" dada, o uso corrente da noção de definição da situação apresenta não só a falha de ignorar os confrontos que opõem entre si várias definições de uma mesma situação e as coocorrências que podem ter como objeto a imposição de uma definição particular (que poderá ser dita dominante em caso de sucesso de um dos protagonistas), mas também – e isto é inteiramente decisivo no que concerne à inteligibilidade dos contextos de interdependência alargada – a falha de desconhecer tanto a *interdependência de várias definições distintas* quanto entre seus próprios destinos. Se retomarmos elementar exemplo do "desembarque" na Córsega, isso quer tão simplesmente dizer que, quando um ator consegue definir a situação de maneira que pareça que ele está na ofensiva (como é o caso do campo argelino com a formação, na Córsega, em 24 de maio de 1958, de um comitê de salvação pública), a emergência dessa definição não se dá sem efeitos sobre as definições da situação que podem elaborar, "por si próprios", os outros protagonistas da crise.

Por último, desse tipo de uso da noção de definição resulta que a atividade tática dos protagonistas das interações seja conhecida apenas sob a forma de comportamentos produzidos por definições previamente elaboradas, isto é, enquanto *consequência* dessas definições. Nessa perspectiva, a atividade tática parece sempre secundária com relação às representações e às percepções dos atores, e só nesse sentido muito estreito que essa perspectiva faz referência – indevidamente – ao que Merton nomeou como "o teorema de Thomas" cuja formulação clássica é a seguinte: "Se o homem define situações como reais, estas são reais em suas consequências".[37] Ora, se é dado de barato que está fora de questão negar os efeitos que as representações dos atores têm sobre a "realidade" – da qual elas são um componente indissociável –, desde que nos afastemos de uma perspectiva que confine a definição da situação somente nas percepções e nas representações unilaterais dos atores, também o é que parece necessário renunciarmos igualmente ao esquema mecanicista que apreende a

---

36 Schutz, On multiple realities. In: _____. *Collected papers*.
37 Merton, *Éléments de théorie et méthode sociologique*, p.140 e ss. É útil se recordar, a esse respeito, as lúcidas advertências formuladas por William Thomas, para quem as análises em termos de definição das situações não deveriam em nenhum caso abandonar o que ele chama de "elementos factuais da situação" para se consagrar unicamente às representações ou às situações subjetivas (ver, em particular, Thomas; Thomas, Situations defined as real are real in their consequences. In: Stone; Farberman (eds.), *Social psychology through symbolic interaction*, p.154; Thomas, The definition of the situation. In: Manis; Meltzer (eds.), *Symbolic interaction*, p.331-6; McHugh, *Defining the situation*, p.7-20).

articulação entre definição da situação e atividades táticas não ideais apenas como *sucessão* e como *determinação unívoca* desta por aquela.

Parece preferível, em suma, centrar a análise no conjunto dos processos sociais pelos quais se elaboram, se negociam e emergem, em confrontos que nunca são puramente ideais e que ultrapassam a atividade cognitiva unilateral de seus protagonistas, as definições das situações que apresentam, para cada um deles, vantagens com frequência muito desiguais. Por conseguinte, não podemos considerar as definições das situações como dados intangíveis que governam de modo unívoco os comportamentos, de maneira que a análise deva se limitar a isolar as determinações recíprocas complexas que se estabelecem entre estes e aquelas e que fazem com que as próprias definições sejam vulneráveis às jogadas desferidas, sejam moldadas por estas últimas ou, melhor, se submetam, elas também, às "leis" destas.

O jogo das saliências situacionais

Esclarecido esse ponto, voltemos a uma propriedade já mencionada, ainda que muito brevemente, para precisar seu conteúdo: o peso adquirido, a *atração* que as saliências situacionais exercem nas conjunturas marcadas pela fluidez política. Essas saliências constituem então, para os atores das crises, ao mesmo tempo, pontos de convergência das antecipações e pontos de fixação ou, caso se prefira, pontos em que se penduram interpretações, "estimativas" e percepções na atividade de deciframento da situação a que esses atores estão condenados nesse tipo de contexto.[38] Em torno dessas saliências ou pontos focais organizam-se as definições das situações eficazes, as quais, ainda que somente por uma duração muito limitada, se impõem aos cálculos dos atores e orientam a atividade tática destes. Essas saliências situacionais podem se tratar de "objetos" tão diversos quanto os estigmas já mencionados: "fatos de cultura", eventos e, inclusive, como veremos, indivíduos e processos institucionais (cuja eficácia se deverá então mais à qualidade conjuntural dos pontos focais do que ao domínio da lógica social rotineira). O caráter situacional das saliências pede uma precisão. Com efeito, a par das saliências que de modo mais visível saltam

---

38 Sobre o jogo, nas interações sociais, de saliências ou de pontos focais, ver, antes de tudo, Schelling, op. cit., p.73-4, 90-115, e também Dobry, Note sur la théorie de la interaction stratégique, op. cit. O próprio Schelling pontua a convergência de suas reflexões com as aquisições da Psicologia da "forma" (*Gestalt*) que concernem à percepção das formas físicas, aquisições estas que são prolongadas hoje por alguns desenvolvimentos da Psicologia cognitiva (os trabalhos de Eleanor Rosch em especial, por exemplo, Rosch, On the internal structure of perceptual and semantic categories. In: Moore, *Cognitive development and the acquisition of language*; ver também o uso que se faz deles em Boltanski, op. cit., p.464 e ss.).

dos "detalhes concretos" da situação e que remetem a mecanismos – tais como o de estigmatizações ou, em registro totalmente diferente, o de seleção da "forma boa" – acentuados e sistematizados pela Psicologia da *Gestalt*, devemos também levar em conta o *jogo situacional* dos pontos focais que se enraízam nos sistemas *culturais* de uma sociedade ou de um grupo social, do qual o uso observável, na época da Revolução Iraniana de 1978-1979, dos calendários, dos ritos e da martirologia xiita[39] pode ser tomada como uma ilustração de tipo ideal.

Devemos associar essa atração exercida pelas saliências às condições de incerteza estrutural, de desmoronamento da eficácia dos instrumentos rotineiros de avaliação e de interpretação das situações que caracterizam as conjunturas críticas. Privados dos pontos de referência que nos contextos rotineiros definem as lógicas setoriais, os cálculos dos atores nos contextos de interdependência alargada se tornam mais dependentes da disponibilidade dessas "saliências" em seus próprios estoques culturais e, sobretudo – ponto este capital para a análise dos processos de crise política –, da emergência dos mesmos no confronto, no próprio desferimento das jogadas (as saliências situacionais se apresentam, por conseguinte, como resultados de uma dinâmica autônoma com relação às condições e aos fatores iniciais que haviam "produzido" as mobilizações e que participam, por sua vez, dessa autonomização da dinâmica do confronto).

Essa dependência, ou de modo mais preciso sua amplitude, constitui o coração da hipótese adiantada anteriormente. Esta, por conseguinte, não *pressupõe nenhum interesse comum* – seja tácito ou conjuntural – aos diversos protagonistas do confronto, devido ao qual eles se submeteriam à atração desses pontos focais. Portanto, essa dependência não coincide necessariamente com os fenômenos de coordenação tácita, uma vez que convergência em direção ao reconhecimento comum de uma saliência, o caráter "misto" do conflito não constituem condição social de possibilidade dessa propriedade das conjunturas fluidas, mesmo se convergências similares nelas

---

39 "A duração do luto religioso se torna espontaneamente o ritmo do levante. Não há nenhuma necessidade de falar. Após cada levante, as pessoas se preparam para o próximo dentro de quarenta dias. Nesse ínterim, o compromisso se confirma no momento de reuniões de menor importância, no terceiro ou sétimo dia. O quarto dia significa, pois, para todo mundo, reunião, comemoração e continuação da luta, jornada de luto e de cólera" (VV., *Iran*, p.333). E, para uma análise congruente com nossas observações, ver Skocpol, Rentier state and shi'a islam in the Iranian revolution, *Theory and Society*, p.274. Convém associar também a esse jogo situacional o que Smelser chama de *fatores de precipitação* que contribuem para a emergência de "comportamentos coletivos" e que, por conseguinte, ao menos no que concerne às conjunturas críticas, agiriam *diretamente* enquanto elementos da *estruturação cognitiva* das situações e não somente por meio das "crenças generalizadas" que, na perspectiva de Smelser, elas contribuem para moldar. Sobre a estruturação cognitiva, ver Smelser, Collective behavior and conflict: theoretical issues of scope and problems, *The Sociological Quarterly*, p.120; Dobry, Variation d'emprise social et dynamique des représentations: remarques sur une hypothèse de Neil Smelser, op. cit., p. 213-4.

apareçam com frequência. Além disso, a atração por certas saliências pode se impor mesmo aos cálculos e às definições das situações de atores que identificam seus interesses conjunturais ao desaparecimento de toda "linguagem comum", de todo terreno de entendimento com seus adversários. Um ponto focal pode determinar esses cálculos mesmo quando sua emergência ou sua persistência comportassem de modo visível para os atores retribuições muitíssimo negativas às quais eles procurassem precisamente se subtrair por meio de sua atividade tática, por exemplo, ao tentar eliminar essa saliência enquanto saliência, isto é, enquanto elemento incontornável de definição da situação.[40] Nisto, o jogo das saliências representa um dos elementos centrais e específicos da interdependência alargada.

Por fim, do mesmo modo que não pressupõe mais, em todos os casos, um conflito de "motivos" ou de dinâmica "mistas", esse jogo conjuntural das saliências não tem como condição necessária a presença de dificuldades particulares de comunicação entre os protagonistas dos confrontos. Sem dúvida, essas dificuldades podem muitas vezes nos desferimentos de jogadas: de fato, a comunicação aberta entre adversários, por exemplo, quando dela se têm necessidade, não é em toda circunstância coisa fácil, isto é, propagandeável diante do próprio campo (tome-se a situação do governo Pflimlin ou dos líderes socialistas nas negociações com De Gaulle ou ainda a dos dirigentes da CGT e do PC francês diante do governo em maio de 1968: todos eles condenados manter em segredo, mesmo que nem sempre com sucesso, algumas das barganhas que eles julgavam essenciais). Porém não é esta a mola da atração exercida pelas saliências. Qualquer que seja o lugar da comunicação nos contextos que nos interessam, os fundamentos do jogo particular das saliências nestes se constituem, principalmente, por meio dos elementos de incerteza estrutural que havíamos mencionado e que de início não são, sob nenhum aspecto, fatos de comunicação, isto é, trocas intencionais de informação. Encontramos aqui, com toda certeza, algumas das conclusões que Goffman se esforçou para alcançar por meio da autonomização metodológica da interação estratégica enquanto domínio empírico distinto daqueles dos fenômenos de comunicação.

---

40 Quando faz apelo à noção de saliência, ou ponto focal, Schelling fundamentalmente tem em vista apenas os conflitos de "motivos mistos". Por conseguinte, ele terá dificuldade de separar o jogo das saliências da presença, na interação, de uma componente de cooperação ou de *coordenação tácita* entre os protagonistas do confronto. Ver, por exemplo, essa passagem muito significativa para nosso propósito: "E mesmo quando um jogador racional se dá conta de que a configuração desses detalhes o exclui, ele pode também reconhecer racionalmente que não tem nenhum recurso; de que o outro jogador racionalmente esperará que ele se submeta à disciplina de sugestões que emanam do jogo concreto de detalhes e irá tomar ações que, sob pena de dano mútuo, pressuporão que ele cooperará" (Schelling, op. cit., p.108).

Michel Dobry

As variações do volume da atividade de definição

A última observação a ser formulada diz respeito a uma propriedade analiticamente distinta da que acabamos de mencionar. Trata-se sempre das definições de situações que emergem nos contextos de interdependência alargada, mas consideradas dessa vez sob o aspecto do *volume da atividade* que os atores sociais consagram de maneira mais ou menos difusa ao modelamento, à "fabricação" dessas definições. Para começar, trata-se de admitir que esse volume é suscetível de sofrer variações conjunturais, isto é, de muito simplesmente não ocultar o fato decisivo de que as definições das situações não estão disponíveis de maneira uniforme para os atores segundo os contextos de interação e segundo as conjunturas. Ainda que, nas conjunturas rotineiras, as lógicas setoriais proporcionem aos atores um estoque significativo de definições pré-formadas e muitas vezes os dispensem de ter de construir essas definições por meio de sua atividade, a própria emergência dessas definições supõe, em outros contextos e em especial nas conjunturas críticas, um *trabalho de "reconstrução" do mundo social*[41] ou, se preferirmos, um investimento ou um custo particular. Em suma, nas conjunturas políticas fluidas que veem esvanecer o poderio das lógicas setoriais, devemos esperar um aumento palpável do volume de atividade de definição das situações, aumento observável tanto no plano dos testes de posição pelos quais os protagonistas dos confrontos procuram, às vezes custosamente, situar si próprios e os outros,[42] quanto na amplitude das *deliberações* e na emergência, frequente nesses contextos, de órgãos deliberativos,[43] ou ainda, mais indiretamente, no que se torna então *objeto*

---

41 Essa reconstrução não deve ser confundida com os fenômenos que a ela estão ligados, mas cujo lugar nos processos de crise é, malgrado as aparências, bem mais marginal, a saber, a refusão, mais ou menos generalizada, no caso de algumas "grandes" crises políticas, dos *instrumentos técnicos de medida* (tais como os "pesos e medidas", a moeda ou os calendários) e as institucionalizações das quais esses instrumentos se beneficiam. Ver, notadamente, as observações de Béjin, Crises des valeurs, crises de mesures, op. cit., p.40. Esses fenômenos, que com frequência intervêm após os confrontos e que de início visam marcar uma ruptura com uma antiga ordem social, correspondem a uma espécie de *reduplicação simbólica* ou cerimonial de processos sociais mais amplos, menos institucionalizados e menos controlados, processos estes que, entretanto, podem às vezes ocultar devido ao caráter espetacular dos traços que eles tendem deixar.

42 Sobre os testes de posição, ver o capítulo 3 deste volume. Esses testes podem se revestir às vezes com o aspecto de uma verdadeira *experimentação política* "a quente", como é o caso do episódio-limite do Levante de Hamburgo de 1923 pelo qual, segundo as versões mais plausíveis desse episódio histórico, alguns setores da Internacional Comunista parecem ter tentado avaliar a "combatividade" do movimento operário alemão. Ver notadamente Neuberg, op. cit., p.80-102.

43 Devemos observar que isso é, com frequência, verdadeiro mesmo nos sítios sociais mais "endurecidos", a saber, os setores militarizados. A emergência de tais órgãos pode, nesse caso, consistir às vezes em uma transformação conjuntural das "funções" preenchidas por lugares *mundanos* próprios à sociedade militar, clubes, confrarias de ex-alunos ou associações

das deliberações e nas pautas que parecem nessas conjunturas ao alcance da atividade tática, ou, caso adotemos essa terminologia, da "manipulação" dos atores.

Mas são talvez as *barganhas* ou negociações que constituem o terreno de observação mais rico em ensinamentos. Elas o constituem, para começar, por conta de sua extensão, do lugar que ocupam no desdobramento dos confrontos, dos lugares sociais onde elas se localizam e dos atores que nelas tomam parte.

Pensamos imediatamente no caso dessas grandes negociações que, como as de Matignon em de junho 1936[44] ou a de Grenelle em maio de 1968,[45] ocupam, aos olhos dos atores desses episódios históricos, uma posição eminente e cuja entrada em cena concorre, por outro lado, para fortalecimento dessa imagem. Esta, porém, deve ser substancialmente corrigida, não tanto porque essas negociações, que chamaremos de centrais, não tenham tido importância – porque elas tiveram, ainda que tenha sido apenas por conta da percepção dos protagonistas das crises –, mas porque ela tende a tornar opaca a amplitude efetiva que as barganhas assumem em tais contextos e o lugar que nestes ocupam essas negociações centrais. Podemos verificá-lo ao deslocar foco das negociações centrais para as barganhas cujos sítios tendem a ser os próprios "atores coletivos" e os "aparelhos". Uma excelente ilustração disso nos é fornecida pelo rechaço à proposta feita pelo general De Gaulle em seu pronunciamento de 24 de maio de 1968 de um referendo como solução para a crise. É preciso, claro, destacar o caráter aberto e, com muita frequência, extremamente vivo da hostilidade que essa proposição encontrou nas fileiras da oposição de esquerda e do movimento estudantil.[46]

---

recreativas e esportivas (por exemplo, Peixoto, Le clube militar et les affrontements au sein des forces armées (1945-1964). In: Rouquié et al., *Les partis militaires au Brésil*).

44 Como ficaram conhecidos os acordos assinados na residência e local de trabalho do chefe de governo francês (o Hotel Matignon), após uma massiva greve geral, entre a Confederação Geral da Produção Francesa (CGPF) e a CGT e o governo chefiado pelo primeiro-ministro Léon Blum (da Frente Popular). Os acordos estabeleceram o direito à greve, fim dos obstáculos à sindicalização, férias remuneradas, a semana de trabalho de 40 horas e convenções coletivas de trabalho. (N. T.)

45 Acordos negociados na sede do Ministério do Trabalho francês (situado na rua Grenelle em Paris) entre o então primeiro-ministro, Georges Pompidou, sindicatos e entidades patronais, os quais previam, em resposta às manifestações de maio, um aumento de 35% do salário mínimo interprofissional (SMIG) e de 10% do salário real médio. Esses acordos, porém, nunca foram assinados. A solução para a crise, como Dobry analisará com mais vagar no capítulo seguinte, será a dissolução da Assembleia Nacional e a consequente convocação de novas eleições legislativas. (N. T.)

46 O tom é dado por Pierre Mendès France – "o plebiscito, não se discute, se combate" – assim se afasta pontualmente de uma estratégia feita, como teremos ocasião de ver, de silêncio e de prudência. O referendo é denunciado pelas principais forças da esquerda – incluído o PC francês – não sem alguma ambiguidade no sentido de que essa denúncia é acompanhada, nesse momento, por um apelo ao voto negativo, como revelam, aliás, as figuras públicas do movimento estudantil. Observemos que a denúncia pública do procedimento ultrapassou

Mas essa hostilidade não foi o único fator da fraca "aceitabilidade" dessa tentativa de solução, nem mesmo o mais decisivo sem dúvida, ao menos no que concerne ao destino que ela teve. Outro potente fator para seu rechaço esteve na *multiplicidade das microbarganhas* que então apareceram tanto no interior dos diversos serviços administrativos envolvidos (ou que são percebidos como tais) na realização do procedimento referendário e quanto no interior da própria equipe governamental. Essas *microbarganhas* convergiram de maneira notável para a afirmação da impossibilidade ou dos riscos da organização material da votação, processo que é muitas vezes associado a uma inércia que tem como virtude fazer com que ocorra, à maneira de todas *self-fullfilling propheties*, a realidade assim antecipada. Como numerosos testemunhos atestam, essa verdadeira *imposição de uma definição do provável* afetou muito gravemente as relações entre Matignon e a Presidência da República (é verdade que, como sabemos, a facção agrupada em torno do primeiro-ministro "jogou" no mesmo período uma "solução" totalmente diferente, a de uma negociação central com as confederações sindicais e, além disso, com o Partido Comunista, entretanto, as duas soluções não eram *a priori* incompatíveis por completo).[47] Na realidade, esse caso não é muito distante, pelo menos sob esse aspecto, de algumas outras configurações de barganhas internas aos "aparelhos", notadamente a configuração já mencionada da "resistência" manifestada por certas zonas dos setores estatais após os motins de 6 de fevereiro de 1934, resistência esta que – por meio da imposição de uma definição acerca do provável que, devido às molas sociais, era bastante semelhante àquela (tratava-se, neste caso, de uma visão dramatizante da escalada irresistível dos "distúrbios") – levou à demissão do Gabinete Daladier, apesar de este ter sido investido na véspera por uma confortável maioria parlamentar.[48] Com certeza, todas as barganhas internas não têm necessariamente a mesma aparência dispersa ou difusa, e algumas delas podem se aproximar de configurações relativamente "estruturadas", isto é, negociações que respeitam as regras do jogo

---

amplamente as fileiras da oposição de esquerda, em particular com as tomadas de posição dos centristas, em particular, do grupo PDM ou de organizações reputadas como "moderadas" enquanto força operária ou ainda a Federação Nacional dos Estudantes da França [Fédération Nationale des Étudiants de France] FNEF, organização estudantil concorrente da UNEF (ver os textos das diferentes tomadas de posição nas edições de 26 a 28 de maio de 1968 do jornal *Le Monde*).

47 Ver, entre outros, Dansette, op. cit., p.294-6; Jobert, *Mémoires de avenir*, p.48-9; Balladur, op. cit., p.291. Sobre as percepções de outros membros do governo, ver também Tournoux, *Le mois de mai du general*, p.221-3; Fouchet, *Au service du général De Gaulle*, p.261-2.

48 Sobre a antecipação de uma escalada, antecipação com toda certeza alimentada pelos relatórios alarmistas dos serviços de polícia, ver Berstein, op. cit., p.206-10 (em especial, o testemunho de Daladier diante da comissão de parlamentar de inquérito das causas dos eventos de 6 de fevereiro); Beloff, op. cit., p.28-9.

preestabelecidas. Mas, inclusive em tais casos, esse mesmo respeito terá tendência a se tornar objeto e pauta das negociações.

Este é o momento de abrir um parêntesis que talvez nos permita evitar alguns enganos. Escolhemos privilegiar nessa discussão as barganhas mais aptas a trazerem à luz e tornarem inteligíveis os problemas de estrita tática política aos quais os protagonistas das crises políticas são confrontados. Entretanto, a extensão das negociações observáveis nos contextos de interdependência alargada não se limita a isso: em realidade, as barganhas e, além disso, a atividade de definição das situações tendem a impregnar *o conjunto das relações sociais* nos sítios afetados pelas mobilizações multissetoriais. Assim compreendida, essa extensão autoriza uma reinterpretação de um fenômeno frequentemente observado, que foi sistematizado por Michel Crozier: a passagem brusca de relacionamentos sociais, durante as crises que a sociedade francesa conheceu, a *relações cara a cara* que contrastam com a fisionomia habitual desses relacionamentos. Nós nos recordamos do essencial do argumento, cujo fundamento – e o viés – culturalista é manifesto: no curso dos processos de socialização aos quais foram expostos, os membros da sociedade francesa interiorizaram um modelo cultural – ou, mais especificamente, um modelo das relações de autoridade – cujo um dos traços fundamentais seria, ao lado de uma "concepção da autoridade" universal e absoluta, seu "medo" de relações cara a cara, seu "horror" a relacionamentos pessoais diretos.[49] Ora, nos períodos de crise (esta sendo concebida como o modo específico de adaptação, ou de mudança, da sociedade francesa), observamos, diz esse autor, e essa observação parece fundamentada, que o "horror ao cara a cara" dá lugar (muito misteriosamente, porque no plano lógica essa observação não é nem um pouco compatível com os esquemas culturalistas[50]) a seu *contrário* e que as

---

49 Ver Crozier, *Le phénomène bureaucratique*, p.262 e ss. No que concerne ao "medo do cara a cara", o argumento de Crozier se apoia amplamente sobre as análises que Jesse Pitts consagrou aos valores tradicionais da sociedade francesa, entre os quais, mais especialmente, os que resultam dos modos de socialização que prevalece nas famílias burguesas, na escola e nisto que esta última supostamente engendra, o "grupo de camaradas", colocado em posição de *comunidade delinquente* (para uma apresentação desenvolvida desses análises, ver Pitts, Continuité et changement au sein de la France bourgeoise. In: Hoffmann et al., *À la recherche de la France*). É surpreendente constatar que, em nenhum momento, os promotores da explicação do conjunto da vida política francesa a partir de traços culturais obtidos dessa maneira não tentaram seriamente discernir – no plano teórico ou no plano da observação – por quais mediações esses traços poderiam marcar o conjunto dos componentes da sociedade francesa (o que, aliás, é inteiramente improvável).

50 Daí as hesitações e o embaraço que manifestam as diversas formulações dessa propriedade: a passagem a "relações humanas diretas" em tempo de crise é associada seja ao "bel-prazer", concepção da autoridade como absoluta, e à "cooperação indispensável sem a qual a organização não poderia sobreviver" (Crozier, *Le phénomène bureaucratique*, p.271), seja a um grande "delírio" de inversão, o "festival do cara a cara" (a propósito dos eventos de maio de 1968, ver Id., *La société bloquée*, p.171) que representa um sonho de comunicação e de expressão

interações tendem agora tomar a forma de relacionamentos de contato, de relações diretas e pessoais.

Deixemos à margem de nossas preocupações a questão acerca da pertinência de uma caracterização do comportamento do conjunto dos membros da sociedade francesa por esse traço cultural que é o "horror" às relações pessoais e que, como por encantamento, especificaria também as organizações burocráticas modernas.[51] Ao contrário, a passagem, nas conjunturas de crise, a relações "cara a cara" nos interessa antes de tudo naquilo em que corrobora nossas análises, as quais, por seu turno, permitem apreender ao menos algumas das molas desse fenômeno. Com efeito, em grande parte, essa propriedade não é outra coisa senão uma das manifestações observáveis da extensão que caracteriza, nos contextos de interdependência alargada, as negociações e, mais geralmente, o volume de atividade de definição das situações. Assim, a passagem a relações cara a cara corresponde com muita frequência à "necessidade", em que se veem enredados alguns agentes pertencentes a esferas sociais fortemente objetivadas (isto é, detentoras de um grau relativamente elevado de impessoalidade nas relações internas) – ao menos quando eles procuram fazer "jogar" engrenagens institucionais (podem também "escolher" não fazê-lo) –, de *dar a cara a tapa*, de negociar, por exemplo, com outros agentes que normalmente lhes são subordinados isto que, em conjunturas rotineiras, tende a se dado inteiramente barato, em particular, o próprio princípio de sua autoridade. No que diz respeito ao nosso tema, constitui uma das opções táticas mais significativas em contextos de fluidez isto cujos traços podemos encontrar sem dificuldade em suas agendas, em suas visitas "à base", nos contatos que colocam em curto-circuito as hierarquias, ou ainda quando "sentam na mesma mesa".[52] Se há muitas outras configurações de barganha

---

"total e espontânea" (Ibid., p. 172; bem como, sempre a propósito de Maio de 1968, Id., Révolution libérale ou révolte petite-bourgeoise, *Communications*, p.40). Schonfeld, que percebeu essa dificuldade, propôs um esquema explicativo mais elaborado, mas que substitui, em particular, o "horror ao cara a cara" por outro traço cultural, o *medo do risco* (isto é, da incerteza e da ambiguidade), cuja especificidade francesa é, admitamos sem dó, das mais duvidosas (Schonfeld, *Obedience and revolt*, p.181-2).

51 Capítulo 9 de Crozier, *Le phénomène bureaucratique*.
52 Isso não impede em absoluto os atores concernidos de terem com frequência, nesses casos, a sensação de inovar, de mudar o "estilo de ação", ou de alargar seus repertórios táticos. Por exemplo, Jules Moch, em 19 de maio de 1958, dia da coletiva de imprensa do general De Gaulle: "Eu tomo uma iniciativa: ministro do Interior há dois dias, eu sou conhecido desde 1947 e 1948 por muitos veteranos dessas unidades (de polícia e de gendarmaria). Eu decido sair em visita do maior número possível deles, notadamente os das Companhias Republicanas de Segurança [Compagnies Républicaines de Sécurité] CRS [...], de 13h30 ao início da coletiva de imprensa, eu rodo com grande rapidez do ministério [...] Palácio do Eliseo à Assembleia Nacional, para chegar, quatro minutos antes de De Gaulle, às unidades que investiam ao Palais d'Orsay. Em toda parte, pronuncio algumas palavras e recebo uma acolhida favorável, até mesmo calorosa: os oficiais devem moderar seus homens para evitar

que dão lugar à emergência do cara a cara ali onde ele é, nas conjunturas rotineiras, inteiramente inabitual – aliás, a "necessidade" de dar a cara a tapa pode ser sentida em negociações "externas" inteiramente fora das cadeias hierárquicas[53] – parece assim de maneira muito clara que, de encontro a uma idealização, talvez demasiado ingênua, do cara a cara, a passagem a relações pessoais e diretas poderia não representar necessariamente para os protagonistas um retorno a interações mais "verdadeiras", mais "autênticas", mais "humanas", ou até mesmo, muito simplesmente, mais agradáveis.

Por fim, esta é também uma das razões pelas quais, contrariamente ao que a interpretação culturalista, mencionada há pouco, crê poder afirmar acerca da vida política francesa, esses tipos de passagens a relações cara a cara têm fortes chances de aparecer todas as vezes em que lidarmos com contextos táticos que se aproximam da interdependência alargada, quaisquer que sejam, aliás, os traços culturais próprios, ou supostos enquanto tais, aos sistemas sociais concernidos.

Feita esta observação e fechado este parêntesis, devemos sublinhar que, nas conjunturas críticas, a despeito da grande variedade de suas configurações particulares, essa extensão das barganhas tende a confrontar seus protagonistas aos problemas ligados à *ambiguidade de suas fronteiras*. Em outros termos, para eles não é fácil, nos contextos de interdependência alargada, *fechar o jogo*. Devemos esperar que, nessas condições, uma atividade específica – com muita frequência a redobrada das negociações de outras barganhas, eventualmente tomando de empréstimo outros canais – tivesse como objeto uma delimitação simultânea entre participantes e pautas. Paralelamente a tal decuplicação das barganhas – fenômeno a que as negociações centrais não escapam em absoluto (assim, as negociações de Grenelle em Maio de 1968 tiveram como "estrutura" característica uma espécie de negociação "privada" entre a facção do primeiro-ministro e a direção da CGT, que se sobrepôs às negociações abertas) –, as tentativas de fechamento do jogo podem também se revestir de um aspecto mais coercitivo, como podemos observar, por exemplo, na extrema preocupação com a qual os chefes militares argelinos durante a crise de 1958 tentaram manter afastados

---

manifestações de simpatia ruidosa e manter uma continência quase militar" (Moch, *Une si longue vie*, p.525).

53 Em particular, quando se trata de influenciar, por ameaças ou por blefe, as percepções e os cálculos de *adversários individualizáveis*: "No dia 24, o senhor Périllier (prefeito da Alta Garona) anunciou, pela ordem, a dissolução do agrupamento de fato dito "Comitê Republicano de Salvação Pública de Toulouse". Ao renunciar aos interrogatórios da polícia e às perseguições prescritas pelo ministro, ele julgava mais diplomático convocar individualmente em seu gabinete os principais membros do comitê [...]. A cada um de seus visitantes, ele fez saber que o Comitê de Salvação Pública seria dissolvido e que seria uma pena tomar medidas repressivas se, contudo, o comitê tentasse continuar sua atuação" (Buffelan, *Le complot du 13 mai 1958 dans le Sud-Ouest*, p.119-20).

da Argélia, às vezes muito brutalmente, os homens políticos de direita que a ela se precipitavam.[54]

Mas a difusão das negociações tem também outro lado: em contrapartida às dificuldades às quais ela expõe os atores, ela lhes oferece acesso a algumas manobras táticas bastante interessantes. Uma das mais típicas entre elas consiste justamente em *jogar com essa difusão*, em dela tirar proveito por meio de uma parte que informasse aos outros protagonistas de uma negociação sobre um risco de perda de controle, ao mesmo tempo, sobre seu próprio campo e sobre suas próprias jogadas. Esta foi, notadamente, em maio de 1958, uma das manobras preferidas pelos chefes militares argelinos na longa negociação que tiveram com o governo Pflimlin.[55] O governo privou-se então dessa opção tática ao proibir-se de buscar conjunturalmente apoio nos comunistas, ainda que fosse somente de modo tácito.[56]

Por último, as barganhas devem ademais esse caráter difuso a algumas de suas próprias modalidades, à parte que detêm suas dimensões ou seus componentes tácitos. Delas, na realidade, nós já conhecemos os principais ingredientes: a informação veiculada sob modo expressivo pelo desferimentos das jogadas, o jogo das estigmatizações e o das saliências – e não é nem um pouco necessário nos demorarmos sobre eles. Contudo, a esse respeito, dois pontos devem ser sublinhados. Em primeiro lugar, a intervenção nas barganhas desses componentes tácitos interdita que possamos considerar a questão do lugar das barganhas nos contextos de interdependência alargada ao limitarmos a observação às únicas negociações que se dão enquanto tais (quer sejam propagandeadas, quer sejam ocultas), negociações estas que, aliás, sempre são também, em seu desdobramento concreto, impregnadas ou atravessadas por elementos de barganha tácita. Em segundo lugar, devemos destacar que a distinção do que, nessa dimensão tácita, é ou não da ordem da atividade *intencional*, tem para nosso propósito imediato um interesse muito secundário e consideramos, por conseguinte, sem nenhuma reticência, enquanto elementos de negociação tácita, malgrado seu caráter manifestadamente intencional, jogadas tais como os movimentos dos blindados às portas de Paris durante

---

54 Cf. Williams, *Wars, plots and scandals in post-war France*, p.146-7; Tournoux, *Secrets d'État*, p. 261-2. Assim, foram expulsos Jean-Baptiste Biaggi e Alain Griotteray e, um pouco mais tarde, os ex-pujadistas, entre os quais Jean-Marie Le Pen e o deputado pujadista Berthommier; os chefes militares argelinos tentaram até mesmo, ao que parece, persuadir Jacques Soustelle a não ir à Argélia (ver Ibid., p.262).
55 Cf., por exemplo, Ibid., p.264-5, 308.
56 Sobre a eliminação da opção "dura" defendida durante algum tempo por Jules Moch, que, independentemente do que ele disse depois, representava muito bem tal aliança tácita, ver Ibid., p.268 e ss.

a fase de derrapagem da crise de Maio de 1968[57] ou durante as greves de agosto de 1953. Assim como, a respeito disso, a nós pouco importará saber quais puderam ser as verdadeiras "motivações" da viagem do general De Gaulle a Baden-Baden no curso dessa mesma crise de 1968 – quer tenha se tratado, malgrado o que dizem inúmeros comentadores, de uma magistral encenação inteiramente controlada por De Gaulle, versão pouco plausível é verdade, quer tenha sido resultado de seu desmoronamento a um só tempo psicológico e físico –, a análise reterá antes de tudo sua significação de ameaça tácita que se impôs por meio dos desferimentos das jogadas entre os quais essa jogada muito particular se inseriu.

---

57 Cf. o testemunho de Jacques Chirac sobre o papel desempenhado na crise por Georges Pompidou: "Nada deixar ao acaso. Veremos no dia seguinte à Charléty, quando ele toma para si, e unicamente para si, a responsabilidade de fazer se agruparem às portas de Paris módulos blindados: em 29 de maio a CGT, que se afastara do fronte sindical, manifestou da Bastilha à Saint-Lazare, nos próprios acessos ao Palácio Eliseo. Pompidou queria que ela soubesse, como o PC – e eles saberão a seguir – que o Exército estava lá" (Chirac, Georges Pompidou en Mai 1968, *Le Monde*). Ver igualmente sobre esse ponto Grimaud, op. cit., p.252-3, 281-4; Pompidou, *Pour rétablir une vérité*, p.186).

6
Alguns efeitos emergentes típicos

Gostaríamos de prolongar essas considerações às vezes bastante abstratas abordando algumas receitas táticas às quais os atores políticos frequentemente recorreram nas conjunturas críticas e cuja eficácia eventual enquanto "soluções" às crises – quer se trate da realização de procedimentos constitucionais, quer da cooptação de oposições "desleais", quer do recurso a "homens fortes" ou "providenciais" –, apenas pode ser compreendida caso aceitemos ver nelas definições emergentes, moldadas pelo conjunto dos traços que caracterizam a interdependência tática alargada.

As soluções institucionais

A ocorrência, em algumas conjunturas de forte fluidez política, do que chamaremos de soluções institucionais, constitui, para perspectiva aqui destrinchada, uma fonte possível de objeções e, em todo caso, um problema bastante paradoxal. Essas soluções, com efeito, intervêm em contextos caracterizados pelo desmoronamento do poderio que exercem, sobre atores, lógicas setoriais e procedimentos, definições das situações bem como rotinas institucionais de que estas lógicas são feitas. Assim, elas surgem mesmo onde seu sucesso parece dos mais improváveis, dado que, com toda certeza, relações sociais institucionalizadas "jogam" eficazmente em conjunturas em que, ao contrário, se poderia esperar uma perda de sua eficácia. Esse sucesso constitui justamente um dos dois elementos definidores desse tipo de soluções: falaremos de soluções institucionais apenas quando a intervenção de procedimentos ou de definições institucionalizadas terá como efeito, em contextos de fluidez política, o de contribuir de maneira significativa para estabilizar o valor dos diversos recursos e das linhas de ação colocadas em funcionamento, isto é, em outros termos, para provocar uma redução sensível da fluidez.

A segunda particularidade dessas soluções é a de que sua intervenção tende a impor aos protagonistas dos confrontos jogos e pautas *que canalizam* para certos sítios institucionais do campo político legítimo suas atividades táticas, cálculos e antecipações (ao menos aquelas concernentes a curto prazo). Encontramos esse tipo de soluções tanto nas crises francesas de 1934 e 1958 com – para simplificar, porque a "estrutura" dessas soluções é mais complexa[1] – as investiduras de Doumergue e do general De Gaulle, quanto naquela de 1968, sob a forma da dissolução da Assembleia Nacional. Nesses três casos, a entrada em ação ou a ativação dessas soluções é muito visivelmente seguida por uma "normalização", por uma *ressetorização* bastante rápida das lutas políticas,[2] mesmo se a análise deva destacar que algumas dessas crises assim resolvidas podem – à semelhança daquela de 1934 e mais ainda daquela de 1958 – sofrer na sequência sérios "ricocheteamentos".

Vejamos agora a questão que nos preocupa, a da identificação das molas sociais da ocorrência e da eficácia desse tipo de soluções. A resposta a essa questão deve ser buscada no jogo de propriedades que acabamos de discutir, quer dizer, no das barganhas e, mais globalmente, na extensão conjuntural do volume da atividade de definição da situação. Isto é, trata-se muito simplesmente de admitir o caráter *negociado* dessas soluções, sua qualidade de pontos de concordância que intervêm em barganhas observáveis durante os episódios históricos citados. Essa resposta nos poupa, esta é sua primeira vantagem, de toda tentação de buscar uma explicação na intervenção de alguma "força institucional" supostamente própria aos procedimentos concernidos – que seria análoga à "força ilocutória" emprestada aos discursos – ou ainda de atribuir tudo à intervenção do "homem providencial", que, aliás, teremos a ocasião de discutir mais adiante.

---

1 Assim, a solução de 1934 tem como componente decisivo a demissão do Gabinete Daladier; quanto à de 1958, devemos analisá-la como um verdadeiro "pacote" de compromissos e de concessões recíprocas, conhecidas como interdependentes, que concernem tanto as pautas produzidas pelo confronto – entre as quais, justamente, a investidura do general De Gaulle – quanto os problemas constitucionais para ao quais De Gaulle vai direcionar a saída da crise e, sobretudo, os procedimentos anunciados para a entrada em ação desses compromissos.

2 O sítio "político" para o qual essa "normalização" é canalizada constitui a principal diferença entre essas soluções e algumas outras que puderam intervir em episódios tais como os de 1936 ou de 1953 e, além disso, do ponto de vista das condições sociais de seu sucesso, apresentam uma grande semelhança com referência às soluções institucionais.

Em se tratando da solução de 1958, a resposta que acabamos de sugerir parece, à primeira vista, bastante banal, nenhum historiador (ou até mesmo nenhum dos protagonistas dessa crise) ignora que a investidura do general De Gaulle foi um compromisso propagandeado inclusive durante a composição do Gabinete – nisto ela se aproxima à solução de 1934.[3] Todavia, o mesmo não ocorre em outros casos, como o da dissolução de 1968 e isto basta para tornar absolutamente indispensável a consideração da dimensão *tácita* das barganhas. Por essa mesma razão, não é certo que os observadores dos acontecimentos de maio tenham compreendido perfeitamente lugar que teve o recurso à dissolução na virada de 30 de maio, isto é, por que a dissolução representava ao mesmo tempo uma solução e isto em que De Gaulle de fato "acertou bem no alvo", *malgrado* sua própria percepção da situação e a tática em cuja direção ele esteve, até o último momento, orientado.

Porém o essencial salta claramente a partir de uma comparação entre as "aceitabilidades" e os encaminhamentos respectivos das soluções de 24 e de 30 de maio. Em acréscimo ao que já foi dito no capítulo precedente, a aceitabilidade reduzida do referendo proposto no pronunciamento de 24 de maio, mais do que à "má reputação" desse procedimento, se deve ao simples fato de que a perspectiva de sua realização não oferece então às forças da oposição nada de muito preciso, de tangível. As antecipações dos ganhos mútuos que a ele estão associados pelas partes presentes, são muito desequilibradas e, sobretudo, muito indefinidas, muito incertas (uma renúncia do general De Gaulle em caso de derrota? Quais serão as questões sobre as quais os eleitores teriam de se pronunciar? Como seriam formuladas?). O referendo, em suma, *coloca muito pouco em jogo*, e todo o mundo se dá conta disso, inclusive, como nos lembramos, o campo governamental.

Ao contrário, nada disso ocorre com a dissolução da Assembleia Nacional. Indício decisivo, a dissolução foi explicitamente reivindicada nos dias que a precederam por numerosos líderes da oposição[4] – seu *fair play* foi,

---

[3] Com efeito, o Gabinete Doumergue teve como particularidade fazer coexistir os líderes da direita (André Tardieu e Louis Marin notadamente) – esta que pôde esperar, naquele momento, esvanecerem os efeitos das eleições de 1932 – e os radicais que, porém, aqueles haviam feito de alvo manifesto da crise de janeiro-fevereiro. Nesse Gabinete, Herriot e Tardieu foram ministros de Estado; sete ex-primeiros-ministros terão assento, bem como Pétain, no Ministério da guerra. Ver também as observações sobre o parentesco com o Gabinete Poincaré de 1926 em Goguel, *La politique des partis sous la IIIe république*, p. 489-491. A entrada dos radicais nessa combinação de "União Nacional" – radicais estes que, favoráveis a ela, preferirão defini-la como um governo de "trégua" – será aprovada, à diferença do que passou em 1926, por uma moção explícita do Comitê Cadillac, mesmo se na sequência a direção do partido tiver muitas dificuldades para fazer com que se aceite essa nova renúncia em proveito dos derrotados no sufrágio universal (cf. Berstein, *Histoire du parti radical*, v.2, p.289 e ss.).

[4] Na realidade, ela foi reivindicada desde o debate sobre a moção de censura da quarta-feira, 22 de maio, na Assembleia Nacional notadamente nas intervenções de Gaston

aliás, abertamente oposto à "manipulação" denunciada no procedimento referendário. Contrariamente ao referendo, a aceitação da dissolução, isto é, das eleições legislativas, é quase instantânea, em particular e de maneira muito ostensiva pelo Partido Comunista – muito embora a esquerda extraparlamentar proclamasse sua hostilidade, antecipava contra sua vontade a realização efetiva das eleições.[5] Se essa grande aceitabilidade também se deveu, como já sugerimos, a alguns outros fatores tais como a "credibilidade" da qual se beneficia a ameaça veiculada pelo pronunciamento de 30 de maio, entretanto, seria errôneo ignorar o que torna essa solução atrativa, isto é, por que ela constitui um ponto focal, um ponto de acordo possível entre alguns dos atores que "contam". Trata-se, com efeito, de um ponto em que cada protagonista do confronto pode supor que as retribuições que a ele estão associadas são aceitáveis para aqueles entre seus adversários com que ele conta poder estabelecer relações ao mesmo tempo de competição e de cooperação – esta ao menos no que diz respeito à *limitação do conflito* (como seria o caso, antes que interviesse a dissolução, de uma eventual renúncia do presidente da República). Esse ponto apresenta, ademais, a vantagem de permitir uma antecipação de sua grande aceitabilidade, sem ter de consultar de maneira aberta, ou mesmo explícita, esses adversários parceiros. A dissolução da Assembleia Nacional corresponde, pois, a esse tipo de ponto de convergência das antecipações porque ela oferece aos oponentes a possibilidade, para nos colarmos às terminologias e às representações originárias, de "levar", pelo menos em parte, o poder, ao vencer as eleições legislativas. De fato, no período que precede à dissolução, esses oponentes tinham inteiramente razão, como tudo leva a pensar, em suas antecipações "otimistas" concernentes aos eventuais resultados de tais eleições.[6] Mas, sobretudo,

---

Defferre e François Mitterrand, bem como na de Robert Ballanger em nome do grupo comunista. E ela será ainda reivindicada, mais vigorosamente, nos dias seguintes (ver, por exemplo, o discurso pronunciado por François Mitterrand em 26 de maio durante uma manifestação em Château-Chinon, no *Le Monde* de 28 de maio de 1968). Entretanto, em sua declaração de 28 de maio, François Mitterrand considera o recurso a eleições legislativas apenas como posterior a designação de um novo presidente da República, isto é, depois da partida do general De Gaulle e da formulação, durante o período de ínterim da presidência, de um governo provisório. Convém ver nessa radicalização um dos efeitos aceleradores da rejeição por parte dos grevistas dos acordos de Grenelle (encontraremos o texto da declaração de 28 de maio em Bonnefous et al. (dir.), op. cit., p.380). Por fim, indicaremos a proposta feita por Jacques Maroselli, deputado radical da Haute-Saône, de uma renúncia coletiva dos deputados da Federação da Esquerda Democrática e Socialista [Fédération de la Gauche Démocrate et Socialiste] (no *Le Monde* em 23 maio de 1968). Essa proposição não parece ter encontrado eco entre os deputados desta organização.

5 Dansette, op. cit., p.328 e ss. É significativo que, em nenhum lugar as palavras de ordem de alguns componentes do movimento estudantil não tenham sido traduzidas em incidentes sérios que visassem obstruir o processo eleitoral (Ibid., p.342).

6 Sobre isso, é conveniente nos lembrarmos de que a oposição por muito pouco não tinha conseguido ganhar as eleições legislativas de março de 1967 e de que a maioria eleita se

essa solução oferece também a possibilidade aos diversos atores "legítimos" do jogo político de *livrarem a cara* ["*sauver la face*", em francês], o que é inteiramente capital, nas barganhas internas que os atravessam.

Além disso, uma vez feita a jogada, uma vez que a dissolução é realizada – trata-se, é preciso destacar, de um das muito raras jogadas irreversíveis observáveis no curso desse episódio histórico – a solução coage o pessoal da política e os atores que a este está ligado a definirem suas orientações táticas em um prazo extremamente breve: ou bem participar das eleições e, por conseguinte, quer eles queiram, quer não, darem sua própria contribuição à "normalização" do confronto, à canalização das mobilizações para o sítio institucional assim definido, isto é, à própria ressetorização; ou bem não "jogar o jogo", não participar das eleições, isto é, renunciar aos eventuais benefícios associados às eleições, se elas fossem efetivamente organizadas e, sobretudo, correr o risco de uma escalada e de ter de assumir os custos dela.

O exame do encaminhamento da solução corrobora inteiramente essas observações. Para começar, ainda aqui, com as barganhas internas ao setor governamental: a dissolução de Assembleia constitui, após a eliminação das duas outras soluções propostas (o referendo e os acordos de Grenelle), o ponto focal ou a saliência central nas preocupações e nos cálculos de uma enorme parte do campo governamental, em particular, mas não apenas, do grupo do primeiro-ministro.[7] No período de derrapagem da crise, a pressão que esses atores exercem em favor da dissolução é, além disso, empiricamente indiscernível da eliminação do referendo. Mesmo no momento do "desfecho" – todos os testemunhos concordam sobre esse ponto –, Georges Pompidou obtém a assinatura do decreto de dissolução apenas ao preço de uma última ameaça de renúncia, ante um general De Gaulle que não entendia, como nas jornadas precedentes, o alcance dessa ação tática.[8]

Porém, nesse encaminhamento, há também fatores que contam tanto, senão mais, do que essas barganhas internas. Em primeiro lugar, com certeza, a eliminação das outras soluções, à qual não é útil de retornar. Em segundo lugar, o papel da atividade tática dos protagonistas no "funcionamento" e na própria "atração" exercida por diversas saliências. Nesse ponto, tocamos em um aspecto fundamental das barganhas e do jogo de pontos focais: antes que a jogada seja "jogada", várias outras saliências ou pontos

---

mantevê então graças aos votos provenientes dos distritos ultramarinos, onde ela obteve 14 dos 17 assentos.

7 Notadamente ao que concerne ao "comunicado" ao presidente da República redigido pelos gabinetes dos dois grupos parlamentares da maioria, depois do encontro deles com Georges Pompidou no dia 29 de maio, ver Ibid., p.294-5, 305, 309-10, p.320-1. Ver igualmente Tournoux, *Le mois de mai du general*, p.254266, 279-80.

8 Ver, sobretudo, o testemunho de B. Tricot apud Pilleul (dir.), *L'entourage de De Gaulle*, p.318-23; Pompidou, op. cit., p.192-5.

de convergência das antecipações – da demissão do general De Gaulle à formação do governo Mendès France – *concorreram*, nas percepções, nas expectativas e nos cálculos dos atores da crise, para a solução que intervirá efetivamente e cujas modalidades de ocorrência, notadamente sua inserção na rede dos outras jogadas desferidas (em que ela é de qualquer maneira "mudança de campo"), facilitarão, tanto quanto essa própria ocorrência, a eliminação das saliências concorrentes. É difícil não ver aí outro aspecto da autonomia que caracteriza os processos pelos quais nós nos interessamos. Mas sobretudo vemos que, nessas condições, a *realização* em sentido estrito dessa solução tem como efeito, o que não é nada surpreendente, a retração do *campo dos possíveis* – isto é, das jogadas que podem ser feitas – e assim constrangem, enquanto definição da situação objetivada, as apreciações e as táticas do conjunto dos atores.

Isso nos leva a uma última observação. Se esses diferentes traços permitem estabelecer o caráter negociado da solução institucional de 1968, entretanto neles não há nada que seja fundamentalmente específico a essa solução. Observam-se igualmente no caso de soluções que apresentam um caráter de barganha mais manifesto ou mais propagandeado, tanto as barganhas tácitas quanto o efeito restritivo da solução realizada. O mesmo ocorre no jogo das saliências ou dos pontos focais que uma de suas ocorrências clássicas, a qual remete a um fenômeno familiar, cumpre destacar: durante as crises francesas de 1934 e 1958, desde a "abertura" destas, tanto Doumergue como De Gaulle, independentemente de sua ação pessoal e de suas estratégias, representaram excelentes (no sentido da eficácia destes) pontos de convergência das antecipações,[9] mesmo se o *tempo* em que a solução de 1934 interveio seja muito diferente, bem mais acelerado, do de maio de 1958 (e mesmo se a muito venerável noção de carisma tivesse de perder um pouco de seu charme, assunto ao qual voltaremos mais tarde).

Por fim, o mesmo ocorre com a dinâmica das barganhas que sustentam a emergência dessas soluções: sua autonomia com relação às condições iniciais do confronto se encontra de maneira significativa no fato frequente de

---

9 A "saliência" Doumergue apresenta um interesse analítico particular naquilo que ela se beneficia do precedente de 1926, episódio no curso do qual Gaston Doumergue desempenhara na Presidência da República um papel muito ativo (sobre esse ponto, ver em especial Jeanneney, *Leçon d'histoire pour une gauche au pouvoir*, p.129 e ss.). Além disso, Albert Lebrun pensava há muito tempo nesse tipo de solução e já havia "sondado" abertamente Doumergue alguns dias antes, no momento da dissolução do Gabinete Chautemps. Sob o pretexto de sua idade avançada, Doumergue então renunciou (Berstein, *Le 6 février 1934*, p.96). Ver também, para se ter uma medida da convergência das principais linhas de frente da direita parlamentar no que concerne a esse ponto, a montante da "jornada" de 6 de fevereiro, ver as declarações de André Tardieu, Louis Barthou e Louis Marin em *Le Temps* de 29 de janeiro, bem como o editorial do mesmo diário em 30 de janeiro de 1934). A *homologia aproximativa* percebida entre a situação de 1926 e a de 1934 é aqui princípio de valorização situacional desse *capital político* particular que Doumergue dispunha devido a seu passado.

que, contrariamente a todos os postulados das concepções clássicas acerca dos processos de barganha, as soluções reais que intervêm nas conjunturas críticas podem, como com certeza é o caso da solução de 1958, se situar muito amplamente fora do espaço das soluções pensadas de início como aceitáveis pelos principais protagonistas destas. Elas podem emergir, em outros termos, *fora das zonas contratuais*[10] desses protagonistas, ao menos tal como elas se apresentam ao observador *a montante* das crises, uma vez que as visões do negociável e do não negociável sofrem flutuações muito sérias, que não parece ser imprudente atribuirmos às propriedades que especificam os contextos de interdependência alargada e, também aqui, à autonomia da dinâmica das crises associadas às mobilizações multissetoriais.

A hipótese da retração da arena política

Essa hipótese, proposta por Linz a propósito das fases críticas de alguns tipos de crises políticas, não nos afasta muito dos problemas que acabaram de ser discutidos. À primeira vista, ela também parece contradizer, mas dessa vez de modo frontal, o conjunto do esquema teórico desenvolvido no escopo do presente trabalho. Apenas isso, com certeza, já justifica amplamente que nos detenhamos sobre ela. Mas seu interesse para a análise dos processos de crise política, uma vez que nos dispomos em examiná-los em detalhe, ultrapassa sensivelmente o desafio que ela possa representar para nossas proposições, no que ela toca em alguns aspectos decisivos da interdependência alargada. Com efeito, Linz associa à imagem da retração da arena política a ideia, em tudo incompatível com nosso sistema de hipóteses, de uma eficácia particular das barganhas e, de maneira mais geral, das manobras e das jogadas veladas ou "invisíveis". A hipótese de Linz nos dá, pois, de um duplo ponto de vista, ocasião para procedermos um bom *teste crítico* de nossa própria abordagem.

Na perspectiva elaborada por Linz, a retração da arena política interviria, ao menos em princípio, em uma sequência histórica particular dos processos de crise dos regimes democráticos.[11] Essa sequência – que para

---

10 A zona contratual é aquela onde se supõe que apareçam todas as retribuições conjuntamente aceitáveis pelas partes presentes. Sua construção pelo pesquisador supõe sempre o conhecimento ou a possibilidade de determinar as respectivas "utilidades" das partes ou, no caso das teorias ditas da "convergência", ao menos suas "utilidades" iniciais. Ver, por exemplo, a de Cross, "A theory of the bargaining process, *The American Economic Review*, p.67-94; Coddington, *Theories of bargaining process*. Ver também Young, *Bargaining*, p.131-44, 403 e ss.; Dobry, Note sur la théorie de l'interaction stratégique, op. cit.

11 Somente em princípio porque os episódios históricos aos quais a equipe de pesquisadores reunida em torno de Linz procurou aplicar esse esquema, excedem com toda certeza os casos "puros" de cooptação de uma oposição desleal, como podemos notar, por exemplo, na crise chilena de 1971-1973, durante a qual as principais cooptações tentadas pelo

Linz não é senão uma das sequências características das fases críticas das crises desse tipo de sistemas políticos[12] – tem como traço específico a abertura que uma parte dos "líderes" do regime tenta fazer com relação à oposição desleal ou, eventualmente, semileal, isto é, à oposição que contesta de maneira mais ou menos aberta a própria fórmula institucional e os próprios fundamentos do regime.[13] Trata-se aí, sublinha Linz – e nesse ponto ele tem inteiramente razão – de um dos mecanismos-chave das "revoluções legais", das rupturas que se inscrevem do ponto de vista, embora às vezes muito frouxo,[14] da legalidade formal na continuidade institucional do regime que desaparece. A crise francesa de maio de 1958 fornece uma ilustração atípica desse mecanismo, devido a seu resultado, isto é, ao caráter democrático do regime surgido da crise (mais típicos, desse ponto de vista, são os casos italianos e alemães com a cooptação, com a chegada "legal" ao poder, de Mussolini e Hitler, caso que com toda certeza inspirou diretamente o esquema sequencial de Linz).[15]

A retração da arena política corresponde, segundo Linz, à intervenção de vários componentes ou fatores distintos. Para começar, trata-se do caráter *secreto* das negociações que têm lugar, em tais contextos de crise, entre os líderes do regime e seus adversários, os primeiros se julgam com frequência capazes de limitar a influência ou até mesmo de controlar inteiramente seus futuros parceiros. Acontece que, observa Linz, a cooptação de uma oposição desleal constitui uma operação delicada – a manobra, caso desvelada, arrisca fracassar. De todo modo, a exploração de sua possibilidade supõe da parte de seus iniciadores, em cada um dos campos presentes, a capacidade de ir de encontro aos partidários dos mesmos, a

---

presidente Allende e seu governo foram as daqueles que Linz chama de "poderes neutros", especialmente, como sabemos, dos militares (Valenzuela Chile. In: Linz; Stepan (eds.), *The breakdown of democratic regimes*, p.91, 97, 105).

12 Trata-se aí de uma variante particular, ramificada, da História natural (para uma discussão dessas variantes "ramificadas", ver o Anexo 2 no fim deste volume).

13 Qualquer que seja a pertinência (ou a utilidade analítica) de uma tipologia das oposições existentes nos regimes democráticos, em função da lealdade destas com relação às regras do jogo democrático – a respeito das quais Linz, aliás, tem uma visão extremamente exigente (ver os critérios da lealdade que ele enumera em Linz; Stephan, op. cit., v.1, p.36-7) – tal abordagem arrisca sempre a substancializar as dinâmicas das diferentes forças políticas que estão na base das únicas proclamações ideológicas, mesmo onde um mínimo de atenção nos leva a ver uma extrema ambivalência tática, em especial nos contatos, nas trocas e nas práticas colusivas com forças abertamente hostis a esses regimes, ambivalência esta que, aliás, vale em primeiro lugar para os próprios líderes desses regimes quando estes são ameaçados (à semelhança, por exemplo, de alguns dirigentes da SFIO, do primeiro-ministro e do presidente da República em maio de 1958).

14 Por exemplo, com a transição, em 1958, entre as Constituições da Quarta e da Quinta República francesas.

15 Ibid., p.75-80. Para uma aplicação desse esquema à crise francesa de maio de 1958, ver Cohn, *Loss of legitimacy and the breakdown of democratic regimes*.

capacidade de neutralizá-los ou de colocá-los em curto-circuito.[16] Daí provém a atmosfera, que caracteriza essas fases críticas, de suspeita dentro do mundo dos profissionais da política; daí também o fato de que uma grande parte dos responsáveis e dos parlamentares pertencentes aos partidos pró-governo – que sustentam, ao menos oficialmente, o regime – seja colocada *fora do jogo político* e veja seu "peso" político minguar de modo substancial. Daí, por fim, a acentuação palpável da fragmentação dos partidos políticos, fragmentação irrompida, entretanto, nas fases precedentes da crise. À oposição dessa marginalização de uma grande fração dos profissionais da política, os "intermediários", mais ou menos externos ao jogo político tradicional, são levados a nela assumir uma parte importante, notadamente no que concerne às barganhas de cooptação. Outro componente da retração é representado por aquilo que Linz chama o aumento dos "poderes neutros" (termo com certeza inutilmente normativo) – o Exército, os altos funcionários, e mesmo o chefe de Estado nos sistemas parlamentares.[17] Essa ascensão dos "poderes neutros" se distingue às vezes com dificuldade do jogo próprio a alguns grupos de interesses (as organizações patronais, igrejas, sindicatos, mas também o Exército, dessa vez enquanto grupo de interesse específico),[18] aos quais o autor parece fazer o quarto componente da retração. Esses diversos grupos de interesse, acrescenta Linz, terão, além disso, à medida que se precisará a possibilidade de cooptação da oposição desleal, tendência tomar distância em face das instituições e dos líderes do regime, ainda que só para zelar por seu próprio futuro organizacional. O conjunto desses processos contribui, nessa perspectiva, para transferir o processo político da arena parlamentar para outra arena, *invisível* e bem mais *reduzida*, onde se manejam *secretamente* as negociações decisivas. Por último, uma derradeira observação: o importante papel que desempenham então os pequenos grupos de indivíduos, as "panelinhas", as "camarilhas" (etc.), fator este que explicaria, segundo Linz, a atração de que geralmente se beneficiam, em tais contextos, as interpretações dos acontecimentos em termos de conspiração.[19]

Para resumir, é claro que a retração da arena política corresponde, para Linz, à oposição entre a eficácia das barganhas veladas e restritas, em que atua a cooptação, e o suposto peso mais reduzido das linhas de ação e do nível tático manifesto ou aberto do jogo político. A arena invisível constitui, assim, uma espécie de nível sobredeterminante do conjunto do confronto.

---

16 Linz; Stephan, op. cit., v.1, p.78.
17 Ibid., p.70. Sobre todos esses pontos, essa perspectiva é, definitivamente, muito próxima da análise feita por Poulantzas dos processos de fascistização na Itália e na Alemanha (ver Poulantzas, *Fascisme et dictature*, p.71 e ss.).
18 Linz; Stephan, op. cit., v.1, p.53.
19 Ibid., p.76.

Entretanto, uma grande parte do problema se esvai sem grande dificuldade. Esta é, aliás, uma das funções do breve inventário dos componentes da retração que acabamos de fazer. Não é certo, com efeito, que a escolha do termo "retração" (*narrowing*), para designar os diferentes processos que Linz procura subsumir sob essa noção, seja dos mais felizes. A localização multissetorial das barganhas, o papel que nela desempenham os grupos de interesse e os "poderes neutros", fazem antes pensar em uma extensão da arena política ou, mais rigorosamente, em sua descomparimentação. No episódio de maio de 1958, que Linz não ignora, as barganhas excedem assim sistematicamente às fronteiras da arena política legítima. De início, sem dúvida, devido à cooptação desse líder extraparlamentar que é, *nesse momento*, o general De Gaulle, mas sobretudo em razão da intervenção direta no jogo – e nas barganhas – de atores tais como os militares argelinos e, de fato, a hierarquia militar e o conjunto dos "altos" setores coercitivos da maquinaria estatal com os quais o governo Pflimlin não cessa de negociar desde os primeiros dias da crise (o que dá a essas barganhas uma aparência triangular – por razões que serão explicitadas em alguns instantes – perfeitamente enganadora). Na realidade, o mesmo ocorre nos casos mais típicos da cooptação de uma oposição desleal. Se tomarmos o exemplo do caso da crise italiana de 1922, seria ao menos prematuro ver na investidura de Mussolini, em razão notadamente das falhas organizacionais da marcha sobre Roma, como os historiadores deste episódio se aprazem em sublinhar,[20] apenas o jogo de uma arena parlamentar restrita a seus líderes mais manobreiros (Giolitti, Salandra ou Nitti). Ainda aqui, para neutralizar tal imaginária, basta lembrarmos a configuração do conjunto das barganhas que têm lugar nessa fase da crise italiana: as negociações secretas com esses líderes parlamentares não contam necessariamente mais no jogo que tem como protagonistas, sob múltiplas formas, o Exército, as organizações patronais, a hierarquia da igreja e até mesmo, diretamente, o Vaticano, a Coroa, ou ainda as organizações de combatentes veteranos e sindicatos reagrupados sob a "proteção" de d'Annunzio,[21] atores estes que são, na maior parte, perfeitamente externos à arena parlamentar. Dito de outra maneira, não há nesses componentes de "retração" – a não ser o próprio termo – nada que vá de encontro a nossas hipóteses acerca da dinâmica das mobilizações multissetoriais e os traços especificadores da interdependência tática alargada.

Acontece um pouco do mesmo na marginalização que, nessas circunstâncias, sofre uma parte da "classe política" tradicional. Ao aproximá-la dos efeitos da dessetorização conjuntural do espaço social, a compreensão dessa marginalização ganha bastante em clareza. Na *perspectiva relacional*

---

20 Por exemplo, Tasca, op. cit., p.311-29; Nolte, *Le fascisme italien*, p.173 e ss.
21 Tasca, op. cit., p.284-6.

destrinchada no escopo deste trabalho (e à exceção do que será dito mais adiante), seria na realidade muito improvável que as relações internas e as distribuições dos recursos próprios aos setores afetados pelas mobilizações multissetoriais tivessem sequer chances mínimas de ficar perfeitamente intactas. A dificuldade é que, no estado atual de nossos conhecimentos, nada nos permite predizer *em geral*, para todos os casos, em que direção se efetuarão, no interior de um setor dado, as "redistribuições das cartas" (exceto justamente se diferentes atores de um setor, por exemplo o campo parlamentar, não estiverem todos posicionados necessariamente da mesma maneira – isto é, não dispuserem dos mesmos recursos – nos jogos multi e intersetoriais, as barganhas têm como pauta a cooptação de uma oposição desleal pertencente de modo incontestável, ao menos nos casos citados, a essas categorias). Além disso, a marginalização de uma parte dos profissionais da política não tem necessariamente – nas conjunturas associadas às mobilizações multissetoriais e, mais especialmente, nas fases de cooptação – os traços que Linz imputa a elas. Damo-nos conta disso com facilidade no exame das *barganhas internas* aos diferentes protagonistas coletivos de alguns desses episódios. Sem dúvida, trata-se de um lugar comum destacar, se tomamos o exemplo da crise francesa de 1958, a importância dos debates internos ao grupo parlamentar socialista, cujas posições parecem ter comandado a própria possibilidade de uma solução institucional, a investidura do general De Gaulle (este é o fato, com outras barganhas do mesmo tipo, que torna totalmente inadequada uma representação triangular – líderes do regime, chefes militares argelinos, De Gaulle – dessas barganhas).[22] É difícil nesse caso concluir pelo descarte radical das massas de manobra parlamentares, mesmo se uma análise mais minuciosa dessas barganhas internas devesse destacar também os efeitos da desobjetivação que afeta as regras do jogo internas à SFIO e ao grupo socialista na Assembleia Nacional, regras estas que se tornam, nesse período, uma pauta particular das barganhas e das manipulações táticas.[23]

---

22 Por exemplo, Cohn, op. cit., p.386-88, 397-404.
23 Se, em 27 de maio, os deputados e o comitê diretor da SFIO desaprovam abertamente as iniciativas de alguns desses dirigentes procurando um compromisso com De Gaulle (notadamente Guy Mollet), ao adotar, por 112 votos contra 3 e 1 abstenção, um texto resolutamente hostil à investidura de De Gaulle, será uma reunião de dois grupos parlamentares, graças ao voto dos senadores, que permitirá a esses dirigentes obterem a adesão, por meio de uma maioria muito pequena (*L'année politique 1958*, p.64, 68). Mas sobretudo, nessa reunião de 31 de maio, segundo o testemunho de Jules Moch, "Georges Guille pôs fim [à discussão] ao colocar em votação a liberdade de voto, o que me deixou estupefato. Porque ela existira apenas três vezes: em 1920 [durante a cisão no Congresso de Tours], em 1944 [em Vichy] e em 1954 [sobre a Comunidade Europeia de Defesa]. Há até mesmo liberdade de participar do futuro governo. Uma votação indicativa explica essas decisões antitradicionais: entre os 151 presentes (deputados, senadores, membros do comitê diretor) se mostram 77 assistentes favoráveis à investidura e 74 hostis. Entre os únicos deputados que votaram, contamos 50

Mas isso significa, sobretudo, em um plano mais geral, que a marginalização eventual dos *underdogs* e dos degraus intermediários da "classe política" depende, em definitivo, do detalhe do encadeamento das jogadas realizadas. O pesquisador apreciaria, além disso, exatamente da mesma maneira essa "marginalização" se por ventura o grupo socialista houvesse conseguido bloquear a possibilidade de uma chegada "legal" do general De Gaulle ao poder? Mesmo se nos repugne entrar nesse tipo de raciocínios "contrafactuais", contudo somos levados entrever que as características da "marginalização" são bem mais incertas e bem mais flutuantes do que sugere Linz.

Resta-nos examinar a parte mais delicada da hipótese da retração. Ela concerne principalmente ao lugar conjuntural das negociações secretas nos episódios de cooptação de uma oposição desleal. Digamos de imediato que, sem dúvida, esse lugar não tem a importância que lhe atribui Linz, isto por uma razão decisiva: não vemos por qual milagre a eficácia desse tipo de negociação lhes fariam escapar aos traços tendenciais que caracterizam os contextos de interdependência tática alargada. Sim, incontestavelmente os atores implicados nas manobras de cooptação de uma oposição desleal recorrem à barganha velada (pensamos nos contatos noturnos entre De Gaulle e os líderes do regime em maio de 1958, ou naqueles aos quais já fizemos alusão entre, de um lado, Mussolini e, de outro, Giolitti, Salandra e Nitti), porém essa constatação é suficiente para "validar" a hipótese da retração? Isto seria negligenciar o fato de que, nas conjunturas críticas, as barganhas veladas e as barganhas que não o são se tornam, tendencialmente, interdependentes. E, sobretudo, que, nessas conjunturas, *o invisível não se beneficia de nenhum privilégio causal particular*. As promessas, as ameaças, os compromissos, mesmo velados, são decifráveis a respeito de outras jogadas e de outras formas de barganhas propagandeadas e também de barganhas tácitas. Estas últimas veiculam, como já sabemos, uma informação tanto mais "crível" quanto ela seja em grande medida não intencional, não controlada, expressiva. Essa estrutura das barganhas traz à luz notadamente as condições sociais de possibilidade e de eficiência das jogadas que consistem precisamente em *transgredir o segredo*, como no caso do famoso comunicado de 27 de maio de 1958 no qual De Gaulle revela, após seu secreto encontro noturno com Pflimlin (e ao encontro de seus engajamentos recíprocos, explícitos e secretos), a própria existência dessas barganhas com os líderes do regime, dando assim a essas barganhas uma inflexão decisiva.[24]

---

contra (ao invés dos 117 e 62 nas duas votações precedentes) e 41 a favor (em vez de 3 e, depois, 29)" (Moch, op. cit., p.543).

24 No entanto, não se atribui suficiente importância ao fato de que algumas das principais pautas dessas barganhas entre De Gaulle e os líderes do regime foram constituídas precisamente

Essa estrutura, por fim, é o que nos permite compreender por que um ação tática tal como o "desembarque" na Córsega pôde transformar radicalmente, por seu conteúdo expressivo, as representações do conjunto dos atores a despeito das intenções e do apego de certos protagonistas (no campo governamental, mas também entre os chefes militares argelinos) à definição "legalista" da situação, negociada até então. O "desembarque" na Córsega pode ser, por essa razão, utilmente aproximado à marcha sobre Roma. Esta, com efeito – a partir do momento em que, inteira e visivelmente, irrompeu (e em que também visivelmente, o Exército não se opôs a ela, uma vez que a decisão de decretar o estado de sítio foi reportada),[25] e quaisquer que tenham sido os estados de ânimo e as hesitações de Mussolini –, determinou as *percepções do provável*[26] – daí essa sensação bizarra de "ausência de drama", de "jogo ganho" – de modo que todo o conteúdo das negociações secretas com os líderes do regime foi brutalmente acometido por uma total caducidade.[27]

Assim, não só as barganhas veladas que intervêm nas fases de cooptação de uma oposição desleal não devem ser concebidas como uma espécie de nível sobredeterminante do conjunto dos jogos táticas, como também essas observações nos levam a concluir que, sem dúvida, a hipótese da retração concede muita importância, no que diz respeito aos desdobramentos desses processos, às negociações "centrais", às que têm para os negociadores, intencional e explicitamente, mesmo quando de um modo velado, a cooptação como objeto e como pauta.

---

por gestos *públicos* e *visíveis* – a respeito dos quais não podemos deixar de pensar que eles se tornaram pautas por causa, de alguma maneira, de seu *valor expressivo* – que esses líderes quiseram lhe impor, notadamente no que concerne ao "ritual" da investidura parlamentar... Uma das grandes concessões feitas por De Gaulle no curso dessa crise, concessão esta com toda segurança mais custosa do que ele pôde sugerir em seu testemunho, foi a de curvar-se "sem excesso de desenvoltura" às exigências que ele rechaçava firmemente no começo da crise (De Gaulle, *Mémoires d'espoir*, p.32).

25 Sobre a primeira fase da marcha sobre Roma, ver Tasca, op. cit., p.305 e ss.
26 Aqui discernimos a principal razão pela qual essa "comédia", essa "marcha que não teve lugar" (mas não se diz a mesma coisa do "desembarque" na Córsega de maio de 1958?), pesou com toda segurança bem mais do que os dirigentes fascistas acreditavam e do que querem admitir os historiadores desse episódio. Tasca, por exemplo: "Por que Mussolini, que tudo fez para que as colunas fascistas não avançassem em direção a Roma, quer agora que elas entrem a pé, pelas portas da cidade? Porque, seu governo, que por ora se constitui, precisa inelutavelmente que haja alguma coisa que se assemelhasse a uma 'marcha sobre Roma' [...]. Perigosa e impotente enquanto meio direto para a conquista do poder, a 'marcha sobre Roma' se torna um meio precioso para consagrar o poder conquistado. Dá-se uma satisfação a algumas dezenas de milhares *esquadristas* que, depois de três dias apodrecendo sob a chuva, a eles é dada a impressão de uma grande vitória sancionada pelo desfile nas ruas de Roma e, ao mesmo tempo, recorda-se aos velhos partidos e aos políticos que Mussolini pode dispor agora das forças conjugadas do Estado e do partido fascista" (Ibid., p.326).
27 Sobre a fórmula governamental Salandra-Mussolini, ver Ibid., p.310.

Mas a eminência das negociações "centrais", que enreda assim analistas e atores, permite também entrever um aspecto residual e as vias possíveis de uma reformulação parcial, da hipótese da retração. Trata-se de levar a sério a incontestável *focalização da atenção* de que se beneficiam algumas das negociações centrais intervenientes nos episódios de cooptação (por exemplo, as barganhas que intervieram após as demissões do governo Pflimlin, no caso francês, e do governo Facta, no caso italiano). A inteligibilidade desse tipo de fenômenos, que não são deveras levados em conta ou analisados por Linz, parece que deve ser buscada no jogo das saliências situacionais e nos processos que, por intermédio dos desferimentos das jogadas, condicionam a emergência e a pregnância dos pontos focais. Esta é, assim nos parece, uma das principais bases de uma impressão ou de uma imagem da retração da arena política que, no tipo de situações discutido (situações marcadas, em acréscimo, nos dois casos citados, por uma objetivação da vacância do poder, com as dissoluções dos gabinetes Pflimlin e Facta), pode se impor às percepções da maior parte de seus protagonistas. Em resumo, a Sociologia Política sem dúvida ganharia ao aproximar a hipótese da retração da arena política da questão da emergência, em contextos de crise, de "líderes carismáticos", mesmo se, como vamos ver, essa emergência não se limite em absoluto, ao menos nos casos aos quais nos interessamos aqui, à única qualidade de "pontos focais" desses líderes.

As estratégias carismáticas: De Gaulle e Mendès France

Nesse ponto, interessamo-nos somente por um aspecto muito estreito dos fenômenos que a acepção clássica visa, a partir de Weber,[28] com a noção de carisma.[29] Mais precisamente, interessamo-nos somente por certas molas sociais das estratégias carismáticas observáveis em conjunturas de forte fluidez política, "estratégias carismáticas" que são entendidas no sentido particular da busca, em proveito de um dado indivíduo, de uma *atestação social de sua qualificação carismática* ou, caso se prefira uma formulação um pouco mais secular, de sua aptidão pessoal para oferecer uma saída, uma

---

[28] Ver, em particular, Weber, *Économie et société*, v.1, p.249-61, 464-80; Id., *On charisma and institution building*.

[29] Além disso, deixaremos de lado a maior parte dos muito numerosos – e graves – problemas que levantou, no que diz respeito ao estudo dos problemas que a noção de carisma procura designar, a orientação de pesquisa impulsionada pela conceituação e pelas definições de Weber (ver notadamente: Ake, Charismatic legitimation and political integration, *Comparative Studies in Society and History*; Blau, Critical remarks on Weber's theory of authority, *The American Political Science Review*; Downton, *Rebel leadership*, p.272 e ss.; Theobald, The role of charisma in the development of social movements, *Archives de Sciences Sociales des Religions*; Veyne, *Le pain et le cirque*, p.575-80; Worsley, *The trumpet shall sound* p.IXL-XIX, 266-272).

desembocadura, uma "solução" para a crise na qual ele intervém. Assim a entrada em funcionamento de uma estratégia carismática – que é o caso, como podemos notar, tanto de um De Gaulle em maio de 1958 quanto de um Mendès France em maio de 1968 – constitui uma questão inteiramente distinta daquela acerca do resultado dos confrontos nos quais os candidatos ao carisma emergem, isto é, notadamente, acerca do eventual acesso deles ao poder.

Esse ângulo de abordagem dos fenômenos carismáticos não é, claro, inteiramente novo. Toda uma tradição sociológica assim se debruça sobre o *trabalho carismático*, ao valorar gestos, comportamentos ou discursos "extraordinários" pelos quais o chefe carismático – no mais das vezes se tem em vista a figura do "profeta"[30] – assegura seu poderio sobre aqueles que o seguem, seus sequazes ou seus fiéis. O caráter inadequado ou, ao menos, limitado dessa perspectiva para nosso propósito se deve à insistência, aliás com razão, no *caráter de barganha* da relação entre o chefe carismático e seus adeptos, perspectiva esta que, seguindo então algumas análises de Weber, restringe a apreensão deste trabalho de atestação aos desempenhos estritamente *pessoais* do chefe carismático. Ora, levar em conta as propriedades que caracterizam os contextos de interdependência tática alargada nos permite identificar processos de atestação da qualificação carismática muito diferentes dos que são considerados por essa tradição, processos estes em que a atestação não se reduz em absoluto ao trabalho pessoal do candidato ao carisma. Portanto, esses processos são um convite a uma revisão sensível das concepções que nós temos das estratégias carismáticas.

Precisemos melhor o ponto de vista a que isso nos leva. As limitações da visão clássica do trabalho carismático provêm de que essa visão não integra as *retraduções* e a *distância* que o "sistema de execução" próprio ao jogo tenso imperfeito introduz entre as jogadas realizadas e seus resultados estendidos (eis a atestação da qualificação carismática). Trata-se, em outros termos, de atribuir essa atestação aos processos de formação das estruturas de plausibilidade particulares que se organizam em torno dos estigmas e das saliências que emergem nos desferimentos das jogadas. E, a esse respeito, a atestação da qualificação carismática não se distingue de maneira significativa dos processos nos quais estão em jogo – sempre no caso das conjunturas críticas – a "credibilidade" dos discursos; a cristalização das imagens de escalada ou de vazio político; ou ainda a atração por uma solução institucional. Desse ponto de vista, a atestação da qualificação carismática pode se apresentar de início enquanto *efeito emergente* relativamente autônomo com relação à atividade tática pessoal do líder carismático e dos resultados restritos ou diretos dessa atividade.

---

30 Em particular, Bourdieu, Une interprétation de la théorie de la religion selon Max Weber, op. cit.

Este é precisamente todo o interesse que têm para a análise das conjunturas críticas os empreendimentos carismáticos do tipo daqueles do general De Gaulle em 1958 e de Mendès France dez anos mais tarde.

Os dois empreendimentos de início têm em comum um dos componentes de suas estruturas de plausibilidade, com o qual já nos deparamos e a respeito do qual já discutimos: com efeito, De Gaulle e Mendès France representam cada um, em maio de 1958 e em maio de 1968 respectivamente, uma saliência situacional, um ponto de convergência das antecipações que se impuseram aos protagonistas desses episódios históricos. Ora, é forçoso constatar que esse componente não tem nada a ver, em si mesmo, com um eventual "carisma" – no sentido mais banal do termo – dos dois homens políticos. De fato, no fundamento da ocorrência desse fenômeno, já encontramos as particularidades dos *capitais políticos* dos dois candidatos ao carisma, mas há lugar para pensarmos que os traços pertinentes desses capitais, devido aos quais eles atuaram enquanto pontos focais ou saliências situacionais, não se situam no que poderíamos ser tentados a interpretar, de modo essencialista, enquanto efeitos mecânicos de *trajetórias biográficas claudicantes*.[31] Ao contrário, é possível identificar esses traços de maneira bem mais convincente naquilo em que esses capitais podem permitir aos protagonistas dessas crises – ao menos aqueles protagonistas que estiverem tendencialmente enredados em uma dinâmica de jogo de "motivos mistos" – antecipar a aceitabilidade dessas personalidades por segmentos significativos das partes colocadas, ao longo desses períodos, em posições *conjunturais de ofensiva* (Mendès France desaparece enquanto saliência situacional após a "virada" de 30 de maio de 1968).

Sem dúvida, seria delicado considerar que o sucesso do general De Gaulle em 1958, por exemplo, deveu-se somente à qualidade dele enquanto ponto focal situacional. Mas é dificilmente contestável que, no curso dos acontecimentos, esse componente da atestação da qualificação carismática joga, e joga potentemente. Os apelos, dos quais então De Gaulle se beneficia, da parte de homens que não são seus amigos políticos[32] – mas é talvez ainda mais chocante no caso de Mendès France[33] – não têm certamente como

---

31 É difícil ver nas viradas que sofreram as carreiras públicas de homens tais como De Gaulle ou Mendès France (ou, *a fortiori*, como Clemenceau ou Pétain) indícios indiscutíveis de sua marginalidade ou de suas predisposições ao "carisma" ou à "liderança heroica" – nesse caso, teríamos com toda segurança um número considerável de candidatos sérios aos destinos carismáticos (ver, contra, Hoffmann, Heroic leadership: the case of modern France. In: Edinger, (ed.), *Political leadership in industrial societies*, p.127-8).

32 Para começar, com certeza pelo general Salan, no Fórum da Argélia e depois – sensivelmente antes da transição da "classe política" –, em 21 e 22 de maio, por Georges Bidault e Antoine Pinay (VV., *L'année politique 1958*, p.62).

33 Uma primeira onda de apelos, notadamente os de dirigentes "centristas" como Pierre Abelin, secretário-geral do Centro Democrata, em torno de 18 e 19 de maio, é seguida por uma segunda onda mais ampla na qual, a par dos centristas (Jean Lecanuet), encontramos

mola a crença em seus eventuais "dons extraordinários" (para retomar a terminologia de Weber), nem mesmo no poderio de seu verbo, mas sim, de modo mais costumeiro, o *cálculo*, isto é, como já vimos nas páginas anteriores, a compreensão inteiramente razoável de que, devido a um compromisso negociado com base nessa saliência, a situação não "derrapa" em direção a pautas e a saídas menos previsíveis ainda e, sobretudo, mais custosas. Na realidade, em tudo isso não há nada de particularmente irracional, e o "elo" que o jogo da saliência cria entre os protagonistas do confronto não tem, aliás, estritamente nada em comum com as relações que, segundo Weber, se estabelecem entre o chefe carismático e a "comunidade emocional" de seus adeptos – o que em absoluto não exclui, com certeza, que possa haver, além disso, fenômenos aparentados a este em torno desses chefes.

Contudo, o essencial toca às modalidades conforme as quais os capitais políticos desse tipo são, se podemos dizer assim, *realizados*, e é com relação a essa questão que os dois casos discutidos nos confrontam com configurações de atestação da qualificação carismática muito divergentes das sugeridas pela conceituação weberiana.

À primeira vista, no que concerne aos assentamentos do empreendimento carismático do general De Gaulle, nenhuma dúvida, ou quase nenhuma, parece ser permitida.[34] Uma tradição tenaz situa os recursos sociais nas particularidades de sua "mensagem pessoal", na "magia" de seu verbo, em seu estilo distante e altivo etc., ou, mais exatamente, no encontro entre esses fatores e as "circunstâncias": que, como em maio de 1958, a "crise sobrevém, cuja pauta não é outra senão a sobrevivência da França no mundo enquanto nação, e a mensagem particular de De Gaulle – de que a França deve reconquistar sua grandeza conservando sua personalidade – toca a corda mais sensível".[35] Se seus sucessos táticos são atribuídos a fatores desse tipo, seus fracassos – como vimos a propósito de Maio de 1968 – serão imputados também a eles, às falhas de desempenho, às falhas da mensagem[36] (e, por fim, para fazer uma observação marginal, nisto convém identificar uma das fontes, talvez a

---

também homens provenientes de círculos políticos francamente conservadores tais como Alfred Fabre-Luce ou Jacques Isorni (cf. Pellet, *Pierre Mendès France et les événements de mai et juin 1968*, p.50-2).

34 Por exemplo: Hoffmann; Hoffmann *De Gaulle, artiste de la politique*; Ingelhart; Hochstein, Alingment and dealignment of the electorate in France and the United States, *Comparative Political Studies*, p. 356 e ss.; Linz; Stephan, op. cit., v.1, p.86; Viansson-Ponté, op. cit., v.1, p.100.

35 Hoffmann; Hoffmann, op. cit., p.74-5.

36 Um exemplo típico: "Durante a crise de maio-junho de 1968, o carisma de De Gaulle *se evapora* tão rapidamente de início que para muitos sua queda parece inevitável"; depois, no que concerne ao sucesso: "Era 24 de maio. Seis dias mais tarde, o carisma *ressuscitou* e o caos foi dominado" (Ibid., p.96, 100, grifos meus.).

fonte por excelência, do frenesi ingênuo graças ao qual a análise interna da mensagem se tornou, para os politicólogos, sob diversos modos, um objeto de estudo privilegiado). Não é útil de detalharmos as diferentes variantes dessa interpretação: todas elas passam ao largo de um fenômeno difícil de descrever – e mesmo de perceber – no escopo das concepções weberianas do carisma. O essencial do peso da atestação da qualificação carismática repousa, no curso *desse período* (isto é, até a dissolução do Gabinete Pflimlin), em atores outros do que próprio candidato, e não necessariamente em seus próprios adeptos. A respeito disso, não se presta suficiente atenção para a reserva, a prudência, a circunspecção que, no plano das atividades manifestas, governaram o comportamento tático do general De Gaulle em maio de 1958, para seu sem dúvida relativo, mas inteiramente notável, *silêncio*. Sim, como vimos, em sua atividade velada, De Gaulle se expõe muito; mas em aberto, ele fala muito pouco. Os atos reputados como "decisivos" se reduzem, na realidade, a dois comunicados, os de 15 e 27 de maio, textos muito breves, com certeza escritos, compostos, tudo nos leva a pensar, com uma preocupação meticulosa, com dosagem, com cálculo. Quanto à coletiva de imprensa de 19 de maio, trata-se de um curioso exercício de sedução, que visava acalmar graças à sua moderação, fazer contrapeso aos efeitos do comunicado do dia 15, reparar o que o próprio De Gaulle parece, nesse momento, considerar ser um passo em falso ou, ao menos, uma imprudência – talvez inevitável.[37]

Do mesmo modo, em vez de na "magia do verbo",[38] convém buscar o operador da atestação da qualificação carismática nos elos ostensivos, na *identificação*, que, sob um modo tácito, cria o desferimento das jogadas entre, de um lado, De Gaulle e, de outro, os oficiais, o "movimento" argelino e suas ações táticas. Além disso, com relação a estes elos que o comunicado de 15 de maio, enquanto jogada particular – que intervém, como sabemos, em

---

37 Ver as observações sensivelmente convergentes de Rémond, *Le retour de De Gaulle*, p. 84-5.
38 É permitido suspeitar que o observador não atribuiria tão apressadamente esta potência aos desempenhos pessoais do candidato se, como aponta Robert Tucker, ele não fosse tentado pela ilusão retrospectiva que tende a projetar sobre o período precedente o acesso ao poder, o uso que o "líder" fará dos recursos institucionais uma vez o poder conquistado (Tucker, The theory of charismatic leadership, *Daedalus*, p.738-42). Ilusão que, além disso, faz com que, temos o direito de acrescentar, toda uma série de outros fenômenos igualmente "carismáticos" deixe de interessar ao historiador (Soustelle em 1958, Cohn-Bendit em 1968). Na mesma ordem de ideias, compreendemos que é suficiente, para escapar desse tipo de dificuldade, substituir a noção de "carisma" por outras noções, como as de "liderança heroica" ou de "liderança de crise" – ao visar também por meio delas "líderes" políticos de tempos de guerra ou de crise internacional (Clemenceau, Pétain). Muito judiciosamente, Dennis Kavanagh sugere o quanto uma crise externa pode – por oposição aos contextos próprios em que esses "carismas" têm, na perspectiva weberiana, de "revolucionário" – deixar o jogo político interno e as instituições nas quais se devolvem quase inteiramente intactas (o que, é mister reconhecer no caso da França, certamente não ocorre em 1939, mas o mesmo não se dá em 1914) (Kavanagh, *Crisis, charisma and British political leadership*, p.36-7).

eco com o "Viva De Gaulle" lançado no mesmo dia na Argélia pelo general Salan –, pode ser dito "decisivo", malgrado as reações muito negativas que ele provocará na "classe política" metropolitana.[39] Nessa configuração de atestação da qualificação carismática, em face da prudência do candidato, será o campo argelino que assumirá (não sem hesitação ou ambiguidade no que concerne aos chefes militares) os custos e os riscos da ação e, notadamente, das estigmatizações pelas quais se imporá, se "realizará" o capital político de De Gaulle (daí a amargura, mais tarde, de alguns dos participantes mais diretos desse empreendimento).

Em realidade, com essa configuração, lidamos com uma espécie de carisma *indireto*, barganhável, fundado de início nos cálculos mútuos das partes. Nesse sentido, é de todo notável que, no curso das barganhas nas quais De Gaulle tomou parte durante essa crise, o único ponto a respeito do qual ele se mostra até o fim de uma firmeza absoluta em face das exigências dos líderes do regime, seja justamente a recusa de qualquer desaprovação dos atos do campo argelino, isto é, definitivamente, de qualquer desaprovação deste que constituiu sua verdadeira *base carismática*.[40]

Em suas linhas principais, o empreendimento de Mendès France em 1968 também constituiu, como o do general De Gaulle em 1958, uma configuração de carisma indireto. Contudo, os dois empreendimentos se diferenciam pelo tipo de trabalho pessoal que exigiram dos candidatos. Essa diferença é tanto mais curiosa quanto tudo se passa como se

---

39 Sob o famoso título "Palavras infelizes", eis o que Sirius (Hubert Beuve-Méry) escreve no *Le Monde* de 17 de maio a respeito desse comunicado: "Vindo após as declarações do general Salan que aceitou ser apresentado à multidão argelina por um emissário do Comitê de Salvação Pública e se referindo apenas aos chefes militares agrupados em torno dele e do general De Gaulle, a proclamação de Paris deve fatalmente ser interpretada como uma aprovação implícita da revolta argelina. A secessão foi assim confirmada e encorajada [...] O general De Gaulle devia falar. Ao falar como ele fez, ele multiplicou os riscos e comprometeu a esperança de salvação que muitos, urgidos pela necessidade, querem depositar nele. Dias sombrios se avizinham". E René Rémond conclui: "Em 15 de maio, a classe política afasta a ideia de fazer um apelo a De Gaulle. Seriam preciso duas longas e dramáticas semanas cheias de ricocheteios para que ela se resignasse a ele" (Rémond, op. cit., p.79).

40 Este já havia sido um dos três pontos da barganha pública feita por Guy Mollet, por meio da imprensa, a partir de 16 de maio (os dois outros pontos foram o reconhecimento, da parte de De Gaulle, do governo regular e o respeito das formas constitucionais para uma eventual investidura dele). Guy Mollet ainda volta a isso em sua carta a De Gaulle que data de 25 de maio, e também Vincent Auriol em sua carta de 26 de maio (VV., *L'année político 1958*, 537-8). Este seria, por fim, ao que parece, a pauta central da reunião entre De Gaulle e Pflimlin na noite de 26 de maio – e o objeto central do desacordo que sancionará essa reunião (Tournoux, *Secrets d'État*, p.288-9). Acrescentemos que é preciso alguma boa vontade para detectar no texto do comunicado de 27 de maio, como se gostam de crer e de fazer crer alguns dos "líderes do regime" – se acomodando assim o que lhes parece agora inevitável –, uma presença efetiva dessa condenação (Por exemplo, Ibid., p.299-300). A operação "Ressurreição", prevista para Paris nos dias seguintes, é desaprovada, não sem nuances ("fazia totalmente parte das circunstâncias"), a "mensagem" reforçava assim, paradoxalmente, a credibilidade da qual se beneficiava a ameaça dessa operação.

Mendès France tivesse tomado como "modelo" o comportamento tático adotado pelo general De Gaulle dez anos antes. Daí que, de maneira, ao que parece, inteiramente paralela, o mesmo recurso a comunicados (em 19 de maio de 1968), a mesma reticência a respeito de desempenhos verbais em público, que se limitam a uma declaração à imprensa em 29 de maio, declaração esta lida inteiramente, e a duas ou três frases que escaparam no "calor do momento" (notadamente no que concerne ao anúncio, em 24 de maio, do referendo) e lamentadas na sequência.[41] Por fim, do mesmo modo, seus silêncios, muito acentuados. Silêncio do dia 14 de maio, na Assembleia Nacional, durante o debate sobre a situação universitária, silêncio do dia 22, à ocasião da moção de censura, silêncio ainda (ao qual voltaremos a seguir) durante a concentração de Charléty no dia 27.

A diferença se situa, quanto a si própria, nesses atos à primeira vista microscópicos, que constituem uma curta série de *deslocamentos físicos a olhos vistos*, "para testemunhar", dirá Mendès France, a manifestação unitária de 13 de maio, mas também o coração das manifestações em 24 de maio e, é claro – o que depois lhe será censurado, – a de Charléty. Porém esses deslocamentos representam a parte mais estranha do trabalho carismático *pessoal* do candidato. De fato, ao contrário da posição conjuntural do general De Gaulle em maio de 1958, Mendès France não pode fazer *economia* de tal trabalho. Ele não dispõe de uma base carismática que possa desempenhar o mesmo papel que então assumiram os militares e o "movimento" argelino – e, malgrado as posições que alguns militantes do Partido Socialista Unificado [Parti Socialiste Unifié] (PSU) do qual Mendès France é membro, na UNEF e no Sindicado Nacional do Ensino Superior [Syndicat National de L'Enseignement Supérieur] Snesup.[42] Esses deslocamentos devem ser analisados nessas condições como "equivalentes funcionais", substitutos das jogadas "produtivas" que constituíram, na estratégia carismática do general De Gaulle, os apelos de Massu e de Salan e a barganha tácita de identificação na qual desembocaram. Em suma, Mendès France foi obrigado a "investir sua pessoa" abertamente. O processo de atestação da qualificação carismática em seu empreendimento nisto é sensivelmente distinto da configuração de atestação que acabamos de descrever a propósito da crise de 1958: se ele é indireto, se também se apoia na atividade tática de atores que são exteriores à "comunidade emocional" dos adeptos do candidato,[43]

---

41 Pellet, op. cit., p.44-5.
42 Notadamente, com Jacques Sauvageot provisoriamente à frente da UNEF e, entre outros, com Alain Geismar, na direção do sindicato dos professores.
43 De fato, uma Associação de Apoio a Pierre Mendès France é formada a partir de 22 de maio, mas não parece ter sido capaz de desempenhar um grande papel. Todavia, o mesmo não se deu com o agrupamento que se articulou em torno, notadamente, de uma parte das direções da Confederação Francesa Democrática do Trabalho [Confédération Française Démocratique du Travail] (CFDT) e do PSU e que, em particular, chega a uma série de apelos ao antigo

não é senão pelo viés da superposição, do *enxerto* que sua presença física realiza nos lugares das jogadas feitas pelo "movimento estudantil". Além disso, é completamente provável que Mendès France tenha buscado, sem grande sucesso, outras vias, mais econômicas, de atestação da sua qualificação carismática, como testemunham suas múltiplas tentativas de obter, se não apelos, ao menos encontros *públicos* com os dirigentes do movimento.[44] Sua saída do PSU a partir de 12 de junho viria sancionar a "inércia" que, a respeito desse plano, uma parte da direção dessa organização (em torno de Marc Heurgon) com toda certeza deu provas.[45]

Outro indício do valor tático que então adquiriram tais deslocamentos físicos nos é fornecido pelo curioso, mas enorme, "mal-entendido" entre Mendès France e o líder da Federação de Esquerda, François Mitterrand, a propósito do "testemunho" que o primeiro deu em campo em 24 de maio, uma vez que na véspera, ao que parece, os dois homens políticos teriam combinado de não irem um sem o outro aos lugares das manifestações – acordo que Mendès France parece ter assim transgredido.[46]

Como vimos, a perspectiva destrinchada aqui tem como efeito nos indicar alguns pontos cegos de uma oposição que se tornou clássica na análise dos fenômenos carismáticos, entre, por um lado, (pré-)condições sociais "externas" do carisma (crises ou guerras, desesperança, frustração ou ansiedade de grupos sociais particulares, condutividade de certos arranjos institucionais etc.) e, por outro, qualidades "pessoais" do líder; qualidades estas que se atribuem então dignidade de "causa eficiente" ou de "variável interventora" necessária à cristalização, à aparição efetiva do carisma (as qualidades pessoais detidas serão no mais das vezes traços psicológicos particulares, tiques de expressão oral, "estilos" ou, ainda, como já dissemos, trajetórias sociais claudicantes ou que carregam uma falha[47]).

---

primeiro-ministro francês entre os quais o mais espetacular sem dúvida foi aquele feito, no curso de uma coletiva de imprensa, pelos dirigentes da CFDT em 29 de maio (também foi este agrupamento que, ao que parece, tentou – até aquele momento sem muito sucesso – fazer aclamar o nome de Mendès France durante a concentração de Charléty) (cf. Lacouture, *Pierre Mendès France*, p.479-87). Para retificar os julgamentos demasiado complacentes sobre a acolhida que se fez a Mendès no estádio de Charléty, ver Labro, op. cit., p.196; Bensaïd; Weber, op. cit., p.184.

44 Alain Pellet pontua a facilidade que Mendès teve para encontrar os dirigentes "estudantis" – Sauvageot, notadamente – "em privado" e as reservas que estes demonstraram ao longo todos encontros públicos (Pellet, op. cit., p.42-6).

45 "Segundo o Sr. Mendès France, os dirigentes do PSU sempre se esforçaram para impedir todo *contato válido* entre os líderes estudantes e ele; Sr. Heurgon, em particular, tentou tanto quanto possível impedir Sr. Sauvageot de encontrá-lo; de fato, Sr. Rocard replicou que o antigo primeiro-ministro falou várias vezes e longamente com Sr. Sauvageot" (Ibid., p.92, grifos do autor).

46 Ibid., p.44; Lacouture, op. cit., p.476-9. Ou ainda, para uma versão ligeiramente deslocada, Estier, *Journal d'un fédéré*, p.224.

47 Ver, em particular, Willner, *Charismatic political leadership*, passim.

Com as estratégias carismáticas que acabamos de examinar, entre essas categorias de fatores se distrincham um espaço de fenômenos e um tipo de explicação distintas das (pré-)condições macrossociológicas – sempre muito próximas, de fato, da visão etiológica das crises – e das qualidades "extraordinárias" de chefes carismáticos, espaço e tipo de explicação estes que correspondem a isto em que convém ver, com todo rigor, *carismas situacionais*,[48] ao menos do ponto de vista dos mecanismos sociais da atestação da qualificação carismática. Se não devemos ler as observações apresentadas há pouco como um ataque por tabela à "teoria do carisma" em seu conjunto – mesmo se, sem dúvida, tivemos alguma dificuldade para dissimular nosso ceticismo a este respeito –, essas observações comportam sim algumas pesadas implicações que ultrapassam, assim pensamos, as fronteiras dos casos históricos selecionados nas páginas precedentes.

A isto se acrescentam alguns deslocamentos conceituais a que essas implicações convidam, e que nos limitaremos a assinalar. Por exemplo, onde as variantes menos substancialistas da tradição weberiana fazem do "apelo ao carisma" uma barganha entre o chefe carismático e seu(s) público(s), o discurso do chefe, ao tornar manifesto, ao enunciar, ao racionalizar ou ao justificar o que se supunha preexistir em um estado mais ou menos latente nas disposições, nas atitudes, nos interesses de um grupo ou de um segmento social dado, escancara as configurações indiretas de atestação da qualificação carismática e obriga, se não a inversão completa dos termos da barganha, ao menos a que esta seja concebida, no que diz respeito aos contextos de interdependência alargada, de modo mais complexo e, às vezes, menos "pessoal", mas com toda certeza de modo menos controlável e, sobretudo, mais diversificado em seus encaminhamentos. O mesmo ocorre sensivelmente – outro exemplo de deslocamento conceitual – com a famosa "instabilidade do carisma" que não parece, na realidade, ser de natureza muito diferente da precariedade que tende afetar, nesse tipo de contextos, o conjunto das definições de situações observáveis.

Talvez, a nós será objetado que a especificidade "teórica" do "carisma" corre o risco de se dissolver em tudo isso. Esta seria uma conclusão que, em nossa perspectiva, nada teria de assustadora.

---

48 "Situacionais" devem ser tomados aqui em um sentido estrito e não, à maneira de Ann Ruth Willner, para designar as (pré-)condições do carisma (Ibid., p.8).

7
A REGRESSÃO AOS *HABITUS*

Uma das ideias mais difundidas na Sociologia contemporânea atribui às conjunturas de crise a característica de abrir aos indivíduos espaços de escolha maiores do que os que eles dispõem em contextos rotinizados ou estáveis. Este é um dos múltiplos aspectos de que a ilusão heroica se reveste, a qual já expomos e desmontamos anteriormente. O exame que acabamos de fazer acerca de alguns dos efeitos da interdependência tática alargada não poderia evidentemente corroborar essa visão liberadora das crises. E, de fato, ocorre exatamente o mesmo se nos voltamos para o que, de alguma maneira, "concerne" ao próprio indivíduo. Com efeito, a hipótese da regressão aos *habitus* faz de início referência a isso. Mas, ao mesmo tempo, esta também visa uma das modalidades – a mais importante sem dúvida – graças às quais o passado de uma sociedade, o que ela foi e as experiências que ela conheceu, tende a persistir e a modelar até mesmo as percepções e os comportamentos dos atores nos momentos em que o mundo social em torno deles parece se desfazer. A hipótese da regressão aos *habitus*, respeito da qual nos limitaremos aqui a propor uma formulação exploratória, de início atribui essa forma de sobrevivência do passado à inércia particular dos sistemas de disposições interiorizados pelos indivíduos (ou *habitus*), inércia esta que poderia muito bem fazer da distribuição social de sistemas de disposições diferenciados "estrutura" social a mais estável nas conjunturas de ampla fluidez política.

Habitus, hábito e "efervescência criadora"

De início, poderia parecer estranho atribuir o engendramento de representações e comportamentos assumidos pelos atores sociais nas conjunturas críticas a um tipo de operador prático, o *habitus*, ao mesmo tempo tão próximo em sua denominação e em sua definição da noção de hábito.[1] Ora, como nós bem "sabemos", nada é tão "inabitual" do que condutas nos períodos de "efervescência criadora": com efeito, todos os relatos – com qual direito poderíamos ignorá-los? – atestam seu caráter "inesperado", "extraordinário" ou "inaudito". O próprio indivíduo então "se surpreende", "se descobre" (pensamos como exemplo de tipo ideal os eventos de maio de 1968), realiza atos impensáveis em tempos ordinários, "se sente arrastado" por forças exteriores, que rompem as rotinas cotidianas e "fazem explodir os limites de sua existência". Portanto, a dificuldade parece séria e, em acréscimo, em tudo isso encontramos com facilidade alguns dos fundamentos fenomenais da atração recorrente que ainda hoje exercem as diversas psicologias ou psicossociologias das "multidões" ou das "massas".[2]

Esse tipo de objeção está condenado a continuar sem ter um alcance verdadeiro porque a noção de *habitus* visa explicitamente, para retomar uma expressão de Bourdieu, "algo poderosamente gerador".[3] Além disso, essa noção é diretamente construída para apreender, ao mesmo tempo, a reprodução pelos atores, em suas práticas, dos universos sociais que os modelaram e a improvisação ou a descoberta "em ato", por esses mesmos atores, da novidade, isto é, de uma transformação desses universos. Precisemos de modo tão breve quanto possível esse ponto. A noção de *habitus* não é evidentemente a única que pretende dar conta das relações

---

1 Definida por Pierre Bourdieu enquanto sistema de disposições duráveis, que integra todas as experiências passadas do indivíduo e que constitui a "matriz de suas percepções, apreciações e ações" ou, caso se prefira, o princípio do engendramento e da estruturação de suas práticas (Bourdieu, *Esquisse d'une théorie de la pratique*, p.174, 178), a noção de *habitus* foi sistematizada por esse autor a propósito da explicação elaborada por Erwin Panofsky da gênese e da evolução da arquitetura gótica, ambas associadas a hábitos mentais adquiridos por uma exposição durável a esquemas intelectuais da escolástica (cf. Panofsky, *Architecture gothique et pensée scolastique*, p.83-4 e o posfácio de Pierre Bourdieu em Ibid., p.135-67).

2 Um exemplo recente e representativo: Moscovici, *L'âge des foules* (ver, sobre essa obra, as observações de Thiec; Tréanton, La foule comme objet de science, *Revue Française de Sociologie*).

3 Bourdieu, *Questions de sociologie*, p.134. Mas a ideia é apresentada desde as primeiras formulações sistemáticas que ele faz de suas concepções, nas quais o *habitus* é compreendido enquanto princípio "que permite dar conta desta que foi uma criação de imprevisível novidade" (ver, por exemplo, o posfácio de Bourdieu em Panofsky, *Architecture gothique et pensée scolastique*). Estamos muito longe, como vemos, do puro e simples mecanismo da "reprodução" que, às vezes de modo muito imprudente, se crê que se pode detectar aí (notadamente Bourricaud, Contre le sociologisme: une critique et des propositions, *Revue Française de Sociologie*, p. 590-1).

recíprocas que se estabelecem entre o mundo social e as condutas e percepções individuais. Sem sombra de dúvida, especifica melhor o *habitus* com relação a essa família de noções, o acento colocado sobre os *esquemas* de percepção, de apreciação e de ação que o indivíduo interioriza ou, mais exatamente, *incorpora* de maneira durável no curso de seu confronto cotidiano com o mundo social[4] (e que podemos aproximar da noção de *operação* nos trabalhos de Piaget[5]). Portanto, nessa perspectiva, os esquemas constitutivos do *habitus* têm lugar onde algumas das concepções mais tradicionais da socialização faziam intervir o aprendizado ou a interiorização de valores e/ou dos papéis. Por fim, como em todo caso ocorre com a noção de atitude, ao menos em princípio,[6] o *habitus*, sistema de esquemas incorporados duravelmente, não pode ser objeto de uma observação direta e sempre supõe uma inferência complexa a partir dos comportamentos: obras, trajetórias sociais dos indivíduos, práticas apreciáveis no interior dos lugares sociais de socialização primária ou secundária, duração de exposição a essas práticas etc.

Entretanto, com respeito à objeção discutida, o traço pertinente se situa além do processo de interiorização desses esquemas. Trata-se de seu caráter móvel ou *transferível* em função da diversidade das situações com que o indivíduo se depara. O *habitus*, diz Bourdieu, "opera" de qualquer maneira por *substitutabilidade prática* de um número limitado de esquemas fundamentais que podem, devido a esta mobilidade, engendrar comportamentos, apreciações e percepções em contextos sociais que não são necessariamente aqueles nos quais eles "operam" com mais frequência, nem, tampouco, aqueles nos quais eles puderam ser interiorizados.[7]

Nessa perspectiva, em suma, a invenção não é nem a duplicação pura e simples do que foi interiorizado, nem o surgimento súbito e misterioso, *ex nihilo*, da inovação. Talvez seja isso o que mais afasta a noção de *habitus* dessa atitude, à primeira vista bastante contígua. Com efeito, ao menos no uso corrente que os pesquisadores empiristas fazem desta última, o engendramento de comportamentos e opiniões – quando, por acaso, a atitude não for tão simplesmente confundida com as opiniões – é concebida de maneira ao mesmo tempo fixista e mecanicista. *Fixista*, porque

---

4 Bourdieu, *Esquisse d'une théorie de la pratique*, p.189-200; Id., *Le sens pratique*, p.122-34.
5 Ver Perrenoud, De quelques apports piagetiens à une sociologie de la pratique, *Revue Européenne des Sciences Sociales*.
6 Em princípio porque o uso muito solto que se faz em Ciência Política dessa noção levou, em numerosos casos, a uma equivalência imediata introduzida (sem que, aliás, os que a realizam se expliquem a respeito) entre as opiniões colhidas pelos pesquisadores e uma renúncia de fato à reconstrução ou à especificação de um "estado neurofísico" orientado ou predisposto à ação (ver, sobre esse ponto, as observações visivelmente convergentes com as nossas de Crozier; Friedberg, op. cit., p.400-1).
7 Bourdieu, *Esquisse d'une théorie de la pratique*, p.178; Id., *Le sens pratique*, p.117, 158-9.

a atitude tende então a associar uma "reação organizada" particular a *um* objeto particular (os estrangeiros, a pena de morte, o novo governo) ou, mais raramente, a *uma* situação particular (situação de risco, de competição, de insegurança).[8] Fato revelador: falaremos frequentemente de "mudança de atitude" quando essa reação diante de um objeto particular se transformar. Mas também *mecanicista*, por que então atribuiremos a mudança de atitude à influência de fatores ou de variáveis externas – por exemplo, as transformações morfológicas da sociedade, a escolarização, a urbanização etc. – ao desconhecer, assim, muitas vezes, os processos pelos quais os esquemas interiorizados modelam a percepção e as reações a transformações externas e constituem, nesse sentido, uma *mediação* que obedece a uma *inércia específica* com respeito a estas transformações.[9]

Habitus e conjuntura

Nessas condições, compreendemos porque o terreno privilegiado da interrogação acerca das relações entre *habitus* e conjunturas tenha sido constituído pela observação da "adequação" e da "inadequação" dos *habitus* com relação a seus próprios contextos sociais de funcionamento. Insere-se notadamente nessa orientação de pesquisa a reflexão – derivada da sociologia da religião de Max Weber – a respeito das condições do sucesso da palavra profética, que opõe em particular a figura do sacerdote à do profeta: "Assim como o sacerdote em parte está ligado à ordem ordinária, o profeta, por sua vez, é o homem das situações de crise, nas quais a ordem estabelecida balança e todo o futuro fica completamente em suspenso".[10] A isto que Bourdieu nomeou de efeito de histerese do *habitus*, os possíveis descompassos destes com respeito às propriedades de uma conjuntura de crise, caracteriza, neste exemplo paradigmático, os sistemas de disposições inculcados pela Igreja Católica enquanto instituição burocrática que banalizou, ritualizou e estabilizou os instrumentos do trabalho e de luta religiosa, bem como modelou seu pessoal especializado a esta imagem, ao torná-lo, por essa razão, pouco apto a competir em conjunturas extraordinárias com as condutas e com o discurso extraordinários do profeta.

Compreendemos sem dificuldade a hipótese geral que esta orientação de pesquisa subentende: a reprodução social apenas se efetua, e ela só o faz tendencialmente, quando "as condições nas quais o *habitus* funciona,

---

8 Por exemplo, Lancelot, *Les attitudes politiques*, p.7, que, neste plano, não se separa em nada das formulações iniciais da Psicologia Social (cf. Allport, Attitudes in the history of social psychology. In: Jahoda; Warren (eds.), *Attitudes*).
9 Essa inércia constitui precisamente o componente central da autonomia social – e da singularidade – de cada indivíduo.
10 Bourdieu, Genèse et structure du champ religieux, op. cit., p. 331.

permanecem idênticas, ou semelhantes, às condições nas quais ele se constituiu".[11] Compreendemos também a importância das implicações dessa proposição para a inteligibilidade da dinâmica das transformações sociais, em particular todas as vezes que as disposições funcionam a contrapelo e que os comportamentos são inadequados ou descompassados com relação às "exigências" da situação, expondo seus autores a sanções negativas, e assim desembocando em uma gama variada de "adaptações", que podem ir da resignação pura e simples a mais franca revolta.[12] No mais, nada nos garante, somos tentados a acrescentar, a inexistência de conjunturas de uma fluidez tal que, nelas, nem mesmo os profetas se reconheceriam mais de verdade (por exemplo, Cohn-Bendit em Maio de 1968).

Não discutiremos aqui as implicações dessa perspectiva; seu interesse é evidente: uma vez que os fenômenos de histerese podem se apresentar tanto sob a forma de simples crises de *interação* em relações cara a cara, quanto sob aquelas "macrossociológicas" de fato (por exemplo, revoltas difusas de grupos sociais ou de gerações inteiras), a histerese do *habitus* se traduz muitas vezes nesse caso por meio de fenômenos de descompasso, de atraso das representações, das antecipações e das expectativas com referência ao estado efetivo das estruturas "objetivas".[13] Tampouco discutiremos os limites que em nosso modo de entender se devem, ao menos em um plano geral, à ideia contestável de *adequação* disposições-situação.[14]

Isso porque a tendência à regressão aos *habitus* toca em uma dimensão completamente diferente da relação *habitus*-conjuntura, dimensão esta que a focagem da reflexão (inteiramente legítima em outros contextos teóricos) sobre o problema da "adequação" das disposições aos contextos sociais em que funcionam, tende a dissimular. Nos encontros entre *habitus* e situações, o jogo dos *habitus* não é necessariamente homogêneo. Se as disposições interiorizadas tendem a "operar" em qualquer contexto a que o indivíduo seja confrontado – e também em qualquer "adequação" ou "inadequação"

---

11 Id., *Le sens pratique*, p.104-5; Id., *Esquisse d'une théorie de la pratique*, p.185.
12 Ver, desse ponto de vista, as análises que Bernard Lacroix consagra aos efeitos diferenciados – em função notadamente das propriedades das situações nas quais eles têm lugar – de fenômenos contíguos de inadequação das representações. De encontro a seu prejuízo etiologista, o autor mostra como disposições e experiências de frustração ou desclassificação semelhantes podem desembocar em práticas tão heterogêneas quanto mobilizações contestadoras; estratégias individuais de compensação ou de recuperação social; processos de debandada ou de réplica "egoísta" na vida privada; ou ainda empreendimentos coletivos utópicos como "comunidades" (capítulo 4 de Lacroix, *L'utopie communautaire*).
13 Ver, por exemplo, Bourdieu, Classement, déclassement, reclassement, op. cit., p.8.
14 Isso se encontra até mesmo na concepção que Bourdieu chegou a propor do encontro entre o *habitus* e o "evento objetivo": "A conjuntura política (por exemplo, revolucionária) não pode exercer sua ação de estímulo condicional que pede ou exige uma resposta determinada da parte de todos os que a aprendem enquanto tal, senão sobre aqueles dispostos a constituí-la enquanto tal porque são dotados de um tipo determinado de disposições [...]" (Id., *Esquisse d'une théorie de la pratique*, p.185).

dessas disposições às "exigências" da situação, o que naturalmente vai de encontro às formulações de Bourdieu mencionadas há pouco –, nada nos autoriza, porém, a disso inferir que as disposições têm, em todos os casos, uma pertinência igual ou uma contribuição uniforme no engendramento de condutas e percepções. Em realidade, tocamos neste que é o fundamento da hipótese da regressão aos *habitus*: o fato de que o espaço que os contextos de "operação" destes deixam ao jogo das disposições – que não são os determinantes exclusivos de condutas e percepções – possam sofrer variações conjunturais palpáveis.

Na perspectiva destrinchada aqui, isto a que chamaremos de *determinação forte* dos *habitus* está com toda certeza ligado em parte à emergência das conjunturas fluidas. A liga mediadora entre elas se situa em um fator negligenciado até hoje pela análise dos processos de crise, a saber, *a inércia desigual*, esta que Bourdieu pôde enxergar em diferentes tipos, estados ou espécies de "capitais" – notadamente em certos capitais "que consistem" em relações sociais objetivadas em instituições e outros, em esquemas de ação e de percepção incorporados, quer dizer, como já podemos imaginar, em disposições interiorizadas.[15] Ora, estas últimas têm como característica fundamental não se exporem de maneira idêntica nos processos de perda de objetivação que podem sofrer as relações sociais institucionalizados ou as representações objetivadas do mundo social. Dito de outra maneira, as disposições não são, *ao menos a curto prazo*, tão vulneráveis. Sem dúvida, também os "capitais" incorporados podem sofrer depreciações conjunturais, em especial devido à execução destes em contextos "inadequados" (os efeitos de histerese). Porém, há depreciação e depreciação: como já sugerimos, mesmo disposições "objetivamente inadaptadas" a seus contextos de funcionamento *nem por isso deixam de "operar"*, isto é, de engendrar, com mais ou menos vigor, justamente em função do estado da objetivação do mundo social, comportamentos e representações.

Isso porque, mesmo se a inércia dos *habitus* representa bem uma espécie de sobrevivência do passado, não poderíamos entender aqui por "regressão", nem a passagem a alguma coisa de *mais profunda* ou mais psicológica na ordem das determinações, nem tampouco algum retorno em direção a um estado supostamente mais antigo, um estado anterior, nem até mesmo, com certeza, a um estado original do sistema social.[16] As instituições (esta é uma banalidade que infelizmente é preciso dizer e redizer com frequência) representam, da mesma maneira que os *habitus*, produtos históricos

---

15 Ver, em particular, Id., Les trois états du capital culturel, *Actes de la Recherche en Sciences Sociales*.
16 Ideias que assombram manifestadamente as representações que autores muito diferentes fazem das crises políticas (Crozier; Friedberg, op. cit., p.345; Debray, *Critique de la raison politique*, p.453).

moldados a cada momento – e aos próprios momentos – pelos sistemas sociais. Uns e outros, em seus encontros necessários e cotidianos, constituem juntos a "realidade" desses sistemas (além disso, seria fútil procurar estabelecer, ao menos nos sistemas complexos que nos interessam, um nível ou um patamar de alguma maneira mais "real" que o outro). Uns e outros, por fim, e este é o ponto mais importante para nosso propósito, "operam" nesses encontros com suas características particulares, suas inércias desiguais, ou, caso se prefira, suas *vulnerabilidades específicas* – ao passo que os efeitos de histerese e os processos de desobjetivação não se sobrepõem necessariamente, mesmo nos períodos de crise política.

Convém acrescentar que essas observações não nos parecem em absoluto incompatíveis com os princípios que estão no fundamento das concepções desenvolvidas por Bourdieu das quais, ao menos no que concerne ao ponto em discussão, elas não constituem senão prolongamentos teóricos. Gostaríamos de citar como indício suplementar dessa compatibilidade o fato de que esse autor, mesmo que o diga de maneira muito breve, considera que há em todo sistema social:

> [...] uma diferenciação em domínios da prática regulados de modo mais ou menos explícito: um dos polos do *continuum* é constituído pelos domínios aparentemente "livres", porque em realidade abandonados ao *habitus* e a suas estratégias automáticas; o outro é representado por domínios regulados de modo expresso por normas éticas e, sobretudo, jurídicas explicitamente constituídas e sustentadas por sanções sociais.[17]

Pouco importa para nosso propósito que a caracterização de domínios não "livres", isto é, de domínios beneficiados por uma objetivação institucional somente a partir de normas e sanções, seja muito estreita (seria preciso com todo rigor incluir aí outros tipos de objetivações do que estes que são considerados dessa maneira), porque encontramos nessa distinção a ideia de que o *habitus* possa determinar, com um peso variável segundo os contextos sociais, as condutas e as representações. Em suma, a maior inflexão que é preciso acrescentar a essas concepções, ao menos a respeito da questão abordada aqui, se limita a que se apreendam os diferentes estados de objetivação *das mesmas relações sociais* institucionalizados, *em uma mesma sociedade*, e a que assim possam ser discernidas as variações no jogo de disposições interiorizadas com relação a esses diferentes estados, em vez de serem pensados com relação aos domínios distintos da prática

---

17 Bourdieu, *Esquisse d'une théorie de la pratique*, p.204. Para a oposição de sociedades que deixam, sob o mesmo aspecto, mais ou menos lugar "automatismos" dos *habitus*, ver, Id., *Le sens pratique*, p.245.

ou, eventualmente, às sociedades de níveis distintos de diferenciação e de cristalização institucionais.

Lógicas de posições, lógica de disposições e confiança no *habitus*

Admitidos esses pontos, a hipótese da regressão aos *habitus* não deixa de colocar, no plano da observação, alguns problemas delicados. Com efeito, a esse respeito, tanto as posições institucionais ocupadas pelos atores quanto as localizações conjunturais destes podem constituir poderosos fatores de "distorção" ao tornarem ineficazes as rotinas de pesquisa em que pensamos de maneira espontânea, mesmo se, simultaneamente, a identificação dessas fontes de "distorção" tenha também a virtude de nos oferecer alguns meios para neutralizá-las ou contorná-las.

Nós nos depararemos com um dos fatores de distorção, à primeira vista dificilmente superável, a partir do momento que nos dediquemos a discernir o que as condutas observáveis devem às posições institucionais ocupadas pelos indivíduos, e em que estas condutas resultam do jogo de disposições interiorizadas por estes. Segundo Bourdieu, a este respeito, teremos de lidar com um *ajuste inconsciente* de posições e de disposições, ajuste este que deve ser considerado como um "verdadeiro princípio de funcionamento da instituição".[18]

Trata-se de uma conclusão teórica repleta de consequências. De início porque são assim designados, ao interesse do pesquisador, todos os mecanismos sociais de *seleção* de agentes e de *inculcação* nos mesmos de disposições "adaptadas" à instituição, bem como porque as disposições interiorizadas tendem a comandar, ao menos nas conjunturas rotineiras, as probabilidades de acesso a tipos definidos de posições (pensamos agora com toda certeza nas cadeias de formação e nos filtros sociais a montante, para tomarmos um exemplo familiar, das "escolas do poder", dos grandes corpos de altos funcionários na França ou, ainda, se mudarmos radicalmente de tipo de sistema político, das "nomenclaturas" nos países do Leste Europeu).[19] Mas também porque ela nos permite compreender o motivo pelo qual é enganadora a representação das relações que os atores sociais

---

18 Bourdieu, Le mort saisit le vif: les relations entre l'histoire réifiée et l'histoire incorporée, *Actes de la Recherche en Sciences Sociales*, p.11.
19 Em acréscimo à atenção que esta perspectiva nos incita a prestar aos procedimentos institucionalizados de exame da conformidade de disposições (ou por meio de exercícios do tipo do "grande oral" da Escola Nacional de Administração da França, ou por meio de uma observação de duração mais longa, durante estágios ou colocações à prova "na situação"), ela nos leva a interrogar também acerca do lugar que ocupam, em tais processos de "ajuste" dos agentes às suas próprias posições, fatores tão inconscientes quanto as próprias *vocações*, as

mantêm com as posições institucionais que eles ocupam em termos de papéis "a executar" ou "a desempenhar", já que estes atores, com efeito, quando se investem dessas posições, o fazem com o que eles "são" (isto é, com as disposições de que são dotados) e transformam, por conseguinte, muitas vezes e sem desejá-lo necessariamente, os "conteúdos" dos papéis.[20] Por fim, essa conclusão é importante porque ela lança luz, e isso de encontro a algumas concepções objetivistas ainda em voga, sobre a *contribuição própria dos atores* à "marcha" das instituições mesmo se estas forem "aparelhos", marcha esta que nunca se reduz a uma submissão consciente às finalidades "objetivas" ou anunciadas das instituições e que pode até, nos fatos, coexistir perfeitamente com uma distância não somente sentida pelos atores, mas também até mesmo reivindicada por eles diante dessas finalidades.

Entretanto, estamos no direito de deduzir de tudo isso, como Bourdieu parece sugerir, que, ao menos no caso de ajustes bem-sucedidos entre posições e disposições, "seria vão tentarmos distinguir o que, nas práticas, se deve ao efeito de posições e o que se deve ao efeito de disposições importadas pelos agentes a estas posições"?[21] Adivinhamos que tal conclusão, mesmo sem colocar em dificuldades a hipótese da determinação forte dos *habitus* nas conjunturas críticas, limitaria singularmente a possibilidade de extrair dela o que quer que seja no plano da observação das crises reais.

Para começar, nos será concedido – a crítica, porém, não é verdadeiramente decisiva para o ponto em discussão – que os mecanismos de "alocação" de agentes entre as diversas posições em um sistema social complexo têm poucas chances de se aproximar da "perfeição". E um dos mais poderosos efeitos do funcionamento das organizações nas conjunturas rotineiras é justamente o de tornar compatíveis na prática, por seus resultados agregados, as condutas de agentes procedentes de trajetórias sociais dessemelhantes e dotadas, em especial por este fato, de disposições heterogêneas (assim, por exemplo, a coexistência de trabalhadores de origem rural e de trabalhadores de origem urbana não certamente constitui, nas sociedades "industriais", uma configuração de "mistura" tão excepcional).

Contudo não é necessário que deixemos o terreno dos ajustes "bem-sucedidos" para aperceber o jogo próprio das disposições em conjunturas críticas. Com efeito, para tanto, basta tomarmos como objeto de observação a *resistência diferencial* às condições de fluidez política por parte de diversos tipos de instituições e de organizações. Ou, mais precisamente, basta nos darmos conta de que não é senão de modo muito desigual que organizações e instituições "marcham" rumo à homogeneidade tendencial

---

quais, como sabemos, não se distribuem completamente ao acaso no seio de uma sociedade dada.
20 Ibid., p. 9 ; Id., Classement, déclassement, reclassement, op. cit., p.14-16.
21 Id., Le mort saisit le vif: les relations entre l'histoire réifiée et l'histoire incorporée, op. cit., p.9.

das disposições de seus agentes, razão pela qual estamos lidando com um dos fatores essenciais das diferenças de resistência que agora podemos destacar.[22] Por conseguinte, tomando todo o sentido sociológico de algumas das *tecnologias organizacionais de sobrevivência* ou das *táticas de última hora* que têm como mola o crédito que o conhecimento ou o saber prático dos atores atribui – sem, é claro, se apoderar completamente do princípio (e sem ter, além disso, necessidade de se apoderar dele) – àquilo que se pode analisar, seja como uma comunidade de *habitus*, seja muitas vezes como uma forte probabilidade da execução por alguns indivíduos, grupos, ou mesmo segmentos de organizações, de esquemas de ação e de percepção contíguos, mesmo quando esses esquemas tenham sido interiorizados no curso das trajetórias sociais mais dessemelhantes. Que, para dar importância a um exemplo-limite, façamos frequentemente apelo, nos mais incertos momentos de alguns episódios de ampla fluidez política – quando notadamente outras instituições, mesmo perfeitamente militarizadas, "racham" ou se "dissolvem" –, a alunos das escolas militares ou a tropas "de elite" (entre as quais, segundo uma receita posta em prática há muito tempo e já mencionada, às vezes estão tropas estigmatizadas no plano étnico, por exemplo, as etnias "guerreiras"), não se explica com toda certeza somente pela eficiência técnica de tais "corpos". O "crédito" tem também como fundamento o que se acredita que os indivíduos concernidos "são", o que, é preciso acrescentar, não atua necessariamente a favor da ordem política estabelecida e não é, aliás, característica exclusiva das sociedades "atrasadas" em seu "desenvolvimento político".[23]

Na realidade, esse tipo de receita de crise é apenas um caso extremo de uma série mais diversificada de tecnologias que "caminham" para o que chamaremos de *confiança no habitus*, da qual um excelente exemplo, em um terreno tático bastante diferente dos que acabamos de mencionar, é o "exercício", por uma instituição ou uma organização, em um contexto de fluidez política, disto que Georges Lavau nomeou de *"função tribunícia"*.[24] De fato, tal instituição ou organização pode ser confrontada, ao menos em algumas das conjunturas desse tipo, ao "problema" da canalização dos

---

22 Resistência que pode redobrar notadamente graças aos elementos de tecnologias de apoderamento das crises constitutivas do "endurecimento" dos setores. Sobre esse ponto, ver o capítulo 4 deste livro.
23 Como podemos observar, por exemplo, por meio da participação muito desigual de diferentes unidades militares estacionadas na Argélia nos eventos de maio de 1958 e, bem mais claramente ainda, no *putsch* militar de abril de 1961 (ver, entre outros, Cohen, *Commandos and politicians*, p.65-70).
24 Lavau, Partis et systèmes politiques: interactions et fonctions, *Revue Canadienne de Science Politique*; Id., Le parti communiste dans le système politique français. In: _____. *Le communisme en France*; Id., The PCF, the state and the revolution: an analysis of party policies, communications, and popular culture. In: Blackmer; Tarrow (eds.), *Communism in Italy and France*.

movimentos sociais em direção a saídas ou soluções institucionais, como é o caso, por exemplo, do PC na França durante as greves de 1936 ou de 1968. Essa canalização constitui um dos aspectos centrais da "contribuição funcional" para que essas instituições ou organizações – nas quais sem dúvida seria preferível ver instituições ou organizações de *postura* e dinâmica "tribunícias"[25] – possam levar um sistema político à "sobrevida". Porém antes é preciso que isso seja possível, e é nisso que a confiança no *habitus* nos permite entrever uma das condições de possibilidade da *mobilidade tática* que uma estratégia de canalização eficaz supõe com relação à "clientela" ou "base" social da instituição tribunícia. O PC foi capaz, em algumas "situações explosivas", segundo a expressão de Lavau, de "desviar as virtualidades revolucionárias", ou, ao menos, de contribuir poderosamente para isso, porque sua mobilidade tática se beneficiava também do importante e sistemático trabalho de inculcação e de homogeneização das disposições dos membros de seu "aparelho" e do conjunto dos múltiplos – e convergentes – procedimentos de seleção e de cooptação de pessoal.[26] Assim, é completamente notável que no curso de uma crise tão cheia de desenvolvimentos inesperados como a de maio de 1968, o PCF tenha podido realizar, com o menor custo – isto é, sem nenhum abalo sério e imediato de seu aparelho ou núcleo central –, viradas táticas bruscas e espetaculares (a aproximação com o movimento estudantil por volta de 10 de maio, a radicalização após a rejeição dos acordos de Grenelle ou, como não podia deixar de ser, a aceitação imediata da solução eleitoral). É preciso acrescentar que, *mutatis mutandis*, não seria sem dúvida inteiramente ilegítimo desenvolver análises análogas no que concerne às molas sociais da atividade tática Igreja Católica polonesa nas crises sobrevindas na Polônia a partir de 1956 e, em particular, durante a de 1980-1981.[27] Aliás, em um plano mais geral, podemos sem muito risco explicitar a ideia de que, quanto menos homogênea do ponto de vista das disposições dos membros de seu aparelho for uma organização de postura e de dinâmica tribunícias, mais deveremos esperar uma relativa ineficiência tática dessa organização nas conjunturas críticas, ou, em outros termos, mais essa organização será exposta a derrapagens – internas e externas (isto é, diante de sua clientela social) – no tocante à "função tribunícia" desta.

---

25 Menos em razão das inúteis conotações funcionalistas das quais a expressão "função tribunícia" está repleta, do que por subtrair a análise a toda tentação de *essencializar* a "natureza" (mesmo se seja concebida como "dupla") desse tipo de organizações ou instituições e do que por escapar aos eternos debates sobre a "natureza" "reformista" ou "revolucionária" – categorias originárias que, como sabemos, estão em parte ligadas às visões substancialistas do mundo social.

26 Ver, notadamente, Kriegel, *Les communistes français*, p.129-213.

27 Como mostram, em particular, as reticências, as hesitações ou mesmo as tentativas de blocagem da parte do episcopado polonês no momento do nascimento do sindicato Solidariedade.

Suspeitamos, por fim, que é esta mesma confiança no *habitus* que está na base dos *desdobramentos institucionais* que constituem, em alguns casos de crise política – na América Latina dos anos de 1970 (Argentina, Brasil, Uruguai), mas também na França de 1960-1961 –, a "resposta" inventada pelas "cúpulas" dos setores "estratégicos" (coercitivos, mas também administrativos) aos contextos de fluidez. As triagens de pessoal que então se operam (ou que se efetuam também de alguma maneira de própria, sem que os atores ou o observador não possam localizar os autores delas) nos permitem compreender que esses desdobramentos não têm como componente exclusivo a possibilidade de escapar às regras do jogo legítimas dos setores em causa – isto é, a possibilidade de jogar, aqui também, em um registro tático mais amplo – e que esta própria possibilidade é condicionada pela da ativação de redes de afinidades "eletivas", com frequência informais (mas que às vezes podem também se apoiar nas "irmandades", nos "clubes" ou em outros tipos de lugares mundanos). Além disso, esses desdobramentos institucionais, quando intervêm em escala significativa, têm tendência a exceder as fronteiras das instituições concernidas e podem absorver o *pessoal* "seguro" – no tocante a disposições interiorizadas – em esferas de atividade bastante marginais com referência a instituições "legítimas" (nesse domínio pouco documentado, podemos citar, por exemplo, as tecnologias de "gestão de pessoal" que apareceram na França em algumas zonas dos setores coercitivos durante o período de 1960-1962,[28] mas também, sem dúvida, o caso de algumas redes da Resistência após 1940).

Vemos com esses últimos exemplos que os mecanismos sociais da confiança no *habitus* não supõem necessariamente uma identidade entre as trajetórias sociais e o conjunto das disposições interiorizadas pelos atores entre os quais se estabelece esse tipo de interações. Eles nos indicam também que estas últimas tendem a se beneficiar conjunturas críticas do caráter *móvel* ou da transferibilidade das disposições interiorizadas (transferibilidade esta que, em tais contextos, ocupa um lugar crucial no engendramento de condutas e percepções), as disposições à atividade velada adquiridas, por exemplo, no decorrer de uma carreira na "nata do poder", podem muito bem "operar" em um gênero muito diferente de engajamento. Adivinhamos que esta se trata de uma fonte importante de "distorção".

---

28 Assembleia Nacional da França, *Rapport de la Commission d'enquête sur les activités du Service d'action civique*, v.1, p.181-93.

Localização conjuntural dos atores e emergência de polos de estruturação

Essa fonte é tanto mais considerável à medida que combina seus efeitos aos da localização conjuntural, frequentemente muito diferenciada, de atores dotados de *habitus* contíguos. Daí provêm os impasses deste que parece constituir o ideal empírico associado aos esquemas substancialistas de engendramento de condutas e percepções.

Esse ideal empírico consiste, no essencial, em fazer corresponder *termo a termo*, de um lado, diversos "tipos de personalidades", traços sociais ou psicológicos ou sistemas de disposições e, de outro, tipos particulares de produtos, opiniões, atitudes, comportamentos ou até mesmo obras, movimentos sociais e, inclusive, eventos.[29]

Ora, adotar semelhante postura "empírica" levaria, aqui mais do que em outro lugar, a erros muito graves. Para começar, é preciso com certeza compreender os que estão ligados a toda construção de uma tipologia a partir de produtos fenomenalmente heterogêneos e que, como já tivemos ocasião de sublinhar anteriormente (no capítulo 2), podem muito bem resultar de processos sociais inteiramente similares ou, por seus componentes, bastante contíguos (e, é claro, vice-versa). Mas é preciso também compreender o que condutas e percepções devem às localizações conjunturais particulares dos diferentes atores. Porque, com toda a certeza, uma conjuntura global dada não se apresenta para os atores individuais (e para os grupos, mas estes levantam, além disso, algumas dificuldades específicas que aqui deixaremos de lado)[30] sob a forma dos mesmos contextos de interação direta, pelo viés dos mesmos componentes situacionais. Ela não se traduz para eles nos mesmos "problemas", nos mesmos "desafios", nos mesmos "dilemas" ou "oportunidades" práticas. Nem as incitações para agir, nem as ameaças ou as pressões dos *ambientes imediatos*, nem, com certeza,

---

29 Por exemplo: "Partiríamos da hipótese de que há um número limitado, que se encontra em todas as sociedades, de tipos humanos possíveis – o que parece ser uma hipótese razoável – e tentaríamos ver como cada forma revolucionária seleciona os tipos que a encarnarão. Assim conseguiríamos construir os tipos humanos dos quatro tipos de messianismo, os dos banditismos, das máfias etc." (Baechler, *Les phénomènes révolutionnaires*, p.230).

30 Estão entre elas: 1. Não é certo, notadamente devido ao peso da socialização primária na formação de sistemas de disposições, que possamos postular, para todo grupo social efetivo, uma comunidade de *habitus*, nem tampouco que, em todos os casos, também os *habitus* de grupos diferentes serão necessária e radicalmente diferentes (cf. Di Maggio, op. cit., p.1467-8); 2. Sobretudo, não é evidente que uma comunidade de disposições interiorizadas seja, em todas as circunstâncias, uma fonte ou um fator de solidariedade entre indivíduos que dela são dotados: alguns fenômenos de debandada e comportamentos de *free-riding* podem muito bem ter como mola, ao mesmo tempo, as disposições adquiridas e as antecipações que essas disposições podem engendrar no tocante aos comportamentos prováveis de "similares" sociológicos.

os recursos pessoais e diretamente mobilizáveis podem, em conjunturas críticas, ser considerados *a priori* como idênticos ou equivalentes. Isso significa dizer que os sistemas de esquemas de percepção e de ação interiorizados engendram comportamentos, apreciações e percepções somente nos confrontos concretos entre os indivíduos e as situações "imediatas" particulares, nos quais as tendências globais que definem a conjuntura de conjunto se monetizam, de qualquer maneira, nos "jogos" e nas pautas particulares. Isso significa dizer também, por conseguinte, que o fato de ser dotado de disposições contíguas não poderia implicar senão muito excepcionalmente em uma identidade perfeita entre condutas, interpretações ou atitudes em uma mesma conjuntura global. O fato de que, em seu encontro singular com o evento, o indivíduo seja igualmente localizado por suas tomadas de posição, seus engajamentos, suas eventuais deserções que intervêm no curso deste evento, ou, se preferirmos, por sua *própria carreira na crise* (e, a este respeito, distanciamentos à primeira vista mínimos podem ser portadores das localizações mais duradoras em suas consequências) é o que torna, em acréscimo, a análise ainda mais complexa.

Essas observações nos levam, em suma, a colocar em dúvida o valor "probatório" dos procedimentos que têm como fundamentos o ideal empírico substancialista e a visão mecanicista da correspondência entre as disposições interiorizadas e os comportamentos ou percepções que essas disposições produzem. Mas elas comportam também uma vertente "positiva": a inteligibilidade do lugar que a localização conjuntural dos atores detém nessa produção, que determina, por sua vez, um conjunto de sítios de observação pertinentes com relação à hipótese da regressão aos *habitus* e que vai se acrescentar aos sítios já mencionados.

No escopo deste estudo, limitar-nos-emos a apenas um desses sítios, sem dúvida o mais promissor para a análise das conjunturas críticas. Trata-se da possibilidade que nos abre a perspectiva desenvolvida anteriormente, de identificarmos toda uma série de *fenômenos de estruturação* em ação nesse tipo de conjunturas e que se alimentam da dinâmica destas.

E, mais particularmente, pode tratar-se da estruturação dos próprios grupos sociais ou, ao menos, disto em que é preciso ver seus *núcleos duros*, mesmo sob o risco de termos de renunciar assim a representações demasiado homogeneizantes dessas entidades. Esta é notadamente uma das conclusões que se extrai da análise que Luc Boltanski consagrou à gênese, na França dos anos de 1930, do grupo, hoje perfeitamente "naturalizado", dos "executivos",[31] mas cujo "sucesso" (a atestação incontestada de sua

---

31 No original, *cadres*. Trata-se de um termo para o qual não temos um equivalente exato em português, uma vez que o designa, na França, não apenas uma categoria profissional, a de altos funcionários de empresas públicas ou privadas, mas também um grupo social específico cujo processo de formação Dobry abordará a seguir. (N. T.)

"realidade social" aos olhos dos originários) não estava dado a montante desse período.[32] Entretanto, para nosso propósito, o importante é bem mais restrito do que a história desse "sucesso" e se limita à enunciação das condições sociais de nascimento do grupo, nascimento este que o autor associa explicitamente aos enfrentamentos e às crises políticas do período de 1934-1938. Sim, como o sublinha Boltanski, a aparição do grupo coincide então com a de uma multiplicidade de projetos procedentes de diversas zonas do campo político, e que visavam, a um só tempo, revalorizar e mobilizar as classes médias. Tampouco há dúvida de que nessas tentativas estava em pauta a busca de uma distorção nas clivagens existentes e, de modo mais exato, de uma distorção na polarização sociopolítica, sensivelmente acentuada a partir dos enfrentamentos de 1934, por meio da imposição de uma representação ternária do mundo social.[33] Entretanto, uma vez que percebemos essa busca, resta ainda apreender o essencial, isto é, como tais projetos puderam atingir um relativo sucesso e, justamente, sob a forma de um grupo social inédito, articulado em torno de organizações "sindicais". Porque evidentemente não bastava que alguns estrategistas políticos sonhassem, ou desejassem, que um bloco social intermediário se constituísse, para que pudéssemos assistir à emergência, mesmo que parcial, desse tipo de fenômeno. A formulação disso que Boltanski, de maneira sugestiva, chamou de um "polo de atração" ou um "atractor social" em torno do qual se objetivará o grupo, na realidade, deve ser associado, pensamos nós, a um só tempo, ao jogo da forte determinação das disposições interiorizadas próprio às conjunturas críticas e à localização conjuntural particular dos que constituirão esse polo. Dois fatores parecem, com efeito, comandar a cristalização desse atractor social. De um lado, a proximidade das disposições adquiridas por uma população restrita de engenheiros (e, de maneira notável, de engenheiros industriais) no curso de trajetórias sociais marcadas pelas mesmas grandes escolas, de origens sociais bastante contíguas no atacado, muitas vezes pelos mesmos colégios (de jesuítas) e, no que concerne aos elementos ativistas, a adesão a organizações profissionais ligadas à ação popular e ao catolicismo social.[34] Mas também, por outro, uma localização conjuntural muito desconfortável durante as greves de 1936: os engenheiros industriais se encontram então presos, segundo os termos de seus próprios representantes, "entre a cruz da plutocracia e a espada do proletariado", isto é, estão abandonados, pontualmente, a si próprios, pelas direções das empresas e, entretanto, isolados dos grevistas, tendo sido até mesmo expulsos fisicamente por

---

32 Boltanski, op. cit., p.63-153.
33 Ibid., p.82-90.
34 Ibid., p.66.

estes últimos dos estabelecimentos ocupados.³⁵ Esse isolamento, produto direto dos desferimentos de jogadas e das mobilizações, conjugar-se-á, a partir desse momento, aos efeitos do estabelecimento de novas arenas de representação dos assalariados, na qual CGT se beneficiará de uma quase oficialização, nas quais será preciso "cumprir tabela" para dar à emergência desse "núcleo duro" a forma de "sindicatos" de engenheiros.³⁶ O conjunto desses processos dará, em definitivo, uma consistência "real" às visadas ou às ideologias estratégicas³⁷ que de outra forma poderiam muito bem ter permanecido no estado de puros fantasmas sociais.

Se podemos discernir aqui por que, de encontro às concepções substancialistas acerca do engendramento de comportamentos e percepções, a "resposta sindical" que então representa a formação de sindicatos de engenheiros não deve ser buscada nas imaginárias pré-disposições à ação sindical que o empirismo não hesitaria em detectar nela (o que não quer em absoluto dizer, entretanto, que os esquemas adquiridos, notadamente nas atividades militantes ligadas à ação popular, nela não pudessem desempenhar – mas de início por *sua mobilidade* – um papel importante), devemos sublinhar também o quanto em tais casos um recurso muito exclusivo a abordagens "regressivas" ou arqueológicas se arriscaria a ser contraproducente para a análise dos processos de crise. Com efeito, toda formação de um núcleo duro não se traduz necessariamente por um "sucesso" social *ulterior* segundo o modelo daquela de que se beneficiou o grupo dos executivos, isto é, ela não leva necessariamente a um reagrupamento em torno desse núcleo de segmentos sociais menos "puros", mas "que fazem ganhar massa" e, sobretudo, a uma objetivação institucional do grupo assim aglomerado. Em outros termos, isso significa dizer que o universo dos núcleos duros que emergem em contextos de fluidez política tem fortes chances de ser mais extenso e bem mais diversificado do que poderíamos supor ao tomarmos como ponto de partida da pesquisa os "sucessos" dos grupos.

Além disso, devemos esperar encontrar processos semelhantes no tocante a "objetos" outros que grupos sociais. "Objetos" também contrastados, à primeira vista, como as *gerações*, ao menos quando estas são constituídas enquanto entidades dotadas de "realidade" social,³⁸ às ondas

---

35 Ibid., p.67-8, 80.
36 Ibid., p.77-82.
37 Sobre estas últimas, ver Ansart, Idéologie stratégique et stratégie politique, *Cahiers Internationaux de Sociologie*.
38 Esta que é preciso ser distinguida, pois, de enumerações e instrumentos da descrição demográfica: classes de idade, coortes etc. Sobre esse ponto, Favre, Génération: un concept pour les sciences sociales? *Communication présentée lors du Premier Congrès de L'Association Française de Science Politique*; VV. *Rapport au temps et fosse des générations* (em particular, as intervenções de J. Vernant, P. Bourdelais e M. Philibert).

de adesões a partidos ou sindicatos, cuja coincidência com certas crises políticas já chamou a atenção dos politicólogos,[39] fenômenos tais como a emergência dos intelectuais enquanto força política durante o Caso Dreyfus,[40] ou ainda tais como essa espécie de fatalidade "estrutural" que pesaria enormemente ao longo de toda a vida do regime de Weimar, com o "aprendizado" político muito particular que obtiveram alguns segmentos da juventude alemã pelo viés de seu engajamento nas *freikorps* logo após à Primeira Guerra.[41]

Para dizer a verdade, as fronteiras entre esses objetos são bem mais fluidas do que poderiam sugerir as linhas precedentes: assim é difícil ignorar que a formação das *freikorps* representou também um elemento capital da estruturação de uma geração "real" e trata-se seguramente do mesmo com algumas das ondas de adesões "de crise".[42] Mas talvez isso não seja o mais importante. Sem que possamos esmiuçar aqui a discussão, é preciso sublinhar, com efeito, que tais objetos terão como armadura, simultaneamente, *vários polos* de estruturação (para a "geração de 1968" por exemplo, distingue-se sem muita dificuldade polos militantes procedentes das fileiras de organizações do movimento estudantil e das de ativistas de organizações da juventude cristã,[43] e um polo mais mundano, cada um deles tendo contribuindo para moldar os emblemas e os "mitos" da geração – esta é uma das fontes de sua irredutível ambiguidade). É preciso observar também que a hipótese examinada neste capítulo permite discernir como poderíamos dar um conteúdo específico a noções, malgrado tudo, bastante intuitivas tais como a da "exposição ao evento" ou, ainda, o que Heberlé chamou de

---

39 Ver, por exemplo, para as ondas de adesão durante diversas crises que intervieram na França a partir de 1934, Lagroye, J. et al., *Les militants politiques dans trois partis français*, p. 34-41; Tarrow; Smith, Crisis recruitment and the political involvement of local elites: some evidence from Italy and France. In: Eulau; Czudnowski (eds.), *Elite recruitment in democratic polities*: comparative studies across nations. Para elementos de uma reflexão mais geral sobre os recrutamentos de crise, ver Seligman, Political parties and the recruitment of political leadership. In: Edinger (ed.), *Political leadership in industrialized societies*, p.306-7, 313-14; Prewitt, *The recruitment of political leaders*, p.64-5, 72-4, 93-5.

40 Ver, notadamente, Charles, *Champ littéraire et champ du pouvoir*; Ritaine, *Les stratèges de la culture*, p.83-97.

41 Heberlé, *Social movements*, p.120; Diehl, *Para-military politics in Weimar Germany*, p.23-115; Ledeen, The war as a style of life. In: Ward (ed.), *The war generation*.

42 As curvas de adesão construídas a partir de jogadas sincrônicas entre os militantes de um partido (por exemplo, a partir de respostas recolhidas junto a militantes efetivos de um partido em um momento dado) têm fortes chances de nos indicar tanto a respeito da "resistência" ou da "fidelidade" de diferentes ondas de adesão, isto é, certos efeitos de geração, quanto a respeito da amplitude dessas ondas (ver, notadamente, Lagroye et al., op. cit., p.34). Sobre as diferentes gerações de militantes comunistas, ver Kriegel, op. cit., p.69-91.

43 Sobre estes últimos, ver, por exemplo, Hervieu-Léger, *De la mission à la protestation*, p.53-97.

a "experiência política decisiva",[44] por meio das quais às vezes tentamos indicar as relações que se estabelecem entre os "eventos fundadores" e a emergência do tipo de objetos mencionado anteriormente ou, em termos bastante próximos, ela nos permite precisar um pouco *o que se noda* nestes "nós de eventos".[45]

---

[44] Ou, mais precisamente, "experiência decisiva relevante politicamente" (cf. Heberlé, op. cit., p. 122).

[45] A expressão aparece, em particular, na intervenção de Jacques Vernant em VV., *Rapport au temps et fosse des générations*, p.12.

8
CRISES POLÍTICAS E PROCESSOS DE DESLEGITIMAÇÃO

O último painel dessa exploração nos afasta ainda mais dos aspectos diretamente táticos das lógicas de situação próprias às conjunturas críticas. Ele concerne, com efeito, às perdas de legitimidade que têm lugar nos contextos de fluidez política. Poderia parecer imprudente abordar sem mais precaução esse tipo de questão, dado que tanto as discussões de crenças e de efeitos legitimadores quanto os inventários e tipologias das "formas de legitimidade" são marcados por uma confusão desencorajante, e seria, além disso, fácil mostrar que esta última, no essencial, está presente desde as primeiras formulações que intervieram nesse domínio empírico com, aqui também, a conceituação de Max Weber.[1]

Este, porém, não é nosso propósito, e essa incursão em um terreno tão minado tem tão somente um objetivo muito mais modesto: identificar algumas das consequências para a análise dos processos de deslegitimação que intervêm em contextos de fluidez política compreendidas no esquema teórico exposto anteriormente, bem como desvelar, de algum modo, um

---

[1] O leitor poderá se reportar notadamente, além de aos trabalhos de Weber, à terceira parte de Bendix, *Max Weber*. As confusões às quais fizemos alusão se devem em grande parte às incontestáveis flutuações do uso que Weber faz da noção de legitimidade – esse uso oscila, em particular, entre as reivindicações da legitimidade; os princípios da justificação de um regime; os efeitos esperados das promessas emitidas por autoridades políticas; as autojustificações da destinação dos "felizes" (ricos ou dominantes) e, com menos frequência do que geralmente se crê, as crenças na legitimidade de uma dominação sofrida (ver, em particular, Bensman, Max Weber's concept of legitimacy: an evaluation. In: Vidich; Glassman (eds.), *Conflict and control*).

pouco do mistério da onipresença desses processos (todas as crises, destaca Lucien Pye, são de certa maneira crises de legitimidade).[2] Trata-se mais precisamente de trazer à luz tipos de processo de deslegitimação que, devido notadamente a seu viés etiológico, as análises tradicionais não puderam senão ignorar. Daí o interesse de partir do ponto de vista – nessa matéria, sem dúvida o mais coerente – que nos oferece a ambiciosa construção por meio da qual David Easton tentou dar conta dos mecanismos sociais constitutivos do "apoio" de que diversos "objetos políticos"[3] podem se beneficiar: não somente nela se encontram a maior parte dos pressupostos e tipos de explicações que as principais concepções atuais dos processos de deslegitimação têm em comum, como também, por sua sistematicidade e pelas direções para as quais aponta, ela nos permite ressaltar melhor por que a apreensão de propriedades em cuja exploração nos deteremos nas páginas que se seguirão, nos leva a tomarmos alguma distância diante dos esquemas explicativos que essas concepções veiculam.

O paradigma tradicional

A legitimidade e os problemas que a esta estão ligados se inserem, na conceituação de Easton, pelo viés da distinção entre as diversas formas que pode assumir isso que este autor chama de apoio difuso de um sistema político (ou mais exatamente, como veremos, de certos elementos deste). Podemos, com efeito, procurar obter um nível elevado de apoio difuso ou de "boa vontade" da parte de membros de um sistema político ao suscitar um "sentimento profundo de legitimidade" pelo regime e pelos indivíduos que agem em nome dele, ao "invocar símbolos do interesse comum" ou, enfim, ao reforçar o "grau de identificação dos membros com a comunidade política".[4] Deixaremos de lado a questão das relações entre esses três tipos de "reações" possíveis ao déficit de apoio difuso e a diferenciação entre elas nos planos analítico e empírico – diferenciação esta que é, com toda a certeza, bem mais delicada do que Easton parece pensar, uma vez que o único elemento decisivo para nosso propósito – elemento graças ao qual a perspectiva desse autor é representativa da visão que propõe a maior parte da Sociologia Política contemporânea – se refere à dupla distinção a seguir: a distinção entre apoio *difuso* e apoio *específico*; a distinção de vários objetos

---

2 Pye, The legitimacy crisis. In: Binder et al., *Crises and sequences in political development*, p.136-7.
3 Em particular, Easton, *A systems analysis of political life*; Id., A re-assessment of the concept of political support, *British Journal of Political Science*; Id., Theoretical approaches to political support, *Canadian Journal of Political Science*.
4 Id., *A systems analysis of political life*, p.276-7.

que podem se beneficiar do apoio (e, notadamente, do apoio difuso) da parte de membros de um sistema político.

O impacto dos *outputs* – quer dizer, sem dúvida é preciso recordar, das decisões, dotadas de autoridade, acerca da alocação de valores ou bens simbólicos ou materiais – de um sistema político parece estar no princípio da primeira distinção. Há entre os *outputs* de um sistema político e o apoio específico – este concebido enquanto *input* desse sistema – um elo causal, uma relação que atua principalmente a curto prazo. Nessa perspectiva, esse tipo de apoio corresponde a uma contrapartida de satisfações específicas obtidas pelos membros do sistema político e produzidas por este último. Essas satisfações concernem – em princípio pelo menos, porque sobre esse ponto a conceituação de Easton às vezes dá mostras de certa hesitação[5] – às demandas ou às exigências já apresentadas (ou que podemos esperar que o sejam) pelos próprios membros do sistema ou em nome deles.[6] Portanto, o apoio específico remete diretamente aos desempenhos do sistema político. Ele pode ser representado, segundo a terminologia de Easton, por um laço de retroação simples (*output específico – input específico*).

Ora, continua Easton, se um sistema devesse contar exclusivamente com o apoio específico da parte de seus membros em contrapartida às vantagens que lhes proporcionaria por seus *outputs específicos*, "seria duvidoso que ele pudesse persistir".[7] Com efeito, podemos constatar no plano empírico o quanto os sistemas políticos são capazes – e, aliás, muitas vezes eles não podem fazer de outra maneira – de diferenciar essas vantagens, de não satisfazer de pronto o conjunto das demandas que lhe são dirigidas e, desse ponto de vista, de exigir "sacrifícios" da parte de seus membros. Por conseguinte, a persistência desses sistemas somente pode se explicar pela existência de *reservatórios de apoio* independentes da satisfação a curto prazo das exigências dos membros dos sistemas políticos, isto é, de seus *outputs* cotidianos.[8]

Ao contrário, a longo prazo, a não satisfação das exigências específicas parece que deve alterar o reservatório de "boa vontade", assim como – sempre a longo prazo – um fluxo de *outputs* favoráveis pode ter, segundo Easton, sérias chances de aumentar o volume de apoio difuso do qual se beneficia um sistema político.[9]

---

5 Id., A re-assessment of the concept of political support, op. cit., p.442.
6 Id., *A systems analysis of political life*, p.268. É preciso sublinhar que, segundo Easton, isso segue sendo válido mesmo se nos afastarmos, como ele próprio o fez, dos postulados utilitaristas para a explicação de reações de apoio ou de retirada do apoio da parte dos membros do sistema (ver, em particular, nota 6 em Ibid., p.409).
7 Ibid., p.270.
8 Ibid., p.273.
9 Ibid., p.275; Id., Theoretical approaches to political support, op. cit., p.440.

Resta que, a par dessa fonte particular que constitui uma exposição de longa duração a um fluxo de *outputs* favoráveis, a principal origem do apoio difuso deva ser buscada, segundo Easton, nesses processos de socialização[10] – o que explica, além disso, a orientação das pesquisas que esse autor consagrou à socialização "política".[11] Vemos como, desse ponto de vista genético, no que concerne à exposição aos *outputs* provenientes do sistema político, o contraste entre apoio difuso e apoio específico (que, nessa ótica, o mecanismo de produção remete apenas aos desempenhos dos sistemas políticos) parece firmemente estabelecido.

Por fim, observaremos, para que esse aspecto da discussão possa ser desde já tomado como dado, que esse contraste concerne diretamente à legitimidade de um sistema político, que é concebida por Easton como uma das duas principais dimensões ("a mais importante") do apoio difuso – a outra é a confiança (*trust*).[12]

Em resumo, nessa perspectiva, os processos de deslegitimação são pensados, de início, enquanto formas particulares de redução do apoio difuso e, não sem fugidias hesitações,[13] enquanto *evoluções a longo prazo* em que as retiradas de legitimidade correspondem a uma lenta erosão de sentimentos ou de crenças na legitimidade do regime ou das autoridades e se situam, por consequência, *a montante* das crises políticas que elas contribuem para produzir. A esse respeito, dois encaminhamentos distintos, ao menos no plano da análise, parecem caracterizar esses processos. De um lado, as *expectativas* dos membros do sistema político podem não mais encontrar, durante um longo período, um fluxo satisfatório de vantagens associadas aos desempenhos – aos *outputs* – do sistema. De outro, as deslegitimações podem também constituir os resultados de descompassos suscetíveis de aparecer entre os valores inculcados nos indivíduos no curso da socialização deles e o funcionamento global, a imagem ou o estado aparente do regime bem como o comportamento, a maneira de ser, os valores expressos pelas autoridades (ou seus elementos que estão mais à vista). Sem dúvida, com nuances, muitas vezes com sensíveis divergências terminológicas, esse paradigma se encontra na grande maioria vertentes dos fenômenos de deslegitimação, incluídas a "teoria crítica" de Jürgen Habermas[14] e até mesmo,

---

10 Id., *A systems analysis of political life*, p.272; Id., A re-assessment of the concept of political support, op. cit., p.445-6, 448 e ss.
11 Em especial, Easton; Dennis, *Children in the political system*.
12 Id., Theoretical approaches to political support, op. cit., p.438; Id., A re-assessment of the concept of political support, op. cit., p.446-53 (não é impensável ver aqui uma inflexão da pensamento de Easton em comparação com suas formulações mais antigas às quais remete a nota 4, p.210).
13 Ver, notadamente, Id., A re-assessment of the concept of political support, op. cit., p.445.
14 "Assim, uma crise de legitimação apenas pode ser prognosticada se o sistema fez nascer expectativas que não podem ser satisfeitas, seja com a massa de valores disponíveis, seja, de uma maneira geral, por meio de compensações conformes ao sistema" (Habermas, *Raison et*

de certa maneira, a teoria da congruência dos modelos de autoridade que, entretanto, dá uma extensão explicativa completamente diferente aos descompassos mencionados há pouco.[15]

Por fim, esse paradigma deve ser precisado no tocante a um aspecto que Easton hoje julga absolutamente decisivo. Trata-se da distinção entre vários objetos suscetíveis de se beneficiarem do apoio dos membros de um sistema político. Esses objetos são três: a comunidade política, o regime político e as autoridades, isto é, o pessoal que ocupa posições de autoridade no seio do regime. Essa distinção representaria, de um ponto de vista sistêmico, a substituição às concepções da "teoria da ação" parsoniana que, diz Easton, não consegue destacar a questão da legitimidade do problema da competição entre orientações ou linhas políticas alternativas (uma forma disto que Eckstein e Gurr chamam de "viés liberal"),[16] quer dizer, concepções que não podem, por essa razão, apreender o funcionamento e as características do apoio político – e as crenças e os sentimentos de legitimidade enquanto forma particular de apoio difuso – dos sistemas políticos não democráticos e, mais geralmente, dos processos de legitimação extraeleitorais.[17]

As crenças portadoras de legitimidade concernem tão somente dois dos três objetos assim distinguidos: o regime e as autoridades. O terceiro objeto, a comunidade política, é o domínio de outra forma de apoio difuso: a identificação dos membros do sistema a esta comunidade. Porém a "necessidade" dessa distinção analítica não implica que devamos postular uma ausência de interações entre as crenças legitimadoras das autoridades e aquelas concernentes ao regime; o exemplo da crise francesa de maio de 1958 mostra, segundo Easton, que a atividade de autoridades, isto é, a

---

légitimité, p.107). A distinção proposta por Habermas entre a crise de legitimação e a crise de motivação não se afasta em nada, muito pelo contrário, do "paradigma" discutido; a crise de motivaçao se refere com toda certeza às expectativas, atitudes e valores – as motivações – inculcadas por isso que esse autor chama de "sistema sociocultural" e à adequação dessas motivações com relação às "necessidades" do sistema (Ibid., p.12). Ver também, sobre essa distinção, Chazel, Idéologie et crise de légitimation. In: Duprat (dir.), *Analyse de l'idéologie*).

15 Com efeito, ainda que se tratasse, de início, de uma hipótese relativa aos "modelos de autoridade" em operação nas *interações* entre superiores e subordinados no interior de diversas unidades sociais, Eckstein sublinha desde as primeiras formulações de sua hipótese o fundamento "motivacional" desta última: "[...] Um fato está seguramente acima de qualquer suspeita: sociedades possuidoras de padrões de autoridade congruentes têm uma enorme vantagem "econômica com relação àqueles que não os têm. Nos casos mais extremos, como o da Grã-Bretanha, indivíduos estão, de fato, socializados na maior parte de todos os padrões simultaneamente (mesmo se eles pertencerem a extratos da não elite), enquanto em sociedades altamente incongruentes os homens devem repetidamente ser ressocializados para que participem em diversas partes da vida social" (Eckstein, A theory of stable democracy. In:____. *Division and cohesion in democracy*, p.260). Ver também, Id., *Support for regimes*, p.17-8. Para uma apresentação sistemática da hipótese da congruência: Id., Authority relations and governmental performance: a theoretical framework, *Comparative Political Studies*.
16 Eckstein; Gurr, *Patterns of authority*, p.230-1.
17 Easton, Theoretical approaches to political support, op. cit., p.435-40.

legitimidade que elas puderam adquirir – Easton pensa evidentemente em De Gaulle – é capaz de consolidar, e em grande parte até mesmo de criar, a legitimidade do regime. Isso tudo também seria verdadeiro em processos de deslegitimação: as perdas de legitimidade das autoridades norte-americanas (Nixon e companhia) à ocasião do Caso Watergate, que podem muito bem ter repercutido na legitimidade do próprio regime. A "necessidade" de distinguir os objetos provém simplesmente do fato de que esses tipos de interações não interviriam forçosamente em todos os casos e de que aceitar a distinção tem como vantagem permitir o isolamento – mesmo quando se produzem interferências entre as legitimidades somadas a esses dois objetos políticos – de alguns descompassos que podem aparecer entre elas, por exemplo, a deslegitimação do regime após a das autoridades (ou eventualmente, o inverso). Assim como no caso da distinção entre apoio difuso e apoio específico, trata-se nessa perspectiva, antes de tudo, de conceber a possibilidade das variações independentes desses dois tipos distintos de legitimidade (e de apoio difuso).[18]

Resumamos. De início, aparece com clareza que, para Easton, os processos de legitimação e de deslegitimação e, mais globalmente, o crescimento e a erosão do apoio difuso constituem fenômenos detentores de uma temporalidade longa a qual os distingue das flutuações que o apoio específico pode sofrer. Os fenômenos de deslegitimação, mais particularmente, são considerados no essencial enquanto fatores que intervêm na produção das crises políticas (trata-se, ainda aqui, de um ponto de vista etiológico). Segunda ideia subjacente ao conjunto da vertente de Easton: para além da distinção entre apoio difuso e apoio específico, a hipótese é que o nível de apoio difuso é decisivo para a persistência dos regimes e dos sistemas políticos, o que, ao contrário, não seria o caso no tocante ao nível do apoio específico. Por último, o terceiro elemento, todavia afirmado de modo menos expresso: uma concepção indiferenciada e não aberta (no limite, um reservatório para cada sistema político) dos reservatórios de apoio difuso, ao menos quando se trata de pensar o impacto deste apoio sobre a persistência dos regimes políticos. Mesmo se ao mesmo tempo Easton sublinhe, contra o "viés liberal" que ele atribui a Parsons, a pluralidade dos vetores desse apoio difuso,[19] o que é uma questão bastante diferente. A análise dos processos de deslegitimação nas conjunturas críticas deve submeter o conjunto desses pontos a um exame mais atento.

---

18 Ibid., p.439-40.
19 Ibid., p.434-6, 441.

Efeitos de deslegitimação induzidos e legitimidade estrutural

Vejamos, antes de mais nada, o lugar que ocupam, nos processos de crise política, os fenômenos de deslegitimação. Esse lugar não é exatamente aquele que as concepções tradicionais lhe atribuem e que Easton descreveu de modo notável. Com efeito, longe de ser exclusivamente localizadas a montante das crises, em sua fonte ou em sua origem, as deslegitimações aparecem também, desde que concordemos em tomar alguma distância com relação às perspectivas teóricas mais estreitamente etiologistas, enquanto *produtos das mobilizações*, enquanto resultados da dinâmica destas e não somente como "causas" de algumas mobilizações ou das próprias crises. Trata-se, em outros termos, de inverter aqui o encadeamento lógico e causal que, de maneira mais ou menos explícita, imaginamos que liguem as duas ordens de fenômenos.

Entretanto, entendamos bem: ao colocarmos dessa forma o acento sobre a aparição de deslegitimações *autônomas e distintas* das "retiradas de legitimidade" que supostamente seriam fatores significativos da determinação das crises políticas – ou de algumas entre elas –, nós não queremos dizer em absoluto que tais retiradas nunca são observáveis nos períodos que precedem aos episódios de forte fluidez política. Em de numerosos casos, como, por exemplo, os de 1934 ou de 1958, essas deslegitimações a montante das crises parecem pouco contestáveis (mesmo se a configuração e o peso causal delas – será preciso voltar a isso – fossem mais complexos do que os historiadores desses episódios tendem a sugerir e mesmo se fosse mais provável que elas não representem os únicos fenômenos de deslegitimação que intervêm nas trajetórias dessas crises). Tampouco queremos negar que possa haver, a montante de algumas crises políticas, um nível fraco de apoio difuso ou de legitimidade, sem que possamos identificar, sempre a montante, um processo de deslegitimação em sentido estrito, uma vez que alguns sistemas políticos podem ser confrontados com crises muito sérias sem ter podido constituir, em benefício do regime ou das autoridades, "reservatórios de apoio difuso" de nível, na perspectiva de Easton, "satisfatório" (a crise de 1947, como veremos, se relaciona de modo palpável com essa configuração).

Dito isso, gostaríamos a este respeito somente estabelecer, no momento, o ponto de que paralelamente à ocorrência possível – e somente possível – desse tipo de processo a montante das crises, as conjunturas críticas sofrem os efeitos da deslegitimação que intervêm *no curso* das próprias crises, enquanto componentes de destas. Não só esses efeitos nelas aparecem nem um lugar muito diferente do que postulam as concepções tradicionais, mas também com um *tempo* e uma *sensibilidade* às jogadas desferidas mais próximos dos que Easton pensa ser os que caracterizam as flutuações do apoio específico do que do ritmo e da independência a curto prazo, com relação aos *outputs*, que ele atribui aos processos de erosão do apoio difuso. Esses traços particulares, como já tivemos a ocasião de sugerir, remetem diretamente aos processos de desobjetivação das relações sociais associados à dinâmica das mobilizações multissetoriais. Como vimos, essa linha de hipóteses supõe que procedamos no plano teórico sérios remanejamentos no que concerne à maneira pela qual as Ciências Sociais concebem o jogo e a "consistência" dos processos de legitimação nos sistemas políticos que nos interessam.

Mas essa linha de hipóteses também supõe, no plano empírico, que possamos observar esses processos de deslegitimação autônomos (que chamaremos *efeitos de deslegitimação induzidos*) e que possamos, em particular, encontrar o meio de isolá-los das retiradas de legitimidade "a montante". Ou, melhor ainda, tratar-se-á de um *teste crítico* que separa várias perspectivas teóricas concorrentes, em que possamos reconhecer um ou mais casos de crises nas quais um processo de deslegitimação sensível e brusco seja observável no próprio curso de uma crise, sem que possamos identificar a montante desta crise uma perda de legitimidade do tipo das que postulam as concepções tradicionais.

Este é todo o interesse dos "eventos" de maio de 1968 para nosso propósito. A ampla e súbita deslegitimação que então atinge tanto as autoridades quanto o regime – e que participa, como já dissemos, em um processo de desobjetivação muito mais extenso e multiforme – corresponde, com efeito, idealmente, a este último caso.[20] Se nos limitamos aos indicadores de que se valem numerosos politicólogos – Easton incluído – para avaliar o nível da legitimidade ou do apoio difuso, procuraríamos em vão, no período anterior à crise, algum traço de retiradas de legitimidade que tenham afetado o reservatório de apoio difuso do regime ou das autoridades. Particularmente, o mesmo se dá com indicadores doxométricos privilegiados por quase todos os autores que buscaram "aplicar" ou "verificar" no plano empírico

---

20 A conjunção entre um prejuízo culturalista – Maio de 1968 enquanto simples duplicação da Comuna de Paris (1871) – e a transgressão que consiste em tentar reduzir todo este episódio histórico somente a seus resultados (a vitória, nas eleições legislativas de junho, da bancada que tinha a maioria), forma de ilusão retrospectiva que, como já tivemos a ocasião de discutir, leva alguns observadores apressados a subestimar profundamente o alcance desses processos no interior. Em realidade, os dados doxométricos disponíveis apenas autorizam a concluirmos um *atraso*, com relação à Paris, dos processos de desobjetivação no interior e somente nas duas primeiras semanas da crise (ver, em particular, Institut Français d'Opinion Publique, *Sondages*, 1968, p.71-93). Sobre a amplitude da "participação" nos eventos no interior, ao menos nas vilas de mais de 50 mil habitantes, Philip Converse e Roy Pierce se apoiam em pesquisas feitas após os "eventos" e que concernem, em particular, à participação nas manifestações de rua e nas greves (Converse; Pierce, Basic cleavages in French politics and the disorders of May and June 1968, *Communication au 7e Congrès Mondial de Sociologie*).

Sociologia das crises políticas

as hipóteses de Easton.[21] Quaisquer que sejam os problemas múltiplos e difíceis de resolver que a utilização desse tipo de "dados" coloca, que de nada é útil recordar aqui,[22] resta o fato pouco discutível da convergência de *todos* esses indicadores, sem exceção. Quer se tratasse de indicadores da "adesão" às instituições da Quinta República francesa, aos princípios de funcionamento desta,[23] quer se tratasse da "satisfação" – bem mais

---

21 É impossível mencioná-los todos aqui, porém, entre os mais típicos indicaremos: Abramson; Inglehart, The development of systemic support in four western democracies, *Comparative Political Studies*; Boynton et al., The structure of public support for legislative institutions, *Midwest Journal of Political Science*; Dennis, Support for the institution of elections by the mass public, *American Political Science Review*; Miller, Political issues and trust in government: 1964-1970, *American Political Science Review*; Muller, Correlates and consequences of beliefs in the legitimacy of regime structures, *Midwest Journal of Political Science*; Muller; Jukam, On the meaning of political support, *American Political Science Review*.

22 Todavia, é preciso recordar que esses problemas não se limitam, longe disso, àqueles que tendem a privilegiar os adeptos incondicionais desse tipo de abordagem, a saber, aos problemas de representatividade das amostras, da escolha dos itens ou da seleção dos testes de significação (etc.), eles tocam também ao que há de mais incontrolado, de ponto cego muitas vezes, nesses procedimentos: em especial, o fato de que elas produzem frequentemente apenas puros artefatos, de modo tal que o pesquisador não sabe mais o que mede quando ele mede; ou ainda, em particular, no domínio que nos ocupa neste momento, o fato de que passamos mecanicamente, sem nos darmos conta – ou sem desejar nos darmos conta –, de enunciados concernentes a opiniões produzidas pela aplicação de um questionário a indivíduos a enunciados concernentes às atitudes destes – enquanto pré-disposições à ação – e mesmo às próprias proposições concernentes aos comportamentos efetivos deles (isso que às vezes com pudicícia abrigamos sob a categoria de "potencial", por exemplo, potencial de "protesto", de "violência", ou "de ação política agressiva").

23 Tal como notadamente salta aos olhos no quadro a seguir, que resume as pesquisas efetuadas acerca desse tema pelo Instituto Francês de Opinião Pública (IFOP) entre 1962 e 1970:
Quadro 3

Se pronunciam a favor...	Do *status quo* ou do fortalecimento das tendências da Quinta República		Da inversão da tendência		Não se pronunciam	
	Presidente (papel igual ou mais importante) %	Parlamento (papel igual ou mais importante) %	Presidente (papel igual ou mais importante) %	Parlamento (papel igual ou mais importante) %	Presidente %	Parlamento
Fevereiro/1962	45	28	26	38	29	34
Dezembro/1962	56	36	33	40	11	24
Novembro/1963	44	32	33	40	23	28
Outubro/1965	65	45	20	32	15	23
Janeiro/1967	53	37	31	41	16	22
Março/1968	60	36	24	36	16	28
Maio/1969	59	37	26	31	15	22
Outubro/1970	70	37	13	32	17	21

Extraído de IFOP, *Les Français et De Gaulle*, p.105. Já acrescentamos neste quadro os resultados da pesquisa efetuada pelo IFOP entre 25 e 30 de março de 1968, resultados estes reproduzidos em Id., *Sondages*, 1968, p.17. As questões realizadas foram as seguintes: "Você

delicada de manejar do que se pensa geralmente (ao menos no que concerne à verificação de uma variação do apoio difuso às autoridades que seria independente do apoio específico)[24] – global diante de autoridades, por exemplo, do presidente da República ou do chefe de governo,[25] nenhuma evolução negativa pode ser acentuada a montante dos eventos de maio. Convém sublinhar, aliás, que entre 1946 e 1958 o conjunto desses indicadores se estabiliza *duradoramente* em um nível bastante elevado (em todo caso, muito mais elevado do que aquele atingido por indicadores análogos sob a Quarta República francesa).

Além disso, o mesmo ocorre se, em vez de aos dados doxométricos buscados pelas pesquisas, recorrermos a outros tipos de indicadores, tais como, por exemplo, a amplitude da contestação aberta das instituições por parte das forças de oposição. Ora, precisamente no período que precede à crise de maio de 1968, ao se adaptarem ao que lhes parece de mais a mais inelutável – e que também parece convir a seu eleitorado –, os dirigentes da oposição, ao menos os que haviam combatido com vigor o regime da Quinta República desde seu nascimento (e que denunciavam justamente sua "ilegitimidade"), fisgam de modo patente a base de sustentação deste regime.[26] Isso, como destaca-se frequentemente, viria modificar de maneira palpável, ao mesmo tempo, suas concepções constitucionais e as regras do jogo de suas alianças. Muito longe de constituir, em definitivo, um indício admissível de uma deslegitimação do regime ou das autoridades, o sucesso relativo (e sobretudo inesperado) da oposição – e em especial da oposição de esquerda – na eleição presidencial de 1965 e nas eleições legislativas de 1967 tiveram como efeito que este pesasse tanto ou mais na aceitação dessas instituições do que as próprias "coerções" do jogo político

---

deseja que, na França, no futuro o presidente da República tenha um papel mais ou menos importante do que tem hoje ou que tenha um papel igual? E o Parlamento?".

24 Easton, A re-assessment of the concept of political support, op. cit., p.438, 441-2.

25 Ver, em particular, no que concerne tanto ao "índice de popularidade" do general De Gaulle (que, de janeiro 1968 ao fim do mês de abril, passa, no tocante ao número de "satisfeitos", de 53% a 61%) quanto ao do primeiro-ministro (Institut Français d'Opinion Publique, *Sondages*, 1968, p.9, 16). Também são significativas as respostas obtidas para uma questão que aparece na pesquisa aplicada pelo Instituto Francês de Opinião Pública, na semana de 9 a 16 de abril de 1968, isto é, duas semanas antes da "irrupção" da crise: 67% das pessoas entrevistadas consideram que o retorno do general De Gaulle ao poder após 13 de maio de 1958, "foi uma coisa boa" e somente 14% "uma coisa ruim"; 19% não se pronunciaram. Outro ponto notável na distribuição dessas respostas é que tanto os que se declararam, no momento da mesma pesquisa, eleitores da Federação de Esquerda quanto os que se declararam eleitores do Partido Comunista, consideraram esse retorno ao poder "algo bom", respectivamente, na proporção de 50% (contra somente 25% que consideraram "uma coisa ruim") e de 43% (contra 39%) (Ibid., p.11-2). Podemos aproximar esses resultados de uma pesquisa aplicada em de junho de 1958, depois da posse do general De Gaulle, e na qual o retorno deste ao poder foi considerado um "grande bem", um "mal menor" e uma muito "algo muito ruim" respectivamente por 54%, 26% e 9% das pessoas entrevistadas (Id., *Sondages*, 1958, p.3).

26 Ver, por exemplo, a segunda parte de Duhamel, *La gauche et la Ve république*, p.254-5, 336-42.

(escrutínio majoritário nos dois turnos e eleição do presidente da República por sufrágio universal) que passam como constituintes da mola principal dessa aceitação.[27]

Se o fato de que possamos assim encontrar efeitos de deslegitimação induzidos, de alguma maneira, em estado puro é inteiramente suficiente para arruinar as bases empíricas das perspectivas etiológicas – o que não deve nos fazer esquecer que esses efeitos não necessariamente aparecem com tal "pureza" –, resta ainda extrairmos algumas implicações teóricas. O ponto essencial é constituído, com certeza, pelo elo já indicado entre os efeitos de deslegitimação induzidos e os processos de desobjetivação que atuam nas conjunturas de fluidez política, isto é, pela apreensão desses efeitos enquanto formas particulares desses processos.[28] Mas admitiremos de bom grado que o argumento esboçado aqui tem como premissa darmos, à legitimidade e aos processos de legitimação em geral, uma "consistência" sensivelmente diferente (ou, em todo caso, mais rica e mais complexa) do que aquela que o paradigma etiológico lhe atribui. Isso supõe, em outros termos, que não as reduzamos ao que constitui sua dimensão *normativa:* a adequação de características ou funcionamento de algumas instituições e do comportamento ou atributos sociais visíveis de autoridades, com relação aos valores ou às expectativas "legítimas" resultantes de aprendizados duráveis e coerentes.[29] A reorientação que essa concepção impõe à análise dos processos de legitimação visa, sobretudo – mas não exclusivamente[30] –, abrir espaço ao que é próprio aos sistemas sociais complexos, a isto em que podemos discernir, com Niklas Luhmann, a dimensão

---

27 Fazer desse sucesso uma prova da deslegitimação do regime ou das autoridades seria, nesse sentido, cair em um contrassenso simétrico àquele, mais abertamente objetivista, que consistiria em subestimar a amplitude dos processos de deslegitimação durante os "eventos" de maio de 1968, ao nos apoiarmos nos resultados das eleições de 15 e 23 de junho 1968, resultados estes, como já tivemos a ocasião de ver, intervenientes além disso em uma conjuntura sensivelmente transformada com relação àquela em que emergiram esses processos.

28 Em análises bastante convergentes, Peter Berger e Thomas Luckmann em particular veem nos processos de legitimação, fundamentalmente, objetivações de significações (*meanings*) de "segunda ordem"; objetivações de "primeira ordem" seriam então constituídas pelas próprias institucionalizações (Berger; Luckmann, *The social construction of reality*, p.110).

29 Para um excelente exemplo dessa lógica teórica impulsionada até algumas extremas implicações (o aprendizado animal enquanto paradigma do desenvolvimento da legitimidade política), ver Merelman, Learning and legitimacy, *American Political Science Review*, p.549-52.

30 Para além dos pontos que serão abordados a seguir, com a questão da distribuição social das reservas de apoio difuso, tal reorientação deveria também levar em conta, como sublinham Berger e Luckmann, a dimensão cognitiva dos processos de legitimação: "Legitimação explica a ordem institucional ao atribuir validade cognitiva para as significações objetivadas destas. Legitimação justifica a ordem institucional ao conferir dignidade normativa para os imperativos práticos das mesmas. É importante entender que a legitimação tem um elemento cognitivo bem como um elemento normativo. Em outras palavras, legitimação não é apenas questão de valor. Esta sempre subentende também o conhecimento" (Berger; Luckmann, *The social construction of reality*, p.111).

processual destes. Trata-se de início de sublinhar que os efeitos de deslegitimação induzidos remetem, em grande parte, à *autolegitimação* produzida e reproduzida no e pelo funcionamento rotinizado das grandes organizações burocráticas constitutivas, na perspectiva de Luhmann, dos sistemas sociais modernos[31] (e, do nosso próprio ponto de vista, indissociável da objetivação e do poderio social de que se beneficiam, nas conjunturas rotineiras, as lógicas setoriais). Trata-se também de dizer que nessa reorientação atua uma verdadeira *separação teórica* entre os processos de legitimação e a dimensão normativa destes, um se tornando pensável sem o outro, uma vez que o reconhecimento por parte dos membros de um sistema político da "legitimidade" – ou caso se prefira, do caráter "apropriado" ou "conveniente"[32] – de suas instituições políticas ou autoridades, não se apoia necessariamente sobre valores superiores ou expectativas legítimas inscritas em sua "convicção pessoal" ou, *a fortiori*, traduzidas por sua "aceitação voluntária".[33] Isso significa, enfim, que essa reorientação tende a deslocar o interesse teórico da diversidade de princípios ou de valores em nome dos quais se efetuam as reivindicações de legitimidade (como sabemos, é definitivamente desta diversidade que se ocupa o essencial da abordagem taxonômica de Weber) em direção ao exame disto do que é feita – se se pode perdoar o este termo ocasional, mas muito cômodo nesta ocasião – a *sustentação da legitimidade*, isto é, os mecanismos sociais que produzem e asseguram a reprodução das representações, crenças ou efeitos legitimadores.

Acrescentemos que essa dimensão processual é, a nossos olhos, somente um dos aspectos particulares de uma dimensão mais ampla, na qual convém ver – tomando de empréstimo de Easton uma noção a qual ele não dá certamente a extensão que sugerimos aqui[34] – a *dimensão estrutural* dos

---

31 Luhmann, *Legitimation durch Verfahren*, p.27-37. Se devemos pontuar que Luhmann não parece ter rompido totalmente com o paradigma etiológico (ao menos no que concerne aos processos de deslegitimação), não é este aspecto, despercebido, de sua conceituação que leva às objeções feitas por seus críticos, mas sim, antes de tudo, a filosofia política que estas últimas lhe atribuem (ver notadamente Mueller, *The politics of communication*, p.136-42; Habermas, op. cit., p.177 e ss.).

32 Conferir a definição da legitimidade proposta por Seymour Martin Lipset da qual Easton não está, em realidade, muito distante: "A convicção da parte de um membro de que é certo e apropriado para ele aceitar e obedecer as autoridades [...]" (Easton, *A systems analysis of political life*, p.278; Lipset, *Political man*, p.64).

33 Luhmann, *Legitimation durch Verfahren*, p.34.

34 A noção de legitimidade estrutural que intervém na abordagem de Easton quando se trata de distinguir os três tipos de "fontes" da legitimidade, que são, segundo ele, a ideologia, a legitimidade pessoal e, por último, a legitimidade estrutural, concebida como uma "crença autônoma na validade da estrutura e das normas do regime" (que Easton distingue dos princípios subjacentes a um regime, princípios ideais aos quais os membros de um sistema também podem estar ligados). Portanto, ela é definida – assim como ocorre, aliás, no caso da "legitimidade pessoal" – pelo *objeto* do qual a crença se beneficia e, em absoluto, pela maneira pela qual essa legitimidade é produzida. Na perspectiva de Easton, essa legitimidade estrutural é "fonte" apenas quando se trata de pensar "o efeito autônomo" das crenças

processos de legitimação (ou legitimidade estrutural) nos sistemas sociais caracterizados por uma multiplicidade de setores ou "campos" diferenciados e tendencialmente autônomos, ao passo que outro aspecto importante dessa dimensão estrutural consiste precisamente nos ganhos de objetivação procedentes das relações colusivas intersetoriais que eles podem obter.

Crises das barganhas colusivas e economia política do consentimento

Compreendemos a partir de agora a importância, para a análise dos processos de deslegitimação, da localização social do apoio difuso ou da legitimidade e, no plano geral, a importância das configurações variáveis, nos sistemas sociais complexos, desta que podemos chamar – a expressão aparece em Luhmann – de economia política do consentimento.

A esse respeito, dois pontos parecem para nós levantar sérias dificuldades. A primeira concerne às implicações, a um só tempo teóricas e empíricas, das concepções globais ou indiferenciadas dos "reservatórios de apoio difuso", concepções estas que retomam, a grosso modo, a construção de Easton. O segundo ponto trata da avaliação do peso da legitimidade ou do apoio difuso na sobrevivência dos regimes políticos – como recordamos, Easton (assim como muitos outros politicólogos, é verdade) considera que esse peso é absolutamente determinante.

Nesses dois planos, tanto a construção de Easton quanto as perspectivas que são semelhantes a ela foram objeto de uma contestação decisiva que, todavia, se desdobrou em um sentido sensivelmente diferente do que seguiremos. Tratava-se, com efeito, de uma série de objeções que se apoiavam principalmente na "descoberta", nos anos de 1970, de fenômenos de declínio do apoio difuso e da legitimidade das autoridades e dos regimes em sistemas políticos pluralistas, bem como, sobretudo, do desenvolvimento disto que então se chamou de atitudes políticas de "cinismo" ou de retraimento, especialmente no eleitorado norte-americano. Esses fenômenos, que a Sociologia Política anglo-saxã tentara filiar à rubrica incerta de "alienação política", provaram ser tendências ou flutuações desconectadas, na aparência pelo menos, de toda desestabilização ou questionamento dos

---

legitimadoras das estruturas, isto é, o fato de que ela pode por "extensão" (Easton, mesmo que o negue, nesse ponto se inspira, inversamente, no esquema weberiano da "rotinização do carisma") beneficiar às "autoridades", às pessoas que detêm os papéis de autoridade (Easton, *A systems analysis of political life*, p.286-8, 298-301). Muito erroneamente, pois, Polin pôde censurar Easton (em nome da personalização dos sistemas políticos!) de ter atribuído muita importância à legitimidade estrutural: a rigor, esta não pertence à construção conceitual do teórico sistemático (Polin, David Easton ou les difficultés d'une certaine sociologie politique, *Revue Française de Sociologie*).

regimes políticos e, por essa razão, pouco compatíveis com as concepções sistematizadas por Easton.[35] Eles incitaram um questionamento da visão indiferenciada dos reservatórios de apoio difuso por meio da identificação de vários tipos de públicos muito diversificados sob esse ponto de vista. Assim, em um estudo extremamente minucioso, Wright opôs aos segmentos sociais caracterizados por atitudes de consentimento (*consenters*) e de dissidência (*dissenters*), públicos definidos por atitudes de neutralidade ou de assentimento (*assenters*),[36] assentimento este que, segundo esse autor, tem como mola sociológica essencial seu desinteresse pelo jogo político devido à suborganização e à subrepresentação política desses públicos, bem como ao fraco domínio que eles detêm sobre tudo o que diz respeito à "competência política".[37] A amplitude desse assentimento – *the assenting half* – não parece compatível com a ideia da necessidade de um nível "suficiente" de apoio difuso ou de legitimidade enquanto condição da persistência dos regimes.

Daí a inversão operada no tocante à perspectiva de Easton: longe de ter como condição um nível "suficiente" de apoio difuso, a persistência dos regimes dependeria antes da existência de públicos, de segmentos sociais, de grupos ou de reservatórios de *assenters* – o que limitaria consideravelmente o alcance explicativo de crenças e de efeitos legitimadores.

Podemos adotar essa conclusão. Tanto mais porque trabalhos como os de Wright tendem a sugerir, subsidiariamente, que as únicas crenças legitimadores ou os únicos reservatórios de apoio difuso absolutamente indispensáveis à sobrevivência dos regimes políticos estão localizados nas

---

35 Ver Citrin, Comment: the political relevance of trust in government, *American Political Science Review*; Wright, *The dissent of the governed* (sobretudo porque comporta uma discussão extensa do conjunto das interpretações desses fenômenos, ao menos no que concerne aos Estados Unidos); Zimmermann, Crises and crises outcomes: towards a new synthetic approach, *European Journal of Political Research*.

36 Wright, op. cit., p.267-79.

37 "Portanto, os traços mais salientes do grupo são os seguintes: primeiro, eles não são apoiadores *ativos* do regime e nem "se alinham" a este, provavelmente porque nenhuma outra espécie de comportamento lhes ocorreu. Eles, normalmente, não "lutam contra a Prefeitura casa-grande" principalmente porque acreditam que "não se pode lutar contra a Prefeitura casa-grande". Isso não significa que eles acreditam que não valeria a pena lutar contra casa-grande, mas tão somente que pouco ganhariam ao tentar. Assim [...] eles não estão 'profundamente ligados ao regime enquanto tal'. Antes, eles têm apenas uma remota ligação com qualquer coisa que seja política. Segundo – e trata-se de uma implicação do primeiro –, metade do assentimento é politicamente inativo (não devido a uma patologia sublimada, mas porque fazer de outra forma, aos olhos deles, seria um ato fútil, sem sentido). Na verdade, a evidência indica que muitos deles votam e que acompanham o noticiário político. A evidência também indica, entretanto, que eles duvidam que alguma coisa possa ser realizada por meio dessas atividades. Assim, o primeiro ponto importante a ser notado acerca do assentimento é que relativamente pouco, se muito, entra no processo democrático normal. A metade do assentimento é de espectadores do jogo de outro" (Ibid., p.276). Ao menos no que concerne à competência política, as análises desenvolvidas por Gaxie reforçam as conclusões de Wright (Gaxie, *Le cens caché*).

"elites" ou *establishments* que, a esse respeito, serão ditos "estratégicos" (por exemplo, os *establishments* militares ou econômicos).[38] Para dizer a verdade, a ideia não é inteiramente nova. Associada a concepções que ainda privilegiam de modo excessivo a dimensão normativa da legitimação, ela é, por exemplo, exposta muito claramente por Stinchcombe: "Um poder é legitimado à medida que, pela virtude das doutrinas e das normas pelas quais é justificado, o detentor do poder pode invocar de modo suficiente outros centros de poder, como uma reserva em caso de necessidade, para fazer seu poder efetivo".[39]

Essa definição, como sublinhou Jean Leca, tem em comum com as concepções de Easton o fato de dissolver toda oposição entre legitimação enquanto manipulação pelo "alto" e legitimação enquanto crença produtora de consentimento, ou de "legitimidade por baixo".[40] Mas podemos também detectar aí um deslocamento capital com relação a essas concepções em que os reservatórios de apoio difuso ou de legitimidade não são mais apreendidas enquanto entidades indiferenciadas e unificadas.[41]

Em nossa perspectiva, esse deslocamento comporta, todavia, um fundamento e um alcance específico. Ele remete, com efeito, à estruturação multissetorial dos sistemas sociais complexos e do que neles está em jogo, em especial do ponto de vista da objetivação de cada setor particular. Isso quer dizer, em outros termos, que a economia política do consentimento nunca é, no caso desses sistemas, inteiramente independente das barganhas intersetoriais que neles tomam lugar. E a ignorância da localização multissetorial dos reservatórios de apoio difuso ou de legitimidade, por conseguinte, tem como contrapartida inevitável o desconhecimento acerca de importantes tipos de efeitos de deslegitimação, que, eles também, poderão ser ditos induzidos à medida que eles são – do mesmo modo que aqueles que examinamos anteriormente – produtos das mobilizações e que eles não se confundem com os processos de deslegitimação "a montante".

Seu traço específico reside no fato de que eles tendem a se afirmar todas as vezes que tais mobilizações assumem a forma de crises, esmorecimentos ou desmoronamentos das barganhas colusivas no interior das redes de consolidação intersetoriais (por exemplo, as "maquinarias estatais").

Discernimos à luz disso que precede até que ponto a estrutura interna dos processos de deslegitimação associados às conjunturas críticas se afasta

---

38 Wright, op. cit., p.269.
39 Stinchcombe, op. cit., p.162.
40 Leca, "Réformes institutionnelles et légitimation du pouvoir au Maghreb, *Annuaire de l'Afrique du Nord*, p.4.
41 Como observa Wright, se Easton não ignora inteiramente essa fragmentação – fala do papel particular, nas trocas políticas, dos membros "pertinentes" (*relevant members*) ou que "contam" – esta não tem nenhuma consequência em sua análise do apoio difuso e das flutuações deste (Wright, op. cit., p.67; Easton, *A systems analysis of political life*, p.222, 229).

do que paradigma etiológico descreve. E também o quanto as configurações que esses processos podem assumir são diversificadas e, em numerosos casos, de uma complexidade insuspeita à sociologia do apoio difuso.

Assim, os efeitos *induzidos de segundo tipo não* aparecem sempre de maneira muito intensa em todas as crises pelas quais nos interessamos. Esses efeitos, com toda a certeza, têm apenas um lugar relativamente secundário no desdobramento dos eventos de maio de 1968, que não sofreram amplas manifestações de erosão ou de ruptura das barganhas colusivas entre os principais setores estratégicos e, em particular, entre os setores militarizados e os governamentais (ao contrário, foi em cima da visibilidade dessas barganhas que – quer ele tenha desejado voluntariamente, quer não – De Gaulle jogou no momento da "derrapagem" da crise). Este é sem dúvida também o traço mais importante que distingue, ao menos no que concerne a seus processos de deslegitimação, a crise de 1947 da de 1958, porém ambas têm em comum (mesmo se no caso da segunda este é mais acentuado do que no da primeira) o fato de ter se beneficiado, a montante, apenas de um nível relativamente fraco de apoio difuso, se, pelas necessidades da discussão, admitirmos mesmo o caráter global desse apoio. Além disso, isto é o que as opõem aos eventos de 1968. A crise de 1958, com efeito, constitui uma configuração típica do desmoronamento desses reconhecimentos mútuos de que é feita a consolidação dos setores estatais. Ao contrário, este não é o caso daquela de 1947, mesmo se admitirmos sem dificuldade que a discriminação empírica dos efeitos induzidos de primeiro tipo e dos de segundo tipo não é necessariamente coisa fácil, e mesmo se – e voltaremos a seguir a esse ponto – a explicação da manutenção das barganhas colusivas em 1947 não deva ser buscada com exclusividade, nem talvez prioritariamente, nas crenças ou afetos legitimadores dos agentes pertencentes aos setores estratégicos.

Em realidade, a evolução dos "reservatórios" de apoio difuso sob a Quarta República francesa também não é perfeitamente conhecida como geralmente se crê. O único estudo extenso que foi feito sobre isso, o de Steven Cohn, chegou a conclusões bastante inesperadas e não inteiramente convergentes com o que acabamos de dizer. Podemos resumir essas conclusões da seguinte maneira: o regime da Quarta República se beneficiou em seu início, inclusive no ano de 1947, de um nível relativamente alto de legitimidade, a maior erosão data curiosamente do período de 1949-1952 (curiosamente porque se trata, pensamos, do período que vê não somente um fortalecimento do regime, que "resistiu" em 1947-1948, mas também um começo de desintegração das forças políticas que o contestam); o regime alcançaria, após essa erosão, uma estabilização do nível do apoio difuso e não é senão na véspera da crise de 1958, mais precisamente, no período que precede a janeiro de 1958 que, segundo Cohn, uma evolução do apoio se faria de novo observável, mas dessa vez *em ascensão*, esta, todavia, de uma amplitude e de uma intensidade bastante limitadas.[42] Conclusões interessantes decerto, mas muito frágeis! O conjunto da demonstração de Cohn se apoia, prioritariamente, nos dados de natureza doxométrica, entretanto, sem que ele apresentado os meios de controlá-las e de confirmá-los por meio de outros tipos de índices. Os principais indicadores que levaram Cohn às conclusões que acabamos de mencionar são de duas ordens. Trata-se de início da evolução dos índices de popularidade (satisfação) dos chefes de governo. Cohn, por razões que não chegam a convencer, privilegia o índice anterior e o índice do momento em que se inicia o mandato de cada primeiro-ministro, o que tem como efeito, entre outros, o de levar ao desconhecimento acerca dos fenômenos de erosão do apoio a curto prazo, assim como a amplitude e os ritmos destes. O segundo indicador importante é construído a partir de três pesquisas aplicadas, respectivamente, em outubro de 1947, em fevereiro de 1952 e em janeiro de 1958, que comportam questões que dizem respeito ao regime da Quarta República. A dificuldade se deve desta vez à heterogeneidade manifesta das questões selecionadas, heterogeneidade que retira toda significação da comparação entre níveis de "legitimidade" do regime estabelecido nessa base (1947: "É preciso, na sua opinião, revisar a Constituição?" e "Você ficaria contente de ver se constituir um partido de centro entre os comunistas e o RPF?"; 1958: "Se houvesse um levante militar, o que pessoalmente você faria?". Em 1952, por fim, as questões envolviam a escolha entre reformas e uma revolução e a aprovação da tomada de poder em "certas circunstâncias", pela força, do partido ao qual a pesquisa dera seu sufrágio!). Sem que seja útil tratar em detalhe do trabalho de Cohn, nós devemos observar que, no que concerne à crise de 1947, o uso combinado desses indicadores tiveram como efeito uma *superestimativa* sensível do "reservatório" de legitimidade do regime, e, se podemos falar verdadeiramente de deslegitimação "a montante", um mínimo de atenção às condições de nascimento da Quarta República, à difícil gestação de sua Constituição, aos resultados das duas consultas referendárias (o resulto do primeiro foi negativo, fato raríssimo quando se trata de procedimentos de "ratificação" ou de "legitimação" popular do estabelecimento de novos dispositivos constitucionais após uma ruptura constitucional radical) deveria, porém, ter bastado para alertar esse autor acerca dos efeitos deformadores de seus indicadores. Se, no caso da crise de 1958, as conclusões de Cohn não são mais convincentes, elas indicam, contudo, que, no tocante a isso, as coisas talvez não se deem tão de barato como acreditam os historiadores desse episódio. Em verdade, a maior parte destes se contenta em inferir, de um modo tautológico, e mais ou menos implicitamente, a realidade e o nível muito elevado da deslegitimação "a montante" das instituições da

---

42 Ver Cohn, *Loss of legitimacy and the breakdown of democratic regimes*, p.101.

Quarta República, da lentidão e da relativa fraqueza das reações de apoio observáveis no curso da própria crise. Isto é, não só ao não se preocupar nem um pouco com a equivalência, duvidosa, entre crenças e comportamentos efetivos que tal inferência pressupõe, mas também ao se privar desse modo de toda possibilidade de entrever o jogo de efeitos de deslegitimação induzidos. Em outros termos, o trabalho de Cohn tem, a despeito de suas fraquezas, o mérito de mostrar que das beiradas da crise de 1958, até os primeiros signos visíveis para os atores de um relaxamento amplo das rotinas da consolidação intersetorial, os índices solicitados de hábito para a avaliação do apoio difuso (em especial os que são constitutivos de seu primeiro indicador) estão longe de marcar uniformemente uma queda radical do nível deste último.[43]

A exposição dos efeitos de deslegitimação associados a crises das barganhas colusivas tem, em suma, como consequência fundamental relativizar ainda mais o papel dos mecanismos sociais a que remetem também tanto as visões globalizantes e indiferenciadas dos reservatórios de apoio difuso quanto a localização da produção do apoio difuso exclusivamente nas trocas entre um sistema político e seu ambiente, em particular – e independente do que Easton possa pensar dessa equivalência –, nos mecanismos eleitorais e, subsidiariamente, nas práticas doxométricas que doravante os acompanham na maior parte dos sistemas políticos democráticos. Sem dúvida, se não é em absoluto errôneo detectar nesses mecanismos processos de legitimação dos regimes políticos ou das "autoridades", entretanto é forçoso constatar que esses processos estão longe de ser os únicos a operar nesse tipo de sistemas e, sobretudo, que é impossível atribuir os fenômenos de deslegitimação que tomam lugar nas conjunturas críticas somente às flutuações que afetam esse tipo particular de reservatórios de apoio difuso ou de legitimidade.

Esse ponto de vista envolve duas outras consequências. A primeira, congruente com as análises já mencionadas concernentes à diversidade de públicos (*assenters, consenters, dissenters*), tratou do elo estabelecido por Easton entre o nível do apoio difuso e a persistência dos regimes. Se, desse ponto de vista, a análise deve evitar a armadilha que consistiria, por uma espécie de retorno a uma lógica similar à História Natural, em fazer da ocorrência de uma crise das relações colusivas condição necessária – e mesmo condição suficiente – do desmoronamento de um regime, não é menos verdade que uma queda massiva do nível "global" de apoio difuso, no sentido precisado há pouco, tal como é observável, por exemplo, em outubro-novembro de 1947, não significa forçosamente que é impossível

---

43 Ibid., p.97-8, 137-8.

ao regime se manter.[44] Isso significa dizer que as crises das barganhas colusivas poderiam muito bem ser, às vezes, tanto ou mais perigosas para a sobrevivência dos regimes do que são os esgotamentos dos reservatórios globais de apoio difuso abaixo do nível supostamente "suficiente" destas.[45] A segunda implicação é de ordem completamente diversa: se admitimos o que precede, deveremos concluir também que os sistemas democráticos não são os únicos, longe disso, a se exporem a processos de deslegitimação de suas instituições políticas ou de suas "autoridades".

Voltemos, entretanto, para terminar com essa questão, à complexidade das deslegitimações que vêm à luz quando se leva em conta a análise do conjunto dos aspectos da dimensão estrutural dos processos de legitimação que atuam nos sistemas complexos. Três observações nos permitirão completar, a esse respeito, as observações que acabamos de apresentar e, sobretudo, mostrar em quais direções será necessário prosseguir a exploração.

Trata-se, em primeiro lugar, de relações que se atam, nas conjunturas críticas, entre, de um lado, os mecanismos que as concepções clássicas concebem como constitutivas dos reservatórios globais de apoio difuso e, de outro, os excedentes de objetivação e de legitimação ligados às barganhas colusivas. Nós desejamos simplesmente indicar que essas relações podem ser muito variáveis, e, para nós, as configurações mais interessantes parecem se situar nos descompassos possíveis entre os dois tipos de processos. O caso dos confrontos que culminam com o *putsch* de abril de 1961 é muito esclarecedor a esse respeito: o sucesso no referendo de janeiro contribuiu poderosamente para refrear o desenvolvimento de uma crise muito grave das barganhas colusivas.

A segunda observação está no fio condutor disto que acabamos de dizer. Trata-se, com efeito, de apreender, desta vez de encontro a um dos maiores pressupostos da definição da legitimidade proposta por Stinchcombe, que as crenças e os afetos legitimadores não constituem necessariamente as molas exclusivas, ou até mesmo principais, da manutenção das relações

---

44 É notável que o regime, a despeito de ter se confrontado com sucesso gaullista nas eleições municipais de outubro, com a reivindicação, provocada por esse sucesso, de uma dissolução da Assembleia Nacional (no mais, muito problemática no plano constitucional) e, simultaneamente, com uma poderosa onda de greves, pôde conhecer e superar, quase no apogeu destas últimas, uma crise ministerial, com a demissão do Gabinete Ramadier em 19 de novembro (Rioux, *La France de la quatrième république*, p.178-86). Nas pesquisas de opinião, a "popularidade" de Ramadier passava de 50% de "satisfeitos" em março de 1947 para 19% em setembro (Institut Français d'Opinion Publique, *Sondages*, 1947, p.242).

45 Na perspectiva de Easton – que, desse ponto de vista, é estreitamente etiologista –, não podemos, de fato, saber onde se situa esse "nível suficiente"; este é simplesmente inferido da "sobrevida" do regime. Ao contrário, decidiremos que ele foi "insuficiente", por conseguinte, quando constatarmos... que o regime desmoronou. Sobre esse aspecto da construção teórica de Easton, ver a seguir o Anexo 1.

colusivas em benefício dos setores governamentais no curso de algumas das crises mencionadas. Assim, no caso da crise de 1961, não é nada duvidoso que, por seu impacto sobre as *estimativas do provável*, em vez de sobre qualquer reativação de valores interiorizados, os resultados da consulta referendária puderam pesar nessa manutenção. E não é nem mesmo certo que a persistência dessas relações colusivas em 1947, que hoje pode parecer bastante surpreendente, também não tenha resultado, em grande parte, da configuração das clivagens que esta crise assumiu, do ataque ao regime em dois frontes de uma só vez, de modo que amplos segmentos dos setores coercitivos não se inclinaram abertamente, em tal contexto, para a oposição gaullista por medo de enfraquecer o regime em face da vigorosa ofensiva comunista do outono de 1947.[46]

Daí uma última observação. Se é verdade que a economia política do consentimento que atua nas crises de 1947 e 1961 remete – quando se trata de compreender a manutenção relativa das barganhas colusivas no curso desses episódios históricos – mais aos cálculos de *dissenters* ou de *assenters* do que às crenças ou aos afetos legitimadores dos *consenters*, então é preciso que emendemos sensivelmente as hipóteses de Wright mencionadas: se pode muito bem recrutar os *assenters* não somente no seio dos grupos sociais dominados, mas também nas fileiras dos que estão localizados nas cúpulas de setores "estratégicos" de numerosos sistemas políticos democráticos, como é o caso, por exemplo, de amplos segmentos de corpos de oficiais, ou até mesmo de altos funcionários (o que se encontra com bastante facilidade nos valores abertamente não democráticos aos quais esses segmentos sociais podem, pelo menos em alguns períodos, aderir).

---

[46] Teremos uma boa ideia das percepções alarmistas que delas tiveram, ao menos por momentos, os círculos governamentais com o testemunho de Vincent Auriol (ver em particular Auriol, *Journal du septennat*, v.1, p.485, 521).

Conclusão

"A valor de todos os estados mórbidos consiste em que eles mostram com uma lente de aumento certas condições que, embora normais, dificilmente são visíveis no estado normal."[1] Pensávamos, quando esboçamos o projeto desta obra, que poderíamos converter esse aforismo de Nietzsche – à condição de arrancá-lo à analogia médica que nele subjaz – em princípio de decifração dos fenômenos de crise política. Nesses fenômenos, esperávamos então detectar os "momentos de verdade" por excelência de uma sociedade, os momentos nos quais diferentes componentes, grupos sociais, instituições, organizações, gerações e, com certeza, indivíduos, oferecessem para o olhar do observador seus traços mais "recônditos", seus segredos, suas fraquezas, mas também seus recursos mais insuspeitos, em uma palavra, seus "seres profundos".

1. Rapidamente abandonamos a ideia dessa "clareza" das conjunturas críticas. A ideia, é óbvio, não era absurda, e algumas aquisições desse estudo parecem até mesmo apontar nessa direção. Sem dúvida, os contextos de fluidez política representam, assim, as melhores situações "experimentais" para a observação tanto dos esquemas práticos interiorizados pelos indivíduos quanto, sobretudo, da mobilidade desses esquemas. E, em um plano totalmente diverso, poderíamos dizer que não é senão nos períodos em que as barganhas colusivas entre os setores "estáticos" desmoronam

---

[1] Nietzsche, *La volonté de puissance*, § 533. Devemos a Jacqueline Blondel por nos ter chamado atenção para esse aforismo.

que podemos compreender o papel estratégico destas no funcionamento do "Estado".

Não seria difícil acrescentar outros elementos além dos que acabamos de citar, mas esta seria uma abordagem inútil. Porque, como tivemos a ocasião de constatar, a *opacidade* dos "fatos" não é certamente menor no caso das conjunturas fluidas do que em contextos de ação rotineiros e, quando nos colocamos do ponto de vista do politicólogo ou do sociólogo, a resistência desses "fatos" à pesquisa apresenta inclusive, no que diz respeito às primeiras, uma sistematicidade e uma recorrência difíceis de ignorar.

2. Sobretudo, isto seria negligenciar o essencial das análises, a saber, que as propriedades dos estados críticos dos sistemas sociais complexos não se reduzem em nenhum caso a um "aumento", mesmo deformante, dos traços que caracterizam seus estados rotineiros. A hipótese de continuidade precisamente permitiu apreender que esses estados críticos correspondem a configurações estruturais originais, *diferentes* dos arranjos estruturais próprios aos períodos de rotina. Aquilo que é verdadeiro para as "estruturas" também o é para a dimensão tática das crises, das jogadas desferidas, as quais, nas conjunturas marcadas pela fluidez política, veem sua eficácia (e suas relações com seus efeitos) submetida às "leis" de transformação do "sistema de execução" próprio aos contextos de interdependência alargada. Por fim, essa diferença se encontra até nos cálculos dos atores. O indivíduo não é, sem dúvida, nem mais nem menos racional em um contexto de fluidez política do que em um contexto "estável". Simplesmente, isto a que chamamos de incerteza estrutural e as lógicas de situação que comandam as apreciações, as percepções, as mobilizações e as omissões destes, fazem com que os cálculos então se efetuem segundo vias sensivelmente distintas das que caracterizam os contextos nos quais o indivíduo e o grupo têm à própria disposição instrumentos de antecipação e pontos de referência institucionalizados e familiares.

3. Da mesma maneira que elas não são fundamentalmente momentos de "aumento" de traços "normais" das sociedades nos quais elas intervêm, as crises políticas não constituem puras e simples "repetições históricas". Todos conhecem as primeiras páginas do *O 18 de brumário* de Marx[2] e, com certeza, está fora de questão negarmos aqui sua enorme potência sugestiva.[3] Mas não é menos verdade que sem dúvida ganharíamos ao não sobrecarregar com significação teórica as observações de Marx. As propriedades analisadas no presente estudo deixam entrever as razões pelas quais essas observações apenas poderiam apreender, se podemos dizer assim, a

---

2 Marx, *Le 18 brumaire de Louis Bonaparte*, p.15-8.
3 Ver, por exemplo, a análise do jogo de efeitos nas conjunturas críticas que Pierre Ansart desenvolveu a partir de uma discussão de *O 18 de brumário* (Ansart, *Éléments d'épistémologie pour une sociologie des affects politiques*).

"superfície" ou, em todo caso, um aspecto limitado dos fenômenos que a imagem da "repetição" designa.

Essas observações de Marx têm de pertinente para a análise dos processos de crise o acento depositado por elas sobre as diversas formas de "sobrevivências do passado" que se manifestam no próprio coração dos levantes sociais. Uma dessas formas consideramos que pode ser atribuída, conforme pensamos, às "tramas de significações", aos estoques cognitivos nos quais os atores estão "presos" e aos quais eles são condenados a consumir quando a emergência de uma conjuntura marcada pela incerteza estrutural os priva dos meios rotineiros de antecipação e de apreciação das situações. Não falta interesse em atribuir outro aspecto da "repetição" da tendência à regressão aos *habitus* característicos dos contextos de fluidez. As *atribuições de papéis* que podemos de fato observar nesses contextos – em Maio de 1968, um se toma por Tocqueville em 1848, outro, por Lênin em 1917 – podem, segundo a perspectiva desenvolvida no escopo desse trabalho, ser interpretadas como verdadeiros testes *projetivos* que trazem à luz alguns dos processos de mobilização e de mobilidade de esquemas de ação e de percepção interiorizados pelo indivíduo. Mas é preciso se resguardar de uma universalização apressada dessa observação. As atribuições de papéis do passado são provavelmente apenas um tipo de "resposta", entre outros tipos de "respostas", a uma situação de fluidez, entre as quais uma das mais interessantes para a análise é a *autopersonificação*, a atribuição pelo indivíduo de seu próprio papel (segundo o modo: "Eu sou De Gaulle. O que De Gaulle faria nesse tipo de circunstância?"),[4] remissão reflexiva e tensionada por sua própria identidade, que restitui à noção de "papel" um lugar talvez inesperado na análise dos contextos de crise.

4. Entretanto, a principal fraqueza da imagem da "repetição" (que esta partilha, além disso, com a ideia da "crise – revelador") consiste em que ela leva a ignorar o fato decisivo da *autonomia* da dinâmica de que dão mostras as propriedades das conjunturas políticas fluidas, autonomia esta relativa ao que, justamente nas perspectivas etiologistas, se situa *a montante* das crises. Sem dúvida, de maneira apenas tendencial, essa dinâmica pode ser encontrada independentemente das "causas", "motivações" ou "determinantes" próprios às mobilizações concorrenciais constitutivas de cada caso particular de crise, desde que essas mobilizações estejam localizadas ao mesmo tempo em vários setores das sociedades concernidas.

---

4 Fenômeno próximo das belas análises que Goffman consagra à autopersonificação em algumas situações, mais ordinárias sem dúvida, porém nas quais as "aparências normais" se implodem. Um indivíduo confrontado a esse tipo de situação pode ser levado "de chofre a manejar conscientemente rotinas que o tempo tornou automáticas, exteriores à consciência, e disso se segue que ele tem um sentimento de montar um espetáculo, uma representação, uma encenação" (Goffman, *La mise en scène de la vie quotidienne*, v.2, p. 255-6).

5. Ela deve se encontrar, aliás, em uma gama de fenômenos que excede amplamente aqueles casos que temos o hábito de nomear como "crises políticas". Uma das maiores implicações, talvez a mais importante, do esquema teórico exposto nas páginas que precedem é que ele pede – e impõe – uma verdadeira *reorganização do campo dos fenômenos* submetidos à apreciação do pesquisador. Inúmeros processos sociais que a linguagem comum (e as elaborações eruditas que esposam as delimitações desta) separa ou opõe "consistem", com efeito, nas mesmas mobilizações multissetoriais, nos mesmos desmoronamentos das barganhas colusivas, nas mesmas transformações conjunturais das relações intersetoriais que as "crises políticas", quaisquer que sejam, aliás – se podemos nos permitir essa formulação –, as visadas fenomenais particulares acerca destas. Assim ocorre, por exemplo, com as *ondas de greves* e com a intervenção dos conflitos industriais nisto que Pizzorno chamou de a "troca política".[5] Mas também com fenômenos muito menos balizados pela Sociologia Política, como os escândalos *políticos*. Esses fenômenos bizarros que geralmente, na falta de uma abordagem teórica mesmo que pouco sólida, ao politicólogo repugna abordar de frente, tais como os grandes "casos" que apimentaram a vida das Terceira e Quarta Repúblicas, mas também, como sabemos, a da Quinta República, deixam se decifrar somente quando conseguimos detectar atrás do – e, de alguma maneira, "no" – anedótico sua localização multissetorial. Às vezes observamos que os escândalos surgiam nos pontos de encontro entre o dinheiro e o poder, o "ponto de aplicação" da pressão do dinheiro se estabelecia onde se situaria a "autoridade de fato" (e, por consequência, variava em função dos regimes).[6] Entretanto, nada nos autoriza a crer que somente nas interferências do dinheiro e do poder que emergem os "fatos escandalosos". Além disso, tanto o "o Caso das Fichas",[7] o dos "generais"[8] ou dos "vazamentos"[9] quanto, mais próximos, o "Caso

---

5 Pizzorno, Political exchange and collective identity in industrial conflict. In: Crouch; Pizzorno (eds.), *The resurgence of class conflict in Western Europe since 1968*. Ver também, no que concerne às "mudanças de registro" desse tipo de conflitos, Adam; Reynaud, *Conflits de travail et changement social*, p.193.
6 Rémond, Scandales politiques et démocratie, *Études*.
7 O Caso das Fichas refere-se a uma operação de fichamento político e religioso dos oficiais do no Exército francês entre 1904-1905 realizada por lojas maçônicas por iniciativa do então ministro da guerra francês, o general Louis André. O intuito do fichamento era impedir a promoção de oficiais que não correspondiam ao perfil ideológico "republicano" desejado. (N. T.)
8 O Caso dos Generais refere-se à descoberta, em 1949 (portanto, em meio à Guerra da Indochina), entre os pertences do presidente da entidade dos estudantes vietnamitas na França, de vários exemplares de relatórios secretos do general Revers sobre a situação da Indochina. O inquérito conduzido pelo então Escritório de Vigilância do Território [Direction de la Surveillance du Territoire] (DST) revelou que dois generais e um político haviam vendido esses documentos. (N. T.)
9 No início de julho de 1954, em meio ao fim da Guerra da Indochina, Jean Dides, policial responsável por vigiar o PCF, comunica que o ultrassecreto balanço do Comitê de Defesa

Ben Barka",[10] ou o do Rainbow Warrior,[11] remetem manifestadamente a outras "intrusões" que não são as do dinheiro (ao contrário, observaremos com interesse que tais "pontos de encontro" se localizam frequentemente nas barganhas entre os setores que formam a "maquinaria estatal"). Mas, para além dos "fatos escandalosos" – porque as transgressões de "normas" e de lógicas setoriais constitutivas desses fatos é, em realidade, algo muito ordinário –, devemos sublinhar que a virtude desestabilizadora de numerosos escândalos deve ser posta em relação direta com as interferências das lógicas setoriais, com as intrusões que sofre a autonomia dos setores afetados (que os escândalos "revelam" e *realizam* a um só tempo), isto é, enfim, com as *mobilizações multissetoriais de que esses escândalos são feitos*. Por conseguinte, é preciso acrescentar que é inteiramente injusto que certas interpretações mais ou menos culturalistas imputem à sociedade francesa, ou ao sistema político desta, uma "propensão" particularmente acentuada aos escândalos,[12] e que esta mesma "propensão" se encontra sistematicamente – basta que nos recordemos de alguns episódios recentes da vida política dos Estados Unidos, da Itália, do Japão ou da Alemanha Ocidental, reputadamente de culturas (políticas) muito diferentes – em todos os sistemas que se aproximam das configurações multissetoriais? E é significativo, na perspectiva desenvolvida aqui, que os escândalos se encontrem também em lutas políticas no interior de sistemas autoritários igualmente distantes das democracias ocidentais, como o da URSS.

6. Porque consideramos que a autonomia da dinâmica descrita neste livro pode ser encontrada em todos os casos de sociedades cuja "arquitetura da complexidade" se aproxime das configurações multissetoriais. Tocamos aqui em uma das questões que este trabalho não fez senão roçar e que será preciso retomar nela mesma: os sistemas democráticos são os únicos a ser, segundo a terminologia de Smelser, "estruturalmente condutores" das mobilizações multissetoriais? Esses sistemas são os únicos, em

---

Nacional teria vazado para este partido e aponta como suspeito desse vazamento François Mitterrand, então ministro do Interior do governo Mendès France. As investigações posteriores concluem pela inocência de Mitterrand, que teria sido alvo de uma manipulação que tinha como intuito desestabilizar o governo. (N. T.)

10 Caso que se refere ao sequestro e assassinato, em 1965, de Mehdi Ben Barka opositor do rei marroquino Hassan II. Esses crimes teriam sido executados pelo serviço secreto marroquino com a anuência dos serviços de contraespionagem franceses. No julgamento que se deu na França sobre o caso, em 1967, dois oficiais franceses foram enviados para prisão por seu papel no sequestro, porém a responsabilidade maior recaiu sobre o ministro do interior marroquino Mohamed Oufkir. (N. T.)

11 O Caso do Rainbow Warrior se refere a uma operação de 1985, na qual o ministro da Defesa do presidente François Mitterrand e os serviços secretos franceses decidiram abater o navio da organização ecologista Greenpeace que devia ir ao atol polinésio de Mururoa para protestar contra os testes nucleares franceses que se realizavam naquelas ilhas. No naufrágio, morreu o fotógrafo português Fernando Pereira. (N. T.)

12 Por exemplo, Williams, *Wars, plots and scandals in post-war France*, p.3-16.

outros termos, a conhecer uma multiplicidade de setores? Seria ao menos imprudente responder de forma afirmativa essa questão e podemos, além disso, destacar que o desdobramento das crises que inúmeros sistemas autoritários contemporâneos sofreram (por exemplo, os países do Leste Europeu) apresenta, como toda certeza, o conjunto dos traços com os quais caracterizamos a dinâmica ligada às mobilizações multissetoriais.

Além disso, a linha divisória entre sistemas políticos, pertinente no tocante às hipóteses desenvolvidas aqui, não envolve a distinção entre sistemas democráticos e sistemas não democráticos. Por conseguinte, não há nenhuma razão para pensarmos que os sistemas democráticos são, desse ponto de vista, "por natureza", mais vulneráveis do que os outros.

ANEXO 1
A ILUSÃO ETIOLÓGICA NA ANÁLISE "SISTÊMICA" DE DAVID EASTON

Contrariamente a uma lenda tenaz,[1] Easton não ignora de maneira alguma os fenômenos conflituosos. Na conceituação dos sistemas políticos que ele propõe,[2] a categoria de análise pertinente é a do tensionamento (*stress*).[3] A definição do tensionamento vale ser citada:

> Essas duas características distintivas – a alocação de valores por uma sociedade e a frequência relativa de concordância com os mesmos – são as *variáveis essenciais* da vida política [...]. Uma das razões mais importantes para identificarmos essas variáveis essenciais é a de que elas nos dão um meio para estabelecer quanto e como os distúrbios que agem sobre um sistema ameaçam tensioná-lo. Considera-se que este tensionamento ocorre quando há perigo de que as variáveis essenciais sejam empurradas para além do que se pode designar como seu ponto crítico.[4]

Vemos aqui que o dispositivo conceitual é dos mais clássicos: a par das duas "variáveis essenciais" da vida política (variáveis estas que, segundo Easton, distinguem os sistemas políticos dos outros tipos de sistemas

---

1 Ver, por exemplo, Polin, op. cit. Para um balanço útil a respeito desse aspecto da abordagem de Easton, ver Favre, Remarques pour une défense critique d'Easton, *Annales de la Faculté de Droit et de Science Politique de Clermont-Ferrand*, p.313.
2 Ver em particular Easton, *A systems analysis of political life*.
3 Para uma discussão teórica mais desenvolvida da noção de *stress*, reportaremos aos capítulos 6 e 7 de Easton, *A framework for political analysis*, em particular, p.90-101.
4 Id., *A systems analysis of political life*, p.24.

sociais),[5] há a ideia de um distúrbio que age sobre o sistema político. O distúrbio, entretanto, não se confunde com um de seus efeitos possíveis, o *stress*, embora certos distúrbios possam ser positivos ou favoráveis à persistência do sistema e outros possam também permanecer, no que diz respeito a isso, neutros.[6] É inútil para nosso propósito imediato entrar nos detalhes dos diversos processos – que Easton nomeia como "fontes" de tensionamentos – pelos quais os distúrbios podem acarretar um tensionamento do sistema político. Recordemos somente que podem ser origem dos tensionamentos: a) as demandas dirigidas ao sistema político (notadamente devido ao conteúdo, ao volume, do ritmo da aparição destes);[7] b) os canais de transmissão das demandas (insuficientes ou, ao contrário – em razão do laxismo dos *gate-keepers* na sua entrada –, em sobrecarga);[8] c) a erosão do apoio do qual se beneficia o sistema político;[9] d) as clivagens sociais, fontes de tensionamento difíceis de distinguir da erosão do apoio, as quais talvez seria mais rigoroso, do próprio ponto de vista de Easton, apresentá-las como uma variante deste último.[10]

As diversas fontes de tensionamento remetem manifestadamente à concepção desenvolvida por Easton acerca das relações entre todo sistema político e seus ambientes: essas relações são descritas enquanto fluxo de trocas e de barganhas que atravessam as fronteiras do sistema.

Para nós, o ponto fraco que importa designar nessa construção conceitual[11] se refere precisamente à "zona crítica" das "variáveis essenciais".

---

5 Ibid.; Id., *A framework for political analysis*, p.96.
6 Id., *A systems analysis of political life*, p.22; Id., *A framework for political analysis*, p.91. Negligenciaremos aqui o problema da distinção das perturbações externas e das perturbações internas aos sistemas políticos, problema ao qual Easton fornece respostas, no conjunto, pouco convincentes.
7 Id., *A systems analysis of political life*, p.60-9. A essa categoria de fontes de tensionamentos Easton liga novamente às situações caracterizadas pelo fracasso ou pela insuficiência dos *outputs* produzidos pelo sistema político (*outputs failure*) para fazer frente às demandas que lhe foram formuladas (Ibid., p. 59).
8 Ibid., p.120-1.
9 Ibid., p.220-9. Ver, em detalhe, a questão da erosão do apoio no capítulo 8 da presente obra.
10 Ibid., p.230 e ss. Sobre esse ponto, ver as observações de Lapierre, *L'analyse des systèmes politiques*, p.146 et seq.
11 Deixaremos de lado aqui a questão daí por diante bem-conhecida do nominalismo de Easton, a qual, entretanto, ilustra muito bem, no que diz respeito à "zona crítica", a seguinte passagem: "Zonas de transição provavelmente intervêm em muitos casos e, durante os mesmos, o *input* do apoio pode ser radicalmente alterado para melhor ou para pior, do ponto de vista da sobrevivência do objeto. Mas mesmo que isso seja verdade, em algum ponto, mesmo se isso pode ser estabelecido apenas como fato *ex post*, *quando o declínio do apoio leva ao abandono do objeto político, o apoio terá decisivamente caído abaixo do nível mínimo*" (Easton, *A systems analysis of political life*, p.223-4, grifos do autor.). Sobre o nominalismo de Easton, ver Lacroix, Systémisme ou systémystification, *Cahiers Internationaux de Sociologie*; Marc Riglet, Note critique (à propos de Bertrand Badie et Richard Dubreuil, Analyse systémique d'une crise: le Front populaire), *Revue Française de Science Politique*.

Nenhum elemento preciso nos permite, com efeito, discernir onde se situa essa "zona crítica" para além da qual o sistema político se submete a um tensionamento que ameaça sua persistência. A menos que, claro, nos contentemos em constatar, *a posteriori*, após o acontecimento, o momento no qual o sistema "quebrou" e em nomeá-lo, por necessidade da causa sistemista, como "zona crítica". Ora, isto é o que próprio Easton tende a fazer. Tomemos o exemplo do tensionamento que tem origem em uma erosão do apoio:

> Em dados momentos da história, mesmo se temos medida do apoio, pode acontecer de não estarmos certos se o ponto mínimo foi atingido. Na pesquisa, somos frequentemente confrontados com situações recalcitrantes que desafiam análises do tipo que põem o preto no branco. Podemos não saber o que estamos fazendo ou podemos não ter o mínimo apoio uma vez que este pode flutuar rapidamente em torno de uma circunvizinhança de pura adequação. Em muitas circunstâncias históricas, por extensos períodos de tempo, era virtualmente impossível prever o desfecho no tocante a sobrevivência ou a mudança de um objeto político existente.[12]

Mas não nos enganemos: contrariamente ao que Easton parece sugerir, não se trata de uma simples questão de operacionalização ou de medida empírica. Tal objeção, efetivamente, não seria válida. Uma teoria, caso ela seja fecunda e coerente, pode muito bem permanecer por muito tempo fora do alcance de um teste empírico decisivo. Contudo, a imprecisão de formulações que concernem à "zona crítica" é inteiramente surpreendente: o nível mínimo do apoio é, com efeito, definido como uma "zona bastante larga", como "limbos onde o sistema pode demorar por um tempo bastante longo". Em realidade, essas formulações alambicadas traduzem, assim nos parece, uma verdadeira renúncia a toda especificação *teórica* dos limiares mínimos da famosa "zona crítica". Ainda assim, o apoio mínimo "não aparece sempre como condição específica a um momento dado ou como um ponto sobre uma escala que separa a sobrevivência do desmoronamento" do sistema político. Mesmo se aceitamos – por que não? – a ideia de um *continuum* (mas então por que falar de "zona" ou de "limiar" *críticos*?), se impõe a conclusão de que, ao menos sobre esse ponto – é verdade capital para a análise dos processos de crise política –, o dispositivo conceitual de Easton não é capaz de redundar em uma indicação precisa sequer. Em outros termos, e de modo mais brutal, esse dispositivo, na prática, não serve de muita coisa, exceto a possibilidade que ele nos oferece de nomear, diferentemente e *ex post*, os acontecimentos vividos pelos atores sociais bem como as rupturas nas rotinas políticas destes.

---

12 Easton, *A systems analysis of political life*, p.223.

Michel Dobry

Como assinalamos no capítulo 2, importa observar que essas dificuldades tomam lugar na abordagem de Easton precisamente quando este nos leva a pensar a passagem das "causas" por meio das quais ele pensa explicar as "crises" àquilo que se supõe que essas causas determinaram, a saber, as crises. Como a maior parte dos pesquisadores que caíram na armadilha da ilusão etiológica, Easton é assim levado tão simplesmente a se desinteressar pelas mobilizações dos atores das quais essas crises emergem e das quais elas são também feitas.[13]

---

13 É significativo, a esse respeito, que Easton possa dar importância a situações especiais que correspondem a transformações bruscas da divisão do trabalho político – quando as demandas dirigidas às autoridades se tornam diretas, *não mediatizadas pelos gatekeepers* do sistema político – apenas ao preço de um abandono de fato de sua conceituação, às quais se substitui uma espécie de racionalização, ou antes de retórica, da "exceção" (Ibid., p.88-9, especialmente nota 3).

ANEXO 2
AS VARIANTES RAMIFICADAS DA HISTÓRIA NATURAL

Os objetivos e a lógica intelectual da História natural foram definitivamente afastados pela Sociologia tendo por objeto as crises políticas? A despeito do que por vezes se pensa, nada é mais incerto. Sem dúvida, a variante original dessa vertente não mais dispõe do entusiasmo dos pesquisadores, ao menos no mundo anglo-saxão. Mas se a observarmos de perto, por pouco que seja, até mesmo essa observação vale ainda apenas no muito estreito domínio do estudo dos fenômenos revolucionários. Porque os elementos fundamentais da História natural ressurgem, sob formas aliás bastante clássicas, em terrenos e a propósito de objetos também diferentes do que são os das "teorias" dos conflitos[1] e – mais inesperados talvez – os das "crises" que seriam próprios, por suas trajetórias particulares, a certos sistemas culturais ou de certas "culturas políticas".[2]

Entretanto, o mais interessante é que esses objetivos e essa lógica deixam sua impressão mesmo ali onde abordagem do pesquisador visou

---

[1] Ver, notadamente, as tentativas para destrinchar sequências recorrentes que se supõe serem características de conflitos sociais, a partir de "releituras" dos clássicos da Sociologia dos Conflitos, por exemplo, no que concerne à Dahrendorf e Coser, Turner, A strategy for reformulating the dialectical and functional theories of conflict, *Social Forces*; ou ainda, mais eclético, Coleman, *Community conflict*.

[2] Em particular, o esquema central da descrição que Michel Crozier propõe a respeito das crises (e da alternância entre períodos de rotina e de crises) que a sociedade francesa conhece periodicamente (Crozier, *Le phénomène bureaucratique*, p.174-277, 301-4, 340-7). Para uma reformulação dessa perspectiva, ver as passagens concernentes às crises de 1958 e 1968 de Schonfeld, op. cit., p.118-33, 142-67.

explicitamente se emancipar de certos pressupostos da História natural.[3] Em nosso domínio de investigação, dão testemunho disso, em particular, trabalhos *a priori* tão contrastantes em seus estilos teóricos quanto o conjunto dos estudos, já mencionado, que Linz, Stepan e companhia consagraram às crises e rupturas experimentadas pelos sistemas políticos democráticos[4] e a análise desenvolvida por Poulantzas das crises que, na Itália e na Alemanha, levaram à tomada do poder pelos partidos fascistas.[5]

Para nosso propósito, o interesse imediato por esses trabalhos se deve a duas características que eles têm em comum. De um lado, nos dois casos, a investigação de uma ou de várias sequências de etapas que seriam específicas aos processos de crise estudados, constitui o eixo organizador das abordagens seguintes.[6] Por outro lado, também nos dois casos, essa orientação e esse objetivo se conjugam a uma vontade propagandeada de conseguir os meios para pensar as *bifurcações* que podem intervir em tais processos. Esse relaxamento do esquema da História natural visa avaliar à parte táticas colocadas em funcionamento pelos protagonistas das crises no curso que os eventos puderam tomar.[7] Tende-se a dar ao encadeamento das fases sucessivas que esses autores distinguiram, uma *estrutura ramificada*, cujos ramos marcam as diversas vias que, ao menos em certas fases desses processos, seriam apresentadas à "marcha dos eventos".

Linz atribui, no atacado, às etapas dos processos de "ruptura" que intervêm na vida dos regimes democráticos a seguinte sequência: emergência de "problemas" insolúveis / "erosão" ou "perda" do poder por parte das autoridades / vazio de poder (*power vacuum*) / transferência do poder à oposição antidemocrática ou transição da situação em direção à guerra civil.[8] Assim, nessa sequência, um dos ramos se situaria após a fase de perda do poder. Se processo de crise se orientará em direção a um "reequilíbrio" do sistema, em direção à cooptação da oposição "desleal" – uma "revolução legal" (ver o capítulo 6) – ou em direção a uma guerra civil, vai

---

3 Até mesmo o esquema do "valor agregado" elaborado por Smelser para dar conta da emergência de diversos tipos de comportamentos coletivos não escapa a essa tentação (Smelser, op. cit.; Dobry, *Éléments pour une théorie des conjonctures politiques fluides*, p.28-35).
4 Ver o volume 1, que apresenta a perspectiva teórica global deste imponente empreendimento coletivo, de Linz; Stepan (eds.), *The breakdown of democratic regimes*.
5 Poulantzas, *Fascisme et dictature*.
6 Por exemplo: "podemos determinar, no escopo geral da crise política, espécies diferentes e particulares de crise, sendo que cada uma delas chega a formas de regime de exceção – bonapartismo, ditaduras militares, fascismo – específicas da forma de Estado de exceção?" (Ibid., p.60; Linz; Stephan, *The breakdown of democratic regimes*, v.1, p.4).
7 Nesta avaliação, não está ausente em absoluto a preocupação, acentuadamente política, de buscar e denunciar certas "responsabilidades históricas".
8 Linz; Stephan, *The breakdown of democratic regimes*, v.1, p.4, 51.

depender, nessa perspectiva, das manobras dos diversos atores e, muito particularmente, das dos líderes políticos pró-governamentais.[9]

Poulantzas, por seu turno, quando descreve as diversas etapas do "processo de fascistização" na Itália e na Alemanha, opera uma distinção, que se quer muito nítida, entre o período que precede aquilo que ele nomeia como ponto *de não retorno do* processo (isto é, o período durante o qual este é *reversível*, no qual ele pode ainda se "bifurcar") e as etapas nas quais o processo se torna "inelutável" e irresistível. Esse ponto de não retorno se situa, se concordamos com Poulantzas, no momento que o partido fascista, ao se revestir das características de um partido de massa, obtém de maneira franca o apoio de círculos das altas finanças e da grande indústria.[10]

Ora, esse afrouxamento – eis o ponto ao qual nos importava chegar – não tem talvez todo o alcance que Linz e Poulantzas lhe presta. Mais precisamente, isso quer dizer que, mesmo uma modificação na superfície tão radical do esquema da História natural quanto o fato de introduzir nesta última esses tipos de "ramificações", não basta para subtrair a análise dos processos de crise às coerções e às armadilhas intelectuais dessa abordagem.

Nesse sentido, o retorno não dissimulado das variantes ramificadas ao objetivo central de uma identificação de sequências típicas das fases "dos eventos" não é, longe disso, o único em questão. Porque os recortes da realidade a que essas variantes procedem, tanto quanto as imputações de causalidade às quais elas são levadas, obedecem de fato à mesma lógica da retrodicção *teleológica* a partir dos resultados dos processos estudados, lógica esta que é a da História natural das revoluções. Trata-se, ainda aqui, dos fenômenos-efeitos, "guerra civil", "revolução legal", "reequilíbrio", tomada de poder pelos partidos fascistas, que governam a remontada "regressiva" de etapas e de causalidades. E são eles, sobretudo – isto sem dúvida não é tão fácil de perceber –, que governam a localização das "ramificações" e dos "pontos de não retorno".

O objetivo próprio à "História natural", mesmo afrouxado, se traduz no caso das variantes ramificadas por certas escolhas "metodológicas" e certas operações "técnicas". Essas escolhas e essas operações respondem à seguinte questão: como se faz para identificar os diferentes "ramos" de um processo "ramificado"? Se, em vista de uma ramificação, "revolução legal", "guerra civil" e "reequilíbrio" do regime democrático parecem vias abertas aos processos de crise, há fortes chances de que o historiador ou o politicólogo tenham simplesmente tomado como ponto de partida da análise a ideia mais ou menos elaborada disto que têm em comum e disto que opõe alguns *resultados* que efetivamente intervieram na Itália e na Alemanha de entreguerras, na Espanha pós 1934-1936 e na França de 1958.

---

9 Ibid., p.75-80.
10 Poulantzas, *Fascisme et dictature*, p.67.

Seguramente, há nessas vertentes "ramificadas" uma vantagem considerável com relação às variantes clássicos da "História natural", o ganho comparativo que procura a hipótese de um parentesco entre processos que tenham tido resultados sensivelmente distintos no plano fenomenal. Mas, ao mesmo tempo, é preciso também constatar que a inserção de "ramificações" nos esquemas da História natural não é em absoluto incompatível com a imputação a cada tipo de fenômeno-efeito, a cada tipo de resultado, de uma trajetória histórica que lhe é específica.

E as mesmas causas que produzem, aqui pelo menos, efeitos semelhantes, essa lógica do recorte "regressivo" a partir dos resultados não se dá sem consequências falsas no que concerne às relações causais destrinchadas.

A esse respeito, uma dificuldade – característica das variantes "ramificadas" – que constitui um bom indício dos limites do velho "método da diferença", provém do fato de que, quando um historiador ou um politicólogo precisam explicar resultados diferentes, procuram imputá-los às diferenças que supostamente nas sequências históricas parecem levar esses resultados, ele não terá, se ele é um pouco astucioso, nenhuma dificuldade em descobri-las. Este é o fundamento da imprudência, bastante sofisticada no mais, que consiste em explicar o recurso a uma intervenção aberta do Exército na Espanha da Frente Popular pela *ausência* de uma "geração da guerra" que teria podido, como na Itália ou na Alemanha, fornecer, com os estudantes, um sólido enquadramento militante aos movimentos fascistas.[11] Tal explicação pressupõe não só uma visão bastante manipuladora do jogo político – dessa maneira, os grupos sociais não têm talvez senão muito raramente a possibilidade de optar entre um tipo ou outro de "solução" –, como também que o desenvolvimento de um partido fascista sólido teria como efeito necessário inibir toda inclinação à intervenção aberta por parte dos militares enquanto instituição estatal. E isso também não está totalmente dado de barato.

De maneira mais banal, em Ciência Política, as relações causais permanecerão muitas vezes, em tal quadro de análise, as mais ambíguas. Voltemos a Poulantzas. Este enuncia muito distintamente a sequência das etapas que, a seus olhos, constitui a trajetória histórica particular que conduz ao sucesso dos partidos fascistas e que singulariza esta última

---

11 Linz; Stephan, *The breakdown of democratic regimes*, v.1, p.56. A historiografia da França contemporânea nos fornece isso que deveria ser considerado como o caso extremo, caricatural, desse tipo de raciocínio, quando ela faz derivar do insucesso das "ligas", nos anos de 1930, as "causas" deste insucesso, isto é, a granel: a debilidade política dos dirigentes das "ligas", a inconsistência de seus programas, a ausência de toda estratégia coerente, ou ainda "causa" inevitável para todo pensamento preguiçoso, sua "natureza" específica e diferente da(s) dos fascismos italianos ou alemães. Não ousamos discernir tudo o que esse tipo de "explicação", por comparação implícita ou explícita, deveria poder, da mesma maneira, deduzir do sucesso dos fascismos na Itália e na Alemanha.

com relação às trajetórias de outros tipos de crises políticas.[12] Trata-se, em resumo, da seguinte sequência:

- uma etapa caracterizada por uma série de derrotas da classe operária após uma "ofensiva" desta;
- uma etapa de "estabilização relativa" pensada por Poulantzas em termos de "guerra de posições";
- uma etapa de "ofensiva da burguesia" constitutiva, como lhe parece, do "processo de fascistização" em sentido estrito.[13]

Antes, vemos que Poulantzas ao mesmo tempo renuncia, de fato, a toda identificação de um encadeamento causal que daria conta da especificidade dessa trajetória. A esse objetivo se substitui, com efeito, o *de uma descrição* de um conjunto de traços – de "características particulares", diz Poulantzas[14] – que constituem, muitas vezes devemos sublinhar, observações ou intuições extremamente preciosas para a Sociologia das Crises Políticas (a mesma observação vale, no mais, para os trabalhos citados de Linz e companhia), mas cuja acumulação impressionista não deixa quase nenhum lugar a uma reflexão sistemática acerca do que liga essas características entre si e acerca do "valor agregado" que elas levam ao processo analisado. Citemos, entre os traços que supostamente são específicos do "processo de fascistização": a "crise de hegemonia",[15] a da representação partidária,[16] a emergência de uma "crise ideológica generalizada"[17] ou ainda a coincidência entre a "crise política da burguesia" e uma estratégia ofensiva dessa desta última...[18]

Dito de outra maneira, nesse ponto, a vertente de Poulantzas, como todas as vertentes ramificadas, mais parece seguir à deriva em direção à identificação disto que Nadel, ao falar da variante clássica da História

---

12 Em particular as que chegam a ditaduras militares, ao "bonapartismo", mas também a "situações revolucionárias". Por exemplo, ver Poulantzas, *Fascisme et dictature*, p.65.
13 Ibid., p.80-84.
14 Ibid., p.59. As "características" correspondem, na perspectiva de Poulantzas, aos "efeitos pertinentes" pelos quais diversos grupos sociais, em uma conjuntura dada, aparecem ou não enquanto forças sociais, "efeitos pertinentes" pelos quais a diversidade das conjunturas se tornaria "decifrável" (Poulantzas, *Pouvoir politique et classes sociales*, p.81-2).
15 Poulantzas, *Fascisme et dictature*, p.72.
16 Ibid., p.73.
17 Ibid., p.78.
18 Ibid., p.79-84. Os traços que acabamos de citar representam apenas as "características" que concernem aos grupos sociais dominantes e que são completadas por outros traços próprios, a princípio, a outras forças sociais. O próprio conjunto desses traços deve ser completado pelas "características" das crises políticas que não são específicas de "processos de fascistização" e que se distribuem da mesma maneira entre as diferentes classes sociais. Encontraremos outra enumeração das "características" das crises políticas, em geral, "nas transformações atuais do Estado, na crise política e na crise do Estado", em Poulantzas (dir.), *La crise de l'État*, p.19-58.

natural das revoluções, chamou de "síndrome", isto é, uma abordagem que antes visa conseguir os meios para realizar um *diagnostic* do que para uma explicação.[19]

Isto é, sem dúvida, o máximo disto que a Sociologia tendo por objeto as crises políticas pode razoavelmente esperar de toda vertente que esposa a lógica intelectual da História natural e, mais geralmente, a lógica da retrodicção, ainda que comparativa, a partir dos resultados dos processos conflituosos estudados.

---

19 Nadel, op. cit., p.476. Todavia, Nadel aplica esse termo mais ao conjunto da sequência histórica estabelecida por Brinton do que às "uniformidades" especificadoras uma etapa dada.

Anexo 3
Intensificação do conflito e essencialismo no modelo do grupo de Stanford

Não é necessário restituir aqui o conjunto da abordagem da conceituação teórica proposta por Gaabriel Almond e Scott Flanagan.[1] Esta, que podemos com razão qualificar de "estrutura rococó",[2] já foi apresentada de maneira detalhada no capítulo 2, no qual ela serviu para que ilustrássemos a lógica intelectual da ilusão heroica. Nós vimos também, no capítulo 4, como essa ilusão levou Almond e Flanagan a passar inteiramente ao largo desta maior propriedade das conjunturas fluidas que é a incerteza estrutural, mesmo quando eles também já haviam notado a presença, nos períodos críticos, de variações do "valor" ou da eficácia dos recursos à disposição dos atores. Apenas recordamos aqui que a escolha "metodológica" de medir esse "valor" para cada protagonista dos diversos episódios de "crise" que eles estudaram, provém antes de tudo da maneira pela qual esses autores definiram o objetivo de sua pesquisa. Ao renunciar na análise que eles fazem das fases de "ruptura" – fases de "crise" em sentido estrito – a toda perspectiva centrada nas "estruturas" e ao abandonar todo interesse por estas últimas, Almond e Flanagan procuraram mostrar que as coalizões políticas dominantes que se supõe que tenham dado fim a essas "crises" – coalizões nas quais, assim, esses autores puderam ver as "soluções" para elas – resultaram de *escolhas racionais* dos atores

---

[1] Almond et al. (eds.). *Crisis, choice, and change*.
[2] Barry, Review article: Crisis, Choice and Change (first part), *British Journal of Political Science*; Id., Review article: Crisis, Choice and Change (second part), *British Journal of Political Science*.

desses processos.[3] Ante a impossibilidade de coletar "valores" ou medidas "naturais" da eficácia ou "valor" dos recursos, os autores *de facto* tiveram tendência, na realidade da sua abordagem, a estimá-las a partir *dos efeitos ou das consequências* da utilização destes. Ora, eles acreditaram poder detectar esses efeitos, mesmo quando o "valor" desses recursos supostamente explicasse em grande parte as escolhas racionais dos atores e a resultante dessas escolhas, a formulação, em cada caso estudado, de uma coalizão dominante e a impossibilidade ou a não ocorrência da formação de outras coalizões. Mas já sabemos que há algo bem mais grave nessa abordagem que a circularidade na imputação do "valor": trata-se da focalização do interesse teórico e empírico nas decisões e nas escolhas racionais dos atores (e a preocupação acerca da medida que dela procedeu) que lhes interditou, no mesmo movimento, o acesso a um só tempo à inteligibilidade da incerteza estrutural – em especial enquanto incerteza acerca do "valor" dos recursos, justamente – e a suas molas sociais (a dessetorização do espaço social).

Resta-nos explicitar o fato de que a ilusão heroica não é a única fonte dessa impotência: com efeito, na falta de uma ancoragem firme da abordagem deles em uma perspectiva relacional coerente na apreensão que eles fazem das flutuações do "valor" dos recursos, os autores do Grupo de Stanford se deixam afundar em uma imaginária sociológica acentuadamente *essencialista*. A ideia que pesou nessa apreensão – e que se combina aos desgastes provocados pela preocupação com a medida do "valor" – pode ser resumido simplesmente: nos períodos de "ruptura" ou de "crise" dos sistemas políticos, os recursos coercitivos seriam *em si mesmos* decisivos, devido ao que alguns outros autores, como talvez recordemos, puderam chamar de "características intrínsecas" destes. Almond e Flanagan, ao terem distinguido para fins de medida do "valor" seus três tipos de recursos políticos (as posições institucionais detidas pelos diferentes atores;

---

3 Simplificaremos de propósito: como já indicamos (capítulo 2), o objetivo visado é, de um lado, determinar, desse modo, em cada caso estudado, um conjunto de coalizões não dominadas e mostrar que a "solução" efetivamente intervêm (a coalizão que efetivamente se formou) pertence com segurança a esse conjunto; por outro lado, quando os pesquisadores manifestadamente não conseguem ligar a formulação da coalizão para uma solução às escolhas racionais dos atores, eles optam por uma "explicação" subsidiária (intervenção da liderança de uma figura histórica). A noção de solução adotada por Almond e Flanagan tem a particularidade de combinar "a efetividade" das coalizões – na base, entre outros componentes, dos recursos da quais essas coalizões disporiam caso elas se formassem – e preferências, ideológicas em particular, dos jogadores. Nesse sentido, esses autores tendem a afrouxar sensivelmente a concepção, tradicional na teoria das coalizões, do "domínio" de uma coalizão, notadamente ao renunciar ao princípio da dimensão mínima da coalizão vencedora (por conseguinte, falaremos indiferentemente de coalizões dominantes ou de coalizões preferidas). Sobre esse ponto, ver Flanagan, Models and methods of analysis, op. cit., p.68-72, 92-8; Id., Theory and method in the study of coalition formation, *Journal of Comparative Administration*).

a "influência" destes; os meios coercitivos que têm à disposição), assim atribuíram de saída aos recursos coercitivos uma "efetividade" (noção das mais incertas) por natureza supostamente superior à "efetividade" de outros tipos de recursos.[4]

Essa ideia os levou a atribuir aos processos analisados uma *dinâmica de intensificação* em grande parte pensada[5] em termos de *remontada na escala da violência do conflito*. Por conseguinte, essa dinâmica tomou o aspecto de uma passagem do uso dos recursos institucionais para os recursos de "influência" e, depois, para os recursos coercitivos (nisto ela não deixa de lembrar a abordagem intelectual feita pela "História natural"); ela tem como horizonte último a dissolução ou a desintegração do sistema político ou da sociedade. Desde as primeiras páginas da presente obra, nós apontamos os perigos e as aporias das diversas formas da substancialização dos recursos e não retornaremos a esse ponto aqui. Mas devemos precisar que a própria ideia de uma relação linear entre a remontada na escala da violência e a "desintegração" social é de ponta a ponta faliciosa, uma vez que ignora o caráter relacional disto que faz a eficácia ou o "valor" dos recursos mobilizáveis e mobizados pelos atores. Tanto mais quando semelhante remontada se produz, ela é muitas vezes condicionada pela manutenção de um grau elevado de objetivação de relações sociais internas aos protagonistas dos confrontos, notadamente os setores militarizados. Podemos, além disso, verificar, *a contrario* de qualquer maneira, com o exemplo a esse respeito paradigmático dos enfrentamentos ligados ao nascimento do regime de Weimar. Dando conta, em seu estudo de caso dessa "crise", da distribuição dos recursos coercitivos em novembro e dezembro de 1918, Rittberger, um dos autores do Grupo de Stanford, crê que pode inferir, a partir do baixo nível da violência aberta observável, um "valor" ou um peso reduzido dos recursos coercitivos. A inferência é com certeza conforme aos postulados postos por Almond e Flanagan. O importante é que Rittberger atribui, dessa vez com razão, o *baixo nível da violência* à dispersão dos recursos coercitivos, isto é, à verdadeira dissolução

---

4 Além disso, Almond e Flanagan fizeram corresponder a cada tipo de recursos uma "arena de tomada de decisão" particular, cujo peso pudesse sofrer flutuações. Mas, de maneira perfeitamente congruente com a orientação geral de sua abordagem (e com seu princípio, a ilusão heroica), o que, apenas de nosso ponto de vista, representaria uma intuição interessante foi imediatamente arruinado pela função que esses autores atribuíram a essas "arenas": a de facilitar a "medida" das variações do "valor" dos recursos. A concepção deles acerca dessas "arenas", por conseguinte, permaneceu fixista, uma vez que elas são apreendidas apenas como simples categorias computáveis que homogeneízam os "valores" dos recursos reagrupados em cada um dos três tipos. Essa fixidez impediu esses autores de se interrogarem acerca das transformações possíveis da consistência não só dessas arenas como também das relações entre as mesmas.

5 Em parte, porque paralelamente alimentada pela "distância" entre os protagonistas do confronto acerca das pautas percebidas, distância esta avaliada *a posteriori*. Sobre esses pontos, para uma análise crítica mais extensa, reportaremos às edições francesas de 1986 e de 1992 da presente obra.

das forças militares regulares e à desorganização extrema das milícias operárias, governamentais ou ligadas à esquerda revolucionária,[6] configuração esta próxima em vários aspectos da ideia que parecem ter os autores do Grupo de Stanford acerca da desintegração de um sistema político. Em suma, a substancialização dos recursos políticos, em particular as virtudes concedidas às características intrínsecas dos recursos coercitivos pensados em si próprios, acentua fortemente as dificuldades ligadas ao impacto da ilusão heroica. O conjunto, como devemos ter compreendido, priva esses autores da própria possibilidade de identificar e de analisar esse fenômeno fundamental para a análise da dinâmica das crises políticas que é a incerteza estrutural e cujas manifestações mais fortes não correspondem necessariamente, longe disso, às situações nas quais assistimos a lançar-se mão, de modo generalizado, aos recursos coercitivos.

---

6 Rittberger, Revolution and pseudo-democratization, op. cit., p.342.

REFERÊNCIAS BIBLIOGRÁFICAS[1]

Crises políticas

ALMOND, G. A.; FLANAGAN, S. C.; MUNDT, R. J. (Eds.). *Crisis, Choice, and Change:* Historical Studies of Political Development. Boston, Mass.: Little Brown, 1973.

BARRY, B. Review Article: Crises, Choice, and Change. *British Journal of Political Science*, v.7, n.1, p.99-113, janv. 1977, e v.7, n.2, p.217-53, avril 1977.

BÉJIN, A. Crises des valeurs, crises des mesures. *Communications* 25, p.39-72, 1976.

BINDER, L. et al. *Crises and Sequences in Political Development.* Princeton, N.J.: Princeton University Press, 1971.

DOBRY, M. *Éléments pour une théorie des conjonctures politiques fluides.* Paris, 1984. Thèse (Doctorat d'État en Science Politique) - Institut d'Études Politiques.

_____. Mobilisations multisectorielles et dynamique des crises politiques. In: CONGRES DE L'ASSOCIATION INTERNATIONALE DE SCIENCE POLITIQUE, 12, 1982, Rio de Janeiro. (Repris dans la *Revue Française de Sociologie*, v.24, n.3, p.395-419, juil.-sept. 1983).

---

1 Esta listagem de referências bibliográficas não tem nenhuma pretensão de ser exaustiva e, de fato, reúne apenas uma parte reduzida dos trabalhos dos quais nos servimos no curso da preparação desta obra. Assim, renunciamos a fazer aqui figurar a maior parte do material histórico e dos estudos de caso. Somente mantivemos os trabalhos mais significativos que trataram de problemas teóricos gerais da análise dos processos de crise política. Alguns desses trabalhos deveriam, a rigor, aparecer em várias rubricas e, nesse sentido, o lugar que lhes foi atribuído com frequência é arbitrário. Com algumas raras exceções, as contribuições individuais às obras coletivas acerca das crises políticas não foram recenseadas. Por fim, do mesmo modo que no corpo da obra, não são mencionado aqui os trabalhos posteriores a janeiro de 1984, data de defesa da tese publicada neste livro.

ECKSTEIN, H. (Ed.). *Internal War:* Problems and Approaches. New York, N.Y.: The Free Press, 1964.

FLANAGAN, S. C. Theory and Method in the Study of Coalition Formation. *Journal of Comparative Administration*, v.5, n.3, p.275-313, nov. 1973.

GREW, R. (Ed.). *Crisis of Political Development in Europe and the United States.* Princeton, N.J.: Princeton University Press, 1978.

HOLT, R. T.; TURNER, J. E. Crises and Sequences in Collective Theory Development. *American Political Science Review* 63, p.979-94, sept. 1975.

HUNTINGTON, S. P. *Political Order in Changing Societies.* New Haven, Conn.: Yale University Press, 1976. [1.ed., 1968].

JÄNICKE, M. (Ed.). *Politische Systemkrisen.* Cologne: Kieperheuer und Witsch, 1973.

KARBONSKI, A. Comparing Liberalization Processes in Eastern Europe. In: COHEN, L. J.; SHAPIRO, J. P. (Eds.). *Communist Systems in Comparative Perspective.* Garden City, N.Y.: Andros Press-Doubleday, 1974. p.502-20.

LINZ, J. J.; STEPAN, A. (Eds.). *The Breakdown of Democratic Regimes.* Baltimore, Md.: The Johns Hopkins University Press, 1978. 4 v.

MARX, K. *Le 18 brumaire de Louis Bonaparte.* Paris: Les Éditions Sociales, 1969.

OFFE, C. Krisen des Krisenmanagement: Elemente einer Politischen Krisentheorie. In: JÄNICKE, M. (Ed.). *Herrschaft und Krise:* Beiträge zur Politikwissenschaftlichen Krisenforschung. Opladen: West-deutscher Verlag, 1973, p.197-223. [trad. em *International Journal of Politics*, v.6, n.3, p.29-67, automne 1976.].

PARSONS, T. Max Weber and the Contemporary Political Crisis. In: *Politics and Social Structure.* New York, N.Y.: The Free Press, 1969. p.98-124. [Artigo publicado em 1942].

_____. Some Reflections on the Place of Force in Social Process. In: ECKSTEIN, H. (Ed.). *Internal War.* New York, N.Y.: The Free Press, 1964. p.33-70.

POULANTZAS, N. (Dir.). *La crise de l'État.* Paris: PUF, 1976.

_____. *Fascisme et dictature:* la troisième internationale face au fascisme. Paris: Maspero, 1970.

SANDBROOK, R. The Crisis in Political Development Theory. *The Journal of Development Studies*, v.12, n.2, p.165-85, janv. 1976.

STANISZKIS, J. *Pologne:* la révolution autolimitée. Paris: PUF, 1982.

STARN, R. Historians and Crisis. *Past and Present* 52, p.3-22, août 1971. [trad. dans *Communications* 25, p.4-18, 1976.].

TARROW, S.; SMITH, L. L. Crisis Recruitment and the Political Involvement of Local Elites: Some Evidence from Italy and France. In: EULAU, H.; CZUDNOWSKI, M. M. (Eds.). *Elite Recruitment in Democratic Polities:* Comparative Studies across Nations. New York, N.Y.: John Wiley and Sons, 1976. p.205-37.

WRIGHT, E. O. *Class, Crisis and the State.* Londres: NLB, 1978.

Balanços críticos

AYA, R. Theories of Revolution Reconsidered: Contrasted Models of Collective Violence. *Theory and Society*, v.8, n.1, p.39-99, juil. 1979.

ECKSTEIN, H. Theoretical Approaches to Explaining Collective Political Violence. In: GURR, T. R. *Handbook of Political Conflict, Theory and Research.* New York, NY.: The Free Press, 1980. p.135-66.

_____. On the Etiology of Internal Wars. *History and Theory*, v.4, n.2, p.133-63, 1965.

GOLDSTONE, J. A. Theories of Revolution: the Third Generation. *World Politics*, v.32, n.3, p.425-53, avril 1980.

LECA, J. *Quelques théories explicatives des crises.* Grenoble: Université des Sciences Sociales, [s.d.]. 2v. (Cours polycopié).

STONE, L. Theories of Revolution. *World Politics*, v.28, n.2, p.159-76, janv. 1966.

TILLY, C. Revolutions and Collective Violence. In: GREENSTEIN, F. I.; POLSBY, N. W. (Eds.). *Handbook of Political Science.* Reading, Mass.: Addison-Wesley, 1975. v.3. p.483-555.

ZAGORIN, P. Theories of Revolution in Contemporary Historiography. *Political Science Quarterly* 88, p.23-52, mars 1973.

ZIMMERMANN, E. *Political Violence, Crises and Revolutions:* Theories and Research. Cambridge, Mass.: Schenkman, 1983.

Mobilização, ação coletiva

ALLARDT, E. Types of Protest and Alienation. In: ALLARDT, E.; ROKKAN, S. (Eds.). *Mass Politics.* New York, N.Y.: The Free Press, 1970. p.45-63.

BOLTANSKI, L. *Les cadres:* la formation d'un groupe social. Paris: Minuit, 1982.

CHAZEL, F. De quelques composantes de l'aliénation politique. *Revue Française de Sociologie* 27, p.101-15, janv.-mars 1976.

_____. La mobilisation politique: problèmes et dimensions. *Revue Française de Science Politique*, v.25, n.3, p.502-16, juin 1975.

COLEMAN, J. S. Race Relations and Social Change. In: KATZ, I.; GURIN, P. (Eds.). *Race and the Social Sciences.* Londres: Basic Books, 1969. p.274-341.

DOBRY, M. Variation d'emprise sociale et dynamique des représentations: remarques sur une hypothèse de Neil Smelser. In: DUPRAT, G. (Dir.). *Analyse de l'idéologie.* Paris: Galilée, 1980. t.1. p.197-219.

ETZIONI, A. *The Active Society:* a Theory of Societal and Political Processes. New York, N.Y.: The Free Press, 1968.

GAMSON, W. *The Strategy of Social Protest.* Homewood, Ill.: The Dorsey Press, 1975.

_____. *Power and Discontent.* Homewood, Ill.: The Dorsey Press, 1968.

GESCHWENDER, J. A. Explorations in the Theory of Social Movements and Revolutions. *Social Forces*, v.47, n.52, p.127-35, déc. 1968.

GRAHAM, H. D.; GURR, T. R. (Eds.). *Violence in America:* Historical and Comparative Perspectives. Londres: Sage, 1971.

GRANOVETTER, M. Threshold Models of Collective Behavior. *The American Journal of Sociology*, v.83, n.6, p.1420-43, mai 1978.

GURR, T. R. *Why Men Rebel*. Princeton, N.J.: Princeton University Press, 1970.

_____. A Causal Model of Civil Strife: a Comparative Analysis Using New Indices. *American Political Science Review*, v.62, n.4, p.1104-24, déc. 1968.

GUSFIELD, J. Mass Society and Extremist Politics. *American Sociological Review*, v.27, n.1, p.19-30, févr. 1962.

HALEBSKY, S. *Mass Society and Political Conflict*. Cambridge: Cambridge University Press, 1976.

HEBERLÉ, R. *Social Movements*. New York, N.Y.: Appleton-Century-Crofts, 1951.

KORNHAUSER, W. *The Politics of Mass Society*. Glencoe, Ill.: The Free Press, 1959.

ILCHMAN, W. F.; UPHOFF, N. T. *The Political Economy of Change*. Berkeley, Calif.: University of California Press, 1969.

LACROIX, B. *L'utopie communautaire:* histoire sociale d'une révolte. Paris: PUF, 1981.

LIPSKY, M. Protest as a Political Resource. *American Political Science Review*, v.62, n.4, p.1141-58, déc. 1968.

MARX, G. Thoughts on a Neglected Category of Social Movement Participant: the Agent Provocateur and the Informant. *American Journal of Sociology*, v.80, n.2, p.402-29, sept. 1974.

MCCARTHY, J. D.; ZALD, M. N. Resources Mobilization and Social Movements: a Partial Theory. *American Journal of Sociology*, v.82, n.6, p.1212-41, mai 1977.

MICHAUD, Y. *Violence et politique*. Paris: Gallimard, 1978.

MOORE JR., B. *Injustice:* the Social Bases of Obedience and Revolt. Basingstoke: Macmillan, 1978.

NARDIN, T. *Violence and the State:* a Critique of Empirical Political Theory. Londres: Sage, 1971.

NETTL, J. P. *Political Mobilization*. Londres: Faber and Faber, 1967.

OBERSCHALL, A. The Decline of the 1960's Social Movements. *Research in Social Movements, Conflicts and Change* 1, p.257-89, 1978.

_____. *Social Conflict and Social Movements*. Englewood Cliffs, N.J.: Prentice-Hall, 1973.

OFFE, C.; WIESENTHAL, H. Two Logics of Collective Action: Theoretical Notes on Social Class and Organizational Form. In: ZEITLIN, M. (Ed.). *Political Power and Social Theory*. Greenwich, Conn.: Jai Press, 1980. v.1. p.67-116.

OLSON, M. *Logique de l'action collective*. Paris: PUF, 1978. [1.ed., 1966].

_____. Rapid Growth as a Destabilizing Force. *Journal of Economic History*, v.23, n.4, p.529-52, déc. 1963 [reeditado em: DAVIES, J. C. (Ed.). *When Men Revolt and Why*. New York, N.Y.: The Free Press, 1971. p.215-27].

PINARD, M. Mass Society and Political Movements: a New Formulation. *American Journal of Sociology*, v.73, n.6, p.682-90, mai 1968.
PIZZORNO, A. Marché, démocratie, action collective. In: JOURNEE D'ETUDES DE L'ASSOCIATION FRANÇAISE DE SCIENCE POLITIQUE, 26 oct. 1974. (Communication).
SMELSER, N. J. *Theory of Collective Behavior.* New York, N.Y.: The Free Press, 1962.
TILLY, C. *From Mobilization to Revolution.* Reading, Mass.: Addison-Wesley, 1978.
ZALD, M. N.; MCCARTHY, J. D. (Eds.). *The Dynamics of Social Movements.* Cambridge, Mass.: Winthrop, 1979.
_____.; BERGER, M. A. Social Movements in Organizations: Coup d'État, Insurgency and Mass Movements. *American Journal of Sociology*, v.83, n.4, p.823-61, janv. 1978.

Fenômenos revolucionários

AMMAN, P. Revolution: a Redefinition. *Political Science Quarterly*, v.77, n.1, p.36-53, mars 1962.
BAUER, A. *Essai sur les révolutions.* Paris: Giard et Brière, 1908.
BAUMAN, Z. Social Dissent in East European Political Systems. *Archives Européennes de Sociologie*, v.12, n.1, p.25-51, 1971.
BRINTON, C. *The Anatomy of Revolution.* New York, N.Y.: Vintage Books, 1965. [1.ed., 1938].
DAVIES, J. C. The J-Curve of Rising and Declining Satisfactions as a Cause of Revolution and Rebellion. In: GRAHAM, H. G.; GURR, T. R. (Eds.). *Violence in America:* Historical and Comparative Perspectives. Londres: Sage, 1979. p.415-36.
_____. (Ed.). *When Men Revolt and Why.* New York, N.Y.: The Free Press, 1971.
_____. Toward a Theory of Revolution. *American Sociological Review*, v.6, n.1, p.5-19, févr. 1962. [reeditado em: DAVIES, J. C. (Ed.). *When Men Revolt and Why.* New York, N.Y.: The Free Press, 1971. p.134-47].
DÉCOUFLÉ, A. *Sociologie des révolutions.* Paris: PUF, 1970. (Coll. Que sais-je?).
DOWNTON JR., J. V. *Rebel Leadership:* Commitment and Charisma in the Revolutionary Process. New York, N.Y.: The Free Press, 1973.
EDWARDS, L. P. *The Natural History of Revolution.* Chicago, Ill.: The University of Chicago Press, 1970. [1.ed., 1927].
EISENSTADT, S. N. *Revolution and the Transformation of Societies:* a Comparative Study of Civilizations. New York, N.Y.: The Free Press, 1978.
JOHNSON, C. A. *Revolutionary Change.* Boston, Mass.: Little Brown, 1966.
_____. *Revolution and the Social System.* Stanford, Calif.: Hoover Institution Studies on War, Revolution and Peace, Stanford University Press, 1964.
LUPSHA, P. A. Explanation of Political Violence: some Psychological Theories versus Indignation. *Politics and Society*, v.2, n.1, p.89-104, 1971.

MAYER, A. J. *Dynamics of Counter-Revolution in Europe:* 1870-1956. New York, N.Y.: Harper and Row, 1971.

MOORE, B. *Les origines sociales de la dictature et de la démocratie.* Paris: Maspero, 1963.

NADEL, G. The Logic of the *Anatomy of Revolution* with Reference to the Netherland Revolt. *Comparative Studies in Society and History,* v.2, n.4, p.473-84, juil. 1960.

PAIGE, J. M. *Agrarian Revolution:* Social Movements and Export Agriculture in the Underdeveloped World. New York, N.Y.: The Free Press, 1975.

PETEE, G. S. *The Process of Revolution.* New York, N.Y.: Harper and Row, 1938.

SCHWARTZ, D. C. A Theory of Revolutionary Behavior. In: DAVIES, J. C. (Ed.). *When Men Revolt and Why.* New York, N.Y.: The Free Press, 1971. p.109-32.

SKOCPOL, T. *States and Social Revolutions:* a Comparative Analysis of France, Russia and China. Cambridge: Cambridge University Press, 1979.

_____.; TRIMBERGER, E. K. Revolutions and the World-Historical Development of Capitalism. *Berkeley Journal of Sociology,* v.22, p.101-13, 1977-1978.

TRIMBERGER, E. K. *Revolution from above:* Military Bureaucrats and Development in Japan, Turkey, Egypt and Peru. New Brunswick, N.J.: Transaction Books, 1978.

TROTSKY, L. *Histoire de la révolution russe.* Paris: Seuil, 1967. 2 v.

WOLF, E. *Les guerres paysannes du vingtième siècle.* Paris: Maspero, 1974. [1.ed., 1969].

Interação estratégica, Sociologia dos Conflitos

ARCHIBALD, K. (Ed.). *Strategic Interaction and Conflict.* Berkeley, Calif.: Inst. of International Studies, University of California, 1966.

ARON, R. *Penser la guerre:* Clausewitz. Paris: Gallimard, 1976. 2 v.

CLAUSEWITZ, C. Von. *De la guerre.* Paris: Minuit, 1955.

COSER, L. *Continuities in the Study of Social Conflict.* New York, N.Y.: The Free Press, 1967.

_____. *The Functions of Social Conflict.* New York, N.Y.: The Free Press, 1956.

DAHRENDORF, R. *Classes et conflits de classes dans la société industrielle.* Paris: La-Haye Mouton, 1972. [1.ed., 1957].

DEDRING, J. *Recent Advances in Peace and Conflict Research.* Londres: Sage, 1976.

DOBRY, M. Note sur la théorie de l'interaction stratégique. *Annuaire Arès* 1, p.43-64, 1978.

_____. Clausewitz et l'entre-deux, ou de quelques difficultés d'une recherche de paternité légitime. *Revue Française de Sociologie,* v.27, n.4, p.652-64, oct.-déc. 1976.

DUPRAT, G. *Marx-Proudhon:* théorie du conflit social. Strasbourg: Cahiers de l'Institut d'Études Politiques, 1973. v.1. (Nouvelle Série).

EDELMAN, M. J. Escalation and Ritualization of Political Conflict. *American Behavioral Scientist* 13, p.231-45, sept.-déc. 1969. [reeditado em: *Politics as Symbolic Action:* Mass Arousal and Quiescence. New York, N.Y.: Academic Press, 1971.].

EBERWEIN, W. D. Crisis Research: the State of the Art - a Western View. In: FREI, D. (Ed.). *International Crises and Crisis Management.* Westmead: Saxon House, 1978. p.126-42.

EIDLIN, F. H. *The Logic of Normalization:* the Soviet Intervention in Czechoslovakia of 21 August 1968 and the Czechoslovak Response. New York, N.Y.: Columbia University Press, 1980.
GOFFMAN, E. *Strategic Interaction.* Oxford: Basil Blackwell, 1970.
HERMANN, C. F. International Crisis as a Situational Variable. In: ROSENAU, J. N. (Ed.). *International Politics and Foreign Policy.* New York, N.Y.: The Free Press, 1969. p.411-6.
JERVIS, R. *Perception and Misperception in International Relations.* Princeton, N.J.: Princeton University Press, 1976.
_____. *The Logic of Images in International Relations.* Princeton, N.J.: Princeton University Press, 1970.
JOXE, A. Le pouvoir militaire et le simulacre nucléaire. *Traverses* 10, p.139-45, 1978.
OBERSCHALL, A. Loosely Structured Collective Conflict: a Theory and an Application. *Research in Social Movements, Conflicts and Change* 3, p.45-68, 1980.
_____. Theories of Social Conflict. *Annual Review of Sociology* 4, p.291-315, 1978.
SCHELLING, T. *The Strategy of Conflict.* Cambridge, Mass.: Harvard University Press, 1960.
SIMMEL, G. *Conflict and the Web of Group-Affiliations.* New York, N.Y.: The Free Press, 1955.
TURNER, J. H. A Strategy for Reformulating the Dialectical and Functional Theories of Conflict. *Social Forces,* v.53, n.3, p.433-44, mars 1975.
YOUNG, O. R. *The Politics of Force:* Bargaining During International Crises. Princeton, N.J.: Princeton University Press, 1968.

Fenômenos e estratégias carismáticas

AKE, C. Charismatic Legitimation and Political Integration. *Comparative Studies in Society and History* 9, p.1-13, oct. 1966.
BOURDIEU, P. Une interprétation de la théorie de la religion selon Max Weber. *Archives Européennes de Sociologie,* v.12, n.1, p.3-21, 1971.
_____. Genèse et structure du champ religieux. *Revue Française de Sociologie,* v.12, n.3, p.295-334, juil.-sept. 1971.
ERIKSON, E. H. *Gandhi's Truth.* New York, N.Y.: Norton, 1969.
_____. *Young Man Luther.* New York, N.Y.: Norton, 1953.
THEOBALD, R. The Role of Charisma in the Development of Social Movements. *Archives de Sciences Sociales des Religions* 49, p.83-100, janv.- mars 1980.
TUCKER, R. C. The Theory of Charismatic Leadership. *Daedalus,* v.97, n.3, p.731-56, 1968.
WEBER, M. *On Charisma and Institution Building,* présenté par S. N. Eisenstadt. Chicago, Ill.: The University of Chicago Press, 1968.
WILLNER, A. R. *Charismatic Political Leadership:* a Theory. Princeton, N.J.: Woodrow Wilson School of Public and International Affairs, 1968. (Research Monograph, 32.).

WOLFENSTEIN, E. V. Some Psychological Aspects of Crisis Leaders. In: EDINGER, L. J. (Ed.). *Political Leadership in Industrialized Societies.* New York, N.Y.: John Wiley and Sons, 1967. p.155-81.

WORSLEY, P. *The Trumpet Shall Sound:* a Study of Cargo Cults in Melanesia. 2.ed. exp. New York, N.Y.: Schocken Books, 1968.

Legitimação e crises de legitimidade

ABRAMSON, P. R.; INGLEHART, R. The Development of Systemic Support in Four Western Democraties. *Comparative Political Studies,* v.2, n.4, p.419-42, janv. 1970.

BENSMAN, J. Max Weber's Concept of Legitimacy: an Evaluation. In: VIDICH, A. J.; LASSMAN, R. M. (Eds.). *Conflict and Control:* Challenge to Legitimacy of Modern Governments. Londres: Sage, 1979. p.17-48.

BERGER, P. L.; LUCKMANN, T. *The Social Construction of Reality.* Londres: Penguin Books, 1971. [1.ed., 1967].

CHAZEL, F. Idéologie et crise de légitimation. In: DUPRAT, G. (Dir.). *Analyse de l'idéologie.* Paris: Galilée, 1980. t.1. p.163-77.

CITRIN, J. Comment: the Political Relevance of Trust in Government. *American Political Science Review* 68, p.973-88, sept. 1974.

COHN, S. F. *Loss of Legitimacy and the Breakdown of Democratic Regimes:* the Case of the Fourth Republic. New York, 1976. Dissertation (Ph.D.) – Columbia University.

DENNIS, J. Support for the Institution of Elections by the Mass Public. *American Political Science Review,* v.64, n.3, p.819-35, sept. 1970.

EASTON, D. Theoretical Approaches to Political Support. *Canadian Journal of Political Science,* v.9, n.3, p.431-48, sept. 1976.

_____. A Re-Assessment of the Concept of Political Support. *British Journal of Political Science,* v.5, n.4, p.435-57, oct. 1975.

_____.; DENNIS, J. *Children in the Political System:* Origins of Political Legitimacy. New York, N.Y.: McGraw-Hill, 1969.

ECKSTEIN, H. *Support for Regimes:* Theories and Tests. Princeton, N.J.: Woodrow Wilson School of Public and International Affairs, Princeton University Press, 1979. (Research Monograph, 44.).

_____. Authority Relations and Governmental Performance: a Theoretical Framework. *Comparative Political Studies,* v.2, n.2, p.269-326, oct. 1969.

_____. *Division and Cohesion in Democracy:* a Study of Norway. Princeton, N.J.: Princeton University Press, 1966.

HABERMAS, J. *Raison et légitimité:* problèmes de légitimation dans le capitalisme avancé. Paris: Payot, 1978. [1.ed., 1973].

HARRIES-JENKINS, G.; VAN DOORN, J. (Eds.). *The Military and the Problem of Legitimacy.* Londres: Sage, 1976.

LANE, R. E. The Legitimacy Bias: Conservative Man in Market and State. In: DENITCH, B. (Ed.). *Legitimation of Regimes*. Londres: Sage, 1979. p.55-80.

LECA, J. Réformes institutionnelles et légitimation du pouvoir au Maghreb. *Annuaire d'Afrique du Nord: Algérie, Maroc, Tunisie, Libye* 16, p.3-13, 1977.

LIPSET, S. M. *Political Man*. Garden City, N.Y.: Doubleday, 1960. [trad. franç., 1962].

LUHMANN, N. *Legitimation Durch Verfahren*. Darmstadt: Neuwied, Luchterhand, 1978. [1.ed., 1969].

MERELMAN, R. M. Learning and Legitimacy. *American Political Science Review* 60, p.548-61, sept. 1966.

MERQUIOR, J. G. *Rousseau and Weber:* Two Studies in the Theory of Legitimacy. Londres: Routledge, 1980.

MUELLER, C. *The Politics of Communication:* a Study in the Political Sociology of Language, Socialization and Legitimation. Londres: Oxford University Press, 1973.

RIEDMULLER, B. Crisis as Crisis of Legitimation: a Critique of J. Habermas's Concept of a Political Crisis Theory. *International Journal of Politics*, v.7, n.2, p.83-117, 1977.

ROGOWSKI, R. *Rational Legitimacy:* a Theory of Political Support. Princeton, N.J.: Princeton University Press, 1974.

SCHAAR, J. H. Legitimacy in the Modern State. In: GREEN, P.; LEVINSON, S. (Eds.). *Power and Community*. New York, N.Y.: Random House-Pantheon, 1970. p.294-309.

VIDICH, A. J.; GLASSMAN, R. M. (Eds.). *Conflict and Control:* Challenge to Legitimacy of Modern Governments. Londres: Sage, 1979.

WOLFE, A. *The Limits of Legitimacy:* Political Contradictions of Contemporary Capitalism. New York, N.Y.: The Free Press, 1977.

WRIGHT, J. D. *The Dissent of the Governed:* Alienation and Democracy in America. New York, N.Y.: Academic Press, 1976.

Traços estruturais dos sistemas sociais complexos

APTER, D. E. *The Politics of Modernization*. Chicago, Ill.: The University of Chicago Press, 1965.

BADIE, B. *Le développement politique*. Paris: Economica, 1978.

BAUMGARTNER, T. et al. Meta- Power and the Structuring of Social Hierarchies. In: BURNS, T. R.; BUCKLEY, W. (Eds.). *Power and Control:* Social Structures and Their Transformations. Londres: Sage, 1977.

BOLTANSKI, L. L'espace positionnel: multiplicité des positions institutionnelles et habitus de classe. *Revue Française de Sociologie*, v.14, n.1, p.3-26, janv.-mars 1973.

BOURDIEU, P. Les modes de domination. *Actes de la Recherche en Sciences Sociales*, n.2-3, p.122-32, juin 1976.

COHEN, L. J.; SHAPIRO, J. P. (Eds.). *Communist Systems in Comparative Perspective*. Garden City, N.Y.: Anchor Press-Doubleday, 1974.

COLLIGNON, Y. G. De l'isolationnisme au comparativisme: méthodes et approches anglo-saxonnes pour l'analyse du système politique soviétique. *Revue Française de Science Politique*, v.26, n.3, p.445-82, juin 1976.

CROZIER, M.; FRIEDBERG, E. *L'acteur et le système*. Paris: Seuil, 1977.

DAHL, R. Pluralism Revisited. *Comparative Politics*, v.10, n.2, p.191-203, janv. 1978.

_____. *Who Governs?* Democracy and Power in an American City. New Haven, Conn.: Yale University Press, 1961.

DEUTSCH, K. W. Social Mobilization and Political Development. *American Political Science Review*, v.55, n.3, p.493-514, sept. 1961.

EASTON, D. *A System Analysis of Political Life*. Chicago, Ill.: The University of Chicago Press, 1979. [1.ed., 1965; trad. fr., *Analyse du système politique*. Paris: Colin, 1974.].

_____. *A Framework for Political Analysis*. Englewood Cliffs, N.J.: Prentice-Hall, 1965.

ECKSTEIN, H.; GURR, T. R. *Patterns of Structural Basis for Political Inquiry*. New York, N.Y.: Wiley, 1975.

EDINGER, L. J. (Ed.). *Political Leadership in Industrialized Societies*. New York, N.Y.: Wiley, 1967.

EISENSTADT, S. N.; LEMARCHAND, R. *Political Clientelism, Patronage and Development*. Londres: Sage, 1981.

ENLOE, G. H. *Ethnic Soldiers:* State Security in a Divided Society. Harmondsworth: Penguin Books, 1980.

GAXIE, D. *Le cens caché:* inégalités culturelles et ségrégation politique. Paris: Seuil, 1978.

LANDÉ, C. The Dyadic Basis of Clientelism. In: SCHMIDT, S. W. et al. *Friends, Followers and Factions:* a Reader in Political Clientelism. Berkeley, Calif.: University of California Press, 1977. p.xiii-xxxviii.

LEHMBRUCH, G. Consociational Democracy, Class Conflict and the New Corporatism. In: SCHMITTER, P. C.; LEHMBRUCH, G. (Eds.). *Trends toward Corporatist Intermediation*. Londres: Sage, 1979. p.53-62.

LEVY JR., M. J. *The Structure of Society.* Princeton, N.J.: Princeton University Press, 1952.

LINDBERG, L. N. (Ed.). *Stress and Contradiction in Modern Capitalism:* Public Policy and the Theory of the State. Lexington, Mass.: D.C. Heath, 1975.

LOWIT, T. Le parti polymorphe en Europe de l'Est. *Revue Française de Science Politique*, v.29, n.4-5, p.812-46, août-oct. 1979.

LUHMANN, N. *The Differentiation of Society.* New York, N.Y.: Columbia University Press, 1982.

_____. Temporalization of Complexity. In: GEYER, R. F.; ZOUWEN, J. Van der (Eds.). *Sociocybernetics:* an Actor Oriented Social Systems Approach. Leiden: Nijhoff, 1978. v.2. p.95-112.

MÉDARD, J.-F. Le rapport de clientèle. *Revue Française de Science Politique*, v.25, n.1, p.103-31, févr. 1976.

PIZZORNO, A. Political Exchange and Collective Identity in Industrial Conflict. In: CROUCH, C.; PIZZORNO, A. (Eds.). *The Resurgence of Class Conflict in Western Europe since 1968*. Basingstoke: Macmillan, 1978. v.2. p.277-98.

POULANTZAS, N. *Pouvoir politique et classes sociales.* Paris: Maspero, 1968.

PYE, L. W. *Aspects of Political Development.* Boston, Mass.: Little Brown, 1966.

_____.; VERBA, S. (Eds.). *Political Culture and Political Development.* Princeton, N.J.: Princeton University Press, 1965.

SCHMITTER, P. C.; LEHMBRUCH, G. (Eds.). *Trends toward Corporatist Intermediation.* Londres: Sage, 1979.

_____. Still the Century of Corporatism. *Review of Politics,* v.36, n.1, p.85-131, janv. 1974.

SKILLING, H. G.; GRIFFITHS, F. (Eds.). *Interest Groups in Soviet Politics.* Princeton, N.J.: Princeton University Press, 1971.

TILLY, C. (Ed.). *The Formation of National States in Western Europe.* Princeton, N.J.: Princeton University Press, 1975.

WEBER, M. *Économie et société.* Paris: Plon, 1971. t.1.

_____. *Economy and Society.* New York, N.Y.: Bedminster Press, 1968. 3 v.

WHITE, S. Communist Systems and the Iron Law of Pluralism. *British Journal of Political Science,* v.8, n.1, p.101-17, janv. 1978.

Problemas metodológicos e epistemológicos

ALMOND, G. A.; GENCO, S. J. Clouds, Clocks and the Study of Politics. *World Politics,* v.29, n.4, p.489-522, juil. 1977.

BONNEL, V. E. The Uses of Theory, Concepts and Comparison in Historical Sociology. *Comparative Studies in Society and History,* v.22, n.2, p.156-73, avril 1980.

BOUDON, R. *Effets pervers et ordre social.* Paris: PUF, 1977.

BOURDIEU, P. *Esquisse d'une théorie de la pratique.* Genève: Droz, 1972.

DEMERATH. N. J.; PETERSON, R. A. (Eds.). *System, Change and Conflict:* a Reader on Contemporary Sociological Theory and the Debate over Functionalism. New York, N.Y.: The Free Press, 1967.

DRAY, W. *Laws and Explanation in History.* Oxford: Oxford University Press, 1957.

FISHER, D. H. *Historian's Fallacies:* towards a Logic of Historical Thought. Londres: Routledge; Kegan Paul, 1971.

GEERTZ, C. *The Interpretation of Cultures.* New York, N.Y.: Basic Books, 1973.

GOULDNER. A. Reciprocity and Autonomy in Functional Theory. In: GROOS, L. (Ed.). *Symposium on Sociological Theory.* New York, N.Y.: Harper and Row, 1959. p.241-70.

HEMPEL, C. G. *Fundamentals of Concept Formation in Political Science.* Chicago, Ill.: The University of Chicago Press, 1972. [1.ed., 1952].

KUHN, T. S. *La structure des révolutions scientifiques.* Paris: Flammarion, 1972. [trad. Da ed. aum. de 1970 ; 1.ed., 1952].

LACROIX, B. Systémisme ou systémystification. *Cahiers Internationaux de Sociologie* 58, p.97-122, janv.-juin 1975.

LEVY JR., M. J. Does It Matter If He's Naked? Bawled the Child. In: KNORR, K.; ROSENAU, J. N. (Eds.). *Contending Approaches to International Politics*. Princeton, N.J.: Princeton University Press, 1969. p.87-109.

O'NEILL, J. (Ed.). *Modes of Individualism and Collectivism*. Londres: Heinemann, 1973.

POPPER, K. The Logic of the Social Sciences. In: ADORNO, T. W. et al. *The Positivist Dispute in German Sociology*. Londres: Heinemann, 1976. [1.ed., 1969].

_____. *La logique de la découverte scientifique*. Paris: Payot, 1973. [1.ed., 1959].

PRZEWORSKI, A.; TEUNE, H. *The Logic of Comparative Social Inquiry*. New York, N.Y.: John Wiley and Sons, 1970.

SARTORI, G. Concept Misformation in Comparative Politics. *American Political Science Review*, v.64, n.4, p.1033-53, déc. 1970.

SKOCPOL, T.; SOMERS, M. The Uses of Comparative History in Macro-Social Inquiry. *Comparative Studies in Society and History*, v.22, n.2, p.173-97, avril 1980.

STINCHCOMBE, A. L. *Constructing Social Theories*. New York, N.Y.: Harcourt Brace and World, 1968.

VEYNE, P. *Comment on écrit l'histoire:* essai d'épistémologie. Paris: Seuil, 1971.

ÍNDICE ONOMÁSTICO

A

Abramson, P. R., 217n.21, 256
Adam, G., 113n.18, 232n.5
Adams, R. N., 110n.6
Adorno, T. W., 136n.2, 260
Agassi, J., 136-7n.7
Akamatsu, P., 82n.74
Ake, C., 182n.29, 255
Alinsky, S., 121n.28
Allardt, E., 251
Allison, G. T., 99n.88
Allport, G. W., 194n.8
Almond, G. A., 43n.48, 75-8, 82, 114-5, 124, 245-7, 249, 259
Ambler, J. S., 39n.84, 87n.6
Amman, P., 253
Ansart, P., 206n.87, 230n.8
Apter, D., 29n.6, 257
Archibald, K., 32n.14-5, 254
Aron, R., 27n.8, 33n.17, 39, 254
Auriol, V., 187n.40, 228n.46
Austin, J. L., 143n.18
Aya, R., 54n.4, 57-8n.8, 251

B

Bachelard, G., 14, 53n.1
Badie, B., 29n.6, 236n.11, 258
Baechler, J., 203n.29
Bailey, F. G., 26n.1, 88n.9, 100, 118n.21
Balladur, E., 39n.82, 162n.47
Barry, B., 245n.2, 249
Bauer, A., VII, 65-7, 253
Bauman, Z., 352
Baumgartner, T., 89, 257
Béjin, A., 126n.86, 160n.41, 249
Beloff, M., 150n.81, 162n.48
Bendix, R., 209n.1
Bensaïd, D., 101n.86, 113n.18, 129n.40, 188-9n.43
Bensman, J., 209n.1, 256
Berger, M. A., 35n.28, 253
Berger, P. L., 9n.8, 91n.14, 92n.18, 93n.28, 119n.22, 121n.29, 143, 219n.28, 219n.30, 256
Berstein, S., 39n.82, 40n.87, 150n.81, 162n.48, 171n.3, 174n.9
Beuve-Méry, H., 187n.89

Binder, L., 75n.52, 210n.2, 249
Blackmer, D. L. M., 200n.24
Blau, P. M., 182n.29
Boltanski, L., 22-3n.17, 102n.88, 123n.82, 157n.88, 204-5, 251, 257
Bonnel, V. E., 49n.57, 259
Boudon, R., 50n.60, 61, 136n.2, 136-7n.7, 259
Bourdieu, P., 5, 8n.7, 37n.50, 50n.60, 61n.16, 85n.1, 88-9, 92, 94, 101-2n.87, 110n.7, 126, 128n.87, 183n.80, 192-9, 255, 257, 259
Bourricaud, F., 50n.60, 192n.8
Boynton, G. R., 217n.21
Bracher, K. D., 80n.69, 150n.82
Braudel, F., 128n.87
Brinton, C., 53n.2, 63-9, 81, 244n.19, 253
Buckley, W., 89n.10, 257
Buffelan, J.-P., 165n.58
Burns, T. R., 89n.10, 257

C

Camus, G., 131n.41
Cartwright, D., 123n.82
Certeau, M. de, 119n.25
Chamboredon, J.-C., 50n.60
Charles, C., 207n.40
Chazel, F., 22-3n.17, 29, 47n.51, 212-3n.14, 251, 256
Chirac, J., 167n.57
Chiroux, R., 150n.80
Citrin, J., 222n.85, 256
Clausewitz, C. von, 15-6, 25-8, 46, 254
Coddington, A., 175n.10
Cohen, E. A., 200n.28
Cohen, L. J., 250, 257
Cohn, S.F., 176n.15, 179n.22, 224-6, 256
Cohn-Bendit, D., 121n.28, 186n.88, 195
Coleman, J. S., 42n.42, 99-100, 239n.1, 251
Collignon, Y. G., 258
Converse, P. E., 216n.20
Coser, L., 47n.52, 60, 239n.1, 254

Cotteret, J.-M., 143n.16
Cross, J. G., 175n.10
Crouch, C., 232n.5, 258
Crozier, M., 47n.58, 74n.50, 89, 120, 163n.50, 164n.51, 193n.6, 196n.16, 239n2, 258
Czudnowski, M. M., 207n.89, 250

D

Dahl, R., 35n.21, 258
Dahrendorf, R., 47n.52, 80n.68, 239n.1, 254
Dansette, A., 39n.82, 143n.17, 162n.47, 172n.5
Davies, J. C., 57-61, 252-4
Debray, R., 196n.16
Dedring, J., 254
Demerath, N. J., 186n.88, 212n.11, 217n.21, 256
Denitch, B., 257
Dennis, J., 186n.88, 212n.11, 217n.21, 256
Deutsch, K. W., 28-9, 44, 77, 250, 258
Diehl, J. M., 207n.41
Di Maggio, P., 89n.10, 203n.80
Dobry, M., 1n.1, 8n.6, 9-10n.8, 15-6n.12, 17n.13, 27-8n.3, 32n.14, 34-5n.21, 75n.52, 136n.1, 137n.4, 157n.88, 158.89, 161n.45, 175n.10, 204n.81, 240n.3, 249, 251, 254
Dohse, K., 155
Downton, J. V. Jr., 182n.29, 253
Dray, W., 259
Dubois, P., 41n.40, 113n.13
Duhamel, O., 147n.22, 218n.26
Duprat, G., 9-10n.8, 23, 34-5n.20, 212-3n.14, 251, 254, 256
Durkheim, E., 28n.4, 123n.83

E

Easton, D., 20, 44, 61, 75n.55, 95, 112, 210-23, 226, 227n.45, 235-8, 256, 258
Eberwein, W. D., 155n.35, 254

Eckstein, H., 51n.61, 54-5, 88n.8, 213, 250-1, 256, 258
Edelman, M. J., 146n.21, 147n.23, 254
Edinger, L. J., 184n.81, 207n.39, 256, 258
Edwards, L. P., 63n.19, 63n.21, 253
Eidlin, F. H., 136n.2, 255
Eisenstadt, S. N., 91n.15, 253, 255, 258
Enloe, C. H., 111n.10, 258
Erikson, E. H., 77n.60, 255
Estier, C.,186n.46
Etzioni, A., 29-31, 33n.17, 109n.4, 110n.6, 110-1n.8, 251
Eulau, H., 207n.39, 250

F
Farberman, H., 156n.87
Favre, P., 8n.6, 23, 89n.10, 136n.2, 206n.88, 235n.1
Ferro, M., 83n.77
Field, J. A., 39n.34, 149n.28
Fischer, D. H., 54n.3
Fischer, M. M. J., 64n.27
Flanagan, S. C., 43n.43, 75-6n.55, 77, 114-5n.16, 124, 245-7, 249-50
Fouchet, C., 162n.47
Frei, D., 155n.35, 254
Frémontier, J., 116n.1/
Friedberg, E., 74n.50, 89, 193n.6, 196n.16, 258

G
Gamson, W., 26n.1, 33n.18, 251
Gaulle, C. de, 33, 36n.27, 41, 117n.19, 127, 142-3, 148n.25-6, 149n.27, 159, 161, 164n.52, 167, 170-4, 178-88, 214, 218n.25, 224, 231
Gaxie, D., 45-6n.50, 222n.87, 258
Geertz, C., 91n.17, 259
Gehlen, A., 119n.22
Genco, S. J., 259
Georgescu-Roegen, N., 110n.6

Geschwender, J. A., 252
Geyer, R. F.,86n.4, 258
Girardet, R., 87n.6
Glassman, R. M., 209n.1, 257
Goffman, E., 32, 94n.26, 97n.29, 100n.34, 123, 137-9, 141, 143n.14, 144, 159, 231n.4, 255
Goguel, F., 171n.3
Goldstone, J. A.,54n.4, 251
Gopta, J., 131n.41
Gorce, P.-M. de la, 39n.34
Gouldner, A., 112n.11, 259
Graham, H. D., 57n.7, 252-3
Gramsci, A., 63n.21
Granovetter, M., 38n.30, 252
Gras, A., 126n.36
Green, P., 257
Greenstein, F., 251
Grew, R., 75n.52, 250
Griffiths, F., 259
Grimaud, M., 148-9n.26, 167n.57
Gross, L., 112n.11
Gurin, P., 42n.42, 251
Gurr, T. R., 54n.4, 57n.7, 61n.15, 213, 251-3, 258
Gurvitch, G., 128n.37
Gusfield, J., 252

H
Habermas, J., 212, 212-3n.14, 220n.31, 256, 257
Halbwachs, M., 123n.33
Halperin, M. H., 99n.33
Hamon, H., 36n.28
Henderson, L. J., 67n.32
Harries-Jenkins, G., 256
Heberlé, R., 207, 208n.44, 252
Hempel, C. G., 48n.55, 259
Hermann, C. F., 154-5n.34-5, 255
Hervieu-Léger, D., 207n.43
Hirschman, A. O., 90

Ho Chi Minh, 74n.71
Hochstein, A., 185n.84
Hoffmann, I., 185n.34-5
Hoffmann, S., 116n.17, 163n.49, 184n.31
Holt, R. T., 250
Hudnut, T. C., 39n.34, 149n.28
Huntington, S. P., 69, 93n.21, 94n.24, 250

I

Ilchman, W. F., 26n.1, 43, 44, 45n.49, 252
Ingelhart, R., 185n.34

J

Jahoda, M., 194n.8
Jänicke, M., 154-5n.34, 250
Janowitz, M., 63n.19
Jeanneney, J.-N., 174n.9
Jervis, R., 33n.16, 255
Jobert, B., 89n.10, 162n.47
Johnson, C. A., 73, 253
Joll, J., 150n.31
Joxe, A., 32n.15, 111n.10, 255
Jukam, T. O., 217n.21

K

Kahn, H., 147n.22, 147n.24
Karbonski, A., 250
Katz, I., 42n.42, 251
Kavanagh, D. A., 76n.56, 186n.38
Kellner, H., 119n.22
Killian, L. M., 123n.32
Knorr, K., 54n.3, 260
Kornhauser, W., 45n.50, 252
Kriegel, A., 201n.26, 207n.42
Kuhn, T. S., 27n.2, 259
Kurzman, C., 17n.13, 23

L

Labro, P., 121n.28, 188-9n.43
Lacouture, J., 188-9n.43, 189n.46
Lacroix, B., 22-3n.17, 28n.4, 195n.12, 236n.11, 252, 259

Lagroye, J., 22-3n.17, 207n.39, 207n.42
Lakatos, I., 21n.16, 23
Lancelot, A., 123n.33, 194n.8
Landé, C., 91n.15
Lane, R. E., 257
Lapidus, A., 110n.6
Lapierre, J.-W., 236n.10
Lavau, G., 200-1
Le Roy Ladurie, E., 73n.46
Leca, J., 22n.17, 49n.57, 75n.43, 89n.10, 223, 251, 257
Ledeen, M. A., 207n.41
Lefranc, G., 116-7n.18
Lehmbruch, G., 97n.30, 258-9
Lemarchand, R., 91n.15, 258
Lênin, V. I., 64n.25, 74n.51, 231
Lerner, D., 29n.6, 77
Leroy, P., 131n.41
Levinson, S., 257
Lévi-Strauss, C., 110n.6
Levy, M. J. Jr., 54n.3, 114, 258, 260
Lindberg, L. N., 258
Linz, J. J., 22-3n.17, 87n.5, 107n.1, 107n.3, 126n.35, 140n.12, 150n.32, 152, 175-80, 182, 183n.34, 240-3, 250
Lipset, S.M., 123n.33, 220n.32, 257
Lipsky, M., 252
Lora, G., 68n.39
Lowit, T., 258
Luckmann, T., 9n.8, 23, 91n.14, 92n.18, 121n.29, 143, 219n.28, 219n.30, 256
Luhmann, N., 5, 85n.1, 86n.3, 89, 95, 108, 110n.5-6, 123n.82, 219-21, 257-8
Lupsha, P.A., 253
Lussu, E., 74n.51

M

Malloy, J. M., 68n.36-7
Manis, J. G., 156n.37
Marx, G., 45n.19, 252
Marx, K., 57, 230-1, 250

Maslow, A., 254
Mayer, A.J., 254
McCarthy, J.D., 26n.1, 252-3
McHugh, P.,156n.37
Médard, J.-F., 91n.15, 258
Meltzer, B. N., 156n.37
Merelman, R. M., 219n.30, 257
Merle, M., 89n.11
Merquior, J. G., 257
Merton, R. K., 156
Michaud, Y., 252
Miller, A. H., 217n.21
Moch, J.,164-5n.52, 166n.56, 179-80n.23
Montesquieu, 94n.25, 129
Moore, B. Jr., 35, 69n.41, 83n.76, 252, 254
Moore, T. E., 157n.38
Moreau, R., 143n.16
Morin, E., 119n.25
Moscovici, S., 192n.2
Mueller, C., 220n.31, 257
Muller, E. N., 217n.21
Mundt, R. J., 43n.43, 76n.56, 249
Musgrave, A., 21n.16, 23

N

Nadel, G., 67n.34, 69-70n.43, 243, 244n.19, 254
Nadel, S. F., 81
Nardin, T., 252
Nettl, J. P., 29n.6, 252
Neuberg, A., 74n.51, 160n.42
Nietzsche, F., 229
Nolte, E., 178n.20

O

O'Neil, J., 136-7n.2, 260
Oberschall, A., 26n.1, 34n.20, 35n.23, 45-6n.50, 252, 255
Offe, C., 250, 252
Offerlé, M., 45-6n.50
Olson, M., 35n.23, 252

P

Paige, J. M., 254
Panofsky, E., 192n.1, 192n.3
Parodi, J.-L., 101n.36
Parsons, T., 47, 214, 250
Passeron, J.-C., 50n.60, 101-2n.37
Peixoto, A. C., 160-1n.43
Pelassy, D., 153n.33
Pellet, A., 184-5n.33, 188n.41, 189n.44
Perrenoud, P., 193n.5
Perrow, Ch., 26n.1
Petee, G. S., 254
Peterson, R. A., 259
Piaget, J., 193
Pierce, R., 216n.20
Pilleul, G., 173n.8
Pinard, M., 253
Pitts, J., 163n.49
Pizzorno, A., 232, 253, 258
Planchais, J., 39n.34, 87n.6
Polin, C., 220-1n.34, 235n.1
Polsby, N., 251
Pompidou, G., 39, 161n.45, 167n.57, 173
Popper, K., 8n.6, 19, 125n.34, 136, 260
Portelli, H., 63n.21
Poulantzas, N., 74, 94n.24, 107n.1, 177n.17, 240-3, 250, 259
Prewitt, K., 207n.39
Prigogine, I., 111n.9
Prost, A., 116-7n.8, 150n.31
Przeworski, A., 49n.56, 49n.58, 260
Pullberg, S., 93n.23, 121n.29
Pye, L. W., 210, 259

Q

Quermonne, J.-L., 131n.42

R

Racine, N., 36n.28
Rapoport, A., 32n.15

Rémond, R., 116-7n.18, 186n.37, 187n.39, 232n.6
Reynaud, J.-D., 232n.5
Riedmuller, B., 257
Riglet, M., 236n.11
Rioux, J.-P., 227n.44
Ritaine, E., 207n.40
Rittberger, V., 78, 79n.67, 82, 247, 248n.6
Rogowski, R., 257
Rokkan, S., 251
Rosch, E. H., 157n.38
Rose, R., 47n.53
Rosenau, J. N., 54n.3, 154n.34, 255, 260
Ross, G., 116n.17
Rossiter, C., 131n.41
Rotman, P., 36n.28
Rouquié, A., 160-1n.43
Rule, J., 70n.43

S
Sandbrook, R., 250
Sartori, G., 49-50, 260
Schaar, J. H., 257
Schelling, T., 32n.14-5, 34n.19, 142n.13, 143n.14, 157n.38, 159n.40, 255
Schmidt, S. W., 91n.15, 258
Schmitter, P. C., 97n.30, 258, 259
Schnapp, A., 129n.40
Schonfeld, W. R., 163-4n.50, 239n.2
Schutz, A., 156
Schwartz, D. C., 254
Scranton, Ph. B., 147n.24
Séguy, G., 116n.17
Seligman, L. G., 207n.39
Sérigny, A. de, 117n.19
Seurin, J.-L., 47n.53
Shapiro, J.-P., 250, 257
Simmel, G., 255
Skilling, H. G., 259
Skocpol, T., 49n.57, 69, 121, 158n.39, 254, 260

Smelser, N. J., 34-5n.20, 158n.39, 233, 240n.3, 253
Smith, L. L., 207n.39, 250
Snyder, D., 60n.13
Somers, M., 49n.57, 260
Staniszkis, J., 107n.2, 119n.26, 250
Starn, R., 73n.47, 250
Steinbruner, J.D., 117-8
Stengers, I., 111n.9
Stepan, A., 107n.3, 175-6n.11, 240, 250
Stinchcombe, A. L., 45n.48, 223, 227, 260
Stone, G. P., 156n.37
Stone, L., 251

T
Tackett, T., 18, 23
Tanter, R., 99n.33
Tarrow, S., 200n.24, 207n.39, 250
Tasca, A., 149n.29, 152, 178n.20-1, 181n.25-6
Teune, H., 49n.56, 49n.58, 260
Theobald, R., 182n.29, 255
Thiec, Y., 192n.2
Thomas, D. S., 11, 156n.36
Thomas, W. I., 11, 156n.36
Thorn, R. S., 68.n.35
Tilly, C., 26n.1, 35n.23, 36-7, 42-3, 45-6n.50, 60n.13, 70n.43, 81, 251, 253, 259
Tocqueville, A. de, 57, 231
Touchard, J., 143n.17
Toukhatchevsky, 74n.51
Touraine, A., 41-2n.40, 12
Tournoux, J.-R., 39n.32, 117n.19, 143n.17, 162n.47, 166n.54, 173n.7, 187n.40
Tréanton, J.-R. de, 192n.2
Tricot, B., 173n.8
Trimberger, E. K., 69n.41, 82n.75, 254
Trotsky, L., 74n.51, 254
Tucker, R. C., 186n.88, 255
Turner, J. E., 250
Turner, J. H., 239n.1, 250

U
Ullman, R. H., 99n.33
Uphoff, N. T., 43-5, 252

V
Valenzuela, A., 175-6n.11
Van der Zouwen, J., 86n.3, 258
Van Doorn, J., 256
Verba, S., 259
Vernant, J., 206n.38, 208n.45
Veyne, P., 49n.57, 66n.31, 71, 182n.29
Viansson-Ponté, P., 117n.19, 149n.28, 185n.34
Vidal-Naquet, P., 129n.40
Vidich, A. J., 209n.1, 256-7
Voisset, M., 131

W
Ward, S., 207n.41
Warren, N., 194n.8
Weber, H., 101n.86, 113n.13, 29n.40, 188-9n.43
Weber, M., 4, 86, 87n.4, 89n.10, 90n.13, 93, 182-3, 185, 194, 209, 220, 250, 255, 257, 259
White, J., 82
White, S., 259
Williams, P., 89n.11, 166n.54, 233n.12
Willner, A. R., 189n.47, 190n.48, 255
Wolf, E., 254
Wolfe, A., 257
Wolfenstein, E. V., 256
Wollenberg, E., 74n.51
Worsley, P., 182n.29, 256
Wright, E. O., 250
Wright, J. D., 222, 223n.38, 223n.41, 228, 257
Wrong, D. H., 44n.47

Y
Young, O. R., 175n.10, 255

Z
Zagorin, P., 251
Zald, M. N., 26n.1, 35n.24, 252-3
Zander, A., 123n.32
Zeitlin, M., 252
Zimmermann, E., 54n.5, 222n.35, 251
Zolberg, A., 22-3n.17, 119n.24

ÍNDICE DE NOÇÕES

Aceitabilidade (das soluções), 144, 162, 171-2, 184, 201
Ad hoc (hipóteses), 124-5
Afetos, 71, 224, 227-8
Ambiente internacional, 76, 79, 155
Ameaça, 23, 33, 44-5, 64, 112, 143, 148, 154-5, 165, 180; *ver também* escalada
Antecipações, 8, 11, 33, 37, 45, 62, 88, 92, 113-6, 122, 137, 144, 148, 154-7, 170-4, 184, 195, 230-1; *ver também* expectativas, percepções, provável
Apoio difuso, 20, 120, 210-6
   e específico, 210-3
   objetos do –, 212-8
   reservas de –, 210-6, 221-7
Arena, 98-103, 107-8, 136
   abertura, 107-8, 144
   retração da arena política, 175-82
Assentimento, 222
Atitude, 193-4, 203-4, 213, 217
Ator
   coletivo, 46, 83, 85, 88, 91, 108, 117, 132, 146, 161
   precariedade do ator coletivo, 149, 190
   "que conta", 146, 223
   Ver também antecipações, cálculo, lógica, recursos
Atractores (Estados), 111
Atribuição de papel (autopersonificação), 231
Autonomia
   da dinâmica das crises, 14-6, 57, 101-6, 158-9, 174-5, 231-3
   dos setores, 93-5, 106-7, 125-6, 129
   social do indivíduo, 194-8
Autoritário (sistema), 21-2, 87, 98, 107, 131, 233-4
Autorreferência, 89, 108

Barganha (e negociação), 117, 159-66, 170-3, 175-82, 187-90
   central, 161, 165, 181-2
   interna, 162-4, 179
   tácita, 166-7, 171, 180
   velada, 175, 177-178, 180-181
   Ver também definição da situação, solução

Barganhas colusivas, 96-7, 221
   crise das –, 96-7, 120, 223-4, 232;
   ver também consolidação, Estado,
   corporativismo societário, setores
   estratégicos, deslegitimação
   efeitos das –, 97, 228-9

Cara a cara, ver interação cara a cara
Cálculo, 7-12, 33, 37-9, 45-6, 88-90, 113-5,
   135-7, 144-6, 173-4, 185-7, 228-30
   captação, 88-90
   evasão, 108-13
   instrumentos, 8, 37, 88-9, 113-7, 144, 158
   racional, 8-9, 35-9; ver também escolha
   racional, transparência métrica
Capital político, 174, 184
   realização, 185, 187
Carisma, 143, 182-90
   base carismática, 187-8; ver também
   solução
   enquanto ponto focal, 183-8
   indireto, 187-9
   qualificação carismática (atestação),
   182-90
   situacional, 190
Carreira
   e cálculos, 120-2
   na crise, 204
Categorias originárias, 27, 41, 92-93, 96,
   100, 107, 172, 201, 205
Causalidade, 10, 15, 56-7, 60-2, 68-9,
   80, 180, 211, 215-9, 241-4; ver também
   etiologia
Cerimônia reparadora, 97
Clientelismo, ver personalização
Clivagens, 100, 228
   dominadas/dominantes, 64-5, 88
Coalizões (teoria das –), 76-9, 245-6
Comparação, 14, 49-51, 62-3
   análise histórica comparativa, 49
   impossibilidade de, 65-7, 82-3

Complexidade
   estrutural, 2-4, 85-103, 122, 223-4
   suspensão da –, 131
   Ver também diferenciação estrutural
Complô, 40
Comunicação, 139-40, 159
Condutividade, 189
Confiança no habitus, 200-2
Congruência (teoria da –), 88, 213
Conjuntura
   enquanto estado de "estruturas", 27,
   45-7, 103, 105-6, 111-2, 117-8,
   142-4, 195
   rotineira e crítica, 25-6, 45, 89, 94, 108,
   140-2, 160, 191-2, 198-9, 220-1
   Ver também fluidez política
Consciência, 73-4, 112
   falsa –, 93
   tomada de –, 17, 102
   Ver também finalidade, ilusão heroica,
   intenção, teleologia
Consenso, 89-91, 101
Consentimento, 34-7, 221-8
Consolidação, 86, 96-8, 118, 223-6
   rede de –, 96-8; ver também corporativismo societário, Estado, objetivação, transações colusivas
Continuidade (hipótese de), 25-51, 230
Controle
   das mobilizações, 40-1, 116, 124, 201
   da significação (ou dos efeitos) das
   jogadas, 40-1, 124, 142, 150, 166-7,
   188-90
   dos recursos, 10-1
Conversão
   dos recursos, 43, 99
   das variáveis, 80-1
Cooperação, 33-4, 99, 159, 163, 172; ver
   também jogo de "motivos mistos"
Cooptação da oposição desleal, 169, 175-
   82, 240

Coordenação tácita, 88, 143, 158-9
Corporativismo societário, 97
Credibilidade, 143, 172, 187; *ver também* plausibilidade
Crença, *ver* representações
crise, 175-6, 240-2
Cultura, 37-8, 157-8; *ver também* ponto focal, significações
Culturalismo, 91, 163, 165, 216, 233
"Curva em J" (teoria da), 57-61

"Dar de barato", 90-1, 118; *ver também* significações
Debandada, 102, 195, 203; *ver também* free-riding
Decisão, 72-3, 77-8, 122, 139
análise decisional, 78, 154-6; *ver também* cálculo, ilusão heroica
Definição da situação, 11, 96-7, 115, 117-9, 141-2, 153-64, 169-70, 181
interdependência das –, 156
precariedade, 190
Deliberação, 160-1; *ver também* definição de situação, barganha
Demarcação
das fronteiras setoriais, 95
das situações, *ver* estigmatização
Democrático (sistema), 35, 47, 85, 87, 96, 98, 150-1, 175-6, 213, 222, 226-8, 233-4
Derrapagem, 31, 41, 94, 116-7, 140, 167, 173, 185, 201, 224; *ver também* controle das mobilizações
Desdobramentos institucionais, 202
Desenvolvimento político, 28-9, 200
Deslegitimação, 20, 92, 120, 209-28
efeitos de – de segundo tipo, 224-6
efeitos de – induzidos, 215-21
Ver também barganhas colusivas
Dessetorização, 2-3, 11, 20, 106-13, 126, 135-6, 139, 141, 178, 246; *ver também* fluidez política

Determinismo, 71, 74, 77-80
Diferenciação estrutural, 3-12, 25, 85-8, 195-200, 221-3; *ver também* complexidade
Discurso (eficácia do –), 143, 170-2, 183, 190, 194
Disposições, 8, 190-206, 230; *ver também* habitus, confiança no *habitus*, atitude
Distância
do papel, 199
social, 113, 119-20
Divisão do trabalho político (transformações da), 61, 238
Dupla articulação, *ver* resultado expandido

Efeito
de identificação, 186-7
de saturação, 149-50
emergente, 169-90; *ver também* carisma, solução
halo, 143
Eficácia dos recursos, *ver* "valor"
Eixo de atividade, 128, 130, 136
Elites
alheamento das –, 55
estratégicas, 222-3
circulação das –, 94-5
Emancipações conjunturais das instituições, 106-7
Endodeterminismo, 7, 89
Entropia, 109-11
Escalada, 146-9, 162, 173, 183
Escândalo, 62
enquanto mobilizações multissetoriais, 232-3
Escolha (e escolha racional), 14, 72-83, 245-6
Essencialismo, 245-8
Estado, 39, 43, 47, 70, 85, 94, 96, 109, 117, 131, 152, 171, 177, 230, 243
Estigma (e estigmatização), 146-53, 187

271

Estimativa
  da situação, 122, 135, 137, 139, 144, 157, 228, 246
  do valor ou da eficácia dos recursos, *ver* valor
Estratégias carismáticas, *ver* carisma
Etiologia, 6, 15-6, 53-7, 215, 219-20, 224, 235-8; *ver também* ilusão etiológica
Etnocentrismo (às avessas), 92
Execução (sistema de –), 138-9, 153-4, 183, 230; *ver também* jogo, resultados
Expectativas, 32, 54, 56-66, 100-1, 174, 195, 212-3, 219-20; *ver também* antecipações
Expressão, 139, 166, 180-1

Fascismo (e fascistização), 177-81, 240-3
Fatores "objetivos" e "subjetivos", 74; *ver também* ilusão heroica
Fenômenos-efeitos, *ver* resultado, História Natural
Finalidade, 17, 27, 90, 135-6, 199; *ver também* ilusão heroica, intenção, interesse, motivação, teleologia
Fluidez política, 47-51, 105-33, 139-40, 142-5, 169-70, 191, 195-6, 199-202, 229-31
  deflação da –, 148-9, 169-70
Focalização (da atenção), 182; *ver também* ponto focal
"Força ilocutória", *ver* discurso
Fracionamento dos riscos, 129
Free-riding, 132, 203
Freikorps, 207
Fronteiras
  da mobilização, 40-2, 102
  das barganhas, 165-6
  do setor, 95, 106-8, 122, 178-80
Frustração, 15, 26, 55-61, 69-70, 189, 195; *ver também* ilusão etiológica
Função
  da violência, *ver* violência
  dos setores, 3-5, 86-8, 90-4, 96-8
  "tribunícia", 200-1
Funcionalismo
  enquanto ilusão, 4-5, 87-9, 96-8, 201
  estrutural, 73, 75-6, 112

Geração, 207-8
Grupos sociais, 26, 83, 99, 101-2, 203-6; *ver também* ator coletivo, debandada, *free-riding*

Habitus, 7-8, 191-208
  adequação a situação ou campo, 8, 194-6
  determinação forte, 196-9
  homogeneidade (ou coerência), 8, 199-204
  identidade múltipla, 7-8, 122-3
  transferibilidade, 193, 202
  Ver também confiança no *habitus*, disposições, regressão ao *habitus*
História natural, 62-72, 226, 239-44
Historicismo, 14, 70-2, 239-44; *ver também* desenvolvimento político, História Natural, retrodição, ilusão retrospectiva, sentido, teleologia
Homologia
  de situação, 174
  entre setores ou campos, 88

Identidade
  do ator coletivo, 102, 153
  do indivíduo, 122-3
  operador de identificação, 123
Identificação de situações (instrumentos de), 88-9
Ilhotas (de jogo tenso), 141-4
Ilusão
  etiológica, 15, 53-61, 235-8

heroica, 7, 11, 53, 72-83, 111, 191, 245-8
retrospectiva, 186, 216; *ver também* culturalismo, essencialismo, Funcionalismo, História Natural, objetivismo, reificação, resultado, teleologia
Impessoalidade (das relações sociais), 90-1, 164-5; *ver também* objetivação
Incerteza estrutural, 113-8, 132, 142-4, 158-9, 230-1, 245-6
Individualismo metodológico, 136
Inércia das disposições interiorizadas, 191-7
Informação, 44, 115-6, 131, 139, 166; *ver também* expressão, transparência métrica, visibilidade
Inibição tática, 115, 124, 140
Inserção múltipla
 de indivíduos, 122-3
 de organizações, 91
Institucionalização (e desinstitucionalização), 88-95, 119, 125-31, 153, 169-70, 196-8, 219; *ver também* objetivação
Instituições totais, 94, 123
Intenção, 15, 73-4, 127, 166; *ver também* finalidade
Intensificação (dinâmica de –) 245-8
Interação, 99-100
 à distância, 138-44
 cara a cara, 138-44, 162-5
 crise de –, 195
 estratégica, 32, 138-44, 159, 163-5; *ver também* ponto focal
 recursos *vs.* pessoas, 99-100
 Ver também cálculo, execução, interdependência, jogo
Interdependência tática, 88, 101
 alargada, 124, 135, 139-42, 144-9, 153-66, 175, 190, 230
 das definições de situação, 154-7

local, 88-9, 101-2, 124, 135; *ver também* execução, jogo
Interesse, 33-4, 39, 89-90, 112, 147, 158-9
 imputação de –, 33-4
 setorial, 90
 Ver também finalidade, motivação, teleologia

Jogada, 31-7
 aberta, 184-9
 desferimentos de –, 27-8, 32-4, 41, 46, 111, 117-9, 127, 132, 138-44, 147-8, 157-9, 166-7, 174, 182-3, 186, 206, 215-6, 230
 direta, 135-59
 irreversível, 142
 mediatizada, 135-59
 velada, 31-7, 175-81
 Ver também rede de ocorrência, resultado
Jogo
 de "motivos mistos", 33-5, 157-9, 173-4; *ver também* cooperação
 tenso (e por tabela), 135-46
 tenso imperfeito, 137-42; *ver também* ilhotas de jogo tenso

Lealdade, 35-6, 90
 ante as regras democráticas, 176-81
Legitimidade (ou legitimação), 20, 92, 97-8, 209-28
 autolegitimação, 220
 dimensão normativa da –, 219-20, 223
 dimensão processual da –, 219-20
 estrutural, 220-1
 Ver também afetos, deslegitimação, objetivação, representações, apoio difuso, barganhas colusivas
Liderança (teoria acerca da), 76-7; *ver também* carisma
Limiar, 129-30

escalada, 146-9
mínimo de apoio, 234, 237
nas mobilizações, 37-8, 128-9
Liquidezes políticas, 43-4
Localização conjuntural dos atores, 111-7, 203-8
Lógica(s)
de situação, 8, 15-6, 46, 135-6, 230
dos mercados econômicos, 44-5, 86-8, 90-1, 115
setorial, 42-5, 86-8, 106-17, 129, 138, 141, 233-4

Marginalização (de frações da "classe política"), 177-80
Medida
fallacy of inutile measurement, 114
função de – de valor, 44
instrumentos técnicos de –, 160
Mobilização(ões), 25-47, 41-50, 61-2, 223, 233-4
central, 30-1, 34-6
decolagem das –, 37-9
dimensão estratégica das –, 37-41
dispersão das –, 39-41
multissetorial, 16-7, 20, 31, 46-7, 99-101, 105-9, 126-7, 175, 178, 232-4
restrita, 46, 86-8
social, 28-31, 76-7
Ver também desenvolvimento político
Moderados (e radicais), 63-5
Modos de valorar (recursos), 32-3
"Momentos de loucura", 119-20
Motivação, 57, 129, 167, 212-3, 231; *ver também* finalidade, intenção, interesse, teleologia
Movimento social, 35, 101-3
autonomização de um – no espaço social, 96-8
Multiposicionalidade, 95; *ver também* inserção múltipla

Não ingerência, 96
Normalização, 65, 131, 148, 170, 173; *ver também* ressetorização, tática de canalização

Objetivação, 97, 117-21, 141, 195-7, 219-21, 227
arte da desobjetivação, 120
diferenciais de –, 131-2
perda de –, 117-21, 196-7, 216, 219-21
tecnologias elaboradas e rudimentares de –, 90-4, 153
Objetivismo, 17, 28-32, 73, 94, 109, 127-8, 147-8, 199, 219
Ofensiva (postura), 146, 149, 156, 184, 228, 243
Ondas
de adesões, 206-7
de greves, 232
Oportunismo, 38-9

Papel, 122, 192-3, 198, 230-1
Pautas, 34-6, 88, 108, 127-9, 145-7, 161, 179-81, 185-7
autonomia, 127-9, 163
controle, 108, 127-9, 185-7
mobilidade, 108, 127-9
Ver também eixo de atividade
Percepção(ões), 11, 33, 154-7, 174, 181-2, 191-4, 228
adequação das –, 33, 193-4
"misperception", 33, 147
Ver também definição da situação, provável
Personalização
dos relacionamentos institucionais, 164-165
zonas de relacionamentos pessoais, 104
Plasticidade (das estruturas), 2, 11-4, 85-103; *ver também* dessetorização

274

Plausibilidade (estruturas de), 143, 148, 183-4; *ver também* credibilidade
Poder
   "neutro", 176-8
   polo de –, 81
Poder dual, *ver* soberania múltipla
Polos de estruturação, 203-8
"Ponto de não retorno", 241
Ponto focal, 145, 157-9, 172-4, 182, 184
   cultural, 157-9
   situacional, 145, 157-9
   Ver também cálculo, carisma, barganha, solução
Posição institucional, 198-202
Potencial
   de ação (e "atualização"), 31-5
   de violência, 217
Prazo (temporalidade)
   curto, 211, 216, 225
   longo, 211-2
Precedente, 174
Precipitação (fatores de), 158
Provável (percepção ou definição do –), 11, 18, 39, 45, 130, 162, 171-3, 181, 228
Provocação, 120-1, 145

"Ramificações" (ou bifurcações), 72, 240-3
"Realidades múltiplas", 155-7
Receitas práticas, 74, 130
Reconstrução (do mundo social), 160
Recursos, 41-6, 88
   coercitivos, 32, 45, 56, 147, 246-8
   concepção essencialista dos –, 45, 246
   repartição, 32, 34-5, 248
   visão instrumental dos –, 45
   Ver também conversão, "valor"
Rede
   de consolidação, *ver* consolidação, barganhas colusivas
   de ocorrência, 143-4, 146, 174

Refutabilidade (e "validação"), 6, 18-20, 50-1, 59-61, 112, 124-6, 129-30, 132, 180, 203-4, 216, 219-20
Regressão ao *habitus*, 191, 195-6, 198, 204, 231; *ver também habitus*
Regressivo (método), 65-7; *ver também* História Natural, ilusão retrospectiva, resultado
   Reificação, 46, 74, 93, 96, 98, 118; *ver também* objetivismo
Repertório(s) de ação, 35
   coletiva, 46
   setoriais, 100
Representações, 10, 57, 89-91, 95-8, 146-8, 154-6, 172, 196-8, 204-6, 220, 243; *ver também* percepções, significações
Repressão, 34, 63, 65, 96
Resistência diferencial, 199-200
Ressetorização, 170-3; *ver também* deflação da fluidez, normalização
Resultado, 13, 30-1, 49, 62-3, 70-2, 108, 137-9, 145, 206, 240-1
   à margem, 70-1
   expandido *vs.* local, 141-2
   local, 141-2
Retrodicção a partir do resultado, 241-4; *ver também* ilusão retrospectiva, História Natural
Revolução, 57-8, 63-4, 70-2, 121-2
   legal, 176, 240-1
   pelo alto, 69-70, 82
   social, 69-70
Ritmos setoriais, 95
   "sincronização" ou rupturas dos –, 126-30

Saliência, *ver* ponto focal, cálculo, carisma, barganha, solução
Segredo, 159, 229
   transgressão do –, 180
Seleção de pessoal em, 201-2

Self defeating prophecy, 50
Sentido (imputação de), 41; *ver também* significações
Sequência (de etapas, de fases), 63-4, 70-2, 75-7, 175-6, 239; *ver também* História Natural, historicismo, teleologia
Setor
    coercitivo, 97-8, 111-2, 132, 178, 199-202, 228
    e campo, 4-5, 87-90, 101
    endurecido, 131-2, 160, 198-9
    e noções contíguas, 89, 117; *ver também* arena
    estratégico, 202, 24, 227-9
    político, 85, 96-8, 107, 127-9, 170, 176-7
Significações, 17, 91-2, 219, 230; *ver também* "dar de barato", objetivação
Simbólica
    atividade –, 33; *ver também* estigma
    política –, 146-53
Simplificação
    da vida, 122-3
    do espaço social, 122-3, 131
Sincronização (e dessincronização)
    da oferta e da procura política, 75-7
    das temporalidades, *ver* ritmos setoriais
Sistêmica (análise), 75-6, 86, 95, 210-1, 235-7
Situação(ões)
    cara a cara, 137
    imediata, 204
    não estruturada, 36, 82, 110-2, 117-8
    olsoniana, *ver free-riding*
    Ver também interdependência tática, lógica de situação
Soberania múltipla, 81-2
Socialização, 193, 211-2; *ver também* disposições, *habitus*
Sociedade civil, 85
Solução, 116, 143, 161-2

institucional, 169-70, 174, 179, 183, 200; *ver também* carisma, efeito emergente, barganha, ponto focal
Substancialização, *ver* essencialismo

Tática(s)
    de canalização, 170, 173-44, 200-1
    de desconexão, 115, 128-9
    de fechamento, 126-9, 165
    de "última hora", 200
Tecnologias
    de autonomização, 95-6, 101-2, 106-7, 127-8, 159
    de conservação da "mudança", 94
    de isolamento, 112, 132
    institucionais de poderio sobre as crises, 89, 130-2, 199-200
Tectônica social, 101
Teleologia, 27, 34, 241; *ver também* finalidade, História Natural, historicismo, ilusão retrospectiva, retrodição
Tensão, 146
Tensionamento (*stress*), 235-7
Tentação totalista, 51
"Teorema de Thomas", 11, 156; *ver também* representações, percepções
Teste crítico, *ver* refutabilidade
Teste de posição, 90, 108, 160
Transferência da fidelidade dos intelectuais, 54, 63-4
Transparência métrica, 44-5; *ver também* Informação, "valor"

Urgência (sentido de), 140

"Valor" (dos recursos políticos)
    flutuação, 44, 80, 114-5, 124, 134-6, 276-8
    imputação, 74, 115
    Ver também fluidez política, incerteza estrutural, dessetorização

Valores, 39, 73-4, 90, 96, 163-4, 192-3, 212, 219, 227-9, 232-4
"Vazio político", 107, 150, 183
Violência
  desaparição do monopólio, 63-5, 67-8, 248; *ver também* soberania múltipla
  função, 65, 68
  nível, 63, 105, 147-9, 150, 247-8
Visibilidade, 92-3, 126, 131, 178-80, 187-9, 223-4

Zona contratual, 174-5

SOBRE O LIVRO

Formato: 16 x 23
Mancha: 26 x 48,6 paicas
Tipologia: StempelSchneidler 10,5/12,6
Papel: Off-White 80 g/m^2 (miolo)
Cartão Supremo 250 g/m^2 (capa)
1ª edição: 2014

EQUIPE DE REALIZAÇÃO

Capa
Andrea Yanaguita

Edição de Texto
Gisele Silva (copidesque)
Camilla Bazzoni de Medeiros (revisão)

Editoração Eletrônica
Sergio Gzeschnik

Assistência Editorial
Alberto Bononi

Impressão e Acabamento
FARBE DRUCK
gráfica e editora ltda.